중국 중산층의
형성과 특징

거대도시에 대한 경험적 연구

This book is published with financial support of the Chinese Fund
for the Humanities and Social Sciences.(18WSH008)
이 도서는 중국 정부의 중화학술번역사업에 선정되어 중국사회과학기금의
지원을 받아 번역 출판되었습니다.(18WSH008)

중국 중산층의
형성과 특징

거대도시에 대한 경험적 연구

리유메이李友梅 외 지음
한효·이병군 옮김 / 이학규 감수

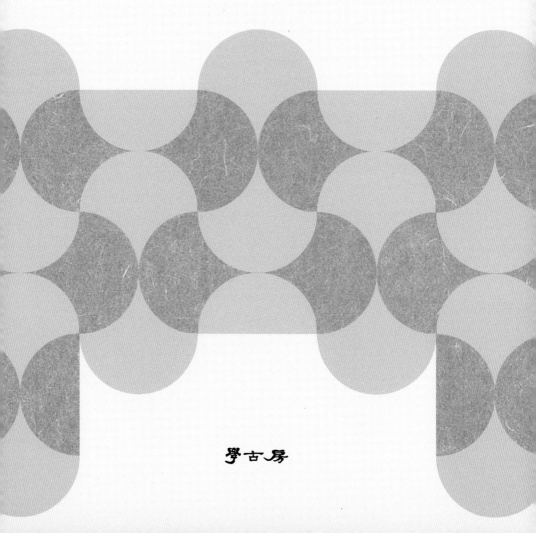

學古房

중국은 개혁개방 이래 사회주의 시장 경제 체제가 확립되고 점차 안정화 단계에 접어들면서 사회구조에 커다란 변화가 생기고 있다. 노동자계급, 농민계급과 지식인으로 구성된 비교적 간단하던 과거의 사회계급과 계층구조가 현재는 점점 다양하고 복잡해지고, 중국 특색 사회주의와 현대화 요구에 부응하는 사회계급과 계층구조가 새롭게 형성되고 있다. 그중 가장 두드러진 특징 한 가지는 중산층이 빠르게 성장하면서 사회구조가 '피라미드형'에서 '올리브형'으로 바뀌고 있다는 것이다.

전 세계적으로 보면 비단 중국 사회구조의 변화만이 이 같은 특징을 보이는 것은 아니다. 여타 신흥국에서도 급속한 산업화 과정과 함께 중산층 비중이 꾸준히 증가하는 현상이 동일하게 나타난다. 예를 들어 21세기에 들어서면서 BRICS 국가(중국, 러시아, 인도, 브라질, 남아공)와 기타 신흥국들의 중산층 비중이 급속도로 증가하고 있다. 그러나 반대로 미국, 영국, 일본 등을 포함한 일부 선진국들은 금융위기, 장기적인 경기 침체와 제조업의 쇠퇴로 소득 격차가 다시 벌어지면서 중산층의 비중이 줄어들거나 중산층의 평균 생활수준이 낮아지는 모습이 나타나기도 한다.

중산층의 급속한 성장은 한편으로는 중국 40년간의 개혁개방이 민중을 진정한 수혜자로 만들었다는 것을 의미하고, 또 한편으로는 현대화된 사회구조가 형성되고 있음을 의미하기도 한다. 중국 국내외 사회가 발전해 온 과정을 보면, 한 사회의 구성원 절대다수가 중산층에 속할 때 그 사회를 두고 조화롭고 안정적으로 현대화된 사회구조를 이루었다고 말할 수 있다. 중국은 경제와 사회발전 수준이 비교적 높은 베이징北京·상하이上海·광저우廣州 등 거대도시에 중산층이 집중되어 있으며 그 비중은 중국 전체 중산층의 45% 이상을 차지한다. 비록 동부, 중부, 서부의 경제, 사회발전 수준이 불균등한 면이 있지만, 중국 전체 중산층은 빠르게 확대되고 있는 추세이다. 앞으로의 발전 과정에서 극빈층을 없애고 중간소득층을 확대하는 개혁 정책을 실시해 나간다면 많은 인구가 중산층 계열에 들어서고 더욱 합리적으로 현대화된 사회구조를 형성할 수 있을 것이다. 현재 경제 성장률은 하락세이지만 사회구조 전환 속도는 느려지거나 침체되지 않고 여전히 진행 중이다. 이러한 사회구조 전환은 가는 곳마다 가설 구조물이 눈에 띄고, 공장이 빽빽이 들어서고, 고층 빌딩이 숲을 이루는 것과 같은 전환을 말하는 것이 아니라, 오히려 '조용한 혁명'에 더 가깝다.

　'중산층'이란 개념은 사회학 영역에서 줄곧 여러 가지 이견이 존재하는 함의가 풍부한 매력적인 개념이다. '중간소득층' 개념과 비교해 보면 '중산층' 개념은 소득분배 구조의 변화만이 아니라, 더 중요한 것은 직업구조의 변화도 함께 반영한다는 사실이다. 즉, 현대 사회의 노동 인구 중 '화이트칼라'가 '블루칼라'를 추월했다는 현실도 함께 보여준다.

　중국의 현재 발전 단계에서 중산층 연구는 광범위한 정책적 가치가 있다. 첫째는 정치적 측면의 가치이다. 중국이 만들고자 하는 현대화 사회는 중국 특색의 사회주의 사회이다. 공평과 정의는 현대화 사회의 본질적 요구로 이를 위해 중산층의 확대는 마땅히 이루어져야 하는 일이다. 둘째는 경제적 측면의 가치이다. 국내 소비는 이미 중국 경제 성장의 기초 역량으로 자리잡았으며 중산층을 확대하여 소비를 증가시키는 것은 지속적이고 안정적인 경제 성장을 유지하는 중요한 방법이다. 셋째는 사회적 측면의 가치이다. 중산층이 대다수인 '올리브형' 사회야말로 조화롭고 안정적인 현대화 사회구조를 실현할 수 있는 구조이다.

중산층 연구는 매우 어려운 사회학 연구 과제로 난이도가 높고 관련 분야가 넓고 문제도 매우 복잡하다. 중국 사회학계에는 이미 중산층 관련 연구 성과가 적지 않지만 대도시에서 대규모의 조사 데이터를 바탕으로 중산층의 생성 메커니즘을 설명하고 분석한 것은 이 책이 처음이다.

이 책은 리유메이李友梅 교수가 이끄는 연구팀이 3년간의 조사와 협력으로 만들어낸 결과물이다. 이 책은 다음과 같은 몇 가지 뚜렷한 특징이 있다.

첫째로 충실하고 풍부한 데이터가 뒷받침한다. 이 책에 수록된 각 논문은 대규모의 전문적 데이터를 바탕으로 이루어진 것이며 그중 대다수의 논문은 베이징·상하이·광저우 3개 거대도시에서 시행한 조사 데이터를 바탕으로 하였다. 그동안 중산층과 관련된 연구 성과는 많지만 중산층만을 대상으로 대규모의 전문적 조사를 진행한 경우는 없었다. 본 조사는 표본조사의 규모로 보나, 각 측정 지표로 보나 모두 설득력이 높다. 충실한 자료는 본 연구의 두드러진 성과라고 할 수 있다.

둘째로 중산층 연구의 쟁점을 집중 조명한다. 중산층의 개념 정리를 비롯하여 규모 측정뿐 아니라 행위의 특징, 정체성과 가치관 연구에 이르기까지 이 책은 중산층 연구의 주요 쟁점을 총망라한다. 그리고 각 쟁점에 대한 심층 분석을 통해 본 연구는 중국 중산층 특유의 문제점을 분석하였다.

셋째로 참신한 연구 시각이다. 이 책은 문제의 일부만을 파악하는 기존 중산층 연구의 한계를 넘어섰다. 예를 들어, 소비 연구 영역에서 역사학적, 사회학적 분석 방법을 제시하였고 새로운 사회계층의 시각에서 체제體制 내외의 중산층 차이를 체계적으로 연구하였다.

넷째로 사회 보편적인 관심사에 대해 응답하였다. 예를 들어, 사회적으로 보편화된 '계급 공고화' 문제에 대해 답하고 있다. 조사 데이터를 통해 최근 중국 대도시의 중산층 비중이 꾸준히 증가하였으며 사회구조가 '올리브형 사회'로 바뀌었다는 것을 밝히고, 중산층의 생성과 이동 경로가 비교적 원활하고 계급 공고화 현상은 불분명하다는 점을 증명하였다. 이러한 연구는 개혁개방 이래 중국 사회의 구조적 변화를 서술할 뿐만 아니라, 이론적으로 중국 사회구조가 폐쇄적이지 않고 개방적이라는 사실을 밝히는 데 기여하였다.

다섯째로는 뚜렷한 정책 지향성이다. 이 연구 성과는 이론 연구와 경험 연구를 토대로 맞춤형 정책 연구를 진행하였다. 예를 들어 중간소득층을 어떻게 확대할 것인지, 신사회계층이 어떻게 사회적 역할을 발휘할 것인지에 관한 연구 등 명확한 정책적 대안이 담겨 있다.

물론 이 책에는 한계점도 없지 않다. 가장 뚜렷한 문제점은 통일된 이론 체계가 없고, 각 부분의 관점이 일치하지 않는 내용이 있어 전체적으로 보면 이 책의 구조가 산만하게 느껴질 수 있다.

한마디로 말하자면 이 책은 관련 분야 학술 연구의 선두에 서서 중국 중산층 연구를 진일보시켰다는 데 의의가 있으며, 앞으로 관련 분야를 심도 있게 연구하는 데 도움이 될 것이다.

리페이린李培林

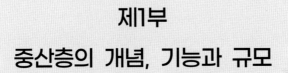

제1부
중산층의 개념, 기능과 규모

제1장

중간소득층 개념의 부상과 중국 사회발전에 대한 함의

리춘링李春玲

2002년 중국공산당 제16차 전국인민대표대회 업무보고서 「전면적으로 샤오캉1) 사회를 건설하여, 중국 특색 사회주의 사업의 새로운 국면을 개척하자全面建設小康社會, 開創中國特色社會主義事業新局面」에서 처음으로 '중간소득층2) 비중 확대擴大中等收入者比重'라는 슬로건이 제기되었다. 그 후, 중국공산당과 정부의 여러 문서에서도 '중간소득층의 비중을 확대하는 것'이 전면적인 샤오캉 사회를 건설하는 데 중요한 부분임을 거듭 강조하였다. 2015년 10월 중국공산당 제18기

---

1) 역주: 샤오캉小康 사회는 의식주 등 물질적 생활에 대한 걱정이 없고, 중산층이 사회의 주력이 된 사회를 의미한다.

2) 역주: 현재 중국 학계에서 서구의 'middle class'라는 용어가 '중산층中産層', '중산계층中産階層', '중간계층中間階層', '중산계급中産階級', '중간계급中間階級' 등 다양한 용어로 표현되어 있고 이와 비슷한 의미를 가진 용어로 '중간소득층'도 있다. 논자에 따라 이 사회계층의 개념과 범위는 다를 수 있는데, 이 책에서는 학계에서 보편적으로 사용되고 있는 '중산층'이라는 표현을 사용하고 개별 연구의 논지에 따라 '중간계층', '중간소득층' 등과 같은 용어를 사용하기도 한다.

중앙위원회 5차 전체 회의('5중전회'라고 약칭)에서 '제13차 5개년계획3)' 기간을 전면적 샤오캉 사회를 건설하는 결정적 단계로 명시하였다. 2016년 5월에 열린 중국공산당 중앙재경영도소조中央財經領導小組 제13차 회의에서 시진핑 주석은 "중간소득층의 확대는 전면적인 샤오캉 사회 건설이라는 목표의 실현과 관련이 있으며, 그것이 경제 구조 전환과 발전 방식 조정을 위한 필연적 요구이며 사회적 화합과 안정을 유지하고 국가의 장기적 안정을 확보하기 위한 필연적 요구이다."라고 강조하였다. 이는 '중간소득층 인구 비중의 증가'가 전면적인 샤오캉 사회 건설이라는 목표를 실현하는 데 있어서 결정적인 지표임을 보여준다. 전면적인 샤오캉 사회가 건설되면 중간소득층이 사회 주류 집단이 될 것이다. 이를 위해 '중간소득층 비중 확대'는 「제13차 5개년계획 강요十三五規劃綱要」에 포함되었다.

그러나 중국 국내 학술계에서는 아직 중간소득자의 개념 정립에 대해 명확한 견해를 제시하지 못하고 있으며, 중간소득층을 구분하는 구체적인 방법에 대해서도 많은 논쟁이 일고 있다. 이 집단에 대한 명확한 개념 정의 결여와 측정 방법의 부재로 인하여 '중간소득층 비중 확대'와 관련한 양적 목표와 구체적인 정책 방안을 제시하지 못하게 되어 순조로운 목표 달성에 어려움이 있다. 그러므로 정책적인 차원에서 '중간소득층'을 구분할 수 있는 기준을 조속히 확정짓고 중간소득자의 개념을 명확하게 정립하여 '중간소득층 비중 확대'라는 구체적인 양적 목표를 제시할 필요가 있다. '중간소득층 확대'를

---

3) 역주: 국민경제의 발전을 도모하기 위하여 중국은 1953년부터 제1차 5개년계획(1953~1957년 실행)을 실행하기 시작하였다. 1963~1965년을 제외하고 현재까지 5년을 주기로 계속 지속되고 있다. 제13차(2016~2020년)계획의 핵심 목표는 2020년까지 샤오캉 사회 건설을 완성하는 것이다.

위한 정책 방안을 세분화하려면 중간소득층에 대한 정의와 구분 기준을 명확하게 규정해야 한다. 그리고 중간소득층의 구성과 관련한 특징을 더 깊이 검토하고 그 성장세를 가늠하여 정책 방향을 '빈곤층에 대한 맞춤형 지원精準扶貧'만이 아니라, '중산층의 확실한 확대精準擴中'라는 목표를 향해 나아가도록 해야 한다.

아울러 학문 연구의 차원에서 중간소득층이라는 개념에 대한 이론적 정의와 현실적 의미에 대해서도 심층적인 검토가 필요하다. 많은 사람이 중간소득층이라는 용어가 중국 정부 지도자가 정책 목표 차원에서 제기한 슬로건일 뿐이라고 주장하고 있으나(예를 들어, '중간소득층 비중 확대', '중간소득층 확대' 등), 실제로 2002년 '중간소득층'이라는 용어가 정부 문서에 출현하기 전에 이미 해외 사회학자들이 이 개념을 사용하여 소득분배 문제와 사회구조의 변화를 분석한 바 있다. 현재 국제기구(이를테면 UN, 세계은행, OECD 등)와 유명 싱크탱크의 연구 보고서에 중간소득층middle income group이라는 용어가 자주 등장하고 있으며, 소득분배와 사회구조 변화에 대한 일부 학술 저서에서도 이 개념을 사용하고 있다. 그러나 사회과학 분야에서 사회 집단을 범주화하는 개념으로 중간소득층이 사용되기 시작한 것은 그리 오래되지 않았으며 이 개념에 대한 이론적 정의와 사회 현실적 의의에 대한 심층적인 검토는 아직 이루어지지 않고 있다.

1. 중간소득층 개념 함의의 변화: 소득 분류에서 사회 집단으로

중간소득층이라는 용어는 가구 및 개인 소득 데이터를 수집할 때 일부 국가의 통계기관에서 구성한 5분위 계층별 분류에서 유래되었다. 즉, 소득수준에 따라 저소득층(소득이 가장 낮은 20%의 가구 또는 개인), 중저소득층(소득이 그 다음으로 낮은 20%의 가구 또는 개인), 중위소득층(소득이 중간 수준인 20%의 가구 또는 개인), 중고소득층(소득이 그 다음으로 높은 20%의 가구 또는 개인), 고소득층(소득이 가장 높은 20%의 가구 또는 개인)으로 분류한다. 그중 중저소득층과 중위소득층, 그리고 중고소득층이 일반적으로 중간소득층으로 불리며, 그들이 전체 가구와 개인 중에서 차지하는 비율은 항상 60%로 고정되어 있다(Levitan and Calson, 1987; Levy, 1987; Easterly, 2001). 연구자들은 소득을 5구간으로 나누어 계층별로 분류하는 방법을 통해 소득분배의 평등 수준과 변화 추세를 측정한다. 예를 들어, 연도별, 국가별 고소득층과 저소득층의 평균 소득을 비교함으로써 소득 불균형의 정도를 측정하는 것이다. 이러한 의미에서 중간소득층은 통계학적 분류일 뿐이고 '사회 집단'이라는 의미는 내포하지 않는다.

중간소득층이라는 분류 개념과 중산층middle class이라는 사회학 개념이 연관되면서부터 중간소득층은 비로소 사회 집단이라는 의미를 갖게 되었다. 20세기 말부터 더 많은 경제학자들이 소득기준을 채택하여 중산층을 정의하는 방법을 사용하면서 중산층 개념이 직업 기준에서 소득기준으로 바뀌는 추세를 보이기 시작했는데, 이러한 추세에 의해 중간소득층이 사회 집단이라는 개념으로 사람들에게 받아들여지게 되었다.

중산층을 구분하는 전통적인 방법은 직업분류를 기반으로 한다. 이른바 중산층은 일반적으로 화이트칼라 종사자를 가리키는데 이와 대비되는 것은 소위 블루칼라로 지칭되는 노동자계급이다. 그런데 1990년대부터 일부 경제학자들이 경제적 기준(소득, 재산, 소비 등을 포함)으로 중산층을 정의하자고 주장하였고, 그중에서도 소득기준으로 중산층을 정의하는 방식이 이해하기 쉽고, 데이터 수집의 가능성이 높을 뿐만 아니라 실행이 용이한 관계로 유행하게 된다. 특히 2000년 미국 브루킹스연구소Brookings Institution의 경제학자 낸시 비지올 등은 중위소득으로 중산층의 소득기준을 정의하자고 주장하였고(Birdsall et al., 2000), 2002년 세계은행의 경제학자 브란코 밀라노비치와 솔로몬 이자키가 세계은행 빈곤선poverty threshold, 선진국과 개발도상국의 평균 소득을 참고로 중산층의 소득기준(Milanovic & Yizhaki, 2002)을 정의한 것이 커다란 영향력을 발휘하였다. 그 후 많은 연구자와 연구 기관에서는 이와 유사한 방법으로 각국의, 나아가 전 세계의 중산층을 정의하고 분석함으로써 소득수준을 지표로 중산층을 정의하는 방법이 주류를 이루게 되었다. 이들 연구 보고서에서 중산층과 중간소득층이 내포하는 의미는 동일하지만, 영어권 국가에서는 중간소득층이 '중산층'과 달리 대중에게 잘 알려진 개념이 아니다 보니 연구 보고서의 제목에는 대부분 '중산층'이라는 용어가 채택되었다. 그러나 소득기준으로 중산층을 정의하는 분류 방법이 유행하면서 중간소득층이라는 용어가 점점 사람들에게 받아들여지게 되었고, 일부 연구 보고서에서는 '중산층' 대신 중간소득층을 이 집단의 정식 명칭으로 채택하기에 이른다(Grabka et al., 2016). 이 같은 의미에서 중간소득층은 단지 소득 분포 상의 분류 범주에만 그치는 것이 아니라 일종의 사회적 속성을 지닌 사회 집단으로 개념화된 것이다. 현재 많은 연구 보고서에서 이 집단의 사회경제적 특징과 태도 경향을 분석하여 사회 전체의 사회경제적 발전 상황과 변화 추세, 그리고 사회구조의 특징과 소득불평등 정도를 판단하게 되었다.

2. 중간소득층 개념의 대두: 소득 측면에서 본 사회구조 변천

여러 원인으로 소득기준에 기반한 중산층(즉 중간소득층) 개념이 직업 기준의 중산층이라는 전통적 개념을 대체하게 되었는데 이로써 중간소득층은 통계학의 분류로부터 사회 집단 개념으로 발전하게 되었다. 선진국의 새로운 사회구조 변화 추세, 세계화의 물결, 신흥 경제체의 부상과 기타 개발도상국의 급속한 발전 등이 공통적으로 이러한 변화 과정을 촉진시켰다. 보다 근본적인 원인은 사회경제적 변화가 새로운 단계에 진입하면서 소득이라는 지표가 사회구조와 사회 집단 분석에서 더욱 중요한 의미를 갖게 된 데에 있다.

직업분류에 기초한 전통적인 중산층 개념은 제2차 세계대전 이후 유럽 선진국 사회구조의 중대한 변화에서 비롯된 것이다. 이 중대한 변화란 바로 화이트칼라가 블루칼라를 수적으로 뛰어넘어 사회인구에서 다수가 되어 사회구조에 근본적 변화를 일으키고 그에 따라 사회, 경제, 문화, 가치관, 윤리와 정치 등의 영역에서 일련의 변화를 초래한 것을 가리킨다. 화이트칼라 중심의 중산층은 새롭게 등장한 사회 집단으로 빠르게 사회 주류층이 되고 사회, 경제, 문화, 정치 등의 영역에서 주도적 역할을 하게 되었다. 직업 중심의 중산층 개념은 사회구조적 변천에 관한 많은 이론에서 핵심 개념이 되었으며, 중산층과 관련된 연구도 사회과학 연구 분야(특히 사회학 분야)에서 중요한 주제가 되었다(Mills, 2006; Wright, 1979; Goldthorpe, 1987). 그러나 1980~1990년대 유럽과 미국의 선진국들이 중산층 사회(중산층 비중이 50% 초과)가 된 후 연구자들은 소위 중산층이라는 집단의 내부적 차이가 크다는 것을 발견하였는데 직업적 지위 이외에 소득수준의 차이도 화이트칼라 집단의 생활 조건과 가치관의 차이를 일으킨다는 사실을 새롭게 알게 되었다. 따라서 이 시기 일부 사회학자들은 직업 분류를 기반으로 중산층을 정의하면서 소득을 중산층을 분류하는 중요 기준으로 삼았다(Gilbert, 2002; Thompson & Hickey, 2005). 그러나 대부분의 사회학자는 중산층의 정체성을 결정짓는 핵심 요소는 직업, 지위이며 소득은 부차적인 요소라고 주장하였다.

1990년대 이후 몇 차례의 경제 위기는 직업을 기준으로 중산층을 분류하는 전통적인 방식에 충격을 주었다. 직업으로 중산층을 분류하는 것은 두 가지의 암묵적인 가정 하에 이루어졌다고 할 수 있다. 첫 번째는 산업화와 탈산업화가 진전되면 이에 따라 직업구조가 개선되면서 노동인구에서 화이트칼라의 비중이 지속적으로 상승할 것이라는 가정이다. 이는 중산층의 비중이 50%에서 60% 또는 70%, 일부 북유럽 국가에서는 80% 수준까지 상승하는 것을 의미한다. 1990년대의 일본은 '1억 총 중류1億總中流'(중산층 비중이 90%에 도달)라 일컬어졌으며 장차 중산층이 100%에 도달할 것이라고 선언하였다. 두 번째는 중산층 지위가 지속적으로 안정세를 유지하는 것으로, 화이트칼라는 안정적인 업무와 소득, 그리고 생활이 보장된다는 가정이다. 이 두 가지 가정은 구미 중산층 사회의 중산층 규모가 계속 확대되거나 혹은 확대되지는 않더라도 안정적으로 유지될 것을 전제하고 있다. 그러나 앞서의 가정과 달리 경제 위기로 중산층의 기반이 흔들리면서 선진국의 중산층은 더이상 확대되지 못하고 오히려 위축되는 현상이 나타났다. 1990년대 일본의 거품 경제가 붕괴된 후 '중류층 붕괴론'이 등장하였고 중산층의 생존 여건은 계속 악화되었다. 2008년의 금융위기로 인해 많은 구미 국가의 중산층 역시 타격을 입었다. 안정적이었던 중산층 생활 여건이 위협을 받아 더 큰 경제적 어려움을 겪게 되었던 것이다. 그 결과 소득, 재산 등의 경제적 요인이 중산층의 생존을 보장하는 핵심 요인이 되었다. 이러한 점에서 왜 많은 사람들이 소득과 재산을 중산층의 신분, 지위와 연결하는지 이해하게 된다. 실제로 수십 년 전에는 중·고등 교육을 받아 화이트 칼라가 되면 중산층의 지위를 획득하고 중산층의 생활을 영위할 수 있었지만 현재는 고등교육을 받거나 화이트칼라가 되어도 중산층 지위의 안정성을 확보할 수 없게 되었고, 소득, 재산, 소비 등 경제적 요인이 더욱 중요해졌다.

　직업으로 중산층을 분류하는 개념은 중산층이 직면하고 있는 위기와 위축 상황을 충분히 설명할 수 없게 되었다. 구미 국가들의 화이트칼라 직종 비중이 뚜렷하게 감소했다고 보기는 어렵지만 많은 화이트칼라 계층의 취업과 소득은 더이상 안정적이지 않다. 이러한 상황 속에서 일부 경제학자들은 소득기준을 사용하여 중산층(즉 중간소득층)을 정의하기 시작했다. 이들 연구 결과는 많은 국가에서 중산층 비중이 감소하거나 위기에 직면하고 있는 현실을 반영하고 있다 (Grabka et al., 2016; Pew Research Center, 2015, 2016). 사회 이동성 연구 분야에서도 동일한 방향의 전환이 나타났다. 전통적인 사회 이동성 연구는 직업분류를 기반으로 하여 사람들의 지위 변화(상승·하락)를 판단하는데 이러한 연구는 경제 발전 상태와 경제 파동이 사람들에게 미치는 영향을 잘 반영하지 못한다. 새로운 연구 동향은 소득수준의 등급 변화로 지위 변화를 판단하는 것으로 이는 직업적 위상이 변화하지 않더라도 소득 변화로 인한 지위의 이동을 드러낼 수 있다 (Grabka et al., 2016).

3. 중간소득층 개념의 새로운 함의: 소득불평등 측정과 글로벌화의 발전 추세

중산층의 생활 양상을 주목했던 연구자들이 소득 중심의 중산층 개념으로 방향을 전환하게 되자 소득분배를 연구하는 학자들도 소득 불평등 문제와 중산층의 비중(즉 중간소득층의 비중)을 연결해서 연구하기 시작했다(Milanovic & Yizhaki, 2002). 1990년대 이후 전 세계적인 소득불평등이 심화되었으며 아울러 경제 불평등에 관한 논제가 사회와 학술 연구의 쟁점으로 대두되면서 중산층 연구 영역의 중요한 이슈가 되었다. 구미 선진국은 몇십 년 동안(20세기 초부터 1970년대까지) 소득불평등 정도가 큰 폭으로 감소하고 중산층 비율이 상승하였지만 이후에 다시 역사적 분기점에 직면하게 된다. 1980년대 이후로 오히려 소득불평등 정도가 지속적으로 심화되고 중산층(소득기준)의 비율이 줄어들기 시작한 것이다(Piketty, 2014; Grabka et al., 2016). 여기서 말하는 중산층은 사실상 중간소득층을 가리킨다. 이러한 전환의 중요성과 그것이 사회구조에 미친 심대한 영향은 당시 화이트칼라 비율이 블루칼라 비율을 초월했다는 중대한 구조 변화보다 결코 적지 않을 것이다. 소득기준으로 정의된 중산층의 비중은 소득불평등의 변화를 측정하는 중요 기준이 되었고, 중간소득층 개념이 점점 광범위하게 채택되었다.

중간소득층 개념이 대두된 또 다른 중요한 원동력은 글로벌화의 발전 추세이다. 글로벌화의 급속한 발전은 중산층 현상을 국가의 범주를 뛰어넘어 세계적인 현상으로 만들었다. 전 세계 소비시장에서 일정한 소득수준에 도달하고 소비 잠재력이 있는 인구 집단을 '글로벌 중산층Global Middle Class'이라고 부르는데, 이 부류의 사람들은 국제 소비 시장에서 가장 활발한 집단으로 자연스럽게 각국 경제학자, 시장 분석 전문가, 다국적 기업전문가들의 관심 대상이 되었고 국제 기구, 유명 싱크탱크, 시장 기관들도 꾸준히 전 세계 중산층 보고서를 발표하였다. 특히 중요한 것은 개발도상국과 신흥경제체가 급속하게 성장하면서 이들 국가의 중산층은 '글로벌 중산층'이 확대하는 주요 기반이 되었으며 OECD지역발전센터 소장 마리오 페즈니는 그들을 '글로벌 경제 성장의 엔진'이라고 말하였다(Pezzini, 2012). 또한 일부 연구 보고서는 "계속 확대되는 아시아 중산층이 미국 중산층을 대체 하여 글로벌 경제 발전의 원동력이 될 것이다."라고 주장하였다 (Kharas, 2010). 중국, 인도, 브라질 등 신흥경제체 국가에서 중산층의 성장과 관련된 연구 보고서가 끊임없이 등장하고 대중매체로부터 큰 관심을 끌고 있다. 이러한 보고서에서 일컫는 중산층은 대부분 소득 기준으로 정의되었는데, 소위 '글로벌 중산층'이란 사실상 전 세계 중간소득층을 지칭하는 말로 연구자들이 편의적으로 '중산층Middle Class'이라는 용어를 사용하였을 뿐이다. 이와 더불어 국제기구가 제 기한 사회경제 발전 이념 또한 소득에 따른 중산층 개념 사용을 촉진 시켰다. UN, 세계은행, OECD 등 국제기구에서 발표한 글로벌 발전 보고서는 소득기준으로 정의된 중산층 비중을 각국, 또는 글로벌 사 회경제 발전 상황을 반영하는 지표로 사용한다.

4. 중간소득층 개념을 정의하는 두 가지 방식: 절대적 기준과 상대적 기준

중간소득층은 일반적으로 소득기준으로 정의된 중산층으로 간주되지만 소득기준으로 중간소득층을 구체적으로 분류하는 방법에 대해서는 여전히 논쟁이 벌어지고 있다. 현재 중국 국내외에서 유행하고 있는 중간소득층 측정 방법에는 두 가지가 있는데 하나는 절대적 기준이고 다른 하나는 상대적 기준이다.

절대적 기준은 일정한 생활수준을 유지하는 데 필요한 소득에 따라 중간소득층의 소득 상한선과 하한선을 설정하는 것으로 특정 생활수준과 소비수준에 따라 명확한 소득기준을 제시하고 이 기준에 따라 중간소득층을 구분하는 것이다. 예를 들어 세계은행의 경제학자 브란코 밀라노비치와 솔로몬 이자키는 세계은행의 빈곤선을 참조하여 1일 평균 소득이 10~50달러인 사람을 중간소득층이라고 정의하였다(Milanovic & Yitzhaki, 2002). 또한 OECD 경제학자 호미 카라스는 1일 평균 소득이 10~100달러인 사람을 중간소득층이라고 정의하였다. 이 소득수준에 도달한 사람들이 소비 탄력성이 가장 높기 때문에 중산층의 소비와 생활 양식을 유지할 수 있다는 것이다(Kharas, 2010). 그러나 많은 학자는 세계은행에서 정한 중간소득층의 소득기준이 너무 낮다고 주장하였다. 대다수의 고소득국가와 일부 중등소득국가에서는 그러한 소득수준으로는 중산층의 생활수준을 유지하기 어렵기 때문이다. 따라서 많은 국가의 학자들은 국가별 소비수준에 따라 세계은행의 기준보다 높은 중산층 소득기준을 설정하였다.

상대적 기준은 일반적으로 소득 분포의 중위값을 중간소득층의 소득기준으로 정한다. 이 방법을 사용한 대부분의 학자는 중간소득층의 소득 하한선을 중위소득의 50% 또는 75%로 설정하고 상한선은 보통 중위소득의 1.5~2배로 설정한다. 연도별로 중위소득이 다르기 때문에 중간소득층 소득기준의 상한선과 하한선의 구체적인 값도 다르다. 독일 경제연구소의 2016년 연구 보고서는 중위소득의 67~200%를 중산층의 소득기준으로 정한 바 있다. 해당 통계 결과에 따르면 지난 30년 동안 미국과 독일 중간소득층의 비중은 줄곧 하락하였다. 미국 중간소득층의 비중은 1971년 61%, 1981년 59%, 2015년 50%로 하락하였고, 독일 중간소득층의 비중은 1983년 69%에서 2013년 61%로 하락하였다(Grabka et al, 2016).

 이상 언급한 두 가지 기준은 그 목적과 적용 범위가 상이하다. 절대적 기준은 주로 일정한 생활수준(혹은 소득수준)을 누리는 인구수와 그 비율의 증가 추세를 반영한 것으로 개발도상국과 중저소득국가에 적용하기에 적합하다. 이들 국가의 국민 소득과 생활수준은 지속적으로 상승해 가고 있기 때문에 절대적 기준이 중간소득층의 성장률을 반영할 수 있다. 이와 달리 상대적 기준은 소득이 중간 위치에 있는 인구수의 증감을 측정하는 것으로 주로 소득불평등의 변화 추세를 반영하기 때문에 선진국과 고소득국가에 적용하기 적합하다. 그것은 이들 국가에서는 중산층이 이미 인구의 대부분을 차지하고 있고, 인구의 대다수가 비교적 높은 생활수준에 도달했을 뿐만 아니라 소득수준 역시 중위소득에 근접하였기 때문이다. 상대적 기준은 개발도상국과 중저소득국가에 그다지 적합하지 않다. 그 이유는 이들 국가에서는 중위소득 인구의 소득수준이 비교적 낮아 사람들이 생각하는 '중산층', '중간소득층'과 일치하지 않기 때문이다. 요컨대, 절대적 기준은 성장형 사회, 즉 사람들의 소득수준이 지속적으로 증가하고 더 많은 사람이 비교적 높은 생활수준에 도달한 사회에 적합하고, 상대적 기준은 개선형 사회, 즉 대다수의 인구가 이미 비교적 높은 생활수준에 도달하여 더욱 공정하고 평등한 사회를 추구하는 사회에 더 적합하다.

5. 중국 특색의 중간소득층 개념 정의: 전면적 샤오캉 사회 건설 지표 중의 하나로

중국은 2014년에 저소득국가에서 중등소득국가의 행렬에 진입하였고 고소득국가를 향해 매진하고 있다. 현 단계에서 중국 사회는 성장형 사회와 개선형 사회라는 이중적 특징을 동시에 지니고 있는데 사회발전 목표 또한 더욱더 많은 사람이 빈곤에서 벗어나 부유해지게 만드는 것과 공정하고 합리적인 소득분배 구조를 만드는 것의 두 방향으로 진행 중이다. 따라서 현 단계의 중국 사회에서는 절대적 기준과 상대적 기준으로 중간소득층을 측정하는 방식 모두 의미가 있다. 그러나 정책 수립 차원에서 '중간소득층의 비중'을 확대하는 것을 전면적인 샤오캉 사회 건설의 지표 또는 '13·5계획'의 사회발전 목표로 삼은 것을 볼 때, 절대적 기준이 더욱 적합할 것으로 보인다. 왜냐하면 이 방법은 '가난에서 벗어나고 부유해져 샤오캉 사회 기준에 도달한 자'의 인구수와 그 비중의 증가 속도를 명확하게 보여줄 수 있기 때문이다. 상대적 기준은 비록 직관적으로 소득불평등의 변화를 반영할 수 있지만 샤오캉 생활수준에 이른 인구수의 증가를 직관적으로 보여주지는 못한다. 동시에 상대적 기준으로 구분된 중간소득자의 소득수준은 여전히 상대적으로 낮고 대중이 이들을 중간소득자로 받아들이기에는 무리가 있어 보인다. 2015년 중국 사회과학원 사회학연구소에서 실시한 '중국 사회실태 종합조사' 자료에 따르면 2014년 중국 18~69세 인구(재학생 제외)의 연간 평균 중위소득이 21,000위안(즉 인구의 50%가 평균 연소득이 21,000위안 미만, 50%가 21,000위안 이상)이고 상대적 기준으로 정의한 '중간소득층'의 소득 하한선은 15,750위안(중위소득의 75%), 상한선은 42,000위안(중위소득의 200%)이다. 즉 월소득 1,313위안(15,750위안/12개월)~3,500위안(42,000위안/12개월)을 '중간소득자'로 간주하는데 이렇게 정의된 '중간소득자'의 기준은 대중들에게 받아들여지기 어려우며 이들 중 대다수가 샤오캉 생활수준을 유지하지 못할 것으로 추정된다. 만약 이와 같은 중간소득층을 정의하는 기준을 사용한다면 중간소득자의 비율 증가는 소득불평등의 감소를 의미할 수도 있겠지만, 동시에 많은 인구가 비교적 낮은 생활수준에 머물러 있다는 사실을 의미하기도 한다. 그러므로 상대적 기준으로 중간소득층을 정의하는 방법은 현 단계에서의 중국 사회발전 지표로는 물론이고 '13·5계획'의 전면적인 샤오캉 사회 건설의 지표로도 적합하지 않다.

절대적 기준은 일정한 소득과 생활수준에 도달한 인구수가 전체 인구에서 차지하는 비율을 측정하는 것으로, 이러한 의미에서 '중간소득층' 비중의 확대는 더 많은 사람이 빈곤에서 벗어나 중간 정도의 품위 있는 삶을 유지할 수 있음을 의미한다. 이른바 '중간 정도의 품위 있는 삶'은 샤오캉 생활로도 이해될 수 있는데, 전면적인 샤오캉 생활을 건설하는 목적은 곧 절대다수의 사람들로 하여금 샤오캉 생활을 누리게 하는 데 있다. 그러므로 절대적 기준으로 정의한 중간소득층의 비중은 '13·5계획'에서 상정한 전면적 샤오캉 사회를 건설하는 지표의 하나로 더 적합할 것이다.

절대적 기준을 채택할 때 한 가지 난제는 적절한 중간소득층의 소득기준을 확정하는 방법을 찾는 것이다. 중국 중간소득층 소득기준의 확정은 글로벌 중산층 소득기준을 확정짓는 것과 마찬가지로 어렵다. 세계적 범위에서 보면 소득과 소비수준이 모두 높은 선진국이 있는가 하면, 중저소득의 개발도상국과 최저소득의 빈곤국도 있기 때문에 빈곤국의 고소득조차 선진국의 빈곤선보다 낮을 수도 있다.

중국의 상황도 마찬가지다. 지역 간의 소득과 소비수준의 격차가 크며, 중서부 농촌지역과 소도시에서는 충분히 샤오캉 수준의 생활을 누릴 수 있는 소득수준이더라도 베이징·상하이·광저우 등 대도시에서는 기본적인 생활조차도 유지하기 힘들 수 있다. 중국 국내외 학자들이 소득기준을 정의하는 다양한 방법을 제시한 바 있으나, 현재 가장 널리 사용되는 방법은 세계은행에서 규정한 '1일 1인당 평균 10~100달러'라는 가장 단순한 기준, 또는 국가별로 개별 지역의 발전수준에 따라 조정한 '1일 1인당 평균 10~50달러', '1일 1인당 평균 10~20달러' 등이다.

현 단계에서 세계은행 기준은 중국의 중고소득자 기준을 공식화하기 위한 참고자료로 사용할 수 있다. 세계은행에서는 1인당 1일 평균 1.9달러를 빈곤선으로 설정하고, 2~9달러는 저소득층, 10~100달러는 중간소득층, 100달러 이상은 고소득층으로 구분한다. 이 분류 기준에 의하면 1인당 1일 평균 소득을 평균 연소득으로 환산하고 1달러당 6.6위안의 환율(2015년 환율 기준)로 계산했을 때 연소득 24,000~240,000위안이며, 이는 중간소득층의 소득 하한선과 상한선이 된다. 이 기준은 사람들이 흔히 생각하는 중간소득자 개념에 비교적 가깝고, 이 소득수준이면 중국 대부분의 지역에서 샤오캉 생활을 유지할 수 있다. 2015년 중국 사회과학원 사회학연구소의 '중국 사회실태조사' 자료에 따르면 2014년 중국 18~69세 인구(재학생 제외)의 18.4%는 저소득층(연소득 4,600위안 이하)이고, 33.3%는 중저소득층(연소득 4,601~23,999위안), 47.6%는 중간소득층(연소득 24,000~240,000위안), 0.6%는 고소득층(연소득 240,000위안 이상)이었다.

그러나 24,000위안이라는 기준을 놓고 보자면 베이징·상하이·광저우·선전深圳 등 대도시와 거대도시의 주민들에게는 지나치게 낮은 수준이며 이런 대도시에서 연소득 24,000위안은 저소득수준에 속한다. 통일된 기준에 지역의 차이를 반영하기 위해 중간소득층을 고·중·저 세 가지 범주로 더 나눌 수 있다. 즉, 24,000~59,999위안 (1일 1인당 10~25달러)을 중저소득층, 60,000~119,999 위안(1일 1인당 25~50달러)을 중간소득층, 120,000~240,000 위안(1일 1인당 50~100달러)을 중고소득층으로 분류하는 것이다. 농촌, 소성진小城鎭4)과 소도시에서는 중저소득수준이면 샤오캉 생활을 누릴 수 있지만 베이징·상하이·광저우·선전과 같은 대도시나 거대도시에서는 중고소득수준이 되어야 샤오캉 생활을 유지할 수 있고, 중저소득자는 샤오캉 생활수준에 근접한 수준밖에 안 되기 때문이다. 각 지방 정부는 중간소득층에 대한 세부적 분류에 근거하여 '중간소득층 확대'라는 목표에 따라 각 지역의 현실에 맞추어 일정 등급에 속하는 중간소득자를 확대하는 데 중점을 두어야 한다.

6. 결론

전면적으로 샤오캉 사회를 건설하려는 정책 목표는 보다 많은 사람들을 빈곤에서 벗어나 부유하게 만들 뿐 아니라 공정하고 합리적인 소득분배 구조를 추구해 나가는 것이다. 그러나 절대적 기준과 상대적 기준으로 정의된 중간소득층이 동일한 수준의 집단이 아니기 때문에 중간소득층을 확대하는 정책 목표의 중점은 절대적 의미의

---

4) 역주: '소성진小城鎭'은 범위가 비교적 모호한 개념이다. 일반적으로 현县 정부 소재의 소도시와 한국의 읍과 유사한 행정 구역인 진鎭을 포함한 개념으로 사용되고 있다.

중간소득층에 둘 것인지, 아니면 상대적 의미의 중간소득층에 둘 것인지, 혹은 이 둘 사이의 균형을 맞춰야 할 것인지는 정책 결정자가 신중히 고려해야 할 문제이다. 2016년 10월 국무원에서 「핵심 집단의 활력 촉진 및 도시와 농촌 지역 주민의 소득 증대에 대한 시행 의견關于激發重點群體活力帶動城鄉居民增收的實施意見」을 발표한 후 "연소득 12만 위안 이상은 고소득자인가? 고소득자에 대한 조세 조정 강도를 높여야 하는가?" 등에 대한 사회적 여론이 환기된 것은 바로 이 문제와 관련이 있다. 상대적 기준으로 중간소득자를 정의하면 연소득 12만 위안 이상이면 무조건 고소득자가 되기 때문에 여기에 분류된 사람들의 과세를 적절히 늘려나간다면 상대적 의미에서의 중간소득층 확대에 도움이 될 수 있다. 그러나 절대적 기준으로 중간소득자를 정의하면 연소득 12만 위안 이상인 사람은 대부분 중간소득자로 분류되기 때문에, 이 집단의 비중을 확대하려면 조세부담을 늘리는 것이 아니라 반대로 줄여야 한다. 정책 제정 차원에서 '중간소득자 비중 확대'를 샤오캉 사회 건설 및 '13·5계획'의 목표로 제시하는 데는 절대적 기준이 더 적합하다. 이 기준은 '빈곤을 벗어나 부유해지고 샤오캉 생활수준에 도달한 사람'의 숫자와 비율의 증가 속도를 보다 정확하게 파악할 수 있다. 결론적으로 중간소득자의 비중 증가는 샤오캉 사회의 전면적인 건설을 구체적으로 반영한 것이다. 이와 함께 중간소득층의 기준을 명확히 하는 것은 '13·5 계획'의 목표를 세분화하고 정책의 효율적인 집행에 도움을 주고, 관련 정책을 수립할 때 적절한 방향을 제시해 줄 수 있다.

米爾斯(2006), 周曉紅譯, 『白領: 美國中産階級』, 南京大學出版社.

Birdsall, Nancy, Card Graham, and Stefano Pettinato(2000). "Stuck in Tunnel: Is Globalization Muddling the Middle Class?" Working Paper 14, Brookings Institution, Washington, DC.

Easterly, William(2001). "The Middle Class Consensus and Economic Development." Policy Research Working Paper 2346, World Bank, Washington, DC.

Gilbert, Dennis(2002). *The American Class Structure*: In an Age of Growing Inequality. Belmont, CA: Wadsworth.

Goldthorpe, John H.(1987). *Social Mobility and Class Structure in Modern Britain*. Oxford: Clarendon Press.

Grabka, Markus M., Jan Goebal, CarstenSchroder, and JurgenSchupp(2016). "Shrinking Share of Middle-Income Group in Germany and the US." *DIW Economic Bulletin*, 18, pp.199-211.

Kharas, Homi(2010). "The Emerging Middle Class in Developing Countries." OECD Development Centre, Working Paper, No.285.

Levitan, S.A. and Carlson, P.E.(1984). "Middle-class Shrinkage?" *Across Board1*, pp.55-59.

Levy, Frank(1987). "The Middle Class: Is It Really Vanishing?" *Brookings Review*, 17-21.

Markus, M. Jan Goebel, CarstenSchroder, and Jurgen Schupp(2016). "Shrinking Share of Middle-Income Group in Germany and the US." *DIW Economic Bulletin*, No. 18, pp. 199-211.

Milanovic, Branko and Shlomo Yitzhaki(2002). "Decomposing World Income Distribution: Does the World Have a Middle Class?" *Review of Income and Wealth, International Association for Research in Income and Wealth*, Vol.48(2).

Pew Research Center(2015). "The American Middle Class Is Losing Ground: No Longer the Majority and Falling behind Financially." 2015 www.pewresearch.org.

Pew Research Center(2016). "America's Shrinking Middle Class: A Class Look at Changes Within Metropolitan Areas." May 11, www.pewresearch.org.

Pezzini, Mario(2012). "An Emerging Middle Class." OECD Yearbook 2012, http://www.oecdobserver.org/news/fullstory.php/aid/3681/An_emerging_middle_class. html.

Piketty, Thomas(2014). *Capital in the Twenty-first Century*. Harvard University Press.

Thompson, William and Joseph Hickey(2005). *Society in Focus*. Boston, MA: Pearson.

Wright, Erik Olin(1979). *Class Structure and Income Determination*. New York: Academic Press.

제2장

사회구조 속 '화이트칼라'와 그들의 사회적 기능
: 1990년대 이후의 상하이를 중심으로*

리유메이李友梅

1. '화이트칼라'의 연구 방향과 재조명

최근 중국 국내에서 진행되고 있는 사회구조와 계층에 관련된 연구 중에서 '화이트칼라' 집단에 대한 관심이 지속적으로 높아지고 있다. 대부분의 사람들이 '화이트칼라'를 직업, 교육, 소득, 소비수준과 연관시켜 이해하는 데 비해 연구자들은 주로 사회적 기능, 가치관, 행동 방식 등의 측면에서 고찰하며 이들을 독특한 사회적 요구와 모종의 가치를 공유하는 집단으로 간주한다. 일부 연구자들은 화이트칼라 계층이 중국 사회의 전환을 촉진시키는 데 일정한 역할을 한다고 보고 이 계층의 규모를 확대시킬 방법과 경로를 찾으려고 시도하였다(趙向紅·張曉忠, 2003; 李正東, 2001). 이러한 연구의 이론적 가설은 중국의 화이트칼라 집단이 미래에 중요한 역할을 발휘할 것이고 그

---

* 본문의 작성 과정에서 여러 차례 쑨리핑孫立平, 추리핑仇立平 교수와 토론을 하였고 토론의 과정에서 일부 관점에 대한 실마리를 얻게 되었다. 이 점에 대해 두 분께 감사드린다.

들이 사회발전의 '스태빌라이저', 사회모순의 '완충층', 사회행위의 '지표'가 될 수 있다는 것이다. 이 이론적 가설을 지지하는 사람들은 화이트칼라 집단의 사회적 기능이 어느 정도로 발휘될 수 있을 것인 가는 이 집단의 사회적 규모와 소득, 문화적 소양, 직업 안정감 등에 달려 있다고 주장하였다.[1]

이들 연구자들은 서양의 화이트칼라 계층이 사회발전에 미치는 각 종 작용을 중국 화이트칼라 집단을 분석하는 중요 지표로 참조하고 있다. 달리 말하면 서양의 화이트칼라 계층의 사회적 기능에 관한 의견을 상당히 받아들였다는 것이다. 서양 학자들의 화이트칼라에 관한 연구는 어느 정도 중산층 이론의 발전과 일맥상통한다. '중산층' 은 사회구조 연구자들이 사회계층을 분석할 때 자주 사용하는 개념 이다. 서양 산업혁명과 관련이 많은 서양 중산층은 주요 사회 계층으 로의 부상과 세력 확대, 특히 사회 전반적인 구조에 미치는 영향으로 인하여 많은 사회학자들의 관심을 불러일으켰다.

19세기 마르크스는 생산수단의 소유 여부에 근거하여 전체 사회구 조를 크게 두 계급(자산계급과 무산계급)으로 나누었다. 동시에 그는 당 시 유럽 문명 발전의 실제 상황을 근거로 하여 자본주의 발전사의 관점에서 '중간계급'이라는 표현을 제기하였다. 『공산당 선언』에서 그는 중간계급의 와해로 그들 중의 대다수가 무산계급으로 전락하면 서 사회 양극화를 초래하였고, 이는 자본주의의 중대한 사회적 충돌, 동요 및 사회혁명을 일으키는 전제 조건 중의 하나가 되었다고 하였

---

1) 일부 연구에서는 현재 중국의 사회구조가 직면한 가장 주요한 문제점은 화이 트칼라를 중심으로 구성된 중산층의 규모가 제한적인 것이라고 밝혔다(李强, 2002).

다(Karl Marx, 1972). 사회학의 다른 한 가지 이론을 보면 베버는 다원론적 입장에서 마르크스와 다른 계층론을 제시하였다. 그는 「계급, 신분, 정당」이라는 글에서 사회계층을 결정하는 세 가지 요인을 제시하였는데, 경제에 따른 계급, 명예에 따른 지위, 정치 권력에 따른 정당이 바로 그것이다. 자본주의 발전사에 대한 분석에 따르면 '시장 상황market situation'[2]은 계급을 구분짓는 중요한 근거이며 전문기술자와 관리자는 우세한 시장 상황에 있기 때문에 비교적 높은 소득을 얻고 소비 시장에서도 비교적 높은 위치를 차지할 수 있다. 이 집단이 바로 서양 사회에서 점차 강대해지고 있는 중간계급(Weber, 1946: 180~186)이다. 또한 베버는 중간계급과 노동자계급은 삶의 기회, 상품의 점유, 재화의 소유 및 소득수준 등의 측면에서 모두 차이를 보인다고 언급했다. 그중 중간계급의 경제적 지위는 비교적 안정적이고 발전 가능성도 있으며 그들은 또한 독립적이고 안정적인 생활방식을 갖고 있지만 반드시 공동으로 조직적 행동을 하는 것은 아니라고 하였다(李强, 1993).

1940년대 이후, 서양 주요 선진국의 공업화가 완성됨에 따라 자본주의사회는 기업의 소유권과 지배권의 분리를 특징으로 하는 '관리자본주의' 단계로 전환되었다. 이에 따라 자본 소유권을 가지고 있지 않지만 관리권을 가진 관리 계층과 기술자, 사무직원, 일반 행정직원, 홍보 전문가 등 월급 고용자로 구성된 전문 기술자 계층이 등장하였다. 이러한 직업을 가진 직업군들은 전통 사회의 소농장주, 점주, 소기업주와는 달랐다. 미국 사회학자 라이트 밀즈는 1951년에 출간한

---

2) '시장 상황'은 사람들이 취업 기회와 경제재를 얻을 수 있는 능력을 가리킨다(李春玲, 2005).

『화이트칼라 – 미국의 중산층White Collar: The American Middle Classes』
에서 그들을 '신중간계급' 혹은 '화이트칼라층'으로 명명하였다. 그는
이 책에서 화이트칼라층의 특징을 비교적 체계적으로 설명하였다.
즉, ① 거대한 기구에 종속되고 직접 생산 활동에 참여하지 않고 행정
관리 업무 및 기술 서비스를 한다. ② 사적 고정 자산이 없고, 종속된
기구에 대한 재산 분배권이 없으며, 자산으로 그들을 따지기가 어렵
다. ③ 지식과 기술로 생계를 이어가며, 비교적 안정적이고 높은 연
봉이나 월급을 받는다. ④ 사상은 보수적이며 생활은 기계적이고
단조로우며 혁명적 정신은 부족하지만 체면과 지위에 걸맞은 이미지
를 유지하기 위해 세속적이고 저속한 대중적 취향을 거부한다(Mills,
1986).

　존 골드소프는 중산층은 사회의 주류 가치관에 동조하고, 노동자
계급과는 근본적인 차이를 보인다고 주장한다. 비록 이들은 고용주
와 갈등은 있지만 대체적으로는 신뢰 및 충성 관계를 형성한다. 현존
하는 사회구조가 그들이 존재할 사회적 위치를 결정한다(Goldthorpe,
1972, 1982). 따라서 중산층은 사회적, 정서적으로 안정된 상태를 추구
하고 급진적인 정치 행동에 반대한다. 이에 대해 밀즈는 미국 신중산
계급의 현황에 기반하여 화이트칼라를 정치적으로 냉담하고 명확한
정치 의식이 없는 계급으로 묘사하고, "각 중산계급의 사회 형태가
다르고 물질적 이익이 서로 충돌되며 이데올로기가 상이하여 그들
사이에는 공통된 정치 운동을 할 수 있는 현실적 기반이 형성되지
않는다."라고 비판하였다. 또한 그는 "그들은 모든 권력구조에서 종
속적인 변수이다."라고 주장하였다(Mills, 1986). 즉, 그들은 결코 스스
로 강력한 정치운동을 하지 않는다는 것이다. 이에 따라 밀즈는 화이
트칼라를 '정치 수비수'라고 주장하였으며 이 주장은 그후 중산층이

사회 안정의 기능이 있다는 중요한 근거 중의 하나가 되었다. 미래학자 다니엘 벨은 『후기 산업사회의 도래The Coming of Post-Industrial Society』에서 말레츠케Maletzke, 클리포드 기어츠Clifford Geertz 등의 학자들이 전문기술자가 강력한 혁명성을 가지고 있다는 주장에 대해 다음과 같이 반박하였다. "'교육을 받은 노동자'3)는 관료주의와 평민주의라는 양 극단의 협공을 받는다. 자신들의 성과를 위협하는 '소외 현상'에 저항하게 된다면, 그들은 전통적인 정신을 유지할 것이고, 관료주의와 평민주의 중 어느 한 쪽도 선택하지 않을 것이다."라고 하였다(Bell, 1997). 이러한 의미에서 중산층은 관료주의와 평민주의의 균형을 맞추는 중요한 기반이며 사회를 안정시키는 역할도 하고 있다. 여타의 서양 학자들, 이를테면 에밀 레더러Emil Lederer, H. 슈페어 H. Speer, L. 켈리L. Kelly 및 데이비드 로크우드David Lockwood 등도 중산층이 사회를 안정시키는 기능을 가지고 있다는 관점을 지지하였다.

그러나 많은 학자들은 일부 개발도상국의 현대화 실천 과정에서 중산층이 발휘하는 역할이 이론적으로 모델화된 '스태빌라이저'의 기능보다 훨씬 더 복잡하다는 것을 발견했다. 할펀Halpern은 중동지역에 대한 연구에서 신흥 중산층이 강인한 사회 변혁적 활동을 보여주었다고 하였다(Huntington, 1988 참조). 헌팅턴은 이러한 현상은 빠르게 현대화가 진행된 대부분의 지역에서도 흔히 발견될 수 있다고 하였다. 그는 또한 "중산층의 형성은 경제 성장과 마찬가지로 고도의 불안정 요소이다. 중산층의 발생과 발전은 여러 단계를 거쳐 이루어졌을 것이다. 일반적인 인식상에서 최초로 사회 무대에 등장한 중산층들은 전통과 현대의 가치관을 겸비한 지식인들이다. 그 후 그들은

---

3) 주로 전문기술직과 관리직을 가리킨다.

점차 문관, 무관, 교사와 변호사, 엔지니어와 기사, 기업가와 관리자로 분화되었다. 최초로 출현한 중산층은 가장 혁명적이었지만 그들의 규모가 확대되면서 점차 보수화되었다."(Huntington, 1988)라고 지적하였다. 이러한 이론적 사유가 시사하는 바는 서로 다른 발전 단계에 있는 중산층의 경우 그 사회적 기능이 다르다는 것이다. 따라서 어떤 국가나 지역 중산층의 사회적 기능을 관찰할 때, 가능한 한 이 계층의 발전단계와 특징, 그들과 다른 집단 간의 관계, 그들이 처해 있는 변혁 과정을 충분히 분석해야 한다.

일부 학자들은 중산층의 사회적 기능을 판단하는 연구를 통해, 중산층이 어떤 시대에 갖고 있는 사회적 정서와 정치적 경향도 매우 중요한 종속변수라는 것을 인식하였다. 루지 살바토리Luigi Salvatorelli는 1930년대 이탈리아에서 일어난 파시즘이 본질적으로 중산층 운동이었다고 하였다(周曉虹, 2005). 사무엘 프랫Samuel Pratt은 독일에서 나치가 집권하기 이전 도시 선거에 대한 연구를 했는데, 규모가 서로 다른 도시와 지역에서 나치 지지자들과 중산층 간에 고도의 연관성을 가지고 있음을 발견하였다. 찰리 루미스Charles Loomis와 앨런 비글Allen Beegle은 경제적, 사회적 위기가 독일에 들이닥치자 중산층이 우세했던 지역에서 나치 지지자들이 많이 나타났다는 것을 밝혔다(Lipset 재인용, 1997). 립셋은 『정치적 인간: 정치의 사회적 기반 Political Man: The Social Bases of Politics』에서 중산층이 나치를 지지하는 주요 원인을 다음과 같이 언급하였다. "중산층의 상대적인 지위가 몰락하고, 그들이 기존의 경제 사회적 질서에 대해 지속적인 적대감을 가짐에 따라, 그들이 가진 대규모 권력에 반대하고 개인의 권리를 지지하는 '자유주의적' 이데올로기는 이미 혁명단계의 이데올로기에서 반동계급의 이데올로기로 변화되었다"(Lipset, 1997). 파시즘의 이면에는 독점 자본가계급과 사회주의 운동에 대한 중산층의 이중적 공포감이 깔려 있다. 이러한 연구를 통해 중산층의 사회적 기능은 특정 시기에 따른 그 구성원의 사회적 심리상태, 정서와 관련이 있음을 발견할 수 있다. 즉 해당 계급의 사회심리에 대한 분석을 떠나 중산층이 반드시 '스태빌라이저'와 '완충층'의 역할을 담당할 수 있을지 확언하기 어려울 것이다.

위와 같이 중산층의 사회적 기능에 관한 이론 분석을 통해 현재 중국 학자들이 중산층을 사회발전의 '스태빌라이저', 사회모순의 '완충층', 사회행위의 '지표'로 인식하는 이론적 가설은 서양 학자들이 주장한 중산층의 사회적 기능에 관한 이론을 다소 답습했다는 사실을 추정할 수 있다. 이런 답습은 서양 중산층이 처한 특정한 역사 단계와 사회적 기능에 대한 사회 정서의 영향력을 충분히 고려하지 못한 결과에서 비롯된 것이다. 이 이론적 가설에 따라 중국 화이트칼라 집단의 사회적 기능을 연구해 보면 실제와는 편차가 나타난다.

윌리엄 페르시와 마이클슨은 서양 학자들에게 중국의 사회 전환 과정을 연구하는 데에 있어, 중국의 사회 전환이 정치와 시장의 이중적 전환 과정이라는 사실을 간과해서는 안된다고 지적하였다. "다양한 사회 집단 간의 차이를 서술하려면 경제 시장에 관심을 기울이는 것처럼 정치 시장에도 관심을 기울여야 한다"(William Parish & E. Michelson, 2002). 그들이 강조한 것은 중국의 정치 체제와 사회 거버넌스 체제가 시장 운영, 사회발전, 그리고 사회 집단 간의 관계 구조에 중요한 영향을 미쳤다는 점이다. 1980년대부터 중국에는 경제 체제 전환에 있어서 거시적 차원의 전략적 선택과 기층基層으로부터의 참신한 창조적 탐구라는 두 가지 역량이 등장했다. 이러한 역량은 경제의 빠른 성장을 촉진하였다. 하지만 경제의 빠른 성장을 촉진하는 태도와는 달리 정치체제 개혁에 대해서는 오히려 신중한 태도가 유지되었다. 일부 학자는 이러한 부조화가 일련의 제도적 긴장감을 조성하였다고 보았다. 이러한 긴장감은 1990년대 중·후반 이후 사회 거버넌스 분야에서 부각되었는데 이는 다음과 같은 결과를 초래하였다. 즉 국가의 사회 거버넌스 체제는 새로운 경제 운영에 의해 파생된 새로운 사회 집단(이를테면, 상하이의 '신화이트칼라' 집단)에 대한 영향력이 약화되고 이 집단이 사회적 공공관리 영역에 진입할 수 있는 제도적 공간을 만들어 주지 못하였다.

서양 선진국의 화이트칼라 계층은 선거권을 장악하고 민심을 대표하는 중산층의 중요 구성원이다. 그들은 현대 서양 민주 정치의 초석을 다졌으며 선거 정치를 통해 그들의 가치, 관념과 행위 규칙이 정부 거버넌스 체제 전반에 중요한 영향을 미쳤다. 이것은 그들과 국가 정치사회의 거버넌스 체제 사이에 소통하는 메커니즘이 존재할 뿐만 아니라 이러한 소통 메커니즘은 어느 정도 제도적 보장을 받고 있다는 것을 의미한다. 하지만 서양의 화이트칼라 계층이 사회적 기능을 발휘할 수 있는 이러한 조건이 중국에서는 온전하게 갖춰지지 않았다.

서양 화이트칼라 직업 구성의 일반적 기준에 따르면, 현재 상하이의 일부 직업군이 화이트칼라에 분류될 수 있다. 본 연구에서는 상하이 화이트칼라의 현재 발전단계, 사회적 심리상태, 그들과 체제와의 관련성에 대해 논의하고자 한다. 본 연구는 상하이의 사회계층 구조가 직업 분포상 서양의 사회계층 구조와 유사하지만 그들이 형성된 체제적 배경, 관련된 사회 기반, 그들이 발휘할 수 있는 사회적 기능 측면에서 서양 사회 중산층의 주체인 화이트칼라 계층과는 큰 차이가 존재한다는 점을 인식시키고자 한다.

2. 사회구조 속의 신흥 화이트칼라 집단

상하이 화이트칼라 집단의 사회적 기능에 초점을 맞출 때, 이 집단의 생성 메커니즘과 사회심리에 대해 심층적인 연구가 불가피하고, 나아가 화이트칼라를 주체로 하는 사회구조가 어떻게 구성되었는지를 명확히 해야 한다. 상하이 화이트칼라 집단은 그 생성 메커니즘과 사회심리상 나름의 역사성을 가지고 있으며 이를 분석하는 것은 그들의 사회적 기능을 분석하기 위한 필수 조건이다.

초기 상하이 화이트칼라 집단의 부상과 확대는 중국의 반半식민지화 및 현대화와 함께 진행되었다. 1840년 아편전쟁 이후, 상하이는 중국 무역항 중의 하나가 되고 초기 화이트칼라 집단이 가장 많이 집중된 곳이 되었다. 상하이의 화이트칼라 집단은 주로 외국 세력이 중국에서 설립한 각종 기구에 분포되어 있었는데, 대부분은 무역업과 금융업에 종사하였고, 기자, 변호사 등과 같은 기타 신흥 직업에 종사하는 사람도 많았다. 상하이에 오랫동안 거주했던 어느 미국 기자는 당시의 사회계층 구조를 다음과 같이 묘사하였다. "1930년대 초기 중국 사회는 통상적인 식민지사회의 구조였다. 특권계층에 속하여 식민 세력을 대표하는 외국인, 상층의 중국인 매판4)과 소수 중국인 경쟁자, 외국 및 중국 기업에 고용된 화이트칼라, 가난한 농촌에서 유입된 궁핍한 대중 … ."(李歐梵, 2001: 39 재인용)

당시 상하이의 사회구조는 사실 이 미국 기자가 묘사한 것보다 훨

---

4) 역주: 매판買辦은 아편전쟁阿片戰爭 전후 중국과 외국 무역에서 중개를 하는 사람을 가리키는 말인데, 19세기로부터 주로 외국 상사商社나 기업의 대리인으로 활동했던 사람을 지칭하게 되었다. 이 중의 일부는 축적한 부를 통해 매판자본가買辦資本家가 되었다.

씬 더 복잡했지만 그의 묘사는 적어도 다음과 같은 정보를 제공해 준다. 그 당시 상하이는 이미 서양에서 말하는 현대적 의미의 화이트 칼라 집단이 어느 정도 형성되어 있었는데 이들을 '구舊화이트칼라'라고 일컬을 수 있다. 서양의 화이트칼라와는 달리, 이들은 본토 내부의 공업화로 인해 자연적으로 형성된 것이 아니라, 피동적인 현대화 과정에서 돌연 등장하게 된 집단으로, 외국 상공업 자본이 중국 본토 문화의 기반 위에 조성된 집단이다. 따라서 상하이의 화이트칼라는 등장 당시부터 단지 직업계층을 지칭하는 용어 중 하나로 사용되었을 뿐이며 그 개념은 서양에서 이론화된 사회학적 의미의 '화이트칼라'와는 다르며, 집단 자체도 다양한 특성을 가지고 있었다.

1930년대에 상하이에서 이미 상당한 규모를 갖춘 화이트칼라 집단은 반半식민지화와 현대화의 결과물일 뿐만 아니라 당시 상하이 산업구조 변화의 직접적 산물이기도 하다. 외국 상공업 자본이 침투하기 전, 상하이의 상공업은 이미 어느 정도의 발전을 이루었다. 그러나 개항 후 몇십 년 동안 외국 상업기관과 금융기관이 대량 진출하면서 노동 자원의 흐름은 더욱 뚜렷하게 변모하였다. 무역업과 금융업의 발전에 따라 공공 조계지의 도로 양쪽에 은행, 부동산회사, 보험회사, 백화점 등이 집중된 전문 상업지역이 생겨났고 많은 중국 노동자들이 이곳에서 근무하게 되었다. 동시에 외국 조계지가 지속적으로 건설되면서 도시 행정 서비스 산업이 발전하게 되었으며 상업, 무역업과는 다른 신형 서비스 산업 종사자가 생겨났다. 이와 같은 도시 구역의 존재와 발전은 대량의 노동 자원이 자유롭게 이동할 수 있는 공간을 제공해 주었다. "1920년대, 샐러리맨 집단은 발전기에 접어들었고, 그 분포 범위도 상당했다. 주로 상업, 금융, 교통 운수, 교육, 행정기관 등에 집중되었는데 그중 상점 종업원은 약 10만 명, 상업에 종사하는 인원은 약 20만 명이었다"(周曉虹, 2005: 329). 당시 상하이의 화이트칼라 집단은 주로 외국 자본에 의해 장악된 상업지역에 집중되어 있었는데, 이는 이 집단이 가지는 직업 구성상의 중요한 특징 중의 하나이다.

외국 자본과 각종 기관의 설립은 상하이의 취업구조를 변화시켰고 그들의 현대적인 경영 이념과 관리 방식은 상하이의 사회구조에도 큰 영향을 미쳤는데, 그중 가장 중요한 것은 현대적인 경쟁 원칙의 도입이다. 중국은 전통적으로 혈연관계에 기반하여 사회계층을 형성하였는데, 생득성은 계층이동의 주요 원칙이었다. 그러나 현대적인 경쟁 원칙은 획득적 원칙에 기초한 것으로 이는 주체의 본질적인 차이를 인정하고, 주체의 개인 능력 향상을 통한 사회적 지위의 상승을 장려한다. 이를 통해 현대적인 경쟁 원칙은 직업의 자유로운 전환을 가능케 하는 경로를 제공하는 동시에 사회계층의 이동과 분화를 촉진한다. 다시 말해, 상하이에서 형성된 초기 화이트칼라 집단은 이 새로운 원칙이 기존의 사회관계 속에서 만들어낸 신생아로, 이들의 등장은 중국의 사회구조가 개방적인 사회로 전환하는 과정에서 탄생한 최초의 산출물이었다. 즉, 당시 각종 외국 기관에서 일했던 상하이 화이트칼라 집단은 이 같은 현대적 경쟁 원칙의 산물이자, 또한 원칙의 시행자였다. 1990년대에 이르러 유사한 역사적 배경에서 분화된 상하이 '신화이트칼라'는 초기의 '구화이트칼라'와 일정 부분 유사한 생성 메커니즘을 공유하였기 때문에 이들 간에는 사회심리적 동질성이 형성된다.

집단적 사회심리의 형성은 이 집단이 존재하는 지역의 문화와 직접적인 관련이 있다. 현대 상하이 사회는 외래문화와 상공업 자본의 충격에 의해 완전히 서구화되지 않으면서도, 순수한 민족주의를 무기로 서양 문화에 대항하지도 않는다. 베르제르가 지적한 것처럼, 상하이는 "서양인이 가지고 온 형식을 받아들여 그것을 흡수, 소화시켜 중국식의 현대적 특색으로 변화시켰다. 이 도시가 가진 독특함과 흡입력은 다른 어떤 지역에도 없었던 것이다 … (중략) … 중화문명과 모더니티 간의 충돌은 실용주의적 방식으로 균형을 이루었다."(Bergère, 2005: 2~3)라는 것이다. 상하이는 수십 년 동안 서양 현대 도시의 생활 패턴, 상업 운영 모델, 오락 방식과 문화소비재 등을 이식하였다. 중국과 서양 문화의 충돌과 접목은 상하이의 번영을 이루어 냈다. 수많은 중국 국내 이민자와 해외 이민자들이 도시 문화에 감명을 받아 상하이에 유입되었고, 이들은 상하이에 독특한 지역 사회적 특징을 부여하였다. "상하이는 하나의 모래 사장으로 누구나 오고 갈 수 있는 곳이었다. 청말민초[5] 이래로 외지의 많은 신식 지식인과 상공업자들도 상하이에 와서 일자리를 구했다. 이들처럼 어느 정도의 사회 자원을 갖고 있는 이민자들은 상하이의 새로운 직업계층 및 자산계급의 중요한 원천이 되었고, 이들은 신흥 이민 사회의 중상층과 주도적인 세력으로 성장하였다. 상하이는 전통 지역사회와는 완전히 다른 개방된 공간이었으며 상하이의 사회이동은 국경을 넘기까지 하였다. 시장 경제의 발전은 상하이 사회를 개방적이고 활동적인 구조로 개조시켰고, 상하이 사회는 이동 중에서 동태적인 균형을 유지했다"(樊衛國, 2002: 373). 상하이의 도시화적 특성과 사회구조의 '개방적 활동성'을 통해 상하이 지역의 특색이 살아 있는 '하이파이海派' 문화를 형성하였는데 이 문화는 초기 상하이 화이트칼라의 사회심리와 정신적 특성을 잉태하였다.

---

5) 역주: 청말민초淸末民初는 청나라 말기와 중화민국 초기를 가리키는 말이다.

상하이의 화이트칼라 집단은 도시문명의 유일한 수혜자가 아니지만 그들은 다른 사회 집단과 구별되는 소비방식과 생활방식을 통해 자신들의 고유한 경제 문화적 특성을 생성했으며 자신들만의 집단적 특징을 만들어냈다. 이 점은 기든스가 말했듯이 "거의 보편적인 공감을 얻은 인식은, 사회 전반적인 추세 고찰을 통해 증명된 것처럼 계급 내부와 계급 간의 분화는 직업 차이에 의거할 뿐 아니라 소비와 생활방식의 차이에도 의거한다는 것이다."(Giddens, 2002: 284) 그러나 초기 상하이의 화이트칼라 집단의 이미지는 매우 모호한데, 사람들은 그들의 생활 단상을 클로즈업하여 다른 당시의 문학 작품들을 통해서 그들 내면의 욕망과 감정을 어느 정도 이해할 수 있었다. 1930년대 명성이 자자했던 여성 작가 장아이링張愛玲도 이 집단을 묘사했으나 이들의 신분은 작품 속 숨겨진 배경일 뿐이었다. 이들 대다수는 사무실 또는 사무소, 은행 등에서 근무하였다. 이들은 일을 할 때에는 직장 상사와 동료의 '단체격국' 속에 있었지만 가족, 친구들과 교제할 때에는 중국 전통 사회구조인 '차서격국6)'에 속해 있었다(費孝通, 1998). 이들은 중국 방식에 따라 인생의 중요한 대소사 의식을 치르지만 의식의 형식은 이미 서양의 물질적 형식을 갖추었다. 이들은 강한 도시의 경제 관념을 가지고 있으며, 자신만의 내면 세계에 집착하고 이데올로기와의 충돌과는 거리를 둔다. 이들은 새로운 사고방식을

---

6) 역주: 중국 저명한 사회인류학자인 페이샤오퉁費孝通은 중국 사회와 문화의 원형을 설명한 저서 『향토중국鄕土中國』에서 서양사회의 관계가 '단체격국團體格局'이고 중국 사회가 형성되고 작동하는 방식을 '차서격국差序格局'이라고 구분하였다. 단체격국은 한 단체 내부에 개인의 권리를 중심으로 사회 질서가 이루어진 것이고 차서격국은 신분과 지위에 따라 개인의 사회적 관계가 달라지는 질서를 말한다.

받아들여 자신의 생활방식을 변화시키면서도, 전통 사회의 행동 규칙에 따라 사회 생활에 참여하기도 한다. 이들은 동시에 두 가지 사회관계에 종속되면서도 유리된다. 이러한 괴리성은 가치체계에서 주체의 독립성을 의미할 뿐만 아니라 주관적 정체성의 불확실성을 보여주기도 한다. 이 같은 관점을 최근 몇 년 동안 화이트칼라 집단의 풍조로 확장하여 관찰해 보면, 그들의 1930년대에 대한 복잡한 '추억'의 감정 가운데에는 초기 화이트칼라의 사회심리와 모종의 동질성을 가지고 있음이 발견된다.

비록 그 후 몇십 년 동안 상하이 초기의 화이트칼라 집단은 현실 사회구조에서 사라졌지만, 그들의 사회적 품성을 잉태한 메커니즘과 사회문화의 기반은 사라지지 않았다. 사회 역사적 상황이 유사한 전환을 하게 될 경우 사라지지 않은 사회문화적 요인들은 시대의 흐름 속에 다시 활성화되어 작동하게 될 것이다. 개혁개방 이후, 상하이의 '신화이트칼라' 집단의 행동 방식은 이러한 요인들의 존재와 밀접한 관련이 있을 뿐만 아니라, 직업구조와 사회 문화생활 등의 측면에 나타난 새로운 변화로 인해 뚜렷한 시대적 특징을 나타내기도 했다. 예를 들면, 푸둥浦東7)의 외향적 경제 발전에 따라 상하이 공업은 과거 원재료 생산과 같은 단순한 가공 위주의 방식에서 첨단 기술, 고부가가치 제품의 생산으로 전환되면서 제품의 업그레이드를 촉진하였다. 또한 산업구조에서 제3차 산업의 비중이 급속히 증가하고, 제2

---

7) 역주: 상하이는 황푸黃浦강에 의해 푸둥浦東과 푸시浦西로 나누어진다. 푸시는 전통적인 도심 지역이다. 푸둥은 행정상 공식 명칭은 푸둥신구浦東新區로 1990년대부터 국가급 경제특구로 지정되어 본격적으로 발전을 이루게 된다. 오늘날 푸둥은 중국 경제를 이끌어가는 금융과 상업 중심지 중의 하나로 탈바꿈하였다.

차 산업에서 신흥 제조업과 서비스업도 비교적 빠른 속도로 발전하여 주요 부문이 되면서 전통 농업과 제조업의 비중은 점차 줄어들었다. 1990년 이후부터 지금까지 상하이 경제 발전의 동력은 투자 유치에서 혁신 지향적 발전으로의 변화 과정을 거쳤다(浦再明, 2004). 최근 몇 년 동안, 상하이는 과교흥시科敎興市(과학과 교육을 통해 도시를 부흥시킴)를 주요 전략으로 제시했고, 지식 혁신으로 새로운 경제 성장을 구축하기로 하였으며 하이테크 산업의 대규모 발전은 기존의 취업구조에 중요한 변화를 가져왔다. 1990~2003년 상하이의 제2차 산업 종사자는 20.3% 감소한 반면, 제3차 산업의 종사자는 22.3%가 증가했다(上海市統計局, 2004). 이와 함께 상하이의 취업구조는 1990년대부터 변화하기 시작하여 전문 기술자와 현대 상업·서비스업 인원이 점차 증가하고 전통 농업과 공업 종사자는 갈수록 줄어들고 있는 것으로 나타났다(〈표 1〉).[9]

〈표 1〉 상하이 취업구조의 변화 (단위: %)

직업 분포	1982년	1990년	2000년
국가기관, 당·민중 조직, 기업·사업단위[8]의 책임자	3.2	3.7	3.4
전문기술자	10.7	13.3	12.8
사무직과 관련자	3.1	5.8	11.8
상업·서비스업 종사자	11.5	15.2	22.4
농업·임업·목축업·어업·수리水利업 종사자	23.8	11.5	11.3
생산·운수 설비 기사	47.7	50.4	38.2
합계	100.0	100.0	100.0

출처: 제3, 4, 5차 전국 인구 센서스 조사 관련 데이터에 의해 정리

---

8) 역주: 중국에서는 교육·위생 등의 비영리부문을 '사업단위事業單位'로 지칭

취업구조의 변화는 경제구조와 산업구조의 변동을 반영할 뿐만 아니라, 상하이 전체 사회구조의 변화도 야기했다. 탈공업화 사회와 밀접한 관련이 있는 현대적 취업구조가 점차 형태를 갖추게 되었다. 제3, 4, 5차 '전국 인구 센서스 조사' 관련 데이터를 종합해 보면 그동안 화이트칼라 직업의 비율은 계속 증가하고 있고, 블루칼라 직업의 비율은 줄곧 감소하였다는 것을 알 수 있다. 사회구조에서 국가, 사회와 기업의 관리자 및 전문 기술자, 사무직 등 화이트칼라를 위주로 하는 중산층은 수적으로 이미 주도적인 계층이 되었고 양끝은 폭이 좁고 가운데는 폭이 큰 '올리브형' 계층구조를 나타냈다.

한다. 이들 기관에서 일하는 사람은 공무원과 유사한 대우를 받으며 국가나 정부로부터 월급을 받는다. 이 책에서는 이런 기관을 '사업단위'로 직역한다. 이와 비슷한 의미로 사용되는 용어는 '단위單位'가 있다. 단위는 기관, 단체 혹은 기관과 단체에 속해 있는 부문을 포함한다. 중화인민공화국 성립 초기에, 집중적으로 자원을 조달하고 공업을 발전시키기 위해 도시에는 단위체제를, 농촌에는 인민공사를 조직하는 관리 시스템을 조성하였다. 그중 도시 지역의 단위는 일반적으로 국가기관, 사업단위와 기업단위로 나누어진다. 이 3 종류의 단위에 취업한 사람은 '철밥통' 같은 영구적인 취업이 보장되며, 의료, 양로, 자녀의 교육, 취업 등도 보장을 받게 된다. 이러한 단위는 국가 조직 제도에서 주도적인 역할을 하기 때문에 '체제 내體制內'로 간주되고 이외 기타 부문은 '체제 외體制外'로 간주된다. 개혁개방 이후 특히 시장 경제의 발전과 국유기업 개혁을 하면서 단위체제는 점차 해체되었다.

9) 어떤 의미에서, 취업구조는 사회구조의 기본적인 상황을 반영한다. 주의해야 할 점은, 2003년을 예로 들어 보면, 취업 인구 이외의 도시 인구 중 무직 상태인 노동력, 즉, 은퇴자離休(정년 퇴직한 혁명에 참가했던 중화인민공화국 노간부 : 역자 주)와 퇴직자는 총 인구수(1341.77만 명)의 2.2%와 19.0%를 차지하고 있다. 소수의 '보이지 않는 상류층(폴 퍼셀의 말)'이 더해져야 완전한 사회구조 분석이 이루어질 수 있다. 이에 따라 취업구조의 변화는 사회구조의 전반적인 모습을 드러내지 못하며, 제한적으로 구조변동의 추세와 이에 대한 시야만 제공할 뿐이다.

<표 2> 취업구조의 국내·국제 비교 (단위: %)

직업	베이징	톈진	상하이	미국	독일	일본
1. 국가기관, 당·민중 조직, 기업과 사업단위의 책임자	5.7	4.0	3.4	15.1	5.8	3.2
2. 각종 전문 기술자	17.3	12.0	12.8	19.2	33.1	13.6
3. 사무직원과 관련자	10.7	7.5	11.8	13.7	12.6	19.5
4. 상업·서비스업 종사자	24.0	15.5	22.4	25.5	11.7	25.9
1~4로 구성된 '화이트칼라' 계층	57.7	39.0	50.4	73.5	63.2	62.2
5. 생산·운수 설비 기사	29.3	30.4	38.2	24.1	24.2	32.4
6. 농업·임업·목축업·어업·수리업 종사자	12.9	30.4	11.3	2.4	10.1	4.8
7. 분류하기 어려운 기타 노동자	0	0	0	0	2.5	0.6
합계	100.0	100.0	100.0	100.0	100.0	100.0

출처: 베이징, 톈진天津과 상하이의 자료는 제5차 '전국 인구 센서스 조사' 자료로서, 「제5차 전국 인구 센서스 조사 자료총집」을 인용. 미국, 영국, 독일과 일본의 데이터는 2001년 자료 참조(李强의 논문 재인용, 2005).

〈표 2〉를 보면, 국제사회에서 일반적으로 국가기관, 당·민중조직, 기업과 사업단위의 책임자, 각 분야의 전문기술자, 사무직원과 관련 인원, 상업·서비스업 종사자를 화이트칼라 계층으로 분류하고 생산·운수 설비 기사와 농업·임업·목축업·어업·수리업 종사자를 블루칼라로 분류한다. 중국에서 경제가 발달한 지역에서는 일부 산업도 탈공업화 시대로 접어들었지만, 상업·서비스업의 발전이 상대적으로 정체되면서 많은 상업·서비스업 종사자의 사회적 지위는 높지 않고, 서양 사회와 같은 의미에서의 화이트칼라 계층으로 분류하기가 어렵다. 따라서, 중국의 직업계층은 서양보다 더욱 복잡하다(李强, 2005). 그러나 상하이 현대 상업·서비스업은 최근 5년 간의 발전을

통해 그 종사자들의 직업 명성이 어느 정도 향상되었는데, 〈표 2〉는 기본적으로 상하이 화이트칼라의 규모와 취업 분포 상황을 반영해 준다.10)

사회구조가 '올리브형' 형태로 되어 있는지의 여부를 측정하는 기준은 두 가지이다. 하나는 취업구조에서 화이트칼라 인구의 비율이 50%를 상회하고 있는가 하는 점이고, 다른 하나는 일정 규모의 중간 소득층이 형성되었는가 하는 점이다. 취업구조를 보면 현재 상하이 사회구조에서 서양과 같은 의미에서의 화이트칼라 집단은 이미 50%가 넘은 상황이다. 그런 의미에서 상하이의 사회구조는 비교적 현대적 사회구조의 특징에 부합하고 이것 또한 상하이 도시 사회가 다른 국내 도시들과 구별되는 가장 중요한 특징 중의 하나가 된다. 화이트칼라가 상하이 사회구조에서 점차 중요한 위치를 차지하게 되는 것은 많은 통계 데이터를 통해서 직접적인 실증을 얻을 수 있을 뿐만 아니라, 최근 몇 년 간에 그들이 소비분야에서 발휘한 주도적인 역할, 민간 커뮤니티가 발달하는 과정에서 중요한 추진력이 된 점 등에서도 구체적으로 드러났다. 상하이 화이트칼라 집단의 물질과 정신 생활에 대한 독특한 개성화 추구는 시장의 소비 취향과 생산자의 판매 전략에 직접적인 영향을 미친다. 그리고 그들의 여가 활동도 매우 활발하다. 상하이시 사회연합회社會聯合會가 푸둥신구의 일부 화이트칼라 종사자들을 대상으로 한 조사에 따르면, 17.9%의 응답자가 사회 단체 활동에 참여하고 있고, 33.8%가 사교클럽 활동을 하는 것으로

---

10) 물론 이러한 대규모 공식 통계 데이터에 기초한 분석은 주관적 공감과 생활방식 등의 지표를 고려하지 못하는 경우가 많다. 본 연구에서 이 자료를 인용한 목적은 전체 취업구조에서 상하이 화이트칼라 집단이 차지하는 비중을 설명하기 위한 것이다.

나타났다. 이 연구에 따르면 '결사結社'하여 각종 공익 활동에 참여하는 것은 이미 많은 화이트칼라의 생활에서 중요한 요소가 되었다.

현재 상하이의 화이트칼라 집단은 공업사회, 정보사회, 그리고 농업사회의 다양한 논리가 병존하는 국제적 대도시 속에서 빠르게 성장한 사회 집단으로, 다양한 사회발전 단계의 시대적 흔적이 때로는 화이트칼라 집단의 행위에 동시에 반영되기도 하고, 때로는 이 집단의 일부 사람의 행위에 반영되기도 한다. 따라서, 상하이의 화이트칼라 집단은 관념과 행위방식이 완전히 일치하지 않을 수 있다. 이러한 불일치는 그들의 정체성과 하나의 집단으로서의 사회 책임감을 형성하기 어렵게 만들었고, 더 나아가 일반적으로 그들의 집단 행동 능력을 낮은 수준에 머무르게 하였다. 이러한 차이점이 존재함에도 불구하고 전반적으로 상하이의 화이트칼라 집단은 최근 10여 년 동안 경제 체제와 사회 전환에서 유사한 경험을 많이 했다. 그들이 겪은 개혁과 변화는 모두 중국식 사회주의 초기 단계에서 발생했던 것과 같다. 주목할 점은 그들의 물질적 조건은 막 현대화에 근접했지만, 그들은 이미 '포스트 모더니즘'적인 소비 문화와 상업 이념을 추구한다는 것이다.

상하이 화이트칼라 집단 중의 상당 부분은 포스트 모더니즘적 가치관을 지니고 있다. 이 가치관의 주요 특징은 경제 성장의 극대화, 성취 동기, 합법적 권위, 공민 규범과 책임감을 강조하지 않고, 개인 행복의 극대화, 자유로운 선택 등을 추구하는 것이다. 비교적 강력한 포스트 모더니즘 의식을 갖고 있는 상하이 화이트칼라 집단은 사회 권력 분배와 관련한 공공 정치 영역, 그리고 사회적 이익 분배 영역의 실제적 운영에 대한 민감성이 부족하기 때문에 자신들의 이익에 손해가 발생했을 때 자신을 제대로 보호할 수 없다.

상하이 사회구조에서 화이트칼라 집단의 역할을 거론할 때 다음과 같은 인식을 분명하게 가져야 한다. 즉 서양 사회에서 화이트칼라 계층이 중요한 사회적 기능을 발휘할 수 있다는 것은 서양 자본주의 국가의 정치제도, 시민사회, 문화적 전통과 필연적으로 연관되어 있기 때문이다. 사실 서양 사회의 주류 가치관은 대개 화이트칼라를 위주로 한 중산층에서 생겨났다. 수천 년의 역사를 가지고 있는 중국은 그 사회구조의 특징과 사회발전 모델이 서양 사회의 발전 모델과는 다르다. 그러므로 중국의 현실에서 상하이 화이트칼라의 역할을 제고하는 것에 대해 말할 때 상하이의 화이트칼라 집단이 사회문화적 기능에서 완전히 서양 사회의 중산층과 동일하게 발전할 것이라는 것을 의미하지는 않는다.

3. 복잡하고 다원적인 사회심리

중산층은 역사 발전 단계마다 그 사회심리와 사회적 기능이 일치하지 않는 특징을 보여주는 경우가 있다. 예를 들어 서양 선진국에서 자본주의가 안정적으로 발전하던 시기에는 중산층의 사회심리가 상대적으로 평온하고 보수적이며, 합리적인 질서와 안정적인 생활을 추구함으로써 사회의 '스태빌라이저' 역할을 하였다. 그러나 프랑스 대혁명기에는 중산층을 포함한 제3계급이 귀족의 도덕 가치관과 문화 정신을 모방하여 상류계급의 생활방식과 예술적 취미를 추구하면서도 자신의 정치 지위에 대해 불만을 가짐으로써 그들의 사회심리는 일종의 긴장 상태에 처해 있고 강한 혁명적 특징을 지녔다(許榮, 2004). 이처럼 한 계층의 사회심리와 사회적 기능 사이에는 연관성이 있다.

본 연구에서 언급한 상하이 화이트칼라 직업군과 그 구조적 특징은 1990년대의 전환기에 부각되었다. 이 직업군의 사회심리와 사회적 기능은 자신들만의 뚜렷한 특징을 가지고 있다. 이런 특징은 어떻게 만들어진 것일까? 확인한 결과에 의하면, 상하이 화이트칼라 집단의 대부분(전체 화이트칼라 집단의 90% 이상 차지)은 시장 지향적이며 그들은 'S화이트칼라'라고 불린다.[11] 그들은 '집단 쾌속 결합'과 '내부 고속 이동'의 상호작용 속에서 성장하였다.

'집단 쾌속 결합'이란 상하이 산업구조, 취업구조가 대규모로 조정되는 과정에서 소양이 높은 전문직 인원이 국내 기타 지역과 해외에서 상하이로 이동하기 시작하면서 그들이 상하이 현지 인재들과 '결합'하여 상하이 S화이트칼라 집단을 이룬 것을 의미한다. 상하이시 인사국人事局의 통계에 따르면 2000년 인사관리 부서를 통해 유입되어 상하이에 정착한 귀국 유학 인원은 약 760 명이었다. 그 해 상하이에 근무하고 있는 귀국 유학 인원은 이미 118만 명, 상하이에서 일하는 외국 전문가는 215만 명에 도달했고, 2000년 다른 지역에서 유입된 인재는 9,545명으로 전년에 비해 1.55배 증가하였다(上海市人事局, 2004). 2000년 말까지 상하이 귀국 유학 인원은 총 5만 명으로(누계 기준) 이는 2000년 이전까지 집계된 인원의 2.33배에 달하는 것이다. 상하이 상주 중국 홍콩·마카오·타이완 지역 및 외국의 전문가와 전문기술자는 7만여 명으로 2000년 이전에 비해 50% 증가하였다. 2002년 기타 성·시에서 해외 경력이 있는 인재 4만여 명, 각종 전문가를

---

11) 'S화이트칼라'는 시장 지향적 화이트칼라 집단으로, S는 부호 표시일 뿐 특별한 의미는 없다.

비롯하여 각 업종에 부족한 인재까지 117만 명을 유입했다(胡瑞文·陳國良, 2005). 이러한 전문인재의 유입은 상하이의 경제사회 발전을 위한 신선한 동력을 제공하는 동시에 사회구조 속에서 높은 소득과 사회적 지위를 가진 집단이 신속하게 형성되는 데 기여하였다. 그들은 상하이 현지의 실력 있는 인재들과 공동으로 상하이 S화이트칼라 집단을 결성하였다.

그리고 '내부 고속 이동'이란 상하이 S화이트칼라 집단을 구성하는 주요 직업 부문에서 직업 이동이 비교적 빠른 속도로 빈번하게 전개되는 것을 의미한다. 화이트칼라는 좋은 교육 배경, 취업 경험을 갖추고 있기 때문에 기타 직업군에 비해 선택 기회를 더 많이 가지고 있는데, 이것이 그들의 직업 이동을 가능하게 하였다. 2004년 상하이 '청년발전보고서青年發展報告'에 따르면, 재직 청년의 직업 이동률은 23.8%이고 직업 이동 예측률은 이보다 더 높은 56.3%에 이르렀으며, 이러한 직업 이동을 선택한 청년들은 주로 화이트칼라 종사자들이었다. 2004년 3월 CIIC[12] 상하이 지사가 5,000여 명의 외국기업 종사자를 대상으로 한 조사에서 이들은 2003년도에 모두 이직 경험이 있는 것으로 나왔다. 이 조사 결과를 보면 개인이 원해서 사직한 비율은 67%에 달하고, 회사에서 퇴직 당한 비율은 12%이며 계약기간이 자연스레 종료된 경우는 11%였다(CIIC 상하이 지사, 2004). 직업 이동의 가속화는 S화이트칼라 종사자의 선택 범위가 날로 확대되고 있고 그 규모가 실제 수요에 비해 여전히 '공급 부족' 상태임을 보여주는 동시에, 다른 한편으로는 신흥 직업의 소득과 예상치가 아직 상대적으

---

12) 역주: China International Intellectech Corporation, 중국 국제기술지적합작유한공사('중지中智'로 약칭, 영어 약칭은 CIIC이다).

로 안정적인 기준이 없어서 신흥 직업 집단의 사회심리가 여전히 불안정한 상태임을 보여준다.

이렇게 '집단 쾌속 결합'과 '내부 고속 이동'이 병행되는 과정에서 성장한 상하이 S화이트칼라 집단은 사회심리면에서 뚜렷한 특징을 보여주고 있는데 요약하면 다음과 같다.

(1) 상하이 S화이트칼라 집단은 전반적으로 초조함과 스트레스를 느낀다

이런 초조함과 스트레스는 세 가지의 복합적인 요인으로부터 발생한다. 첫째, 직업적 위기감이 지속적으로 증가하고 있다. '내부 고속이동'의 직업 영역에서 갈수록 치열한 경쟁이 존재하기 때문에 상하이 S화이트칼라는 자신의 직업 안정성에 대해 불안감을 느낀다. 상하이 커뢰이 취업컨설팅회사[13]의 2003년도 고객 표본 조사 분석에 따르면, 68%의 화이트칼라가 불안감을 느끼며, 스스로 "아침에 저녁 일을 보장할 수 없다"고 느낀다고 했다. 그중에서도 IT 소프트웨어, 금융증권, 일용 소비재, 의약품 및 광고 업계가 가장 불안정한 업종이었다. 이들 5대 업종 종사자들을 가장 불안하게 하는 요인은 다음과 같다. 많은 대졸자들이 취업시장에 몰려들어 그들 가운데 능력이 뛰어난 인재는 유력한 경쟁자가 된다. 많은 해외 유학파, 홍콩 및 타이완 지역과 외국 중·고급 인재들도 사업의 발전 기지로 상하이를 선택한다. 또한 본국에서 각광받지 못한 일부 외국 인력들도 상하이로 와서 취업 기회를 찾는다. 이는 고용주의 선택 여지를 넓히고, 직위의 대체 가능성도 높아지게 했다(상하이 커뢰이 취업컨설팅회사, 2003). 이런

---

13) 역주: Career Consultants, 1999년에 설립된 전문 직업 컨설팅회사이다.

경쟁의 선두에 있는 일부 업종에서 화이트칼라의 스트레스는 더욱 가중되었는데 상하이 문광신문전매집단文廣新聞傳媒集團[14]의 관련 연구 결과에 따르면 77.7%의 직장인이 점점 많은 업무 스트레스를 받는 것으로 나타났다. 상하이 커뢰이 취업컨설팅회사의 2005년 조사에 따르면, 직장에서의 생존 스트레스 지수를 비교해 본 결과 78%의 상하이 화이트칼라의 스트레스가 비교적 큰데, 이는 베이징과 광저우를 제치고 3개 도시 중에서 가장 높은 것이다.[15]

둘째는 시장 영역에서 존재하는 비규범화 운영 방식이 S화이트칼라의 초조함과 스트레스를 증가시킨다는 것이다. 상하이 S화이트칼라 종사자의 소득은 주로 임금소득과 재산소득이다. 재산소득은 주식, 선물 및 다른 형태의 투자를 통해 얻은 소득을 가리킨다. 최근 몇 년간 주식 투자 시장에서 일부 비규범화 운영 방식[16]이 등장하면서 일부 S화이트칼라의 재산소득은 손해를 입었다.[17][18] 그 밖에 최근

---

14) 역주: Shanghai Media Group, SMG로 약칭.

15) 「베이징·상하이·광저우 중에서 상하이 화이트칼라의 스트레스가 가장 심각京滬穗上海白領壓力最大」, http://Life.people.com.cn/GB/1092/3629521.html.

16) 불완전한 통계에 따르면, 2005년 첫 두 달(1~2월) 동안, 중국증권감독관리위원회中國證券監督管理委員會에 의해 입건되어 조사를 받은 기업이 9 곳에 달하며, 그중 8개 기업은 증권감독회에서 파견한 전문기관에 의해 조사를 받았다. 입건된 대다수 기업에서는 자본 운영 과정에서 위법 행위가 확인되었다.(출처: http://www.eok.com.cn/Article-Print.asp?AritcleID=270)

17) 「지분 분할 시범 구역: 누가 진정한 승자인가股權分置試點: 誰才是最後眞正的贏家」, http://stock.bexun.com/detail.aspx?Im=1368&id=1112712.

18) 『중국증권보中國證券報』의 조사에 따르면, 2004년 적자를 낸 투자자 비율은 80%에 이르며, 5%의 투자자만이 약간의 흑자를 보게 된다. 또 다른 통계에 따르면, 주식 시장 활황이 최고치에 이르렀던 2001년 6월부터 2004년 9월까지, 중국 대륙 주식의 시장 가치는 7,100억 위안 감소하였다. 감소된 시장 가치, 상장회사의 동일 기간 융자인 2,726억 위안, 그리고 투자자들이 국가에

몇 년간 부동산 시장에 존재했던 투기성 조작도 일부 S화이트칼라의 생활에 큰 스트레스를 주었다. 특히 외지에서 상하이로 이주한 S화이트칼라에게 급격히 상승하는 집값은 심각한 생활 스트레스가 되어 버렸다. 이 같은 시장의 비규범화 운영 방식의 이면에는 서로 다른 사회 집단이 자신의 이익을 보호하는 능력의 차이가 숨어 있다(孫立平, 2005). 각종 세력을 동원할 능력이 있는 일부 사회 구성원들은 금융자본을 조작하고 정보를 이용할 수 있고 심지어 공공정책의 결정에도 영향을 미칠 수 있는 등 자신들의 이익을 도모할 수 있는 강력한 능력을 갖추었다. 그러나 대부분의 S화이트칼라 종사자에게는 자신의 이익을 보호할 수 있는 능력이 매우 제한적이고 부동산 시장, 교육, 의료보장 등에서 스트레스와 초조함을 느낀다.

셋째는 서양 지향적인 생활, 소비방식과 소득수준의 차이가 심리적 기대치의 긴장감을 초래한다. 상하이 도시 직업사회에서 신흥 직업의 소득은 상대적으로 안정된 기준이 형성되어 있지 않기 때문에 이런 상황은 일부 신흥 산업에 종사하는 S화이트칼라에게 상대적 박탈감을 느끼게 하고, 사회심리의 불균형을 초래하게 만든다. 소득과 재산으로 따지면, 상하이 S화이트칼라 집단 중 상당수가 상대적으로 서양 선진국 중산층 수준에 미치지 못하지만 그들의 소비와 생활방식은 서양 중산층의 사고방식을 따르는 경향이 있다. 예를 들어, 그들은 품위 있는 복장을 입고 자신의 직업 신분에 걸맞은 주택 단지에 살고 싶어하며, 남부럽지 않은 근사한 생활을 누리고 싶어한다. 관련

납부한 인지세 478억 위안, 거래 수수료 등의 기타 자본금 500여 억 위안을 합산한 값에서 상장회사의 현금 배당금 391억 위안을 배제하면, 투자자의 순손실은 약 1조 위안을 넘는 것으로 확인된다.

컨설팅 기관이 베이징·상하이·광저우 세 지역의 업종별 화이트칼라 120명을 대상으로 고급 소비재 및 원자재 소비자신뢰지수를 조사한 결과에 의하면, 평균 임금이 가장 높은 상하이의 소비자신뢰지수가 37%로 가장 낮고 베이징은 51%, 광저우는 67%인 것으로 나타났다. 관련 분석가는 상하이 화이트칼라의 소비자신뢰지수가 가장 낮은 것은 그들의 명품과 사치품 소비 형태와 관련이 있다고 지적하였다. 상하이 주택 가격의 급격한 상승으로 주택 구매 이외에 사치품 소비를 감당할 수 없자 구매력과 기대치 사이에 격차가 벌어졌으며 이것은 소비자신뢰지수가 하락한 주요 원인이 되었다(커뢰이 취업컨설팅회사, 2005). 바로 이러한 소비 취향과 생활 추구 방식에 따라 그들은 항상 자신의 지출과 소득 사이의 격차에 민감하고, 지출과 소득 사이에 어떤 불평등이 존재한다는 것을 느껴 심리적인 초조함과 압박감이 더해지게 된다. 이런 상태가 지속된다면, 사회 안정에 부정적인 영향을 미칠 수도 있다.

서양 국가의 화이트칼라 계층도 일반적으로 스트레스와 초조감을 가지고 있지만 그것은 주로 직업에서 비롯된 위기감이다. 그러나 상하이 S화이트칼라 집단은 직업 위기감뿐만 아니라 시장 영역에서 받는 상대적 박탈감까지 더해져 서양의 생활과 소비방식에 대한 갈망과 소득수준의 미달로 불안해하고 있다. 이 세 가지 복합적인 요인으로 상하이 S화이트칼라 집단은 보편적으로 큰 부담감을 느낀다. 그래서 그들은 직업 경력의 향상과 재산의 증식에 더 많은 관심을 기울이고 이러한 관심사의 분배 형태는 그들이 사회와 정치에 참여하는 데 커다란 부정적인 영향을 미친다.[19]

---

19) 푸둥 화이트칼라 집단 확대에 대한 상하이시 사회과학연합회社會科學聯合會

(2) 상하이의 S화이트칼라 집단은 늘 '적극적 정치적 취향'과 '소극적 정치 참여'의 태도를 동시에 지닌다

이 집단은 개혁개방의 수혜자이다. 그들은 1980년대 말부터 시작한 도시 경제개혁과 산업전략 조정, 경제 발전에 의해 창조된 훌륭한 전문교육 기회와 자원을 받았고 비교적 높은 경제적 보상을 받는 근사한 직업신분을 얻었다. 그들 중에서 상당수는 개인의 노력으로 얻은 생활수준에 대해 만족하고, 자신이 계속 노력하면 삶의 질이 더욱 향상될 것이라고 믿는다.[20] 이 같은 상황에서 상하이 S화이트칼라 집단은 정치 안정이 국가 부강을 보장하고 그들이 계속해서 발진할 수 있는 중요한 토대가 된다는 것을 깨달았다. 그들은 '안정적 사회 환경', '훌륭한 국가 발전 전망'에 대해 기대가 있기 때문에 일단 사회 생활 환경이 도전에 직면하거나 국가 안보가 위협을 받는다는 것을 예감하게 되면, 그것에 특별한 관심을 기울이고, 그들 중 일부는 자발적으로 강경한 대응을 하기도 하였다. 이는 2001년 중미 정찰기 충돌 사건 후 벌어진 '중미 해킹대전'[21], 2005년 상하이 일부 화이트칼라

의 설문조사에 따르면, 55.2%의 화이트칼라 응답자는 "일이 너무 바빠서 여유가 없다"고 답했다. 업무에 따른 여유의 부재는 그들의 사회활동 참여를 방해하는 주요한 원인이다(상하이시 사회과학연합회, 2005).

20) 상하이시 사회과학연합회와 푸둥신구 문명사무실이 실시한 화이트칼라 집단 조사에 따르면, 70.6%의 화이트칼라 응답자가 현재 직업에 만족하고 있으며, 73.3%는 현재 삶의 질에 만족하고 있고, 77.8%는 2년 후 근무 환경이 더 좋아질 것이라고 전망하고 있으며, 76.1%는 향후 2년 안에 삶의 질이 더 나아질 것이라고 믿고 있다(상하이시 사회과학연합회, 2005).

21) 당시 컴퓨터 네트워크 기술을 장악했던 일부 '레드 해커'는 애국심을 바탕으로, 미국의 일부 해커 조직이 중국 공공 사이트를 공격하는 상황 속에서, 자발적으로 조직을 형성하여 미국의 관련 사이트에 '반격'을 하였다. 이러한 온라인 활동을 전개할 수 있는 주체는 반드시 일정한 컴퓨터 기술과 하드웨어 설

가 참여한 '4·16 반일 시위'를 통해서도 확인할 수 있다.

상하이 S화이트칼라는 나름대로의 '적극적인 정치적 취향'을 갖고 있으면서도 시종 '소극적인 정치 참여'를 유지해왔다. 이런 '소극적 정치 참여'는 주류 정치 선전 담론에 대한 집단적 냉대로서 일부 중대한 정치적 사건에 대해 관심이 별로 없고 정치 신분에 대해서도 '무관심'한 태도를 드러낸다. 상하이의 S화이트칼라는 경제체제 전환 과정에서 생겨난 직업계층으로, 그들은 자연스럽게 시장 경제에 대해 친화력을 가지고 있다. 그들은 기술 함양, 개인의 직업 승진, 여가 활동 등에 전념하고, 자신들의 지출과 소득을 저울질하는 데 관심을 기울인다. 그들은 전문 잡지와 시류를 타는 간행물과 소비성의 간행물 등 읽을거리를 좋아한다. 그들 중 대다수가 낡은 사회 조직과 사고방식의 운영 메커니즘에 익숙하지 않고, 처음부터 새로운 사회 생활의 존재 형식에 의탁하기 때문에 아직 자신의 사상적 정체성을 확립하지 못한다.

(3) 상하이 S화이트칼라 집단은 사회경험과 가치 관념의 공유에 단절 현상이 존재한다

여기에서 말하는 '단절'은 현재 상하이의 S화이트칼라 집단이 주로 '45세 내외'와 '30세 내외'의 두 연령 집단으로 구분되고, 이 두 집단이 갖고 있는 가치관에는 큰 단절 현상이 존재한다는 것이다. '45세

비를 보유하고 있어야 한다는 점과, 대학교 교육용 인터넷은 대부분 온라인 공격 활동을 제한한다(학생들은 이런 활동의 주체가 될 수 없다는 것을 의미함)는 점을 고려하여, 사람들은 화이트칼라 특히 기술형 화이트칼라가 이번 활동의 주체였다고 추론하게 되었다.

내외'의 S화이트칼라 집단은 대부분 중화인민공화국 성립 초기에 태어나 '문화대혁명', '개혁개방 초기', '개혁 심화'라는 세 단계 사회 변혁을 거쳤으며, 그들의 가치 정체성은 비교적 단일하다. 그러나 '30세 내외'의 S화이트칼라 집단은 '문화대혁명' 이후에 출생한 사람들로, 그들은 다원적 가치 정체성을 가지고 있다. 사회경험에 따라 상하이 '30세 내외'의 S화이트칼라 집단을 여러 개로 나눌 수 있는데, 예를 들면 상하이에서 태어나고 교육을 받은 집단, 상하이로 돌아온 지식청년[22]들의 자녀 집단, 다른 지역에서 온 지식 엘리트 집단 등이 바로 그것이다. 생활 이력이 다르기 때문에 그들은 행동 방식, 도덕 관념 등에서 약간의 차이를 보인다. 가치관념을 공유할 때 발생하는 '단절'과 사회 경험상의 차이는 상하이 S화이트칼라 집단을 여러 갈래로 분화시켰고, 내재적 동일성을 가지는 통합된 집단으로서 발휘해야 할 사회적 역할을 약화시켰다.

(4) 안정적인 행동규범, 공유된 지식의 체계와 가치 정체성이 아직 형성되지 않았다

서양 화이트칼라 계층은 긴 과정을 거쳐 형성되었고 100년 이상의 발전사를 가진다. 신·구 화이트칼라 계층 간에는 행동규범, 기술 지식과 경쟁에 대한 적응력, 주류 가치관에 대한 공감과 사회적 책임감 등이 뚜렷이 전승되고 있다. 일찍이 자유자본주의 시대에 사회적 생

---

22) 역주: 지식청년知識青年은 문화대혁명시기에 상산하향上山下鄕운동에 참여하여 농촌에 가서 생활하며 노동하던 도시 청년들을 지칭하는 용어이다. 1968~1978년까지 10년 동안 천만 명 이상의 젊은이들이 농촌으로 파견되었다. 1970년대 말 1980년대 초에 그들 중 대부분은 도시로 돌아왔지만 일부는 농촌에 남아 있게 된다.

산이 일정 규모로 발전하고 사회적 분업이 상당한 수준에 도달했을 때, 영국을 비롯한 서양 선진국에서는 자본 소유자를 대신해 기업을 운영·관리하는 전문 관리자인 매니저가 등장했는데 이것을 화이트 칼라의 초기 형태로 볼 수 있다. 다시 19세기 중·후기, 자본주의 경제가 급속도로 발전하여 거대한 가족 기업이 등장하게 되자, 이런 가족 기업 내에서 새로운 경쟁 요구에 부응하는 중간 관리자 체제는 현대 관리층의 선구자인 중간 관리자층을 배출하였다. 이 집단은 자본주의 국가에서 현대 화이트칼라의 개념, 규범의 형성에 많은 경험을 제공했다. 이와 대조적으로 현재 상하이의 S화이트칼라 집단은 20년이라는 비교적 짧은 시간 사이에 급속하게 성장한 것으로, 그들의 지식 체계와 경험 메커니즘은 축적과 침전의 과정을 거치지 않았고, 그들과 집단 내부의 행동규범, 공유된 지식과 사회에 대한 책임감이 아직 형성되지 못했다.

이처럼 상하이 S화이트칼라 집단의 사회심리의 특징에 관한 분석을 보면 상하이 S화이트칼라 집단과 서양 화이트칼라 계층 사이에는 비슷한 점도 있고 다른 점도 있다는 것을 알 수 있다. 예를 들어 '약한 정치 참여', '정치 수비수'의 관점에서 보면 상하이 S화이트칼라 집단과 서양 선진국의 화이트칼라 계층 간에는 비슷한 부분이 보인다. 그러나 상하이 S화이트칼라 집단이 생활에서 받는 초조감과 스트레스는 서양 화이트칼라 계층보다 심하다. 특히 주목해 볼 만한 지점은 상하이 S화이트칼라 집단이 사회경험, 가치관 공유, 행동규칙, 공유된 지식 체계와 가치 정체성 면에 부족한 점이 있다는 사실이다. 그래서 이 집단은 상대적으로 동일한 이익을 위한 행동, 집단 정체성에 대한 인식과 귀속감을 형성하지 못했다. 이러한 의미에서 상하이 S화이트칼라 집단의 사회구조적 지위와 기능에는 많은 불확실성이 존재하게 된다. 그러므로 서양 화이트칼라 계층론으로 상하이의 신흥 화이트칼라를 간단하게 유추할 수 없다. 바로 이 때문에 본 연구는 그들을 계층이 아닌 집단으로 간주한다.

4. 구조적 분리와 화이트칼라의 사회적 기능

서양 선진국에서 화이트칼라를 주체로 하는 중산층이 사회발전 과정에서 '스태빌라이저', 사회모순의 '완충층', 사회행위의 '지표'라는 적극적인 기능을 맡고 있는 이유는 그들의 규모가 크기 때문이 아니라, 중산층과 국가 사회 거버넌스 체제 사이에 비교적 원활한 의사소통 메커니즘이 존재하고, 중산층의 가치, 행위 성향과 그들의 이익표출이 사회 거버넌스 체제를 통해 적극적으로 구현될 수 있기 때문이다. 다른 측면에서 보면, 서양 중산층의 시민사회 기반, 선거 정치 환경도 사회 거버넌스 체제가 원활하게 작동할 수 있는 조건이다. 이 과정에서 중산층은 사회 공공업무에 참여하는 자각을 갖게 되고, 또한 선거 매커니즘에 기초한 정치체제에서 상당한 표를 쥐고 있는 중산층의 행동준칙, 도덕 규범과 이익 표현은 국가의 사회 거버넌스 체제를 구축하는 과정에서 꾸준히 관심을 받게 되었다.

겉으로 보기에 서양 화이트칼라 계층과 유사한 특징을 가진 상하이 S화이트칼라 집단은 사회 거버넌스 체제와의 소통이 부족할 뿐만 아니라, 국가의 사회 거버넌스 체제에 대한 심도 있는 인식도 결여되어 있다. 이는 다음과 같이 세 가지로 요약할 수 있다.

첫째, (전체의 90% 이상을 차지하는) S화이트칼라 집단의 가치관과 주류 이데올로기가 제창하는 핵심 가치관 사이에는 차이가 존재한다. 이 집단 속의 젊은이들은 다소 서양 사회의 소비관과 개인주의를 강조하는 문화적 가치관을 받아들여 개인의 자유를 추구한다. 외자 기업에 취직한 화이트칼라는 서양 비즈니스 이념의 영향을 더 많이 받아 그들은 '봉사, 복종' 등 주류 이데올로기에서 강조한 행동준칙에 유보적 태도를 보였다.

둘째, 상하이 S화이트칼라 집단이 사회의 이익 구조 변화에 미친 영향은 매우 적다. 이런 영향과 그들이 상하이 사회계층 구조에서 차지하는 비중은 비대칭적이며, 특히 사회 이익 구조가 변할 때 더욱 그렇다. 일부 사회의 권력 집단에 비해, 상하이 S화이트칼라 집단은 자신의 이익을 표현하고 유지하는 능력이 매우 취약하다.[23]

셋째, 상하이 S화이트칼라 집단이 공공정책 결정과 제정 과정에 미친 영향이 매우 적다. 공공정책은 사회 거버넌스 체제 중 매우 중요한 부분으로 사회 각 집단 간의 이익을 조정하는 데 근거와 지원을 제공할 수 있다. 화이트칼라 집단이 공공정책의 결정과 제정 과정에서 효과적인 영향을 발휘하려면 두 가지 중요한 전제 조건이 필요하다. 우선, 그들이 공공정책과 관련된 사회 생활 영역의 변화에 민감해야 한다. 다음으로, 그들이 공공정책 결정 과정에 참여할 수 있는 경

---

23) 최근 3년간 상하이의 부동산 시장을 보면 개발업자와 일부 투자 그룹은 비교적 안정적인 결탁 관계를 통해 높은 주택 시장 가격을 형성하고 있었다. 이들은 시장 운영 과정에서 각종 정보와 자본을 비균등하게 점유하고 있으며 그 영향력이 대중매체와 학술계의 판단 과정에까지도 미친다. 그런데 이와는 대조적으로 최근 주택 구입을 주도하는 세력인 화이트칼라 집단의 경우, 주택 가격 상승으로 인한 상당한 스트레스를 받고 있음에도 시장 가격에 대한 청문 및 공공 정책 제정에 참여하거나 언론에 공개하는 등의 수단을 통해 자신의 이익을 수호하기 위한 적극적인 의견 표출을 못하고 있다. 이러한 상황은 이익의 균형 제도가 결여되어 있음을 보여준다고 할 수 있다.

로가 제도적으로 구축되어야 한다. 현재 이 두 조건이 모두 갖춰져 있지 않기 때문에 공공정책 결정 과정에서 그들의 영향력은 상당히 제약 받고 있다.

기존의 사회 거버넌스 체제는 주로 정부의 가치관, 사회적 이익 균형의 작동 메커니즘, 그리고 공공정책 세 가지로 구성되었다. 그러나 S화이트칼라 집단의 현 상황에서 보면, 그들은 이 세 가지 영역에서 상대적으로 '주변부' 위치에 있다. 이런 현상을 '분리'라고 부르는데, 이는 바로 S화이트칼라 집단과 국가의 사회 거버넌스 체제 간에 아직 실제적인 관계가 이루어지지 않고, 양자 간에는 소통 통로가 마련되지 않았다는 것이다. 어떤 의미에서 이러한 '분리' 현상을 일으키게 된 원인은 상하이 화이트칼라 집단의 가치 성향과 사회심리와 관련이 되어 있을 뿐 아니라, 중국 사회 거버넌스 체제의 기본적인 특징 및 사회 관리자가 화이트칼라 집단의 사상과 행동 방식을 충분히 이해하지 못하는 것과도 관련이 있다.

앞서 서술한 바와 같이, 빠르게 형성된 S화이트칼라 집단 내부에는 사회경험과 가치관을 공유하는 데 단절 현상이 존재하고 S화이트칼라 집단 전체를 보면 그들은 안정된 행동준칙, 지식체계와 가치관이 결여되어 있기도 하다. 이러한 특징은 S화이트칼라 집단이 아직 자신이 속한 계층에 대한 공통된 인식이 형성되지 않았음을 의미한다. 이는 화이트칼라 집단이 하나의 집단으로서 집단적 행동을 할 가능성이 매우 적다는 것을 의미하며, 이와 같은 특징은 화이트칼라 집단이 사회이익의 균형을 잡는 역할을 수행하는 데 제약을 가하게 된다.

상하이의 S화이트칼라 집단은 시장 경제의 발전 과정에서 싹트기 시작하고 '약한 정치 참여' 성향을 보이며 공공정책 영역의 문제에 민감하지 않고 반응도 비교적 느린 편이다. 그들은 시장 경제를 작동시키는 규칙을 어느 정도 알고 있거나 전문 기술을 운용할 줄 알지만 경제 사회의 실제 운영 방식에 대한 인식이 깊지 못했다. 이러한 특징은 화이트칼라 집단이 공공정책 결정 과정에서 발휘할 수 있는 영향력을 제약한다. 다른 측면에서 보면 이러한 특징은 중국 사회 거버넌스 체제의 독특함과 밀접한 관련이 있기도 하다. 1949년부터 개혁개방 초기까지의 수십 년 동안, 단위제單位制24), 호적제25)와 신분제라는 3대 제도가 중국의 기본적인 사회 거버넌스 체제를 구성했다(路風, 1989; 李培林, 1999; 李路路·李漢林, 2000). 이러한 거버넌스 체제는 국가가 대부분의 자원을 엄격하게 분배·운용하여 하향식으로 사회 구성원의 행위와 행동을 관리하고 제한한다. 최근 20여 년 동안, 경제 체제가 끊임없이 전환하면서 중국의 사회 거버넌스 체제도 점진적인 개혁 과정에 들어갔다. 그러나 개혁기의 사회 거버넌스 체제는 계획 경제 시기의 논리에서 완전히 벗어나지 못했으며 사람들은 여전히

---

24) 역주: 단위單位는 기관, 단체 혹은 기관과 단체에 속해 있는 부문을 의미한다. 앞에서 설명했던 사업단위와 비슷한 의미로 사용되고 있다. 이 책에서는 이를 '단위單位'로 직역한다.

25) 역주: 중국의 호적戶口('후커우'라고 일컫기도 함) 제도는 국민을 관리하는 제도로, 일반적으로 농업 호적과 비농업 호적 두 가지 유형으로 나뉜다. 농업 종사자들에게는 농업農業 호적을, 비농업 종사자들에게는 비농업非農業 호적을 부여한다(반드시 도시와 농촌 등 거주지에 따라 농업·비농업 호적을 구분하는 것이 아니며, 농촌에 거주하는 비농업 종사자와 도시에 거주하는 농업 종사자도 그 비율이 높지는 않지만 존재한다). 호적은 출생하면서 주어진 것인데 그 유형을 바꿀 수 있다. 예를 들어, 농촌 출신의 청년은 대학 진학 등을 통해 비농업 호적으로 전환할 수 있다. 최근 시장 경제와 도시화의 발전에 따라 일부 농촌 지역이 도시화되면서 토지를 잃은 농민에게는 보상과 각종 혜택을 준다. 보상을 줄 때 현지 농업 호적이 있는지를 확인한다. 따라서 호적을 도시로 이전한 사람은 다시 농업 호적으로 이전하는 것도 어려워졌다.

자원 통제의 사회 거버넌스 모델과 조직을 매개로 한 사회 감독 수단을 체감하고 있다. 그러므로, 현대 시장 경제에서 탄생하여 자원 조달 면에서 국가 의존도가 낮은 신흥 화이트칼라 집단이 어떤 '집단 행동'을 할 때, 기존의 사회 거버넌스 체제와 그 집행자는 효과적인 대응 방법을 제시하지 못하거나 때로는 손쓸 수 없는 난감한 처지에 놓일 수 있으며, 신흥 화이트칼라 집단이 사회 통합에서 할 수 있는 기능과 역할에 대한 인식 자체가 부족할 수도 있다. 그러나 바로 이런 이유 때문에 신흥 화이트칼라 집단이 사회 거버넌스 체제로부터 더욱 멀어지고, 사회 통합 메커니즘 건립에 참여할 기회를 잃게 된다. 이와 같은 결과는 양측 모두에게 불리하다.

급속한 전환기에 성장한 화이트칼라 집단의 사회적 기능은 다원적 경향을 보여준다. 현실 사회 생활에서 그들의 이성적 선택은 일부 거시적인 구조 요소(예를 들어 제도 환경, 사회 자원 분배 메커니즘, 착근성이 있는 문화 적응 등)의 영향을 받을 뿐만 아니라, 미시적인 종속변수(예를 들어 사회심리, 사회정서)의 영향을 받고, 때로는 일부 외국의 정치 사회적 요소로부터도 영향을 받는다. 따라서 상하이 신흥 화이트칼라 집단의 사회적 기능과 집단적 행동의 공간을 객관적이고 효과적으로 연구하고 분석하려면 그들의 사회계층 구조 속 위치와 양적 규모를 명확하게 인식해야 할 뿐만 아니라, 그들이 처한 시대적 특징, 공감하는 문화의 전승, 복잡다단한 내면세계, 그들과 체제 간의 구조적 관계 등의 실제 상황에 대한 기본적인 판단이 있어야 한다. 이 기본적인 판단을 얻으려면 이미 이루어진 관련 연구의 이론과 방법에 대해 학술적인 재검토가 필요하다. 본 연구는 그러한 재검토를 위한 하나의 시도로, 앞으로 더욱 심도 있는 토론이 이루어지길 바란다.

艾爾文·古德納, 顧曉輝, 蔡嶸譯(2002), 『知識份子的未來和新階級的興起』, 江蘇人民出版社.

安東尼·吉登斯, 李康, 李猛譯(1998), 『社會的構成 ― 結構化理論大綱』, 三聯書店.

安東尼·吉登斯, 趙旭東等譯(2002), 『社會學』, 北京大學出版社.

白吉爾, 王菊, 趙念國譯(2005), 『上海史 ― 走向現代之路』, 上海社會科學院出版社.

白威廉, 麥誼生(2002), 『政治與市場 ― 雙重轉型』, 邊燕傑編『市場轉型與社會分層 ― 美國社會學者分析中國』, 三聯書店.

丹尼爾·貝爾, 高銛等譯(1997), 『後工業社會的來臨』, 新華出版社.

樊衛國(2002), 『激活與生長 ― 上海現代經濟興起之若干分析(1870~1941)』, 上海人民出版社.

費孝通(1998), 『鄕土中國 生育制度』, 北京大學出版社.

國務院人口普查辦公室, 國家統計局人口和社會科技統計司(2002), 『中國2000年人口普查資料』, 中國統計出版社.

胡瑞文, 陳國良(2005), 「上海教育發展和人力資源開發戰略研究報告」, http://www.acftu.com.cn/main/html/2005/0709P162.html.

可锐职业顾问公司(2005), 「京沪穗白领薪资涨幅差距缩小, 上海白领压力最大」, http://finance.sina.com.cn/xiaofei/shenghuo/20050817/0910189 3628.shtml.

賴特·米爾斯, 周曉虹譯(1986), 『白領 ― 美國的中產階級』, 浙江人民出版社.

李春玲(2005), 『斷裂與碎片 ― 當代中國社會階層分化實證分析』, 社會科學文獻出版社.

李路路, 李漢林(2000), 『中國的單位組織 ― 資源, 權力與交換』, 浙江人民出版社.

李歐梵, 毛尖譯(2001), 『上海摩登』, 北京大學出版社.

李培林(1999), 「經濟轉軌, 社會轉型與社會政策選擇」, 劉溶滄主編, 『中國 : 走向21世紀的公共政策選擇』, 社會科學文獻出版社.

李强(1993), 『當代中國社會分層與流動』, 中國經濟出版社.

李强(2002),「中國社會分層結構的新變化」, 汝信等主編『2002年: 中國社會形勢分析與預測』, 社會科學文獻出版社.

李强(2005),「關於中產階級的理論與現狀」,『社會』第1期.

李正東(2001),「論中國中產階層的社會整合功能」,『學術論壇』第1期.

路風(1989),「單位 — 一種特殊的社會組織」,『中國社會科學』第1期.

呂大樂(2004),「白領 — 新興的中產階級」, 周曉虹主編『中國社會與中國研究』, 社會科學文獻出版社.

馬克思(1972),「共產黨宣言」,『馬克思恩格斯選集』第1卷, 人民出版社.

浦再明(2004),『上海發展戰略引論』, 上海財經大學出版社.

塞繆尔·亨廷頓, 李盛平等譯(1988),『變革社會中的政治秩序』, 華夏出版社.

上海可锐管理咨询有限公司(2003),「调查显示 — 上海五大行业白领缺少安全感」, '工人日报天讯在线', http://edu.sina.com.cn/1/2004-08-19/80488.html.

上海市人事局(2004),「2003年上海人才资源状况报告」, http://www.21cnhr.com/detail-all.jsp?ImCode=A2001 & viewID=2879.

上海市人事局(2000),「上海人才发展'十五'计划与到2015年规划纲要」, http://www.21cnhr.com/xinxi/file.jsp?f-ID=2624.

上海市社會科學聯合會(2005),「浦東白領群體社會參與狀況研究」, 未刊發.

上海市統計局(2004),『上海統計年鑒(2004)』, 中國統計出版社.

孫立平(2004),『轉型與斷裂』, 清華大學出版社.

孫立平(2005),「中國進入利益博弈時代」, http://bbs.muwen.com/topic323/323150.html.

鐵嬰(1999),「萌生中的中國白領階層」,『文化交流』第4期.

西摩·馬丁·李普塞特, 張紹宗譯(1997),『政治人 — 政治的社會基礎』, 上海人民出版社.

肖文濤(2001),「中國中間階層的現狀與未來發展」,『社會學研究』第3期.

許榮(2004),「法國中產階級 — 歷史與現狀」,『湖北社會科學』第11期.

亞里士多德, 吳壽彭譯(1965),『政治學』, 商務印書館.

張宛麗, 李煒, 高鴿(2004),「現階段中國社會新中間階層的構成特徵」,『江蘇社會科學』第6期.

趙向紅, 張曉忠(2003),「我國中間階層的發展現狀與未來中國社會結構走勢」,『學術交流』第12期.

中智上海公司(2004),「向外企说拜拜67%外企员工主动离职」, http://www.ciicsh.
    com/ciicsh/media-insight/media-info-detail.asp?co-id=536.

周曉虹(2005),「再論中產階級 ― 理論, 歷史與類型學, 兼及一種全球化的
    視野」,『社會』第4期.

周曉虹(2005),『中國中產階層調查』, 社會科學文獻出版社.

Abercrombie, Nicholas & John Urry(1983). *Capital, Labour and the Middle
    Classes*. London: George Allen & Unwin.

Goldthorpe, John H.(1972). "Class, Status and Party in Modern Britain."
    European Journal of Sociology 13.

_____(1982). "On the Service Class, Its Information and Future."
    In Giddens, A. & G. Mackenize(eds.), *Social Class and the Division
    of Labor*. Cambridge: Cambridge University Press.

Weber, Max(1946). "Class, Status, and Party." In From Max Weber: *Essaysin
    Sociology. eds*. by H.H.Gerth & C.Wright Mills. New York: Oxford
    University Press.

제 3 장

중국 거대도시 중간소득층의 직업적 특성

량위청梁玉成 · 자샤오솽賈小雙

　최근 몇 년 동안 중국 사회경제의 발전에 따라 중간소득층이라는 새로운 사회계층이 등장하여 점점 크게 발전하였으며 이 계층은 사회안정과 발전을 추진하는 핵심 역량이 되었다. 중간소득층의 규모와 역량이 커짐에 따라 이 계층에 대한 사회 각층의 관심과 담론도 점점 많아지고 있다. 그중에서 "누가 중간소득층인가", "어떻게 중간소득층에 진입할 수 있는가" 등의 문제는 사람들이 보편적으로 관심을 갖게 되는 화제이다. 현대사회에서 직업은 계급이나 계층을 판단하는 가장 중요한 특징이 되었다. 사람들이 종사하는 직업은 그들과 그들 가정의 경제 상황, 생활 환경과 가치관 등을 결정하고, 더 나아가서 그들의 사회적 지위를 결정하였다. 그리고 중간소득층에 대한 학술계의 연구에서도 일반적으로 '직업'을 중간소득층을 구분하는 보편적인 기준 중의 하나로 정하였다. 따라서 중간소득층의 직업적 특성에 대한 심도 있는 검토는 중간소득층을 이해하는 데 중요한 의미를 지닐 뿐만 아니라 국가가 중간소득층을 육성하고 확대시키는 데에도 참고 자료가 될 수 있다. 본 연구는 상하이대학교의 '거대도시 주민생활 실태조사'特大城市居民生活狀況調査의 데이터를 이용하여 취업 신분, 직업과 직업 유형, 직업의 안정성 등의 측면에서 중국 중간소득층의 직업적 특징을 분석하고 그들의 직업적 특징과 사회경제구조 사이의 상호 관계를 검토하고자 한다.

1. 고용성은 중국 중간소득층의 가장 핵심적인 직업적 특징이다

국내외 학자들의 관련 연구에 따르면 중간소득층의 핵심적 특징은 그들이 생산수단을 소유하지 않고 주로 '조직 자본'과 '문화 자본'에 의존해서 직업과 사회적 지위를 얻는다는 것이다. 따라서 고용성은 국내외 중간소득층의 핵심적인 직업 특징이 된다. 중간소득층의 고용성은 주로 두 가지 면모를 보인다. 하나는 취업 신분 면에서 83.89%의 중간소득층은 고정된 고용주가 있거나 어떤 단위單位에 소속되거나 샐러리맨으로 있다. 다른 하나는 소득 원천 면에서 중간소득층의 고용자들 중 거의 모든 사람(98.32%)의 소득은 주로 직장에서 얻은 것이고, 심지어 그중 75.39%는 직장에서 받은 소득이 그들 소득의 전부였다.

2. 중국 중간소득층의 직업에는 뚜렷한 공업화, 시장화 및 관료제의 흔적이 존재한다

중국 거대도시 중간소득층의 직업 분포를 보면 공업화에 기인한 전문 기술자, 시장화로 생긴 상업 종사자, 관료제 발전에 필요한 사무직 관련 인원의 수와 비율이 중간소득층의 1위부터 3위를 차지한다.

우선, 공업화의 발전으로 노동분업이 점차 세분화되고 전문화되었으며 이미 기술 등급과 전문화 정도를 기초로 하는 분업 체계를 형성하였다. 직업의 고도 분화로 인해 사회경제적 차이는 날로 뚜렷해졌고 전문화 정도가 높은 직업은 항상 높은 수입과 사회적 지위를 얻고 기술이 없는 육체노동자의 수입과 사회적 지위는 상대적으로 낮다. 이러한 배경 속에서 기술과 전문화 정도가 높은 것은 중간소득층의 가장 뚜렷한 직업적 특징이 되었다. 조사 결과에 따르면 중국 거대도시의 중간소득층 중에서 전문 기술자의 비율이 가장 높고(28.3%), 이와 대조적으로 비非중간소득층 중에서 전문 기술자는 8.54%밖에 안 되며 그들의 절반 가까이(48.59%)는 공·농업 생산, 운수업 및 서비스업 등에 종사하는 기술력이 낮은 육체노동자인 것으로 나타났다.

둘째, 중국에서 전면적으로 시장화 개혁을 시행한 이후 상업의 발전과 번영은 우수하고 부유한 기업가를 배출했을 뿐만 아니라 마케팅, 경영관리 등 상업 종사자들의 출현도 촉진하였다. 조사 결과에 의하면, 485명의 상업 종사자 중 절반 가까이(45.4%)는 상업과 관련된 일을 하면서 많은 수익을 얻어 중간소득층에 진입했고 거대도시 중간소득층 중 3번째로 큰 유형이 되었다. 이들 상업 종사자들의 대다수(66.75%)는 민영民營기업, 사영私營기업과 개체호1) 종사자이며 그중 17.36%의 중간소득의 상업 종사자는 국유기업과 집단소유제기업集體企業의 종사자이다. 그래서 시장화 개혁을 심도 있게 추진하고 민영 및 사영기업의 발전을 촉진하고 개인 노동자의 창업을 장려하는 것은 중간소득층의 육성과 확대에 중요한 의미를 지닌다.

----

1) 역주: 개체호個體戶는 중국 도시 지역에서 상공업을 경영하는 종업원이 8인이하인 자영업자를 가리키는 말이다.

셋째, 관료제는 현대 조직의 중요한 관리제도로서 조직 운영을 유지하고 발전을 촉진하는 동시에 중간소득층의 발전을 위한 기반을 구축하였다. 중국은 현 단계에서 기업, 정부와 기타 조직 등이 대규모로 등장하고 조직의 규모도 꾸준히 확대되고 있는데, 그로 인해 조직 내부의 분업도 갈수록 세분화되고 관리 기구도 점차 많아지게 되면서 비서, 재무, 행정 집행과 업무 관리 등의 직업 분화가 이루어지고 전문 사무직원과 관련 인원이 출현하였다. 대형 기업에서 이러한 직업은 항상 높은 소득을 수반하기 때문에 그들은 중간소득층의 26.05%를 차지하는 2번째로 큰 직업 유형이 되었다.

3. 중간소득층에 대한 국가의 역할이 쇠퇴한다

소속 단위의 유형을 보면 시장화의 전환에 따라 중간소득층에 대한 국가의 역할이 점차 쇠퇴하였다. 조사에 따르면, 서로 다른 연령층에 속해 있는 중간소득층이 근무하는 직장은 그 성격에 차이가 존재하는데 젊은 소득층일수록 '체제 내體制內'에서 취직하는 비율이 낮아지고, 나이가 많을수록 그 비율이 높아진다. 본 연구는 '25세 이하'를 기점으로 5년 단위로 연령층을 구분하고 '60세 이상'을 최종 구간으로 설정하여 조사 대상자의 연령대를 9단계로 설정하였다. 〈그림 1〉을 통해서 보면, 젊은 사람일수록, 즉 출생이 늦은 중간소득층일수록 '체제 내'에서 취직하는 비율이 낮아지고 나이가 많을수록 그 비율이 높아진다. 그중에서 45세를 전환점으로 45세 이하 각 연령층의 중간소득층 중에서 '체제 외外'에 취직한 비율이 '체제 내'에서 취직한 비율보다 높았다. 연령이 낮아질수록 이런 차이가 더욱더 크게 벌어

지는데, 45세 이상의 각 연령층에서는 이와 반대된 특징과 추세가
나타났다. 즉 연령의 증가에 따라 '체제 내'에서 일하는 중간소득층의
비율이 '체제 외'에서 일하는 비율보다 높아질 뿐만 아니라 그 비율
의 격차도 점차 벌어졌다. 전체적으로 '체제 내'에서 일하는 중간소득
층은 '체제 외'에서 일하는 중간소득층보다 10% 정도 낮았다.

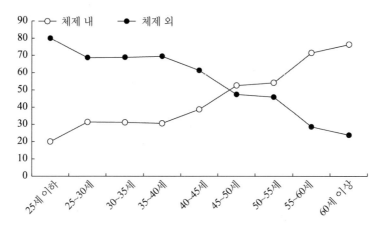

〈**그림 1**〉 직업 유형별 중간소득층의 비율

이외에, 취업 경로를 보면 계획 분배의 경로로 취직한 중간소득층
의 비율은 매우 낮다. 계획 분배 경로는 부모나 친척의 일자리를 물
려받거나 단위 내부의 인원 모집, 국가 분배, 조직 이동 등의 형식으
로 직업을 얻는 것을 가리킨다. 본 연구의 조사에서는 2.28%밖에 안
되는 응답자가 부모와 친척의 일자리를 물려받아 직업을 얻었고
20.41%의 응답자는 단위 내부에서의 인원 모집과 국가 분배 및 조직
이동으로 직업을 얻었다.

4. 중국 중간소득층의 직업 안정성이 높다

'안정적인 소득 여부'는 중간소득층을 구분하는 중요한 지표이고 안정적인 소득의 전제 조건은 안정된 직업이 있는 것이다. 중국에서 '체제 내'의 일자리는 항상 '철밥통鐵飯碗'으로 여겨지지만, 중간소득층(특히 45세 이하) 중 '체제 내'에서 일하는 응답자의 비율은 절반도 안 된다. '철밥통'을 가진 중간소득층의 인구수는 절반도 안 되지만, 이 소득층의 직업적 안정성이 가장 높다. 이번 조사에서 대다수 (60.11%) 중간소득층은 이직한 적이 없고, 비록 이직 경험이 있더라도 그 횟수가 적었다. 그중 85.82%는 이직 횟수가 3 번도 되지 않았고, 거의 절반에 가까운 응답자(43.37%)는 이직한 경험이 있더라도 첫 번째 업종과 같은 업종에 종사했다. 결론적으로 중간소득층의 이직률이 비교적 낮고, 이직 경험이 있는 소수 중간소득층 중에서도 다른 업종으로 전직하는 비율도 높지 않았다.

이밖에 이직 경험과는 상관없이 현재 중국 중간소득층이 종사하는 직업은 상당히 안전하고 안정적이다. 조사에 따르면 중간소득층 중의 92.12%는 강제 사직 경험이 없다고 하였는데 이는 중간소득층 중에서 이직이 있지만 그 이직은 자발적인 것임을 알 수 있다. 향후 2년 동안 중간소득층의 이직 의향에 대해서도 인터뷰를 진행하였는데 그중 14.89%만이 새로운 직업을 찾거나 창업을 하려는 의향을 보여주었다. 그리고 중간소득층은 지금 자신이 종사하는 직업에 대해 상당한 안도감을 느끼고 있다고 한다. 현 직업의 안정성에 대한 만족도도 높고 응답자 중에서 95%는 현재 직업에 대해 만족하거나 괜찮다고 대답하였다. 또한 실업 스트레스도 적으며 82.36%는 향후 6개월 내에 실업할 가능성이 없다고 응답하였다. 중간소득층의 이직 의

사와 그들이 현재 직업에서 느끼는 안전함과 안정성에 대한 주관적 평가를 통해서 우리는 중간소득층의 직업 안정성이 상당히 높다는 것을 알 수 있다.

개혁개방 이후 사회 경제 구조의 전환은 중국 중간소득층의 출현과 직업적 특징의 형성에도 큰 영향을 미쳤다. 국가가 중간소득층 형성에 미치는 영향은 점차 시장으로 이전되었고, '체제 내'의 '철밥통'이 중간소득층으로 진입하는 비율은 점차 낮아졌다. 젊은 세대에 있어서 중간소득층의 직업적 특징은 이미 사회 노동 분업과 시장화의 발전으로 새롭게 만들어졌다. 이에 따라 전면적인 개혁 심화, 정부와 시장의 관계 조절, 시장 자원 분배 과정에서의 결정적 역할 부여 등 중국공산당 제 18차 대표대회 이후 실행한 일련의 조치들은 중간소득층의 확대를 촉진할 것이다.

제2부
중산층의 형성과 정체성

제4장

중간소득층의 변동 추세와 구조 분석(2006~2015)

톈펑田豊

　　최근 30년 간 중국 경제가 매우 빠른 속도로 발전함에 따라 사람들의 생활수준이 많이 높아졌지만, 소득 증가와 동시에 빈부 격차가 점차 심해지고 사회 집단 간의 분화가 심화되는 현상도 나타났다. 인구 특징, 사회 심리 상태, 정치 참여 등 여러 측면에서 서로 다른 소득 집단 간의 차별화 추세가 더욱 뚜렷해지고 있다. 서양 선진국의 사회발전 과정을 통해 중간소득층의 확대가 사회의 온전한 발전에 도움이 되는 경험을 확인하였지만(錢民輝·陳旭峰, 2011: 20~22), 발전도상국은 보편적으로 공업화 과정에서 '중진국 함정'에 빠지게 되며, 중간소득층의 확대 가능 여부는 발전도상국들이 공통적으로 직면하게 된 난제가 되었다. 중국이 '중진국 함정'을 넘어설 수 있는지 여부는 아직 불투명하다(張德榮, 2013). 특히 중국의 중간소득층이 빠르게 변화하고 있는 사회 환경 속에서 그 규모와 구조가 동시에 극적으로 변화하고 있는데 이런 상황에서 중간소득층은 서양 사회에서 발휘하는 '스태빌라이저'의 역할을 제대로 수행할 수 있을지도 의문이다. 그렇다면 과연 중국의 중간소득층에게 최근 10년 동안 어떠한 변화가 생겼는지, 그들이 다른 집단과 어떤 차이를 가지고 있는지에 대해 묻지 않을 수 없는데, 이 점이 바로 이 연구에서 분석해 보고자 하는 주요 내용이다. 이러한 연구를 통해 중국 사회의 미래 발전 방향을 분석하고 예측하는 기회를 제공할 수 있길 기대한다.

1. 거시적 배경

세계은행의 통계에 따르면, 중국은 개혁개방 이후 저소득국가에서 중등소득국가로 빠르게 성장하였는데, 1998년에 처음으로 중저소득국가의 행렬에 진입하였으며, 2010년에는 중상소득국가의 대열에 합류하였다. 중국 국가통계국이 발표한 데이터에 따르면, 2015년 중국인 1인당 GDP는 7,500달러를 초과하면서 중상소득국가 상하한의 평균값(4,036~12,475달러)에 근접하였다. 최근 30년간 중국 경제 성장의 추세에 비추어 보면, 중국이 '중진국 함정'에 빠지지만 않는다면 2025년을 전후로 역사적인 성장을 이룩하며 고소득국가 행렬에 들어설 것이다(鄭秉文, 2011). 그러나 사실 2008년 전 세계가 금융위기를 겪으면서 그 여파로, 중국의 경제 성장 속도는 2012년 이후에 현저히 더뎌지고, 국민총소득이나 1인당 국내총생산GDP의 성장률도 급격하게 떨어졌다(〈그림 1〉 참조). 이렇게 경제 구조와 성장 동력이 중요한 변화를 겪으면서, 성장 속도가 고속에서 중고속으로 바뀌는 경제 발전의 '뉴노멀新常態, New Normal'[1])에 들어섰다.

---

1) 역주: '뉴노멀'은 시진핑 주석이 2014년에 처음으로 언급한 용어로, 최근 중국의 새로운 경제 상태를 가리키는 말이다. 경제 성장 속도를 낮추어 성장의 질을 향상시키고 경제 산업구조를 변화시키는 것을 의미한다.

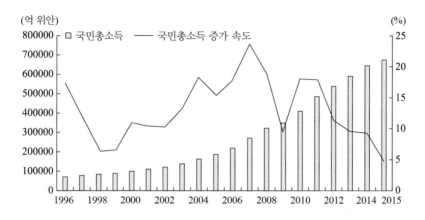

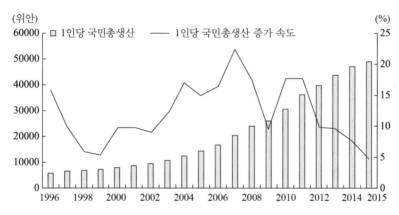

〈그림 1〉 중국 국민총소득 및 1인당 GDP의 변동 추세(1996~2015)

　　중국 경제 발전이 '뉴노멀'에 들어서면서 경제 성장 패턴이 바뀌는 동시에, 소득분배의 구조도 변화할 것은 자명하다. 경제가 고속으로 성장하는 과정에서 형성되고 점차 커진 '중간소득층'이 앞으로 소득 분배 구조의 변화에 의해 생기는 새로운 변화에 어떻게 대비할 것이냐 하는 것은 여전히 풀어나가야 할 과제로 남아 있다. 이 과제를 해결하려면 최근 10년 동안 중국 경제가 고속 성장하는 과정에서 중간소득층이 변동하는 특징을 살펴보고, 중국 국민들의 소득분배와 교육구조의 변화를 분석하여야 한다. 그럼으로써 미래 발전 추세 등의 문제를 검토해 볼 수 있다.

2. 최근 10년간 소득수준과 소득 분포의 변화

중국사회과학원 사회학연구소에서 2006~2015년 간 5차례 진행한 '중국 사회실태 종합조사CSS'의 데이터[2]를 분석해 보면, 최근 10년간 중국 가구소득의 성장 속도가 매우 빨랐으며 가구당 평균소득이 2006년 2만 위안 미만에서 2015년 65,000위안 가까이로 증가하였고 가구 중위소득은 2006년도 10,000여 위안에서 2015년도 40,000여 위안으로 증가하였다. 이 두 가지 지표는 최근 10년 동안 전체 중국인의 가구소득이 빠르게 성장되었음을 보여준다.

이처럼 소득수준이 빠르게 높아지면서, 중국의 소득 분포에도 커다란 변화가 발생하였다. 〈그림 2〉를 보면, 2006년 가구당 소득 분포가 좌측으로 치우친 특징을 보이는데 주로 5만 위안 이하의 구간에 집중적으로 분포되어 있고, 그 후에 점차 5만 위안 이상의 우측 구간으로 확대되었고, 2011년에 와서 10만 위안 이하 구간의 소득 분포가 비교적 균일한 양상을 띠게 되었다. 그리고 5만 위안 이하의 분포 밀도는 대폭 줄어든 반면, 5만 위안 이상의 분포 밀도는 크게 상승하였다. 실제로 소득 평균치와 중위소득의 상승으로 10만 위안 구간의

---

2) 본 연구에서 사용하는 데이터는 특별한 설명이 없으면 중국 사회과학원 사회학연구소에서 진행한 '중국 사회실태 종합조사CSS'의 데이터에 의거한 것임을 일러둔다.

소득 분포가 균등하게 나타났다는 것은 소득이 현저하게 양극화되지는 않았다는 것을 의미하며, 이는 소득 5분위 분배율을 통해 확인할 수 있다.

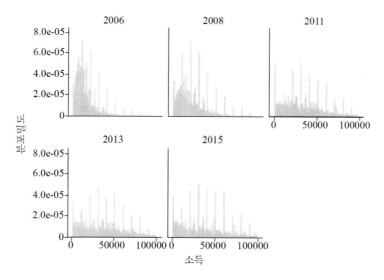

〈그림 2〉 2006~2015년 중국 소득 분포 변동 추세

2006~2015년 간 중국인을 소득수준에 따라 5등분하여 계층별 소득 점유율을 살펴보면, 최고소득층(최상위 20%)이 국민총소득에서 차지하는 비율은 49.28%에서 44.43%로 약간 하락하였다. 반면 중고소득층, 중간소득층과 중저소득층이 차지하는 비율은 각각 22.39%, 14.06%, 9.20%에서 26.51%, 14.82%, 10.85%로 약간 상승하였다. 이와 동시에 최저소득층(최하위 20%)이 차지하는 비율은 5.08%에서 3.39%로 하락하였다. 소득수준이 성장하면서도 최고소득층과 최저소득층의 소득 점유율이 모두 하락하는 반면, 중고소득층, 중간소득층과 중저소득층은 증가하였다. 이는 중간소득층이 사회 총소득에서 차지하

는 비중이 커졌고, 사회적 부(富)를 점유하는 비중도 증가한 것을 나타낸다. 이 점은 그들의 후속 소비, 사회 태도와 정치 참여 등에 영향을 미칠 수 있을 것이다.

1990년대 말부터 중국 고등교육 입학 모집을 확대하기 시작하면서 고등교육을 받을 수 있는 기회가 단기간에 급증하고, 중국 인구의 교육 수준 분포가 어느 정도 개선되었다. 조사 데이터를 분석해 보면, 2006년 고등교육(전문대학, 대학교와 대학원생 포함)을 받은 인구 비율이 8.51%였는데, 2008년에는 이 비율이 10.41%로 증가하였고, 2015년에는 13.27%로 증가하였다. 같은 시기 중학교 이하의 인구 비중은 2006년 73.60%에서 2015년 68.79%로, 5% 가까이 하락하였다. 이것은 최근 10년 동안 수천만 명의 대졸자가 배출되어 중국 인구의 교육 분포가 전체적으로 상향되었으며 문화 수준도 개선되었다는 것을 보여준다. 하지만 현재 인구 중에서 저학력자의 비율이 아지 높은 것을 감안하면, 고등교육의 기회를 확대하는 것만으로써는 그들의 교육 수준을 높일 수 없으며 교육 수준을 높이려면 평생 교육이 필요할 것으로 보인다.

고등교육 확대 모집의 영향을 받아 중국 인구의 교육 수준 변화는 연령 간에도 비교적 큰 차이를 보였다. 데이터를 분석해 보면 2006년 전체 인구의 평균 교육연한이 8.11년, 2015년도에는 8.63년으로 증가하면서 평균 0.52년이 증가하였다. 그리고 2006년 35세 이하 인구의 평균 교육연한은 10.16년이었고, 2015년에는 11.49년으로 증가하면서 평균 1.33년이 증가하였다. 이는 중국 전체 교육 수준이 높아진 배경 위에, 고등교육의 모집 확대 이후 노동시장에 진입한 35세 이하 집단의 교육 수준이 더 뚜렷하게 상승했다는 것을 의미하며 그들이 고등교육을 통해 더 많은 지식과 기술을 얻었음을 보여준다.

교육에 대한 전통 사회 이론가들의 견해는 다음과 같은 두 가지 관점으로 요약할 수 있다. 하나는 교육을 공업화의 산물로 보는 것이다. 공업화의 발전은 이와 관련된 기술과 전문적 인재를 제공할 수 있는 교육 시스템이 필요한데, 고등교육 시스템의 목표는 공업화 사회에 필요한 전문 인재를 제공하는 것이다(Kerr, 1994: 28). 다른 하나는 현대 교육 시스템이 '지식인'이라는 신흥 계층의 형성을 촉진했으며 그들을 문화자본계급으로 부를 수 있다는 것이다(孫立平 등, 1994). 신흥 계층은 그들이 지니고 있는 문화 발언권을 이용하여 공업 사회 제도와 자본 특권을 포함한 기존의 사회 존재를 변화시킬 것이다. 중국은 지역 간의 발전 불균형 때문에 '공업화'라는 단어 하나만으로 경제사회 발전의 과정을 요약할 수는 없지만 확실한 것은 고등교육을 받은 청년들이 반드시 현재의 사회구조에 커다란 변화를 가져올 것이고, 그들이 가지고 있는 지식과 기술을 통해 중간소득층이 될 기회가 더 많아질 것이라는 점이다.

3. 중간소득층의 개념 확정과 발전 추세

중간소득층은 중산계급, 중간계층 등의 개념과 달리, 단일 차원에서 소득만을 측정 기준으로 삼아 집단을 구분하는 방식이다. 사실 중산계급과 중간계층이라는 개념과 비교해 보면 중간소득층이라는 개념은 그리 넓은 의미가 포함되지 않는데 중등소득국가의 하위 개념 정도로 볼 수 있을 것이다. 사회 경제 발전 수준이 비교적 유사한 중등소득국가 간의 중간소득층 논의는 의미가 있을 수 있지만, 사회 경제 발전 수준의 차이가 큰 국가 간의 중간소득층 비교는 더욱 어려워지기 때문이다. 이는 소득이라는 단일 기준만 사용하는 중간소득층 개념의 한계를 보여준다.

국제 사회에서 중간소득층을 구분하는 기준은 주로 절대적 기준과 상대적 기준이 있다. 리춘링(李春玲, 2016)의 연구를 종합해 보면, 이들 두 가지 측정 기준의 목적과 적용 범위는 모두 다른 것을 알 수 있다. 절대적 기준은 주로 일정한 생활수준(소득수준)에 도달한 인구수 및 비율의 증가 추세를 반영하기 때문에 발전도상국과 중저소득국가에 적용하기에 적합하고, 상대적 기준은 소득이 중간 위치에 있는 인구수의 증감을 측정하기 때문에 소득 불균형의 변화 추세를 반영하기에 유리하다. 절대적 기준은 해당 생활수준을 유지하기 위해 필요한 소득이 얼마인지에 기초하여 중간소득층의 소득기준을 설정한다. 그 중에서 폭넓게 사용되고 있는 절대적 기준은 세계은행의 빈곤선 기준(1일 1인당 1.9달러)을 참조하여, 1일 1인당 평균 소득이 10~50달러, 혹은 10~100달러인 사람을 중간소득자라고 하였다. 상대적 기준은 보통 소득 분포의 중위소득에 따라 중간소득자의 소득기준을 확정하는데, 대개 중위소득의 50% 또는 75%를 중간소득층의 소득 하한선으로 잡고, 중위소득의 1.5배 또는 2배를 상한선으로 잡는다.

중국의 사회 현실과 본 연구의 목적을 토대로 여기서는 상대적 기준을 중간소득층을 구분 짓는 방식으로 선택하여 소득별로 저소득층, 중저소득층, 중고소득층, 고소득층으로 분류하였다. 그중에서 저소득층은 중위소득의 75% 이하의 집단, 중저소득층은 중위소득의 75%에서 1.25배 사이의 집단, 중고소득층은 중위소득의 1.25배에서 2배 사이의 집단, 고소득층은 중위소득의 2배 이상인 집단을 가리킨다. 상대적 기준을 사용하면 수평적, 수직적 비교 연구를 하는 데 어려움을 초래할 수 있지만, 중국이 이미 중고소득국가의 행렬에 들어선 것을 감안하면 상대적 기준을 사용하는 것이 중국의 실제 상황에 더 적합하고 집단을 더 정확하게 구분할 수 있으며, 소득 이외의 다른 변수를 체계적으로 분석하는 데에도 유리할 것이다.

하지만 중간소득층 개념이 지니는 제한성 때문에 연구자들은 소득을 중간소득층을 구분하는 유일한 기준으로 삼을 수밖에 없는데, 앞에서 정의 내렸던 중간소득층 기준에 따라 연도별 소득 데이터를 이용하여 중간소득층을 구분하고 해당 연도별로 각 소득층의 규모가 전체 인구에서 차지하는 비율을 계산해 보았다[3]. 〈그림 3〉을 통해 연도별로 집단을 구분하면 중간소득층이 차지하는 비율은 비교적 안정적이라는 것을 알 수 있다. 구체적인 데이터를 보면, 2006년 중간소득층(중저소득층과 중고소득층을 포함)이 차지하는 비율은 37.43%이고, 2008년은 39.49%이며, 2011년, 2013년과 2015년은 각자 38.46%, 40.56%와 37.33%이다. 상대적 기준으로 최근 10년 간의 중간소득층의 변화를 살펴보면, 그들이 전체 인구에서 차지하는 비율은 37%~41%로 비교적 안정적이다. 실제로 상대적 기준만으로 중간소득층을

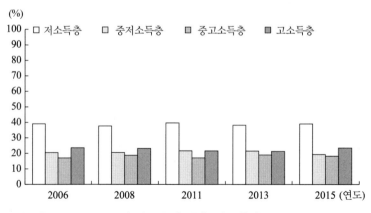

〈그림 3〉 2006~2015년 중국 중간소득층 변동 추세

구분한다면, 중간소득층의 연도별 변화를 비교하기가 어려울 것이다. 왜냐하면 해마다 중위소득이 계속 변하면서 중간소득층의 기준도 같이 변동되었으나 중간소득층이 전체에서 차지하는 비율이 상대적으로 안정적이기 때문에 그 비율 간의 수직 비교를 통해 발전 추세를 판단하는 것은 의미가 없다.

따라서 상대적 기준으로 수직 추세 비교 문제를 해결할 수 없는 경우에는 절대적 기준으로 추세 변화를 서술하고 2006년 소득을 기준으로 최근 10년 동안의 변화를 분석하려고 시도하였다. 2006년 중간소득층 기준으로 계층을 구분하면, 중간소득층이 차지하는 비율은 2006년 37.43%, 2008년 38.56%, 2011년 37.96%, 2013년 25.28%, 2015년 24.51%였다. 그러나 같은 시기에 고소득층 비율은 급증하여 각각 2006년 23.69%, 2008년 30.55%, 2011년 55.26%, 2013년 57.37%, 2015년 58.20%인 것으로 나타났다. 여기서 절대적 기준을 적용했을 때 나타나는 문제점을 살펴볼 수 있는데, 즉 절대적 기준을 사용하면 '고소득층'이 높은 비율로 나타났지만 실제 현실 생활에서 이들 '고소득층'의 대부분이 중간소득층에 해당한다는 사실이다. 특히 중국과 상황이 유사한 발전도상국에서 경제가 빠르게 발전하고 소득도 빠르게 증가하는 경우, 절대적 기준은 10년 이내의 단기간 분석일 경우 그 진실성을 상실할 수 있다.

앞서 서술한 중간소득층을 구분하는 상대적 기준과 절대적 기준에 대한 분석을 종합해 보면 중간소득층은 상대적으로 안정된 집단이기 때문에 현재 중국의 소득수준이 빠르게 증가하는 상황에서 절대적

---

3) 데이터에 대한 계산 방식이 다르기 때문에 본 연구에서 말하는 중간소득층의 비율은 기타 통계 자료와 차이가 있을 수 있다.

기준을 사용한다면, 중간소득층의 규모에 '이상한' 변화가 나타날 것이고 이러한 변화로 왜곡된 결론이 도출될 수도 있다. 중간소득층의 개념은 경제사회 발전 수준이 비교적 안정된 시기에 사용되면 더 적합할 수 있겠지만, 경제사회의 변화가 비교적 빠른 시기에는 상대적 기준으로 중간소득층을 확정짓는 것이 더 정확할 것이다. 따라서, 본 연구의 후속 분석은 연도별 조사 데이터에 의거하고 중간소득층의 확정 기준을 참조하여 그들의 소득 구조와 교육 구조의 변화를 분석할 것이다.

4. 중간소득층의 구조 분석

본 연구에서는 상대적 소득기준에 따라 연도별 인구를 저소득층, 중저소득층, 중고소득층 및 고소득층으로 구분하고 중간소득층(중저소득층 및 중고소득층을 포함)의 호적 구조, 소득 구조, 교육 구조 등의 측면에서 그 차이를 분석하기로 한다.

1) 호적 구조

도시와 농촌의 소득 격차를 초래하는 역사적, 제도적 원인으로 인하여 비농업 호적 인구의 소득수준이 농업 호적 인구보다 훨씬 높았다. 호적 구조를 보면, 당연히 저소득층에서는 농업 호적 인구의 비율이 평균치보다 높고, 고소득층에서는 비농업 호적 인구의 비율이 평균치보다 높다. 5차례에 걸친 조사 데이터도 이를 증명하는데, 기본적으로 중간소득층 중 농업 호적 인구의 비율[4]이 전체 수준보다 약간 낮은 것으로 나타났다. 2006년의 조사에서 전체 농업 호적 인구는

60.23%인데, 중간소득층에서 농업 호적 인구가 차지하는 비율이 58.20%로, 양자 간에는 2.03%의 차이가 있었다. 이를 연도별로 분석해 보면 2008년 56.52%와 54.05%로 2.47%의 차이, 2011년 56.98%와 54.61%로 2.37%의 차이, 2013년 71.65%와 70.63%로 1.02%의 차이, 2015년 72.36%와 71.56%로 0.80%의 차이를 보였다.

위의 데이터를 통해 볼 수 있듯이, 중간소득층의 호적 구조에 나타난 두드러진 점은 그들의 호적 구조가 전체 인구의 평균 수준과 매우 비슷하다는 것이다. 이는 호적 제도가 느슨해짐에 따라 보다 많은 농업 호적 인구가 도시로 진출하여 블루칼라가 되었는데, 그들의 소득수준이 도시 호적 인구 중 중저소득수준에 근접한다는 것을 의미한다. 이 점은 그들의 직업 분포에서도 검증이 된다(范雷, 2017). 블루칼라 중 농업 호적 인구가 상당 부분을 차지했고, 자영 서비스업 종사자 중 상당수가 농업 호적 인구였다. 서비스업 종사자들은 비농업 부문 종사자이나 도시화에 따른 농촌 토지와 주택 용지의 부가 가치 증가가 그들로 하여금 수익을 얻을 수 있는 농업 호적을 보유하게 만들었다.

2) 소득 구조

소득 구조로 보면 임금소득, 사업소득, 재산소득 모두 최근 10년 동안 크게 변화하였다. 2006년 저소득층의 임금소득은 35.02%, 중저소득층의 임금소득은 53.73%, 중고소득층의 임금소득은 62.97%, 고

---

4) 여기서 말하는 농업 호적은 농촌에 거주하는 농업 호적 인구와 도시에 거주하는 농업 호적 인구를 포함하고 있기 때문에 농업 호적 인구의 비율은 비교적 높은 것으로 나타났다.

소득층의 임금소득은 61.94%로 고소득층에 비해 저소득층의 임금소득이 적은 편이다. 임금소득은 소득수준을 결정하는 중요한 부분이며, 기타 유형의 소득은 비교적 작은 영향을 미칠 뿐이다. 2015년 저소득층의 임금소득은 57.67%, 중저소득층은 69.60%, 중고소득층은 71.71%, 고소득층은 57.85%였다. 2006년과 비교해 보면, 저소득층, 중저소득층과 중고소득층의 임금소득은 모두 어느 정도 상승하였지만 고소득층의 임금소득은 오히려 일정 부분 하락하였다. 이것은 임금소득의 결정적 역할이 약해진 반면, 사업소득의 영향력은 크게 높아졌다는 것을 의미한다. 데이터 분석 결과를 보면 고소득층 중 사업소득이 차지하는 비율은 23.79%로, 같은 기간 동안, 중고소득층의 14.86%를 훨씬 웃돌았다. 그러나 간과할 수 없는 점은 사업소득과 전통 농촌 주민들의 사업소득 간에는 큰 차이가 있다는 것이다. 같은 기간 농업 호적을 가진 저소득 인구의 사업소득은 30.86%에 달했지만 이는 그들의 소득수준이 매우 낮은 상황을 바꿀 수는 없었다.

이 밖에 재산소득의 비중도 비교적 큰 폭으로 증가하였다. 2015년 도시 호적 고소득층의 재산소득 비율은 7.41%, 같은 기간 도시 호적 고소득층의 1.18와 중저소득층의 1.25%보다 높을 뿐만 아니라, 2006년 도시 호적 고소득층의 비율인 3.93%보다도 높았다.

최근 10년 동안 서로 다른 소득층의 소득 구조에 대한 수평과 수직 비교를 통해서 알 수 있듯이, 임금소득의 증가는 이미 사회 전체 소득 증가의 주요 동력이 되었다. 농업 호적 비율이 가장 높은 저소득층에서도, 임금소득은 절반 이상을 차지하고 중고소득층의 임금소득은 70%를 상회하였다. 데이터 분석을 통해 보면 사업소득과 재산소득은 중간소득층과 고소득층을 구분하는 결정적 요소가 된다. 따라서 전체 소득수준을 높이고 중간소득층의 비중을 확대하려면 GDP에서 노동 임금이 차지하는 비율을 반드시 높여야 한다.

3) 교육 구조

21세기에 들어서면서 중국의 소득수준과 교육 수준은 모두 꾸준히 향상되었다. 데이터를 분석한 결과 서로 다른 등급의 소득층에서 평균 교육연한은 소득수준과 정비례하는 것으로 나타나 소득수준이 높을수록 평균 교육연한도 길어진다. 2006년 저소득층의 평균 교육연한은 6.43년, 중저소득층은 7.79년, 중고소득층은 8.92년, 고소득층은 10.55년이었다. 2015년 저소득층의 평균 교육연한은 6.82년, 중저소득층은 8.20년, 중고소득층은 9.48년, 고소득층은 11.30년이었다. 수직 비교를 해 보면 저소득층의 평균 교육연한은 0.4년보다 적게 증가하였고 고소득층의 평균 교육연한은 0.75년 증가했다. 이는 교육을 많이 받은 집단이 중간소득층과 고소득층에 진입할 가능성이 더 높다는 것을 시사한다. 특히 고등교육 모집이 확대된 후 고등교육을 받은 집단의 규모가 계속 확대되어 이들이 중간소득층과 고소득층으로 들어갈 가능성이 가장 높기 때문에 계층별 소득층 내에서 고등교육을 받은 집단의 비율 변화를 분석할 필요가 있다.

데이터 분석을 통해, 2006년 저소득층 내 고등교육을 받은 비율은 2.22%, 중저소득층에서는 3.97%, 중고소득층에서는 9.29%, 고소득층에서는 23.56%이고, 2015년 저소득층에서 고등교육을 받은 비율은 4.69%, 중저소득층은 7.66%, 중고소득층은 15.29%, 고소득층은 33.06%로 나타났다. 고등교육을 받은 집단의 비율 변화를 보면 고소득층의 증가가 가장 뚜렷했고 이어서 중고소득층, 중저소득층 순이며, 저소득층의 증가가 가장 적었다. 따라서 중간소득층을 전통적인 중간소득층과 새로 등장한 중간소득층으로 분류한다면 고등교육을 받은 젊은이들은 새로 등장한 중간소득층의 중요한 부류가 된다.

4) 연령 구조

소득과 교육 간에 밀접한 관계가 있다는 점을 감안하면, 교육 수준이 높은 젊은이가 중간소득층과 고소득층으로 진입할 가능성이 더 크다. 2015년의 조사 데이터 분석 결과를 예로 들면, '40년대 생', '50년대 생'과 '60년대 생'의 합계는 저소득층에서 차지하는 비중이 2/3를 넘어섰고, 중저소득층에서는 이 비중이 절반을 넘어섰다. 그러나 중고소득층 중에서 '40년대 생', '50년대 생', '60년대 생'이 차지하는 비율은 49.14%이고 '70년대 생', '80년대 생', '90년대 생'의 비율은 50.86%으로 나타났으며, 고소득층에서는 '40년대 생', '50년대 생', '60년대 생'이 차지하는 비율이 44.64%, '70년대 생', '80년대 생', '90년대 생'의 비율은 55.36%로 나타났다. 소득이라는 단일 기준으로 집단을 구분하면, 평균 교육 수준이 높은 젊은 사람이 상대적으로 우위를 차지하고 그들이 중고소득층과 고소득층 중에서 차지하는 비율 역시 비교적 높았지만, 현실 생활에서는 단순히 소득에 따라 개인의 생활수준과 사회적 지위가 결정되는 것은 아니다.

소득을 단일 기준으로 중간소득층을 구분하는 것을 고려하면 이 개념 자체는 위의 분석에 나타난 세대 간 불평등 문제를 은폐할 가능성이 높다. 최근 몇 년 동안 세대 간 불평등 현상은 사회에서 더욱 두드러지게 나타났다. 젊은 사람들은 한편으로는 새로운 지식과 기술을 습득하고 더 나은 교육을 받아서 임금소득은 비교적 높은 수준에 이르렀지만, 또 다른 한편으로는 대부분의 청년들이 축적한 부가 적고 생활과 주택 구매에서 비롯된 스트레스가 큰 것으로 드러났다. 간단하게 말하자면 젊은 사람들의 소득은 높아졌지만 부를 축적할 시간이 짧아 특히 고학력의 '80년대 생'과 '90년대 생' 젊은이들 대다수는 대도시에서 취직하여 주택을 구매하는 데 그들 소득의 대부분을 사용하였다. 이로 인해 그들의 실제 생활수준은 소득이 같거나 심지어 비교적 낮은 중·노년들보다 뒤처지기도 한다. 중국 타이완과 홍콩의 경험으로 보면 청년들이 중간소득층이 될 가능성은 더 크지만, 세대 간의 불평등 현상이 존재하기 때문에 실제로 그들은 사회에서 가장 불안정한 사회 집단이 될 위험에 노출되어 있다. 호적 구조, 소득 구조, 교육 구조와 연령 구조를 통해 청사진을 그린다면 중간소득층은 한 사회의 '평균인'이라는 개념에 더욱 가깝다. 하지만 이런 기준을 사용하면 청년들이 중간소득층에서 차지하는 비율은 높은 반면, 그들이 처한 사회 상황은 오히려 그들로 하여금 더욱더 불안정한 사회적 정서를 불러일으키게 하기 때문에 과연 이러한 중간소득층이 '스태빌라이저' 역할을 제대로 수행할 수 있는지는 더욱더 자세히 관찰해 보고 분석해야 한다.

5. 관련 정책과 건의

중국이 중등소득국가 대열에 들어선 후, 경제 발전은 반드시 사회 구조에 상응하는 변화를 일으킬 것이다. 이러한 변화는 소득 집단 특히 중간소득층의 확대로 나타난다. 국제 사회의 기존 경험에 비추어 볼 때, '중진국 함정'을 피하려면 경제 사회의 안정적 발전과 운영을 유지해야 하는데 여기서 중간소득층이 결정적인 역할을 담당할 것이다. 그러나 중간소득층 확정, 구조 분석 연구는 상대적으로 부족하기 때문에 본 연구에서는 이에 대해 다음과 같은 정책적 건의를 하고자 한다.

첫째, 중간소득층의 확정은 신중해야 한다.

급속한 경제 발전과 소득수준이 계속 높아지는 과정에서 절대적 기준이든 상대적 기준이든 중간소득층에 대한 확정은 모두 일정한 결함이 있다. 기존의 분석은 중간소득층이 '평균인'의 특징에 더 가깝다는 것을 증명하였다. 중간소득층에 대한 개념 확정은 사회 현실을 반영해야 할 뿐만 아니라, 추세 변화를 나타내는 중요한 지표도 되어야 하며, 수평과 수직 비교할 때 안전성과 신빙성이 있어야 한다. 따라서 중간소득층이라는 개념이 남용되고 오용되지 않기 위해서는 출처가 다양한 데이터를 결합하여 중간소득층의 개념 확정을 보완해야 한다.

둘째, 중간소득층을 확대하려면 임금소득의 비중을 확대해야 한다.

고소득층의 사업소득과 재산소득이 비교적 높은 비율을 차지하는 것과 달리, 중간소득층의 주요 수입원은 여전히 임금소득, 즉 노동소득이다. 그러나 1980년대 이래, 노동소득이 GDP에서 차지하는 비중이 심각하게 낮아지는 바람에 이미 사회 화합과 안정에 적지 않은 부정적 영향을 미쳤다. 중화전국총노조中華全國總工會의 조사에 의하면, 60% 이상의 근로자들은 일반 노동자들의 노동소득이 지나치게 낮은 것을 가장 큰 불평등 요인으로 여긴다는 것이 밝혀졌다(尹衛國, 2010). GDP에서 노동소득이 차지하는 비중을 높이는 것은 중간소득층을 확대하고 공정한 사회를 유지하는 전제 조건이 된다.

셋째, 중간소득층을 확대하려면 인적자본을 향상시키는 역할을 중시해야 한다.

포스트 공업화 시대가 도래하면서, 지식 경제에 의한 소득효과는 더욱 뚜렷해지고 교육을 비롯한 인적자본이 소득 증가에 미치는 역할을 무시할 수 없게 되었다. 관련 분석에 따르면 교육 수준이 높은 집단일수록 소득수준도 높다. 중고소득층과 고소득층 중에서 고등교육을 받았던 집단의 비율은 현저하게 높고 교육이 국민들이 사회로 진출하는 중요한 계단임을 고려할 때, 고등교육의 공평성을 높이고, 적당한 고등교육 모집 규모를 유지하며, 고등교육의 질을 더욱 개선해 나가는 것이 중간소득층을 확대하는 객관적인 방법이 된다.

넷째, 중간소득층을 확대하려면 끊임없이 개혁을 심화하고, 제도적 장벽을 전면적으로 타파해야 한다.

호적 제도는 오랫동안 사회 불공평의 대표적인 제도가 되어 왔다. 연구에 따르면 중간소득층의 호적 분포는 전체 인구의 평균 수준과 비슷하지만 중고소득층과 고소득층 중에서 비농업 호적 인구의 비율은 중저소득층보다 현저히 높다는 것을 알 수 있다. 최근 호적 제도가 많이 느슨해졌지만 역사적으로 형성된 도시와 농촌 간의 차이는 단기간에 해소되기 어렵다. 호적 제도 외에도 노동시장에서 성차별, 지역 차별 등 비가시적 차별과 장애는 여전히 존재한다. 따라서 개혁을 심화시켜 나가면서 사회적 차별의 벽을 허물어야만 노동자의 능동성이 제대로 발휘되고 중간소득층이 확대될 수 있다.

다섯째, 중간소득층을 확대하려면 새로운 불평등이 발생하지 않도록 주의해야 한다.

과학기술과 사회의 발전은 인류를 발전시켰지만, 일부 연령이 비교적 높고 학력이 낮은 사람들은 소득이 상대적으로 하락하거나 향상되기 어려운 상황이 나타날 수도 있다. 분석 결과를 보면 중간소득층 중에서 고등교육을 받은 사람과 젊은 사람의 비율이 더 높았는데,

이것은 고등교육을 받지 않은 사람과 중·노년층이 저소득층과 중저소득층으로 들어갈 가능성이 더 높다는 것을 의미한다. 학력이 낮은 사람들, 특히 농업 호적의 중·노년층이 'Working Poor(빈곤 노동자)'가 되는 것에 대한 대비책이 필요한 시점이다.

참고문헌

范雷(2017), 「中等收入群體的就業結構分析: 2006~2015」, 『河北學刊』第2期.

李春玲(2016), 「中等收入標準需要精准界定」, 『人民日報』12月7日.

錢民輝, 陳旭峰(2011), 「發揮中等收入群體'社會穩定器'功能」, 『人民論壇』第5期.

孫立平等(1994), 「改革以來中國社會結構的變遷」, 『中國社會科學』第2期.

尹衛國(2010), 「勞動者收入偏低是最大不公」, 『工人日報』5月18日.

張德榮(2013), 「'中等收入陷阱'發生機理與中國經濟增長的階段性動力」, 『經濟研究』第9期.

鄭秉文(2011), 「'中等收入陷阱'與中國發展道路 — 基於國際經驗教訓的視角」, 『中國人口科學』第1期.

Kerr, C.(1994). "Higher Education Can not Escape History." *Issues for the Twenty-First Century*. Teachers College Record.

제 5 장

주택과 도시 주민의 계층인식

: 베이징·상하이·광저우에 대한 실증 연구를 바탕으로*

장하이둥張海東 · 양청천楊城晨

1. 문제 제기

지난 30년 동안 중국 경제가 고속도로 발전하면서 사회 구성원들 간의 빈부 격차가 점차 커지고, 계층 간의 분화도 날로 심화되고 있다는 것은 이미 주지의 사실이 되고 학계에서도 많은 주목을 받고 있다. 사회계층의 분화는 객관적인 사회현상으로 존재할 뿐만 아니라 주관적 심리현상으로도 인지되는데, 구성원들이 자신이 처해 있는 계층적 지위에 대한 지각과 인식으로 표현될 수도 있다. 기존의 연구에서 사회계층이라는 시각에서 출발하여 주관적 계층인식에 대

---

* 본 연구는 2016년 중국 사회학 연차 총회의 '사회분화와 사회이동社會分化與流動'이라는 섹션에서 공개 발표한 것이다. 푸단대학교 류신劉欣, 저우이周怡 교수, 그리고 익명의 심사위원들이 수정 의견을 제시해 주신 데 대해 감사를 드린다. 본 연구는 중국 국가사회과학 중점 프로젝트 '신사회계층의 사회이동 및 정치태도 연구新社會階層的社會流動與政治態度研究'(17ASH004)의 단계적 성과이다.

해 의미 있는 검토를 하였는데(劉欣, 2001; 王春光・李煒, 2002; 李春玲, 2003: 133~135, 2004; 李培林 등, 2005: 207~208), 특히 그중에서 일부 연구는 객관적 지표로 분류된 계급이나 계층이 공통된 계층인식을 형성할 수 있는지에 대해 심도 있는 고찰을 하였다(李春玲, 2004). 또 다른 연구에서는 직업, 소득, 교육 등 상대적으로 고정된 기준으로 계층을 분류한 후 개인이 주관적으로 어느 한 계층에 속한다고 의식하는 집단의 규모와 객관적 지표로 분류된 집단의 규모 사이에 큰 격차가 있다는 사실을 밝힘으로써 중산층에의 계층 귀속감은 비교적 결여되어 있고(趙延東, 2005), 사람들은 자신이 속한 계층적 지위에 대한 인식에 있어서도 얼마간의 편차를 보인다는 사실을 보여주었다(范曉光・陳雲松, 2015). 도시 주민의 주관적 계층 지위 인식에서 일정한 편차가 있을 뿐만 아니라(韓鈺・仇立平, 2015), 농촌 주민의 주관적 지위 인식과 객관적 지위 인식 간에도 또한 편차가 존재한다(盧福營・張兆曙, 2006). 리페이린 등(李培林 등, 2004: 76~77)이 지적한 바와 같이 "소득, 교육, 직업과 소비 등 각종 주요 객관적 계층 구분 기준은 주관적 계층의식과 어느 정도 관련이 있기는 하나 그 연관성이 그다지 뚜렷하지 않다."

이런 현상은 우리에게 여러 가지 시사점을 던져 준다고 할 수 있다. 연구자가 어떤 특징에 의해 사회의 일부 집단을 어느 한 계층에 편입시킬 때 이렇게 '구성된' 집단은 이와 같은 분류에 공감하는가? 연구자들은 자신들도 모르게 '타자의 구성'에 참여하게 되었음을 인지하고 있는가? 어떤 요인들이 서로 다른 집단이 자신의 지위와 계층에 대한 인식에 비교적 직접적인 영향을 미쳤는가? 더 나아가 중국 사회계층의 신분 구축과 계층인식에 보다 적합한 직접적이고 객관적인 지표가 확립되었는가? 이러한 문제의 해결책을 모색하는 것이 본 연구의 출발점이자 목적이다.

중국 전통문화에 따르면 '안가치업安家置業(가정을 이루고 사업을 함)'은 한 개인의 생애에서 필수 단계이기 때문에 '집'은 사회 모든 구성원에게 굉장히 중요하고 주택은 곧 집의 물질적 표상이 된다. 중국에서 주택 개혁 정책을 실시한 이래, 절대다수의 중국인은 부동산 구매와 투자에 관심을 갖게 되었고, 한 가정이 소유하는 부동산의 면적, 수량과 등급이 실제 생활에서 사회경제적 지위를 평가하는 가장 직접적인 지표가 되었다. 과거는 물론이고 '부동산 붐'이 한창 일어나고 있는 현재에도 주택은 주거의 기본 속성을 넘어서 부와 지위의 상징으로 자리매김하고 있다. 반대로 주택을 소유하지 않고 있거나 또는 주택 소유가 생활에 미치는 부담이 지나치게 커지면 개인의 주관적인 느낌에 직접적인 영향을 주게 된다. 가령 '부동산 투기' 등 사회현상을 통해 알 수 있듯이, 주택 시장화 개혁 이후 부동산은 이미 주민들의 중요한 재산이나 자산으로 간주되고 부동산 임대와 판매는 이미 주민들이 재산을 축적하고 소득을 얻는 중요한 수단이 되었다. 또한 부동산은 상속의 속성을 갖고 있기 때문에 다음 세대에 부로 물려줄 수 있다. 즉 주택은 투자와 소비라는 이중 속성을 지니는 상품으로서 일반 상품 내지 금융 투자 상품과 구별되는 것으로, 주택에 관한 소비는 사회계층의 분포를 가늠하는 지표가 될 수 있다(李春玲, 2007). 말하자면 사회 분화가 날로 심화하는 중국 사회에서 주택은 지위를 상징하는 표징의 함의를 가지게 될 것이다(李强, 2009). 많은 도시 주민들에게 있어서, 본인 소유의 집 한 채를 장만하기 위해 평생 저축한 돈을 전부 소진하거나, 수년에서 수십 년 동안 대출을 갚아야 한다. 그러므로 항간에서는 "집 한 채가 중산층 가족 하나를 망하게 한다."라는 말까지 돌고 있다. 상술한 문제의식을 지니고 본 연구에서는 주택을 계층 간 '구별짓기'를 위한 징표로 삼아 주택이 주민들의 계층인식에 미치는 영향에 대해서 살펴보고자 한다.

2. 선행 연구 검토

1) 기존 계층인식 연구에 대한 검토

계층인식이라는 개념은 계층의식 연구에서의 마르크스 관련 논술에까지 거슬러 올라갈 수 있다. 마르크스는 계급론을 바탕으로 각 이익 집단이 자본주의 생산관계에서 처한 상이한 객관적인 경제적 지위 충돌로 인해 주관적인 계급의식class consciousness이 형성되었음을 강조했다(當代中國人民內部矛盾硏究課題組, 2004). 따라서 객관적인 경제 지위에 의해 형성된 서로 다른 계급 내부에서는 반드시 해당 계급만의 공통된 계급의식이나 계급인식이 형성된다. 베버는 경제, 문화, 권력 등 희소자원의 불균형 점유로 인해 형성된 '계층의식'strata consciousness은 한 사회 내의 개인이 사회적 지위의 불평등과 자신이 처한 사회경제적 지위에 대한 인지, 지각과 상응하는 주관적 인식이라고 주장하였다(李春玲, 2004). 그러므로 주관적인 계층인식은 계층의식을 구성하는 부분으로서 '개인이 사회계층 구조에서 차지하는 위치에 대한 감지'(Jackman & Jackman, 1973)를 반영한다. 따라서 계층의식의 유래에 따라 계층인식 연구도 집단 인식과 개인 인식이라는 두 가지 성향이 형성되었다(李煒, 2004; 李飛, 2013).

생산수단에 대한 점유관계 및 그에 따른 직업, 교육 수준과 재산 등 요인의 차이에 따라 각종 '객관적 계층'이 형성되었다. 집단적 계층인식을 주장하는 학자들은 계층인식이 주로 직업, 소득 등 '구조적 요인'의 영향을 받는다고 주장한다(張翼, 2005). 반면, 개체적 취향을 주장하는 연구는 계층에 대한 사회적 개체의 자아 정의와 자신이 처한 계층적 지위에 대한 인식에 주목하는데 이러한 연구는 사회적 개체가 자아와 타자 간의 상호작용을 하는 과정에서 사회계층 질서에 대한 인지를 형성하고 개인의 생애와 미래 생활에 대한 기대감에 따라 서로 다른 심리적 공감과 계층적 지위 평가를 형성한다고 주장한다(張翼, 2005). 특히 여기서 심리적인 요인은 계층인식을 형성하는 중요한 요인으로 작용한다(翁正軍, 2010). 수많은 연구를 통해 생활 경력에 대한 감지, 형평성 및 '상대적 박탈감'과 같은 심리적 요인은 계층인식의 형성에 중요한 영향을 미친 것으로 실증을 통해 밝혀졌다(劉欣, 2001, 2002; 刁鵬飛, 2012; 陳光金, 2013).

위와 같은 논쟁의 영향으로 계층인식의 구체적인 영향 요인에 대한 연구는 다중적 실증 분석틀을 형성하였고 대체로 구조결정론, 역사문화론과 국가중심론과 같은 세 가지 관점이 도출되었다(馮仕政, 2009; 李飛, 2013). 구조결정론은 객관적인 경제 지위가 계층 지위에 결정적 영향을 미치고 구조적 요인이 계층인식에 결정적인 영향을 미침을 주장한다. 이러한 연구는 사회경제적 지위의 가설을 도입한 것으로, 즉 직업, 소득, 교육 수준 등 객관적인 경제 지위를 직접적으로 반영하는 지표를 보편적으로 사용하는 변수로 삼았다. 국내의 일부 연구도 직업, 소득, 교육 수준을 바탕으로 한 객관적 경제 지위와 주관적 계층인식은 직접적인 연관성이 있다는 것을 검증했으며, 직업 지위가 높고 소득이 많으며 교육 수준이 높을수록 그에 상응하는 주관적 계층인식도 높아짐을 밝혔다(王春光·李煒, 2002; 李培林 등, 2005; 胡榮·張義楨, 2005; 翁正軍·何麗, 2007: 80~84; 雷開春, 2015).

그러나 1990년대 사회계층 연구 학계에 나타난 '계급은 죽었다'라는 논쟁의 영향으로 구조결정론은 큰 타격을 입게 된다. 일부 학자는 경제 발전의 가속화와 재산 소유권의 확산에 따라 계급은 몰락해 가고 기존의 계층 분석법으로는 계층결정론의 시각에서 사회의 정치, 경제, 문화 등 측면을 해석하기 어렵다고 주장한다(Grusky, 2005: 723). 계층결정론에 기초한 '대계급大階級'론은 생산관계의 이론적 기점과 결정적 역할을 지나치게 강조하기 때문에 계층에 입각하여 개체의 행위, 사회태도와 소비 습관을 해석하기는 어려웠다. 그래서 대계급론은 많은 학자들로부터 일종의 '상상의 통계모델'로 간주되어 비판을 받았다(Weeden & Grusky, 2004, 2005).

이후 계층결정론을 초월한 역사문화론과 국가중심론이 잇따라 출현하였다. 역사문화론을 주장하는 학자들은 역사문화와 개인의 생활 이력의 시각에서 계층인식을 분석하는 데 치우친다. 톰프슨(Thompson, 2001: 56~57)은 계층인식은 객관적인 지위로 자동적으로 생성된 것이 아니라 사람들의 생활 경험과 체험을 통해 누적된 것이라고 주장하였다. 한편, 보드리야르(Jean Baudrillard, 2008: 40~43)가 제시한 '소비의 기호론'과 부르디외(Bourdieu, 1984: 86)가 주창한 '아비투스'에 따른 소비, 품위와 생활방식이 계층인식을 형성한다는 이론적 관점들은 모두 소비 및 생활 이력이 계층인식의 형성에 미치는 영향을 설명하였다. 또한 일부 실증 연구는 이를 근거로 생활 이력의 가설로부터 출발하여 소비 선호, 심리적 감정, 가족 배경 등과 같은 생활이력 요인이 개체의 계층인식에 중요한 영향을 미친다는 것을 입증하였다(邊燕傑, 2002; 劉欣, 2002; 李培林 등, 2005: 234~240).

국가중심론은 국가 이데올로기, 조직제도와 사회 정책을 계층인식의 형성을 이해하는 키포인트로 삼으며(馮仕政, 2009), 관련 연구는 대체로 제도분할 가설을 도입하여 호적, 지역, 소속 기관 등 중국의 사회구조, 정치 체제의 특색을 반영하는 상관 변수를 강조했다(邊燕傑, 2002; 王天夫·王豊, 2005).

국내외 학자들의 계층인식과 관련된 연구를 종합해 보면 이러한 연구들이 풍부한 성과를 거두었지만, 어느 정도 한계를 보이고 있는 바 심도 있는 검토가 필요하다. 계층의식 구조라는 계층인식의 기원, 계층인식의 발생 요인, 또는 계층인식의 영향 요인에 대한 분석의 이론적 패러다임과 분석 구조에서 보면 기존의 연구는 전부 구조와 심리, 시장과 국가 등 다중적 시각이 존재함을 알 수 있다. 또한 이러한 패러다임에 의해 확정된 계층별 지표와 주민의 주관적인 계층인식 사이에는 연관성이 결코 크지 않았다(李培林 등, 2004). 그렇다면 구조결정론을 초월하면서도 역사문화론과 국가중심론이 주장하는 개체의 삶의 경험과 이에 대응하는 조직제도, 사회 정책을 나타내는 분석 방법은 존재하는가? 현재의 주관적인 계층인식 연구에 보완적 해석을 제공할 수 있는 분석 지표가 존재하는가? 이것이 바로 본 연구에서 해결하고자 하는 이론적 문제이다.

2) 주택 불평등, '주택 계급'과 부의 계층화 연구에 대한 검토

주택 불평등은 인류 역사 이래 지속적으로 존재해 온 문제이다. 주택 불평등에 대한 연구는 사회학계 연구에서 중요한 의제이기도 하다. 슈첼레니(Szelenyi, 1983)의 연구는 헝가리 주택 불평등에 대한 분석을 통해 국가사회주의 재분배 경제의 계층 모형을 제시함으로써 이 분야 연구의 전형적인 사례로 간주된다. 중국에서도 마찬가지로 주택 차별과 불평등은 줄곧 사회주의 제도 하의 도시 주민들의 계층 차이를 나타내는 주요 측면 중의 하나로 간주된다(Logan & Bian, 1993;

Nee, 1996; Bian et al, 1997; 劉精明·李路路, 2005). 국가 재분배 체제 하에서 주택은 일종의 복지로 간주되어, 소속 기관에 의해 분배되는데, 주택 불평등은 주로 전체 인구의 대부분을 차지하는 일반 대중과 소수의 '재분배 엘리트' 사이에서 일어나게 된다(趙曄琴·梁翠玲, 2014). 개혁개방 이후, 특히 1990년대 이래 국가의 주택 정책 및 토지 이용 정책의 변천에 따라 주택을 복지로 분배하던 시대는 어느덧 막을 내리고 주택이 소비 시장에서 유통되는 상품이 된다. 다시 말해 주택은 일정한 경제적 능력이 구비되어야 소유 가능한 재산으로 변모하게 된다. 많은 선행 연구를 통해 주택의 시장화 개혁 이후, 개인의 직업, 정치적 자본, 경제적 소득이 주택 자원 획득에 미치는 영향을 규명하였으며(邊燕傑·劉勇利, 2005; 鄭輝·李路路, 2009), 도시에서의 주택 분화는 빈부 격차를 반영히는 동시에 그 격차를 심화시킬 수 있음이 지적되었다(劉祖雲·毛小平, 2012). 따라서 일부 학자는 주택의 소유권, 가격, 지리적 위치, 주변환경, 커뮤니티의 문화 특징 등 요인이 다르기에, 전환기의 중국 도시에는 차별화가 선명한 '주택 지위 집단'이 등장한다고 주장한다(李强, 2009).

많은 학자들은 전환기 중국 도시에서 주택 불평등 문제가 등장하게 되는데, 문제의 배후에는 국가, 시장, 사회 등 다중 요인이 존재하여 단순히 개인의 직업, 소득 등 일부 사회경제적 요인을 통해서 문제를 단일하게 설명해서는 안된다고 지적한다. 그들은 주택의 시장화 개혁 이후 중국의 주택 불평등 문제는 직업적 지위와 정치 권력적 요인에 의해 합법적으로 고착화되었고, 새로운 시장화 질서는 다시 새로운 주택 불평등 문제를 초래하였다고 분석한다. 그러므로, 주택 불평등 문제는 국가와 시장이라는 이중적 메커니즘을 내포한다(李斌, 2002; 李斌·王凱, 2010; Zhao & Ge, 2014; Walder & He, 2014; Zhao & Zhou,

2016). 여기서 주택 불평등을 표징으로 한 계층분화 메커니즘은 국가와 시장의 이중적 역량의 영향을 받는다. 개인 주택 자원의 획득은 개인이 권력과 시장적 능력을 어느 정도 가지고 있는지를 보여준다. 이에 따라 주택은 '개인-시장-국가'라는 연결 고리에서 중요한 요인으로 자리매김하게 된다.

'주택계급Housingclass'론은 주택 불평등과 계층인식을 이해하는 데 또 다른 시각을 제공해 준다. 렉스와 무어는 영국 산업도시 버밍햄 한 지역의 주택과 종족 관계에 관한 경험적 연구를 통해 해당 이론을 세시하였는데 이는 도시 문제 연구에 새로운 시각과 이론직 틀을 제공해 주었다(Rex & Moore, 1967). 주택계급이라 함은 사회구조의 상층부에 해당되는 사람들의 주택은 상층부에 위치하고, 하층부에 해당하는 사람들의 주택은 하층부에 위치한다는 것이다. 사운더스는 주택계급에 대한 논의를 심화시켜 현대 사회에서 한 사람의 주거 상황을 관찰하는 것은 그의 직업보다 더 중요하며 사람들의 주거 상황에 따라 계급을 구분할 수 있다고 주장한다(Saunders, 1984). 폴 포셀의 연구는 미국 사람들의 주택 취향 차이는 사회계층 간의 차이를 나타내기 때문에, 주택에 대한 분석을 통해 사람들의 사회적 지위와 사회계층 간의 차이를 연구할 수 있다고 주장한다(Fussell, 1983).

렉스John Rex와 무어Robert Moore의 이론은 도시의 주택 분배 체계가 새로운 계층 구분 기준을 형성한다고 강조한다. 이는 주택 보유 여부 및 희소한 주택 자원의 획득 경로에 근거하여, 도시 주민이 서로 다른 '주택 계급'으로 구분될 수 있음을 의미한다. 그러나 해당 이론은 보편적으로 수용되지는 못하였다. 기존 연구를 종합해 보면, 많은 국내외 연구자들이 주로 집단 내의 구조적 요인(인종, 소득, 교육, 직업 등)으로 주택 유형 차이의 원인을 분석, 검토하며 '주택계급'론이 강조하는 주거 유형의 차이를 통한 사회계층의 구성 및 계층인식의 형성을 분석하는 이론은 주목받지 못한 것을 알 수 있다. 그러나 실질적으로 이 두 가지 측면은 계층 형성의 과정에서 상호 촉진 작용을 일으킨다. 주거 공간 상의 계층분화는 단순한 사회계층의 분화를 넘어서, 사회의 계층분화, 사회의 폐쇄성 추이를 가시화하는 중요한 메커니즘으로 자리매김한다. 일부 학자가 지적한 바에 따르면, 상이한 계층은 서로 다른 구조적 제약을 받아, 서로 다른 주거 방식을 선택한다. 이는 유사한 생활 여건과 삶의 기회를 가진 사람이 생활방식과 주거 환경이 상당히 유사한 커뮤니티 안에 집중되는 것을 통해 확인된다. 그리고 이러한 폐쇄적인 커뮤니티 안에서 사람들은 점차 비슷한 생활방식과 계층인식을 형성하게 되며, 보편적인 의미에서 상대적으로 폐쇄된 사회계층 집단을 형성한다(劉精明·李路路, 2005). 예를 들어, '중산층 커뮤니티'는 사적 공간 구축을 통해, 중산층과 그의 문화를 창출할 수 있으며, 중산층 커뮤니티의 우월성을 구축하게 됨으로써, 공간 간의 대항과 긴장감 및 그에 상응하는 '중산층 인식'을 형성하게 된다(馬丹丹, 2015). 이 과정에서 구조적 주택 차이와 지위의 구별짓기는 중산층의 공통된 정체성을 형성하였다.

그러나 '주택계급'론은 비록 주택의 측면에서 계층인식을 연구하는 데 이론적 토대를 제공하였지만 해당 이론에 대한 의문과 비판은 끊이지 않았다. 일부 학자들은 '주택계급'은 생산관계가 아니라고 주장하는데, 왜냐하면 주택 소유 여부 자체는 소비 패턴의 일종일 뿐이며 개인이 소비 패턴의 변화로 인해 사회 속에서 차지하는 계층적 지위를 바꿀 수 없기 때문에, 주택 차이로 인한 계층인식이 존재하지 않는다고 한다. 하지만 사운더스(Saunders, 1984)는 이와 같은 질의에 대해 강력하게 반박하였다. 그는 자본주의 상품 경제의 발달에 따라

'소비 부문'에 전례 없는 분화가 일어나, 주택 소유로 일부 사람들이 막대한 부를 축적하고 더 많은 삶의 기회를 얻게 되어 부의 점유 차이를 만들어 결국 사회계층의 분화를 초래한다고 하였다. 부의 계층화는 사운더스가 후기에 '주택계급' 논쟁에 대응하는 유력한 무기가 되었다.

전환기의 중국 사회에서 어떤 요인이 계층분화에 더 설득력을 가지는지에 대해서는 깊이 연구하고 검토해야 할 문제이다. 이는 동시에 어떤 요인이 주민의 계층인식에 가장 직접적인 영향을 미치는지와도 연관된다. 중국은 1949년부터 농촌에서는 토지개혁, 도시에서는 '공사합영公私合營'[1])을 통해 사적 부동산 소유에 대한 개조와 토지 제도의 개혁이라는 일련의 조치를 통해 '구舊사회'가 구축한 부의 계층 질서를 타파하고, 직업과 정치적 신분을 표지로 하는 새로운 계층 구조를 만들었다(李强, 2013). 이로써 부의 계층화 정도를 나타내는 지니 계수가 오랜 기간 동안 낮은 수준에 머물렀다. 개혁개방 이후 특히 단위체제單位體制의 해체 및 시장 경제의 고속 발전에 따라, 자본의 영향력은 전례없이 확대된다. 노동, 자본, 기술, 관리의 4대 생산요소 가운데 자본이 가장 중요한 요인으로 자리잡고 노동의 중요성은 가장 낮아졌다(仇立平, 2006). 실제로 이런 현상은 중국뿐만 아니라 전 세계 많은 학자들의 저술에서도 찾아볼 수 있는데, 예를 들어 피케티(Piketty, 2014: 167~170)는 영국, 프랑스 양국 자본의 변천사에 대한 검토를 통해 자본의 속성은 이미 과거의 토지에서 오늘날의 주택업과 금융 자산으로 바뀌었고 주택 자본의 점유 비중이 대대적으로 증가

---

1) 역주: 공사합영은 1956년부터 중국에서 전국적으로 실행하기 시작했는데 원래 민간이 경영하던 기업을 국가와 공동으로 경영하는 과도적 경제 제도이다.

하였다고 지적하였다. 즉 오늘날 자본주의 사회의 불평등은 이미 직업과 근로소득의 불평등에서 주택 등 부동산 요인 위주의 재산 점유의 불평등으로 전환한 것이라고 할 수 있다. 한국의 어느 한 연구에서도 현재 부동산과 토지를 기반으로 하는 부동산 재산의 분화는 한국 사회의 빈부 격차를 초래하는 주범이고, 한국 사회는 이미 부동산에 의해 개인과 가족의 사회적 지위가 결정되는 '부동산 계급 사회'가 되었다고 밝혔다(孫洛龜, 2007). 루헝(盧恒, 2014)은 '부동산 계급 사회'의 의미를 더 깊이 파헤쳐 부동산의 시각에서 중국의 사회적 변화는 '단위체제의 중국'에서 '부동산 중국'으로의 전환으로 볼 수 있다고 하였다. 보여지는 주거의 경계는 생활방식과 문화자본이라는 보이지 않는 경계에까지 영향을 미쳐 계층구조 재생산의 메커니즘이 되었다. 일부 학자들은 주택 자산에 대한 검토를 통해 주택을 비롯한 재산 분화가 오늘날 중국 사회 계층분화의 주요 지표가 되며, 이는 또한 부에 기반을 둔 사회 계층분화 질서가 구축되었음을 의미한다(李强·王美琴, 2009)고 본다.

요컨대, 보편적 부의 상징인 주택이라는 요인을 도시 주민의 계층인식 분석에 도입시킨 연구들은 기존의 계층인식 연구에서의 구조와 심리, 시장과 국가 등 다중 시각을 관통하여 일종의 '연속체'형의 도구로 구축하였다. 더욱 중요한 것은 오늘날 중국 사회에서 직업과 노동에서 비롯된 불평등이 부의 불평등으로 전환되는 과정에서, 주택이 지니는 내구성, 고가치성, 부가 가치성 및 부의 세대 간 전이는 주택으로 하여금 부의 계층분화를 비교적 직접적으로 반영하게 한다는 점이다. 이에 따라, 부의 계층분화가 계층인식에 영향을 미치는 요인을 측정하는 데 있어서, 주택은 비교적 직접적이고 객관적인 지표로 작용하게 된다. 이는 기존의 '직업계층'이라는 관점 하의 계층인식 연구에 보완적인 해석을 제공한다. 더불어 주택이 가지는 상징적 의미는 주민의 계층과 신분의 외부 기호로 주민의 계층인식을 구축한다. 따라서 본 연구는 주택은 계층인식을 분석하는 새로운 틀과 연구 지표로 사용할 수 있고, 또한 이는 이론적 중요성과 실천적 가능성을 가지며, 사회 전환기의 '중국적 경험'을 적절히 반영할 수 있다고 판단된다.

3. 연구 가설

생산력의 발전과 끊임없는 사회분화에 따라, 인류의 주거 환경은 크게 개선되며, 주택은 공간과 부의 의미를 부여받게 된다. 주택은 단순히 안전을 보장하는 내부 공간에서 주거, 레저와 오락을 할 수 있는 사적인 공간으로 변모하게 된다. 이러한 과정에서 주택은 재산권이라는 '본질'적 특징이 분화되어 나오게 되고(盧恒, 2014), 면적, 기능 등 품질에서의 차이는 주택 자체의 기능성과 품질도 향상시킨다. 따라서 주택은 사회등급의 차이를 나타낼 수 있게 된다. 면적, 시세와 같은 품질의 분화는 부의 계층분화라는 새로운 질서를 반영하게 되며, 서로 다른 계층은 개인의 조건에 따라 등급이 서로 다른 주택을 구하게 된다. 주택 품질의 분화는 사회계층의 분화를 반영하게 되며, 분화를 바탕으로 주민들의 거주 권익상의 격차와 이로 인한 자기 지위 인식의 차이가 발생하게 된다(趙曄琴, 2013; 張文宏·劉琳, 2013). 따라서 본 연구에서 첫 번째 가설인 '주택 품질'을 다음과 같이 제시한다.

> H1: 도시 주민이 보유하고 있는 주택의 품질이 좋을수록 계층인
> 식은 높아진다. 반대인 경우에는 낮아진다.

사운더스는 주택이 베버 식의 '재산계급' 모형의 기초라는 것을 논증했다. 그는 개인의 계층적 지위는 그와 재산의 관계에 의해 정의된다고 한다. 즉, 이익을 창출할 수 있는 자원의 소유 여부와 그러한 축적 방식으로의 해당 자원을 사용 여부이다(李駿, 2016). 주택 소유권은 베버가 제시한 '재산 계급'의 관련 논술과 일치한다. 시장 경제하에서 주택 소유권은 한 개인이나 가정의 부를 나타내며, 주택 가격이 상승할 경우 주택은 재산을 증식하는 중요한 원천으로 자리매김한다. 반면 주택 가격의 상승은 주택 소유권이 없는 임대인에게 이익이 되지 못하며, 주택 임대료 등 경제적인 부담만 늘어난다. 일부 도시에서 자가주택의 소유를 전제로 한 호적과 입학 제도[2] 등 장벽과 문턱은 '주택 소유 계층'과 '주택 무소유 계층' 간에 심리와 인식 상의 간극을 심화시킨다. 이에 따라 주택 소유권에 의해 형성된 재산과 심리적인 이중 구별짓기는 필연적으로 주민들 자신이 속한 계층적 지위에 대한 인식의 차이를 일으킬 것이고 이에 따라 첫 번째 가설의 하위 가설 1을 제시한다.

H1-1: 주민이 현지에 자가소유주택을 보유하고 있다면, 계층인식은 비교적 높고 반대인 경우에는 비교적 낮다.

상술한 것처럼 주택은 전환기의 도시 주민들에게 중요한 재산으로 간주된다. 시장화 메커니즘은 주택이라는 상품이 면적, 가치 등 여러

---

[2] 역주: 일부 대도시에서는 현지 본인 소유의 주택이 있어야만 호적 등기를 할 수 있는 정책을 실행한다. 이 정책에 따르면 현지 호적을 가져야만 자녀가 호적 소재지에서 학교에 입학할 수 있다. 따라서 현지 호적 소지 여부는 그 사람의 사회적 지위를 판단하는 지표가 되기도 한다.

측면에서 큰 차이를 발생시키며, 개인의 경제 조건, 시장 능력 등 다방면의 제한을 통해 사람들의 주거 조건은 매우 큰 차이를 보이게 된다. 관련 연구에서 제시된 바와 같이, 한 가정의 주택 면적은 가족관계와 연관되고, 가족관계의 구축은 주택 공간의 영향을 받으며(楊辰, 2011), 면적이 큰 주택을 보유한 사람은 주관적인 계층인식이 높다(趙延東, 2004). 주택 시세로 대표되는 부동산 가치는 도시 주민들에게 중요한 부의 원천이 되었다(黃靜·屠梅曾, 2009; 張文宏·劉琳, 2013). 상기의 요인들은 주민들의 계층인식과 직접적인 연관성을 갖는다. 주민들이 대출로 인해 심각한 스트레스를 받는다면 여타의 생활 지출은 반드시 감소하게 되고, 생활수준도 영향을 받아 계층인식은 약화된다. 이에 다음과 같이 첫 번째 가설에 딸린 기타 하위 가설을 제시할 수도 있다[3].

> H1-2: 주민이 보유한 1인당 주택 면적이 클수록 계층인식은 높아지고 반대인 경우에는 낮아진다.
> H1-3: 주민이 보유하고 있는 주택의 시세가 높을수록, 계층인식은 높아지고 반대인 경우에는 낮아진다.
> H1-4: 주민의 가구소득에서 매년 주택 지출이 차지하는 비중이 높을수록, 계층인식은 낮아지고 반대인 경우에는 높아진다.

또한 사람들의 생활수준은 거주 지역과 밀접히 연관된다. 주택

---

3) 여기에서 주민이 보유하는 주택은 계층인식에 영향을 미칠 수 있는 중요한 변수로 꼽힌다. 그러나 주택 면적과 크기에 차이가 있는 것을 고려하고 베이징·상하이·광저우의 주택은 다른 도시의 주택과 시세 차이가 커서 면적과 시세보다 주택의 보유 개수를 상관 변수로 삼는 것은 의미가 크지 않다. 그래서 변수 조작 부분에서 주택 보유 개수를 면적과 시세로 환산하여 계산하였다.

이 소재하는 외부 공간의 분화도 크다고 할 수 있는데, 부르디외 (Bourdieu, 1984)는 분화된 사회에서 구별짓기를 추구하는 장은 무궁하고 도시 주거 공간의 구별짓기는 바로 중요한 취향과 기호의 구별짓기라고 말한다. 다양한 계층의 영향으로 도시에서는 다양한 공간이 출현하였다. 특히 주택 개혁 이후 중산층 이상 계층의 취향과 미학에 부합하는 별장, 고급 아파트 단지가 잇따라 생겨나기 시작했다. 일부 주민은 이미 "집을 사야겠다", "내가 얼마나 큰 집에 사느냐"에 만족하지 않고 "어떤 집을 사야할지", "어떤 아파트 단지에 살아야 할 것인지"에 관심을 가지게 되었다. 즉 주택은 신분을 상징하는 '지위 상품'과 개인 재산의 지표로 거듭난 것이다. 기호 소비론의 시각에서 볼 때, 주택 상품화로 인한 도시 공간의 구별짓기는 계층 간의 결집과 배척의 형식이 된다. 재산으로서의 주택과 주택이 속하고 있는 커뮤니티는 주민 스스로의 계층인식을 구축하고 표현하게 되므로 다른 계층과의 차별성을 각인하는 표지가 된다. 주택은 이미 사회적 부의 상징이 되고, 더 나아가 도시 주민이 자신의 계층적 지위를 보여주는 변수가 되었다. 일상 사회에서 커뮤니티는 집단의식을 교류하고 구축하는 플랫폼이 되었다. 이에 따라 다음과 같은 '구별짓기' 가설을 제시할 수 있다.

> H2: 주택의 '구별짓기' 정도가 높을수록 주민의 계층인식은 높아지고 반대인 경우에는 낮아진다.

주택 시장화 개혁 과정에서 국가와 시장의 이중적 역량은 도시의 다차원적인 주택 공급 체계와 이에 상응한 다양한 집단을 구축하였다. 정부는 재정의 힘으로 일부 저소득층과 중저소득층 주민들에게 경제적용주택4)经济适用房, 저가임대 주택廉租房, 판매가격 제한 주택限價房 등 보장 조치를 시행했는데 이러한 주택은 흔히 밀집된 주택 단지에 집중되어 있다. 이에 비해 시장의 추진력에 의해 건설된 중·고급 아파트 단지, 고급 별장과 같은 주택은 중상층 사람들이 선호하는 주택이 되었다. 이처럼 각종 유형의 주택은 계층 간의 경계를 구분짓는 장이 되었다. 구분된 공간의 장에서는 계층별 집단의식과 인식의 경계도 강화된다. 따라서 두 번째 가설의 첫 하위 가설 1을 제시한다.

> H2-1: 별장 또는 고급 주택 단지의 주민은 높은 계층인식을 보이
> 고 개조되지 않은 구舊도심 지역이나 보장성 주택保障性住房
> 단지에 사는 주민들은 낮은 계층인식을 보인다.

한편, 주택 시장화는 도시 주민들로 하여금 주택의 '소비자'로부터 '소유자'로의 전환을 촉진하게 하였다(朱光喜, 2010; 熊易寒, 2012). 주택 단지는 일부 도시 주민들에게 소유권이 있는 커뮤니티나 사적 커뮤니티로 간주되어 그들의 '집단적 공간'이 되는데, 이에 따라 아파트 관리실은 자신의 '뒷마당'과 사적인 생활 공간을 관리하는 기구가 된다. 도시의 다양한 '폐쇄적인 커뮤니티'와 '통금 커뮤니티'는 중산층의 신변 안전, 재산 안전과 자아 정체성 인식에 대한 수요와 부합한다(肖林, 2016). 그들은 자신이 향유할 수 있는 시설과 공간이 남들과 공유하지 않도록 아파트 경비나 통금 시스템을 통해 외부인의 출입을 엄격히 통제한다. 주택 단지의 시설 관리·조경 및 고품질 관리 서비스가 도시 주민의 계층 간의 경계를 형성하는 또 다른 방식이 되었고 관리비의 높낮이는 한 커뮤니티의 관리 서비스 수준을 대체

---

4) 역주: 국가의 계획 하에 건축 시 세금이 감면되고 판매가가 제한되는 주택이다.

로 반영할 수 있다. 이에 따라 두 번째 가설의 하위 가설 2는 다음과
같이 설정할 수 있다.

H2-2: 거주하는 아파트 단지의 관리비가 높을수록 계층인식은
높아지고 반대인 경우에는 낮아진다.

4. 데이터, 변수 및 분석 방법

1) 데이터

본 연구는 상하이대학교 상하이사회과학 조사센터에서 2014년 11월
부터 2015년 10월까지 베이징·상하이·광저우 3개 도시에서 실시한
'거대도시 주민생활 실태조사'[5]의 데이터를 사용한다. 이번 조사는 2
단계 표본 추출법을 채택하였으며, 1단계에서는 지역별 무작위 표본추
출법을 이용하여 도시마다 50개의 커뮤니티, 각 커뮤니티마다 20개의
가구를 추출하고 한 가구에서 18~65세 주민을 응답자로 선정하여 총
3,004명의 상주 인구 표본을 추출했다. 연구의 필요에 의해 재학생을
배제하고, 최종 2,889개의 표본을 얻었다. 본 연구에서는 이러한 데이
터를 분석의 근거로[6] 삼았는데 표본의 일반적인 특징은 다음과 같다.

----

5) 이 조사는 상하이 중국 사회과학원연구원과 상하이시 인민정부의 지원을 받
   았다.
6) 이번 조사의 2단계에서는 대표적인 중산층 표본을 추출하기 위해 적응집락추
   출adaptive cluster sampling을 채택하였으며, 총 3,006개의 표본을 얻었다. 이 방
   법은 비동일확률추출이기 때문에 이를 근거로 표본의 전체적인 특징을 추론
   하면 안된다. 따라서 본 연구에서는 이 부분의 데이터를 채택하지 않는다.

〈표 1〉 표본의 기본 특징*

		빈도(명)	%
성별	남	1,381	47.9
	여	1,504	52.1
연령	18~30세	701	24.4
	31~44세	899	31.3
	45~59세	849	24.4
	60~65세	425	14.2
혼인 상태	기혼	2,187	76.0
	미혼	514	17.9
	기타	176	6.1
교육 수준	초등학교 이하	222	7.7
	중학교	646	22.4
	고등학교·중등전문학교·기술학교	795	27.6
	전문대학	504	17.5
	대학교	594	20.6
	대학원 이상	120	4.2
직업	당·정부 기관 간부	15	0.7
	사업주·경영자·관리자	175	8.6
	전문 기술자	414	20.3
	직원·사무직원·자영업주	1,094	53.5
	숙련노동자	155	7.6
	비숙련노동자	190	9.3
개인 연소득	30,000위안 이하	819	28.3
	30,001~60,000위안	1,112	39.1
	60,001~100,000위안	520	18.3
	100,001~150,000위안	182	6.4
	150,001위안 이상	211	7.4

주: 결측치가 있어서 모든 데이터의 합계는 2,889가 아닐 수 있다.

2) 변수의 조작화

(1) 종속변수

본 연구에서 사용하는 종속변수는 도시 주민의 주관적 계층인식이다. 이 변수는 "당신의 종합적인 지위는 전국에서 어느 층위에 속합니까?"라는 질문을 통해 측정되었고, 그 옵션은 '상층', '중상층', '중층', '중하층' 및 '하층'으로 설정하였다. 본 연구에서 이를 5점 척도로 측정하며 1점은 '하층', 5점은 '상층'을 의미한다. 주민이 높은 계층인식을 가지면 점수가 비교적 높아지고 반대인 경우에는 비교적 낮아진다.

(2) 독립변수

본 연구에서 사용하는 독립변수는 두 가지 유형이 있다. 하나는 '주택 품질'인데 구체적으로 다음과 같은 네 가지 변수를 포함한다. ① 주택 소유권. 이 변수는 도시 주민의 주택 현황을 고려하여 현재 거주 주택의 소유권을 묻는다(완전 자가소유, 소속기관과의 공동소유, 임대 등의 경우를 포함). ② 주택 면적. 주택의 면적을 계산할 때에는 전용면적(거주면적)과 건축면적으로 구분되지만, 현재의 주택 시장에서는 보통 건축면적을 기준으로 주택 소유권을 측정한다. 주택 면적과 함께 거주하는 인구수를 통해 '1인당 주택 면적'이라는 지표를 얻을 수 있다. ③ 주택 지출. 이는 주택 구매, 임대, 대출 등의 지출이 지난 1년 동안 응답자의 가구 총소득에서 차지하는 비중을 가리킨다. ④ 주택 시세. 응답자가 소유한 주택의 시세로 계산한다.

다른 한 가지 독립변수는 '구별짓기'인데 구체적으로 다음과 같은 두 가지 변수를 포함한다. ① 주택 소재 커뮤니티의 유형. 대체로 재

개발되지 않은 구도심 지역, 단일 혹은 혼합 단위單位 커뮤니티, 보장성 주택, 일반 분양 단지, 고급 별장 및 고급 주택가 등을 포함한다. ② 관리비의 납부 기준. 응답자가 거주하는 아파트 단지에서 관리비 납부 여부와 해당 납부금의 금액을 고려한다.

3) 분석 방법

본 연구는 한편으로 베이징·상하이·광저우 3개 도시의 '주택 품질' 및 '구별짓기' 관련변수에 대한 기술 분석을 통해 세 도시 주민 간의 주택 요인의 차이와 '구별짓기'를 분석하고자 한다. 다른 한편으로는 위의 변수를 포함한 다중선형회귀모형Multivariable Linear Regression을 설정하여, 부의 계층화라는 시각에서 주택이 도시 주민의 계층인식에 어느 정도 영향을 미쳤는지를 집중적으로 분석하고자 한다. 표본의 기본 특징은 〈표 1〉과 같다.

5. 경험적 발견

1) 3개 도시 주민들의 주택 품질 및 '구별짓기'의 기본 특징

주택 품질 변수를 보면 첫째, 현 거주 주택 소유권의 측면에서 베이징·상하이·광저우 3개 도시 54.7%의 주민이 현지의 자가소유주택을 보유하고 있지만 여전히 40%를 넘는 주민들은 임대나 무상 제공된 주택에 거주하고 있다(〈표 2〉참조). 3개 도시 주민들의 현지 주택 소유 비율은 여전히 비교적 낮은 수치를 기록하고 있다. 전국적으로 도시 주민들의 주택보유율은 비교적 높게 나타나고 있으며, 일부 연구에서는 전국의 주택보유율이 이미 89.68%에[7] 달한다고 주장한다. 그러나 본 연구를 통해 알 수 있듯이, 베이징·상하이·광저우 같은 거대도시에서 자가주택 보유는 여전히 쉽지 않은 상황이다.

〈표 2〉 3개 도시 주민들의 주택 소유권 분포

	빈도(명)	유효 백분율(%)	누적 백분율(%)
자가소유	1,580	54.7	54.7
소속기관과 공동 소유	50	1.7	56.4
임대	936	32.4	88.8
무료 제공 및 기타	323	11.2	100.0
N=2,889			

둘째, 주민 소유 주택의 시세 분포를 보면 832명의 응답자의 자가 소유주택 시세가 0으로 나왔는데 이는 28.8%의 주민이 자가소유주택 이 없음을 의미한다. 대부분의 주민이 소유하는 주택의 시세는 100 만~500만 위안이며 이는 전체에서 42.2%를 차지한다. 이 밖에 전체 응답자 중에서 0.9%를 차지하는 25명은 시세 1,000만 위안 이상에 달하는 주택을 소유한다. 그중에서 가치가 가장 높은 주택의 시세는 무려 4천만 위안에 달했다. 이를 통해 현재 3개 도시 주택 재산의 분화가 매우 심각한 것임을 알 수 있다.

셋째, 주택 지출이 총지출에서 차지하는 비중을 보면 3개 도시 주 민의 평균 주거 지출은 10.5%이며 비교적 선명한 분화를 보인다. 58.8%의 주민은 2013년 주택 지출이 없었으며, 10.5%의 주민은 2014

---

7) 이 데이터는 2012년 서남재경대학西南財經大學과 중국인민은행中國人民銀 行이 공동으로 발표한 「중국 가정 금융 조사 보고서中國家庭金融調査報告」의 데이터에 의거한다.

년 주택 지출이 총지출의 5%보다 낮았다. 반면, 14.6%는 주택 지출이 총지출에서 차지하는 비중은 30%를 초과하였는데, 이를 통해 주택 지출은 개인과 가정 생활에 일정한 부담을 주고 있음을 알 수 있다.

넷째, 현재 3개 도시 주민들의 주택의 건축면적을 보면, 1인당 평균 면적은 33.19m²로 나왔다. 그중 1인당 최대 거주면적은 350m², 최소는 3m²로, 면적 간의 격차가 매우 심한 것으로 나타났다(〈표 3〉). 소유권에 따라 살펴보면 현재 자가소유주택에 거주하는 인구의 1인당 건축면적이 가장 넓은 35.51m²에 달했으며, 이어 임대의 경우 1인당 건축면적은 29.45m²이다. 마지막으로 소속기관과 공동소유의 경우 1인당 건축면적은 가장 좁은 23.80m²로 나타났다. 위에서 확인되는 바와 같이, 완전 자가소유주택과 임대 주택은 건축면적의 격차가 비교적 크며, 3개 도시의 주택 면적 불평등 현상이 비교적 뚜렷하다.

〈표 3〉 3개 도시 주민 거주 주택의 1인당 건축면적

	평균치(m²)	최대치(m²)	최소치(m²)	표준편차
전체	33.19	350.00	3.00	26.06
자가소유	35.51	350.00	3.33	26.04
소속기관과 공동소유	23.80	61.00	3.67	13.35
임대	29.45	235.0	3.00	25.72
N=2,889				

다섯째, 현재 베이징·상하이·광저우의 주민 거주 주택에 대한 등급 평가를 보면 25.9%의 주민이 현재 거주하는 주택에 대해 중간 수준인 3 등급을 매긴다. 3개 도시 주민들의 주택 등급에 대한 평가는 하향세를 보이며, 자신의 주택이 1~4등급이라고 평가하는 주민의 비율은 56.5%로 과반수를 차지한다. 현재 거주 주택의 등급이 사회의

중상 수준(6~10등급)이라고 생각하는 주민의 비율은 17.6%에 그친다. 3개 도시 대다수의 주민은 현재 거주하는 주택에 대한 만족도가 높지 않아 자신들의 주거 환경을 개선하기를 원한다.

또한, 구별짓기 변수에서는 3개 도시 주민이 거주하는 아파트의 유형을 비교해 보면 일반 분양 단지, 단일 혹은 혼합 단위 커뮤니티는 세 지역 주민이 거주하는 주요 형식이며 각각의 비율은 50.9%와 23.4%이다. 개조되지 않은 구도심 지역에 거주하는 주민도 일정한 비중을 차지하고 있으며 그 비율은 15.4%이다. '최근 농촌에서 도시로 전환된 커뮤니티', 보장성 주택 단지, 별장과 고급 주택 단지에 거주하는 인구의 비율은 비교적 낮게 나타난다(〈표 4〉).

〈표 4〉 3개 도시 주민의 거주 단지 유형

	빈도(명)	유효 백분율(%)	누적 백분율(%)
개조되지 않은 구도심 지역	436	15.4	15.4
단일 혹은 혼합 단위 커뮤니티	663	23.4	38.8
보장성 주택 단지	61	2.2	40.9
일반 분양 아파트 단지	1,443	50.9	91.9
별장 및 고급 주택 단지	38	1.3	93.2
농촌에서 도시로 전환한 커뮤니티	174	6.1	99.4
기타	18	0.6	100.0
N = 2,833*			

*56개의 결측치가 있다.

아파트 관리비의 납부 금액으로 보면 4할이 넘는 주민(42.2%)은 그들이 사는 아파트 단지에서 관리비를 납부하지 않는다고 응답하였고 48.4%는 1m² 당 0~2위안의 관리비를 납부한다고 응답하였으며 소수는 1m² 당 3위안 이상의 높은 관리비를 납부한다고 응답하였다.

이를 통해 3개 도시 주택 단지의 관리비에도 일종의 분화가 나타나고 있음을 알 수 있다.

위와 같은 기술통계 결과를 통해 주택 품질에서, 3개 도시 주민의 주택 소유권, 1인당 거주 면적, 소유 주택의 시중 가격, 주택 지출 및 등급 평가에 있어서 모두 비교적 뚜렷한 분화 현상을 보이고 있음을 알 수 있다. 이외에도 주택을 기호적 상징으로 삼았을 때, 주거 단지의 유형 및 관리비 납부 기준과 같은 공간적 구별짓기 요인은 역시 현저한 분화를 보이고 있다. 따라서 본 연구에서는 베이징·상하이·광저우 3개 도시에는 주택 요인을 차별화하는 '주택지위 집단'이 존재하고 주택을 기반으로 하는 사회분화가 나타났다고 판단한다.

2) 주민 계층인식의 영향 요인 분석

주택 품질과 구별짓기의 차원에서 독립변수가 주민의 계층인식에 미치는 영향과 개인 소득, 직업 등 통제변수가 종속변수에 미치는 영향을 정확하게 파악하기 위해 본 연구에서는 종속변수, 독립변수 및 통제변수를 포함시켜 다중선형회귀모형을 구성하였다. 구체적인 회귀식은 다음과 같다.

$$Y_i = a + b_1 x_1 + b_2 x_2 + \cdots + b_i x_i$$

이 중 a는 상수항이고 x_i는 독립변수이며 b_i는 계수이다. $i = 1, 2, \cdots, n$.

독립변수의 경우, 통계적 편의를 위해 일부 통제변수의 범주를 단순화하고 인코딩 처리하였다. 우선, 성별, 혼인 및 직업에 대하여 더

미변수 처리하였는데, 성별 변수에서 여성은 0, 남성은 1로 코딩하고, 혼인 상태에 있어서는 '기혼'을 1로 하고 '미혼'을 0으로 코딩했다. 또한, 연령 변수에서는 연령이 결과에 비선형 효과를 미칠 가능성을 고려하여 '연령의 제곱/100' 변수도 통제변수로 삼았다. 직업 측면에서 류신(劉欣, 2005)이 제시한 중국 도시의 직업계층 프레임을 참조한다. 그는 권력재분배, 지대추구, 시장능력 등 계층분화의 원동력에 의해 10가지 계층을 형성했다고 제시했다. 본 연구에서는 이 10가지 계층을 '당·정기관 간부', '기업주·경영자·관리자', '전문기술자', '직원·사무직·자영업자', '숙련노동자' 및 '비숙련노동자'의 6가지 범주로 간이화시키고, '비숙련노동자'를 준거집단으로 설정한다. 교육 수준을 〈표 1〉의 연속형 변수로 변환하고 개인 소득은 임금 소득과 각종 기타 소득을 포함한 2013년 한 해 동안의 총소득을 의미한다. 가족 요인에서 거주지 호적의 소유 여부 및 가구 연소득을 통제변수로 삼는다. 데이터의 적합도를 향상시키기 위해 모든 응답자의 개인 연소득, 가구 연소득, 주택 시세와 주택 지출 및 부동산 관리비의 금액에 1을 더한 후 e를 밑으로 하는 자연로그를 취하여 모형에 도입시킨다. 다중공선성 검증의 결과는 다음과 같다. 연령 및 '연령의 제곱/100' 두 변수의 분산팽창인자variance inflation factor, VIF가 10보다 크고 나머지 독립변수의 VIF 값이 모두 5보다 작기 때문에 이 모형에는 다중공선성이 존재하지 않는다. 해당 통계 결과는 〈표 5〉와 같다.

<표 5> 3개 도시 주민 계층인식에 영향을 미치는 요인의 OLS모형

	모형 1	모형 2	모형 3	모형 4	모형 5
	B(SE)				
상수	1.146 *** (0.230)	1.605*** (0.167)	1.282*** (0.153)	1.007*** (0.167)	1.212*** (0.207)
통제변수					
성별[a]	-0.043 (0.034)	-0.031 (0.024)	-0.033 (0.023)	-0.030 (0.023)	-0.022 (0.031)
연령	-0.017 (0.010)	-0.018** (0.007)	-0.014 (0.007)	-0.016 (0.007)	-0.015 (0.009)
연령 제곱/100	0.021 (0.052)	0.023** (0.008)	0.016 (0.007)	0.018 (0.008)	0.015 (0.010)
혼인 상태[b]	0.110* (0.043)	0.114* (0.031)	0.095* (0.029)	0.100* (0.031)	0.091* (0.041)
교육 수준	0.053*** (0.006)	0.047** (0.004)	0.046*** (0.004)	0.043*** (0.004)	0.041*** (0.005)
개인 연소득	0.015* (0.006)	0.014 (0.004)	0.015*** (0.004)	0.013** (0.004)	0.014** (0.006)
직업[c]					
당·정 기관 간부	0.391 (0.225)	0.282 (0.157)	0.298 (0.152)	0.276 (0.157)	0.228 (0.208)
기업주·경영자·관리자	0.257*** (0.075)	0.231*** (0.052)	0.243*** (0.051)	0.229** (0.052)	0.224*** (0.071)
전문 기술자	0.144* (0.059)	0.145** (0.040)	0.129* (0.039)	0.142* (0.040)	0.131* (0.053)
직원·사무직원·자영업주	0.029 (0.043)	0.040 (0.030)	0.008 (0.028)	0.037 (0.029)	0.011 (0.039)
숙련노동자	-0.066 (0.078)	-0.002 (0.053)	-0.057 (0.052)	0.002 (0.053)	-0.012 (0.071)
가구					
현지 호적[d]	0.054* (0.041)	-0.005 (0.032)	0.047 (0.027)	0.007 (0.049)	-0.001 (0.042)
가구 연소득	0.060*** (0.011)	0.062*** (0.009)	0.040*** (0.006)	0.095*** (0.014)	0.045*** (0.001)

	모형 1	모형 2	모형 3	모형 4	모형 5
	B(SE)				
지역ᵉ					
베이징	0.056* (0.046)	0.063* (0.031)	0.047 (0.029)	0.057 (0.031)	0.047 (0.040)
상하이	0.142*** (0.042)	0.094** (0.031)	0.109** (0.031)	0.074 (0.032)	0.079 (0.044)
주택 품질 요인					
완전 자가소유ᶠ		0.097** (0.035)		0.079* (0.035)	0.085* (0.046)
1인당 평균 주택 면적		0.002*** (0.000)		0.002** (0.000)	0.002** (0.001)
주택 시세		0.035*** (0.007)		0.031*** (0.007)	0.030*** (0.009)
주택 지출		-0.036 (0.064)		0.007 (0.064)	0.001 (0.084)
구별짓기 요인					
주거지 유형ᵍ					
별장 및 고급 주택 단지			0.439*** (0.098)	0.235* (0.104)	0.233* (0.146)
분양 아파트 단지			0.214*** (0.029)	0.146** (0.031)	0.161*** (0.041)
단일 혹은 혼합 단위 커뮤니티			0.161** (0.033)	0.124* (0.034)	0.140** (0.046)
아파트 관리비 액수			0.055** (0.011)	0.045*** (0.012)	0.049** (0.016)
N	2,033	2,033	2,033	2,033	2,861
Adjust R²	0.126	0.146	0.131	0.153	0.167

주: a. 여성, b. 미혼, c. 비숙련노동자, d. 비현지 호적, e. 광저우, f. 자가소유 아님,
g. 개조되지 않은 구도심 지역, 보장성 주택 및 기타.
*$p \leq 0.05$, **$p \leq 0.01$, ***$p \leq 0.001$.

모형 1은 주민의 일반적 특징과 사회경제적 특징이 계층인식에 미치는 영향을 고찰한다. 분석 결과에 따르면 성별, 연령은 개인의 계층인식에 뚜렷한 영향을 주지 않는다. 기혼자는 미혼자에 비해 더 높은 수준의 계층인식을 형성할 가능성이 더 크고, 교육 수준은 계층인식에 중요한 영향을 미친다. 개인 연소득의 측면에서, 소득이 비교적 높은 집단은 더 높은 계층인식을 가지며 양자 간 통계적으로 유의미한 상관관계가 있다. 비숙련노동자를 준거집단으로 직업이 계층인식에 미친 영향을 고찰해 보면, 기업주·경영자·관리자의 상층부는 계층인식이 높으며 전문직 및 기술자 집단도 동일한 특징을 보인다. 지역적 요인을 살펴보면 광저우 주민들에 비해 상하이 응답자들의 계층인식은 비교적 높은 수준으로 집계되었다. 가족 요인에서 호적 요인은 계층인식에 유의미한 영향을 미치지 않지만 가구 연소득은 유의미한 영향을 미친다. 지역 차이로 보면 광저우 주민보다 베이징과 상하이 주민은 더 높은 수준의 계층인식을 가지고 있다. 모형 1에서 조정된 R^2값은 0.126으로, 전체 분산의 12.6%를 설명할 수 있다. 이는 전체 모형은 유의미하지만 총체적으로 설명력이 약함을 나타낸다.

모형 2는 개체 특징 요인을 통제변수로 삼아 주택 품질 요인을 회귀식에 포함시켜, 이들 변수가 주민의 계층인식에 미친 영향을 집중적으로 고찰한다. 분석을 통해 현지에 자가주택을 보유하는 주민은 높은 수준의 계층인식을 형성할 가능성이 더 크고 소유하는 주택 면적이 크고 시세가 높을수록 계층인식도 높아진다는 것을 알 수 있다. 또한 주택 지출이 많을수록 계층인식이 낮아진다는 것을 확인할 수 있다. 통제변수에서 기존에 영향을 발휘했던 혼인 상태에 주택 품질 변수가 추가되면서 그 유의도가 낮아졌지만 여전히 상관관계를 보인다. 교육 수준 및 개인 연소득은 계층인식과 정(+)의 상관관계를 가지고 있지만 회귀계수의 값은 작아졌다. 지역적 차이 측면에서 주택 품질 요인을 추가하면 도시 간 차이가 유의미하지 않은 것으로 나타났다. 조정된 R^2은 0.146에 이르러 14.6%의 분산을 설명할 수 있으며 전체 모형의 설명력이 두드러지게 향상했다. 모형 2를 통해 가설 1-1, 1-2, 1-3이 성립되지만 가설 1-4는 기각된 것으로 판단할 수 있다.

모형 3에서는 '구별짓기' 변수를 OLS 모형에 도입시켜 모형 2처럼 개체 특징을 통제변수로 삼았다. 그 결과, 개조되지 않은 구도심 지역, 보장성 주택 단지 및 기타 지역 거주자들을 준거집단으로 설정한 경우, 분양 아파트 단지, 별장 또는 고급 주택 단지, 단일 혹은 혼합 단위 커뮤니티에 거주하는 주민들은 상대적으로 높은 계층인식을 지니고 있다. 아파트 관리에 대한 분석을 통해 주택 단지의 관리비가 높을수록 주민들이 더 높은 수준의 계층인식을 지닐 가능성이 크다는 것을 확인할 수 있다. 그러므로 가설 2-1과 2-2가 성립된다. 조정된 R^2값은 0.131로 어느 정도 설명력을 보이고 있다.

모형 4는 주택 품질 변수 그룹, '구별짓기' 변수 그룹 및 통제변수 그룹을 다 포함한 포화모형을 도입함으로써 주택 요인이 3개 도시 주민들의 계층인식에 미친 영향을 비교적 완전하게 보여준다. 개체 특징을 볼 때, 기혼 응답자와 교육 수준 및 연소득이 높은 응답자는 여전히 높은 수준의 계층인식을 가지고 있지만, 교육 수준의 회귀계수 값이 작아졌기에 모형에서의 영향력이 떨어진다. 직업 유형에서 기업주·경영자·관리자와 전문 기술자의 계층인식은 여전히 높게 나타나고, 기타 직업은 계층인식에 유의미한 영향을 미치지 않았다. 주택 품질의 측면에서 볼 때, 현지에 자가주택을 보유하는 주민은 계층인식이 높게 나타나고, 1인당 주택면적이 증가하고 주택 시장 가격이 상승함에 따라 계층인식도 함께 상승하게 된다. '구별짓기' 요인의 측면에서 모형 4는 도시 주민이 거주하는 커뮤니티의 '구별짓기' 정도는 그들의 계층인식에 영향을 끼칠 수 있음이 확인된다. 개체 특징 요인과 주택 품질 요인을 통제한 뒤, 분양 아파트 주택 단지, 별장 및 고급 주택 단지에 거주하는 응답자들의 계층인식은 개조되지 않은 구도심 지역, 보장성 주택 단지에 사는 주민보다 현저히 높은 것으로 나오고, 아파트 관리 수준이 높은 단지에 사는 주민의 계층인식도 높게 나타나고 통계학적으로 유의미한 상관관계를 보인다. 포화모형의 조정 후 R^2값이 0.153에 이르러 비교적 높은 설명력을 지닌다.

여기서 지적할 점은, 본 연구에서 사용하는 데이터는 일부 변수가 부족하기 때문에 결측치를 제거하면 통계 결과의 유의도에 예측할 수 없는 영향을 끼칠 수 있다는 것이다. 본 연구는 결측치가 없는 표본(N=2,033)의 각 변수의 평균값과 표준편차 및 총 표본(N=2,889)의 관련 통계치를 비교해 본 결과, 이러한 결측치는 무작위 결측이 아니라 일종의 비무작위 결측miss at non-random, MANR이라는 것을 발견한다. 이러한 결과는 통계적 편향bias을 일으킬 수 있다. 따라서 모형 4의 통계 결과에 대해 민감도 분석sensitive analysis과 데이터 대치를 하였다. 다중대치법multiple imputation, MI은 결측치를 처리하는 비교적 표준적인 방법이다. 결측치에 해당되는 대치수치를 생성하고, 결측치가 있는 각 변수를 위해 기타변수를 이용해 예측방정식을 생성하고 예측치의 분포에서 무작위로 수치를 추출하여 결측치를 대체한다. 예측방정식을 순환 실행한 뒤, 얻은 예측치를 사용하여 결측치를 대치하고 완전한 데이터 집합이 생성된다. 이렇게 생성된 완전한 데이터 집합에 대해 통계 분석을 하고 얻은 결과를 종합해서 최적의 대치 데이터군을 도출한다(Rubin, 1999). MI를 한 후, 유효 표본은 2,861개로 증가하여 2,889개의 원 조사 표본에 매우 가깝다. 모형 5는 결측치 대치 후 얻은 회귀 추정식이다. 비교를 해보면 모형 4에 비해 비록 일부 변수의 회귀 계수와 통계 유의성 수준이 미미하게 변했지만 전체적으로 주택 품질과 '구별짓기'의 관련 영향 요인이 변하지 않았으므로, 이 두 개의 독립변수가 주민들의 계층인식에 미치는 영향은 매우 안정적이다.

6. 결론 및 시사점

본 연구는 구체적인 실증 연구를 통해 베이징·상하이·광저우 3개 도시 주민들의 주거 현황을 분석하고 주택 품질과 '구별짓기'의 차원에서 주민 계층인식에 영향을 미치는 요인에 대해서 검토하였다. 연구를 통해 주택과 관련된 요인이 주민의 계층인식에 대체로 직접적인 영향을 미칠 수 있음을 확인하였다. 관련 개체 특징 요인을 통제할 경우, 소유권을 가지고, 주택 면적이 비교적 크고 주택 시세가 비교적 높으며 별장이나 고급 주택 단지에 거주하여 관리비가 비교적 높은 단지에 사는 주민들은 자신이 높은 계층에 속한다고 생각하는 경향이 있다. 과거 구조결정론을 근거로 한 직업에 의해 형성된 계층인식은 약화된 경향을 보이고 있다. 반면 주택 소유 여부를 중심으로 하는 부富가 계층인식에 영향을 미치는 중요한 요인으로 밝혀졌다. 이는 이미 일부 학자들의 중국 도시 사회가 주택을 기준으로 사회계층이 분화되고 있다는 주장을 단적으로 방증하고 있다.

현재 중국 도시 사회에서 주택 공급과 수요 간의 갈등이 두드러지면서 주택이 세간의 보편적인 관심사로 부상한 가운데, 이러한 주택에 의해 형성된 계층인식은 다양한 영향을 일으키고 있어 이에 대한 많은 연구가 필요하다. 한편, 주민들의 계층인식에서 주택이 발휘하는 중요한 역할은 주택을 단순한 경제자본에서 상징자본으로 변모시킨 것이다(閔學勤, 2011). 자가주택을 소유하는 것이 사회 생활의 기초이자 가정을 이루는 초석, 또는 '인생의 시발점'으로 여겨지기 때문에 주택 시장은 거대한 수요가 생기게 된다. 그리고 주택은 그 자체의 내구성, 높은 가치와 부가가치가 있기 때문에 많은 사람들이 주택을 투자 수단으로 여겨 부동산 시장의 높은 가격을 유지하게 하였다. 부유 계층과 '부동산 투기꾼'은 부동산 투자를 통해 거액의 부를 축적하기 때문에 주택은 부의 계층을 재생산하는 메커니즘이 되고 있다. 또한 오늘날 사회 전반에 '주택 소유 숭배'가 계층인식의 정형화를 초래하여 주택 문제는 사람들이 즐겨 논의하는 화제로 부상하였다. '유주택자'는 '무주택자'에게 주택을 빨리 구입하라고 권유하고 '유주택자' 내부에서도 주택 가격의 상승이 주된 화제가 되었다. 반대로 '무주택자'는 주택 가격의 지속적인 상승으로 인해 날로 초조해지는바, 그들은 '유주택자'를 부러워하며, 자신이 주택을 구매하는 데 직면하게 되는 어려움에 대해 탄식할 수밖에 없다(劉昇, 2014). 이러한 인식 차이와 심리적인 간극은 주택과 관련된 의제를 통해 표현된다고 할 수 있다. 그밖에 본 연구에서는 또한 부동산 관리비라는 하위 가설을 입증하였다. 부유층이 고품질의 주택을 구입하고 그곳에 사는 것을 자신의 신분과 지위를 보여주는 수단으로 간주한다. 따라서 주택 외연의 공간의 차별도 심각하다고 할 수 있는데, 거액의 부를 바탕으로 한 고급 주택은 아름다운 경관, 폐쇄적인 관리와 더불어 타인이 마음대로 들어갈 수 없는 사적인 '뒷마당'이 만들어져 사람들

사이에 공간적, 심리적으로 이중적 구별짓기를 야기하였다.

본 연구에서는 주민 계층인식에 관한 연구에서 한 발 나아가, 부의 계층화라는 시각에서 주택이 주민 계층인식에 미치는 영향에 대해서 살펴보았는데, 구체적으로는 주택을 바탕으로 계층인식 연구에 대한 새로운 분석 방법과 틀을 제공하고자 하였다. 그러나 본 연구는 여전히 많은 논의점을 충분히 해석하지 못했다. 이를테면 소득수준, 교육수준 등 구조적 요인이 일으킨 주택 불평등 요인과 주택의 계층화가 계층인식에 미치는 영향에 대해서는 보다 심도 있는 연구가 필요할 것이다. 그리고 베이징·상하이·광저우 3개 도시의 데이터를 근거로 얻은 결론은 보편성을 지니고 있는지에 대해서도 보다 세부적인 검토의 필요성이 제기될 수 있다. 본 연구에서 언급한 3개 도시는 경제가 발달하고 시장 경제 수준이 상대적으로 높은 지역으로, 중국의 사회적 전환과 개혁에서 선두적인 역할을 담당했기 때문에 이 3개 도시의 경제사회 발전은 일종의 특수한 추이를 대표할 수도 있고 혹은 국내 다른 지역의 도시들이 이와 유사한 발전 경로를 따를 수 있다고 본다.[8] 그런데 3개 도시의 과거 데이터를 바탕으로 도출한 초보적인 결론이 보편성을 갖고 있는지에 대해서, 그리고 주택을 바탕으로 형성된 계층인식과 '주택계급'론에서 주장하는 주택을 계층적 지위를 판정하는 기준으로 삼는 것 사이에 어떤 관계가 있는지에 대해서는 여전히 추가적인 검토가 필요하다.

---

8) 본 연구에서 이 데이터를 사용하는 주된 이유는 국내의 몇몇 대형조사에 비해 이 데이터가 주택에 대한 측정을 비교적 전면적이고도 체계적으로 실시하고 조사 실시 시간도 최근이기 때문이다.

참고문헌

邊燕傑(2002), 『市場轉型與社會分層 ― 美國社會學者分析中國』, 上海三
　　　聯書店.
邊燕傑, 劉勇利(2005), 「社會分層, 住房產權與居住品質 ― 對中國'五普'數
　　　據的分析」, 『社會學研究』第3期.
波德里亞, 劉成富, 全志剛譯(2008), 『消費社會』, 南京大學出版社.
陳光金(2013), 「不僅有'相對剝奪', 還有'生存焦慮' ― 中國主觀認同階層分
　　　佈十年變遷的實證分析(2001~2011)」, 『黑龍江社會科學』第5期.
當代中國人民內部矛盾研究課題組(2004), 「城市人口的階層認同現狀及影
　　　響因素」, 『中國人口科學』第5期.
刁鵬飛(2012), 「城鄉居民的公平意識與階層認同 ― 基於中國社會狀況綜
　　　合調查數據的初步報告」, 『江蘇社會科學』第4期.
范曉光, 陳雲松(2015), 「中國城鄉居民的階層地位認同偏差」, 『社會學研究』
　　　第4期.
馮仕政(2009), 「中國社會轉型期的階層與分析認同」, 鄭杭生主編, 『中國人
　　　民大學中國社會發展研究報告2009 ― 走向更加和諧的社會』, 中國
　　　人民大學出版社.
格倫斯基主編, 王俊等譯(2005), 『社會分層』, 華夏出版社.
韓鈺, 仇立平(2015), 「中國城市居民階層地位認同偏移研究」, 『社會發展研
　　　究』第1期.
胡榮, 張義楨(2005), 「階層歸屬與地位認同問題研究」, 『東南學術』第6期.
黃靜, 屠梅曾(2009), 「房地產財富與消費: 來自於家庭微觀調查的資料」,
　　　『管理世界』第7期.
雷開春(2015), 「青年人的階層地位信心及其影響因素」, 『青年研究』第4期.
黃靜, 屠梅曾(2009), 「房地產財富與消費: 來自於家庭微觀調查的數據」,
　　　『管理世界』第7期.
李斌(2002), 「中國住房制度改革的分割性」, 『社會學研究』第2期.
李斌, 王凱(2010), 「中國社會分層研究的新視角: 城市住房權利的轉移」,
　　　『探索與爭鳴』第4期.
李春玲(2003), 『斷裂與碎片: 當代中國社會階層分化實證分析』, 社會科學

文獻出版社.

李春玲(2004),「社會階層的身份認同」,『江蘇社會科學』第6期.

李春玲(2007),「當代中國社會的消費分層」,『中山大學學報』(社會科學版)
第4期.

李飛(2013),「客觀分層與主觀建構: 城鎮居民階層認同的影響因素分析 —
對既往相關研究的梳理與驗證」,『青年研究』第4期.

李駿(2016),「城市住房階層的幸福感與公平感差異」,『華中科技大學學報』
(社會科學版)第1期.

李培林, 李強, 孫立平(2004),『中國社會分層』,社會科學文獻出版社.

李培林, 張翼, 趙延東, 梁棟(2005),『社會衝突和階級意識 — 當代中國社會
矛盾問題研究』,社會科學文獻出版社.

李強(2009),「轉型時期城市'住房地位群體'」,『江蘇社會科學』第4期.

李強(2013),「中國在社會分層結構方面的四個試驗」,『馬克思主義與現實』
第2期.

李強, 王美琴(2009),「住房體制改革與基於財產的社會分層秩序之建立」,『學
術界』第4期.

李煒(2004),「中國與韓國社會階層意識的比較研究」,『社會學研究』第5期.

李友梅(2008),「從財富分配到風險分配: 中國社會結構重組的一種新路徑」,
『社會』第6期.

劉精明, 李路路(2005),「階層化: 居住空間, 生活方式, 社會交往與階層認同
— 我國城鎮社會階層化問題的實證研究」,『社會學研究』第3期.

劉升(2014),「房地產的社會階層固化性」,『河北法學』第5期.

劉欣(2001),「轉型期中國大陸居民的階層意識」,『社會學研究』第3期.

劉欣(2002),「相對剝奪地位與階層感知」,『社會學研究』第1期.

劉欣(2005),「當前中國社會階層分化的制度基礎」,『社會學研究』第5期.

劉祖雲, 毛小平(2012),「中國城市住房分層: 基於2010年廣州市千戶問卷調
查」,『中國社會科學』第2期.

盧福營, 張兆曙(2006),「客觀地位分層與主觀地位認同」,『中國人口科學』
第3期.

蘆恒(2014),「房地產與階層定型化社會 — 讀『房地產階級社會』」,『社會』第
4期.

馬丹丹(2015), 「中產階層社區的湧現」, 『社會科學論壇』第6期.

閔學勤(2011), 「空間拜物: 城市靑年住房消費的儀式化傾向」, 『中國靑年研究』第1期.

仇立平(2006), 「回到馬克思: 對中國社會分層研究的反思」, 『社會』第4期.

孫洛龜, 蘆恒譯(2007), 『房地產階級社會』, 譯林出版社.

湯普森, 錢乘旦 等譯(2001), 『英國工人階級的形成』, 譯林出版社.

托瑪斯·皮凱蒂, 巴曙松 等譯(2014), 『21世紀資本論』, 中信出版社.

王春光, 李煒(2002), 「當代中國社會階層的主觀性建構和客觀實在」, 『江蘇社會科學』第4期.

王天夫, 王豐(2005), 「中國城市收入分配中的集團因素: 1986~1995」, 『社會學研究』第3期.

翁定軍(2010), 「階級或階層意識中的心理因素: 公平感和態度傾向」, 『社會學研究』第1期.

翁定軍, 何麗(2007), 『社會地位與階層意識的定量研究: 以上海地區的階層分化為例』, 上海人民出版社.

肖林(2016), 「'後院政治': 城市中產階層的'領地'意識」, 『文化縱橫』第6期.

熊易寒(2012), 「從業主福利到公民權利 — 一個中產階層移民社區的政治參與」, 『社會學研究』第6期.

楊辰(2011), 「住房與家庭居住策略中的代際關係 — 上海移民家庭三代同居個案調查」, 『靑年研究』第6期.

張文宏, 劉琳(2013), 「住房問題與階層認同研究」, 『江海學刊』第4期.

張翼(2005), 「中國城市社會階層衝突意識研究」, 『中國社會科學』第4期.

趙延東(2004), 『決定公眾主觀階層意識的個人和社會因素』, 科技部中國科技促進發展研究中心調研報告.

趙延東(2005), 「'中間階層認同'缺乏的成因與後果」, 『浙江社會科學』第2期.

趙曄琴(2013), 「吸納與排斥: 城市居住資格的獲得路徑與排斥 — 基於城市新移民居住權分層現象的討論」, 『學海』第3期.

趙曄琴, 梁翠玲(2014), 「融入于區隔: 農民工住房消費與階層認同 — 基於CGSS 2010的數據分析」, 『人口與發展』第2期.

鄭輝, 李路路(2009), 「中國城市的精英代際轉化與階層再生產」, 『社會學研究』第6期.

朱光喜(2010), 「我國'住房階級'維權研究: 2001~2010 ─ 一個關於業主維權 的文獻綜述」, 『甘肅行政學院學報』第6期.

Bian, Yanjie, John Logan, Hanlong Lu, Yunkang Pan & Ying Guan(1997). 'Work Units and Housing Reform in Two Chinese Cities.' *In Danwei: The Chinese Workuints in Historical and Comparative Perspective*, eds. by Xiaobu Lu & Elizabeth Perry. New York: M. E. Sharpe.

Bourdieu, P.(1984). *Distinction a Social Critique of the Judgement of Taste*, trans. by Richard Nice. London Routledge & Kegan Paul Ltd.

Fussell, P.(1983). *Class: A Guide Through the American Status System*. Am Psychiatric Assoc.

Jackman, M. & Jackman, R.(1973). "An Interpretation of the Relation Between Objective and Subjective Social Status." *American Sociological* Review 38.

Logan, John &Yanjie Bian(1993), "Access to Community Resources in a Chinese City." *Social Forces* 72.

Nee, V.(1996), "The Emergence of a Market Society : Changing Mechanisms of Stratification in China." *American Journal of Sociology* 101(4).

Rex, J. & Moore, R.(1967). *Race, Community and Conflict*. Oxford University Press.

Rubin, D.B.(1999). "Small Sample Degrees of Freedom with Multiple Imputation." *Biometrika* 86.

Saunders, P.(1984), "Beyond Housing Classes : The Sociological Significance of Private Property Rights in Means of Consumption." *International Journal of Urban and Regional Research* 9.

Szelenyi, Ivan(1983). *Urban Inequalities Under State Socialism*. New York : Oxford University Press.

Walder, Andrew G. & Xiaobin He(2014). "Public Housing into Private Assets : Wealth Creation in Urban China." *Social Science Research* 46.

Weeden, Kim A. and David B. Grusky(2004). "Are There Any Big Classesat All?" In *The Shape of Social Inequality : Stratification and Ethnicity in Comparative Perspective, edited by David Bills. Vol.22 of Research in Social Stratification and Mobility*. Amsterdam : Elsevier.

_____(2005). "The Case for a New Class Map." *American Journal of Sociology* 1.

Zhao, Wei & Jianhua Ge(2014), "Dual Institutional Structure and Housing Inequality in TransitionalUrban China." *Research in Social Stratification and Mobility* 37.

Zhao, Wei & Xueguang Zhou(2016), "From Institutional Segmentation to Market Fragmentation : Institutional Transformation and the Shifting Stratification Order in Urban China." *Social Science Research* 63 : 19-35.

제6장

중국 사영기업주의 사회구성

: 계층과 코호트의 차이*

판샤오광范曉光 · 뤼펑呂鵬

1. 문제 제기: 사영기업주 사회적 근원의 차이

1956년 '공사합영公私合營'을 시행한 후 오늘날까지 사영기업주 집단은 '사라졌다가' 다시 생겨나는 과정을 거쳤다. 개혁개방 초기에 중국 기업가들의 사회구성은 한때 사회적 이슈가 되어 많은 논란을 일으키기도 하였다. 40년에 가까운 발전을 거치면서 사영기업주 집단은 '중국 특색의 사회주의 건설자'로서 이미 그 규모가 커졌으며 그 수도 해마다 증가하고 있다. 중국 국가공상행정관리총국國家工商行政管理總局1)의 최근 데이터에 따르면 2016년 말까지 전국 사영기

---

* 본 연구에서 사용하는 데이터는 중앙통전부中央統戰部, 전국공상련全國工商聯, 국가공상행정관리총국, 중국민(사)영경제연구회 사영기업 연구 과제팀中國民(私)營經濟硏究會私營企業硏究課題組이 주관한 '중국 사영기업 조사中國私營企業調査'에 의거한다. 중국사회과학원 사영기업주 집단 연구센터에서 일상 관리를 담당하는 '중국 사영기업 조사' 데이터 발표 플랫폼은 상기 기관의 위탁을 받아 데이터를 발표한다. 상기 기관에서 데이터 제공에 협조해 준

업은 2,309.19만 개로 2014년 말(1,546.37만 개)보다 49.3% 증가하였고, 1995년 말(65.5만 개)보다 34배 증가하여 보다 더 활기를 띠기 시작했다. 2016년 말 전국 사영기업 투자자 수는 4,200만 명으로 2014년 말(2,963.1만 명)에 비해 41.7%, 1995년 말(134만 명)에 비해 30배 증가하였다.

안타까운 것은 "누가 기업가인가"라는 주제에 관한 학술 연구는 1990년대와 21세기 초반에 '절정'에 이르고 나서 현재는 잠잠해지고 있는 것이다. 기업가의 직업 이동에 대한 연구에 안주하지 않는 연구도 있고(李路路·朱斌, 2014), 이 의제에서 더 이상 '신선한' 발견이 없을 거라고 주장하는 연구도 있다(Nee, 2008: 3~8). 그러나 이 주제가 내포하는 이론적 의미는 여전히 참신하다. 계층과 사회 구성체social formation는 사회학적 메타이론(특히 마르크스주의 계급론)의 고전적인 논제(마르크스, 2009: 598~703)이다. 시장 행위 주체의 구성은 도대체 무엇이고, 그들의 이질화 혹은 동질화 정도가 얼마나 높은지는 중요한 경험적 문제일 뿐만 아니라, 사회의 구조적 성격에 관한 이론적 판단과도 직접적인 관련이 있는 것이다.

중국 사영기업주의 사회구성에 대한 사람들의 인식은 여전히 20년 전 관련 연구의 경험적 측면에 머물러 있다. 그런데 문제는 중국 기

데에 대해 감사드린다. 초고는 '정상관계政商關係' 워크숍(2015.11, 廣州), '전환기의 사회인구·가정·계층轉型社會的人口, 家庭與分層' 워크숍(2016.6, 金華)과 '사회계층 및 계층이동社會分層與流動' 하계 포럼(2016. 7, 蘭州)에서 발표를 했다. 류신劉欣, 차오양曺洋, 우위샤오吳愈曉, 천쫑스陳宗仕, 린쫑훙林宗弘, 뤄중융羅忠勇, 주빈朱斌 등 사우와 익명의 심사위원들의 비평에 감사드린다.

1) 역주: State Administration for Industry and Commerce of the People's Republic of China, SAIC로 약칭.

업가들의 사회구성이 오늘날에 와서 정책과 경험 면에서 새로운 의미를 가지고 그 중요도가 더 커졌다는 것이다. 우선, 기업가의 세대교체에 따른 '후계자' 문제가 나날이 부각되고 있다. 본 연구에서는 세대 이동 문제(呂鵬·范曉光, 2016)를 다루지는 않지만 기업가의 사회구성 변화에서 이 의제에 대해 유력한 응답을 할 수 있다. 다음으로 '대중창업, 만중창신大衆創業, 萬衆創新(모든 대중이 혁신으로 창업하게 하자)'[2]의 전략 추진은 중국 기업가들의 사회구성이라는 의제에 새로운 의미를 부여하고 있다. 즉, 어떠한 사람이 기업가가 될 수 있는가 하는 것은 비즈니스 환경의 가장 직접적인 표현이라고 할 수 있다. 역사의 통시성을 강조하기 위해서, 본 연구가 관심을 갖는 첫 번째 질문은 바로 과거 40년 가까이 사영기업 경제의 발전 과정에서 시기별로 창업한 사영기업주의 사회구성에 차이가 있느냐는 것이다.

이 문제를 해결하기 위해서 동태적 역사 차원의 연구뿐만 아니라, 정태적 계급분화 연구가 병행되어야 한다. 이 집단의 내부에는 경제적 지위(재산), 정치적 신분(권력)과 사회적 평가(명예), 심지어 주관적 지위 인식에서도 커다란 차이점이 존재한다(李路路, 1998; 范曉光, 2016: 99~119). '사영기업주'라는 중국 특유의 개념은 하나의 집단group 혹은 신분status을 의미한다. 모두 사영기업주라고 하지만, 그들 '조직 내의 차이'는 그들과 다른 기타 집단들의 '조직 간의 차이'보다 클 수도 있다. 더 적절하게 말하자면, 일부 대기업주들이 이미 '엘리트 계층'의 일원이라면, 많은 중소기업주들은 '중간계층', '소상공인계층'의

---

2) 역주: 리커창李克强 총리는 2014년 9월 다보스포럼에서 '대중창업 만인창신'이라는 말을 하여 창업과 혁신을 통한 경제 발전을 정책 기조로 삼으면서 창업 분위기를 조성하도록 하였다.

일원일 뿐이다. 그래서 본 연구에서 관심을 갖는 두 번째 질문은 중국의 대기업주, 중기업주와 소기업주의 사회적 근원social origin 면에서 볼 때 도대체 하나의 근원만 있는 것인가 아니면 여러 근원이 있는 것인가, 또는 그들의 출신 구성 면에서 볼 때 그들은 같은 부류인가 아니면 서로 다른 세 가지 부류인가하는 것이다.

이러한 계층분화를 코호트와 결합하여 본 연구에서는 다음과 같이 세 번째 질문을 제기한다. 서로 다른 시기에 창업한 대·중·소기업주의 사회적 근원은 어떠한 차이가 있는가? 즉, 오늘날 우리가 보고 있는 대, 중, 소기업주의 내부 구성은 수십 년 전과 비교해 보면 어떤 차이가 있는가? 만약 차이가 있다면 그중에서 일정한 추세를 찾아내서 미래 중국 사영기업주 집단 구성의 변화를 예측할 수 있는가 하는 것이다.

2. 기존 연구 성과 검토

기업주의 창업 이전의 직업 이동 경력은 거시적으로는 중국 경제와 사회환경의 변천을 반영할 뿐만 아니라, 미시적으로는 능동적 주체로서의 개인의 행동 전략도 보여준다. 학계의 공통적인 의견은 재분배 경제에서 시장 경제로 전환하는 과정에서 많은 사영기업주가 창업하기 전에 풍부한 직업 이동 경력이 있다는 것이다. 1997~2004년 동안 직업 이동 경력이 한 번도 없는 사영기업주의 비율은 10%를 상회하였는데, 2006~2014년 기간 중에는 이 비율이 10% 이하로 떨어졌다. 직업 이동 경력이 1회인 사영기업주의 비율이 2004년을 기점으로 선명한 변화를 나타냈다. 그 이후 다섯 차례에 걸쳐 진행된 '중국 사영기업 조사'의 결과에서 보여지듯이 이 비율은 모두 50%를 넘어선다. 3회 이상의 직업 이동 경력이 있는 사영기업주 비율도 이와 유사한 특징을 보였다(范曉光, 2016: 99~119).

직업 이동이 빈번했던 것 외에, 사영기업주의 출신 기반도 비교적 복잡하다. 초기에는 사회의 기층 혹은 비주류 사회 집단 출신인 경우가 비교적 많았지만(Hsu, 2006: 1~38), 1990년대 중반에 이르러서는 사영기업주의 출신이 다원화되었는데 자신의 능력을 완전히 발휘할 수 없는 국유기업의 직원 출신도 있고 안정된 직업을 찾는 도시와 농촌의 무직자 출신도 있으며, 계획 경제 체제에서 소득과 사회 명성이 비교적 높은 당·정 기관의 간부와 전문 기술자 출신도 있었다(戴建中, 1995). 이 같은 배경 하에서 학계는 "국유기업 경력이 있는 사람이 '하해창업下海創業3)'의 주체"라는 의제를 가지고 격론을 벌였다. 일부 연구자들은 간부들이 사영경제(주로 향진기업鄕鎭企業4)가와 개체호)에 진입할 확률이 떨어졌다고(Nee, 1991: 267~282; Wu, 2006: 389~411) 생각했지만, 대다수의 연구자들은 간부 경력자들이 기업가가 될 가능성이 더 높으며, 관리자, 기술자와 간부직에 있던 사람이 이미 사영기업주의 주류를 이룬다고 주장하였다(Róna-Tas, 1994: 40~69; 宋時歌, 1998; 陳光金, 2005). 즉 '체제 내의 자원'을 소유한 사영기업주가 발전 과정에서 더욱 우세를 보인다(李路路, 1996)고 판단한 것이다. 그리고 2000

---

3) 역주: 하해창업은 안정된 직업을 그만두고 장사에 뛰어든다는 뜻으로 주로 개혁개방 이후 관직과 국유기업에서 나와 창업에 뛰어드는 것을 비유적으로 일컫는 것이다.
4) 역주: 향진기업은 농촌과 한국의 읍과 유사한 행정구역인 진鎭 등에서 농민들의 자본과 노동력을 기초로 설립·운영되는 집단소유제기업과 개인기업을 말한다.

년 이후 이러한 구도가 더욱 강화되어 사영기업주 집단의 성장이 중국의 각종 엘리트, 준엘리트가 재생산되는 과정이 된다(Dickson, 2003)고 보거나, 더 많은 고학력자들이 사영기업의 대열에 합류할 것으로 예측(陳光金, 2005)하는 시각도 존재한다. 1992년 전후에 창업한 '슈퍼리치'를 비교했을 때, 두 집단 간의 교육 격차는 더욱 두드러졌다(呂鵬, 2013).

그러나, 일부 학자들은 사영기업주의 성장을 간단하게 엘리트의 재생산으로 일반화할 수 없고 그들의 성장 과정에 엘리트 순환과 재생산이 병존한다고 여겼다(李路路, 1997). 시장형 기업가에 비해 권력형 기업가는 경제 개혁 초기에는 상대적으로 경쟁 우위를 가졌지만, 개혁이 추진되면서 이 우세가 점차 약화되었으며 중요한 것은 경제확장으로 시장형 기업가가 시장 기회를 포착하여 더 큰 수익을 얻게 되었다는 것이다(李路路·朱斌, 2014). 오늘날 많은 대기업가들은 일반적으로 평범한 가정 출신이거나 샐러리맨 출신이다(呂鵬, 2013). 이것은 "누가 기업가가 될 수 있는가"와 "누가 대기업가가 될 수 있는가" 하는 문제를 더욱 어렵게 만들었다.

위에서 언급한 바와 같이, 시대의 발전은 우리가 이 의제를 다시 의논하는 데 경험적 가능성을 제공해 주고 학문적 공간을 만들어 주었다. 우선, 많은 관련 연구가 기업가를 동질의 집단(기업가 연구 전통)으로 간주하거나, 간단하게 '자영업자'와 '기업주' 두 유형(사회계층 연구)으로 구분한다. 그런데 계층을 구분하는 관점에서 서로 다른 계층에 있는 사영기업주를 동일한 분석틀에 두고 고찰하는 연구는 많지 않다. 다음으로, 기존 연구는 대부분 횡단면 통계에 기초하여 직업의 이동 과정을 통계 분석하는 데 치중되어 있고, 시기를 넘나드는 비교 및 다중 분석은 상대적으로 많지 않아 시기별 동태적 변화 추세를 잘 반영하지 못했다. 마지막으로, 별로 많지도 않은 직업 이동 문헌에서는 직업 이동의 형성 메커니즘에 대한 심층적인 분석이 이루어지지 못했다.

따라서 본 연구에서는 이 세 가지 측면에서 문제를 해결하고자 한다. 데이터 분석은 주로 세 가지 의제를 다룰 예정으로, 계층별 사영기업주의 사회적 근원의 차이, 사영기업주의 직업 이동 경력에서 보여주는 시대 차이, 그리고 코호트 간의 차이가 그것이다. 1997~2014년 총 7차례 진행된 '중국 사영기업 조사' 자료를 기초로 하여, 사영기업주의 직업 이동에 대한 통계를 통해 분석하고자 한다. 다중회귀분석을 통해 교육과 중국 공산당원中共黨員 신분이 계층별 사영기업주 직업 이동에 미치는 영향과 코호트에 미치는 역할의 차이도 함께 살펴나갈 것이다.

3. 연구 설계

1) 데이터

본 연구에서는 제 3~11차 '중국 사영기업 조사' 데이터(1997~2014년)를 사용하여 사영기업주의 창업 전 직업 이동을 분석하기로 한다. '중국 사영기업 조사'는 2년마다 1회 실시한다. 공식 명칭과 주관 기관은 수차 바뀌었다. 1993년 제1차 조사는 중국 사회과학원 사회학연구소와 전국공상련 연구실이 공동 주관하였고, 1995년 제2차 조사는 중공중앙통전부와 전국공상련 공동 주관으로 변경되었다. 1997년 조사는 중국 사회과학원 사회학연구소 장허우이張厚義 연구원이 자금을 조달하여 '중국 사영기업 과제팀'이라는 이름으로 진행하였으며,

2000~2002년에 이루어진 두 번의 조사에서는 각각 중공중앙통전부와 전국공상련 및 중국민(사)영경제연구회로 변경되었다. 2004년부터 조사의 공식 명칭은 '중국 사영기업 조사'로 고정되고, 매년 중공중앙통전부, 전국공상련, 국가공상행정관리총국, 중국민(사)영경제연구회 4개 단체의 주관 하에 성(구, 시)공상련工商聯과 공상국工商局이 주도하여 전국적으로 시행하였다. 또한 중국 사회과학원 사영기업주 집단 연구센터는 이 데이터의 일상적인 관리 업무를 담당한다.

데이터 클리닝을 한 후, 최종적으로 19,189개의 표준 데이터를 얻었고, 연도별로 보면 1997년 1,419개, 2000년 2,234개, 2002년 2,195개, 2008년 2,674개, 2010년 3,256개, 2012년 3,489개, 2014년 3,922개이다.[5] 본 연구는 이들 데이터를 토대로 진행할 것이다.

2) 데이터의 조작화 및 측정

사영기업주가 창업하기 이전에 겪은 직업 이동 경력은 본 연구의 종속변수로 설정하였다. 7 차례의 '중국 사영기업 조사'와 관련된 구체적인 설계[6]에 대하여 우선, 당정기관, 사업단위, 국유·집단소유제 기업을 '체제 내' 부문으로 간주하고 중국 홍콩·마카오·타이완 기업, 기타 사영기업 및 외자기업을 '체제 외' 부문으로 간주하였다. 다음으로, 전환기에 재분배와 시장의 구별짓기 효과에 따라 직업 이동을 다음과 같이 5가지 '이상형'으로 구분한다. 즉, ① '하해下海'형,

---

5) 2004년, 2006년과 2016년의 조사에서 직업 이동에 관한 측량이 본 연구의 설계와 일정한 차이가 나타났기 때문에 본 연구에서는 이를 다루지 않았다.
6) 1997~2002년과 2008~2014년의 조사에서 직업 이동에 관한 설문지 설계는 약간 차이가 있어서 본 연구에서는 이를 일괄 처리한 후 진행하였다.

② '개편'7)형, ③ '도약판'형, ④ '크로스오버'형, ⑤ '풀뿌리'형이 그것이다. 그중에서 '하해'형은 창업 이전에 당·정기관, 사업단위에서만 근무했던 기업주를 가리키고, '개편'형은 주로 국유·집단소유제 기업에서 근무했던 기업주 또는 당·정기관, 사업단위에서 국유·집단 기업으로 이동한 후 마지막으로 창업한 일부 기업주를 포함한다8). '도약판'형은 '삼자三資'9)·외자기업 혹은 기타 사영기업에서 근무했던 기업주를 의미하고, '크로스오버'형은 '체제 내'와 '체제 외' 부서에서 모두 근무 경력이 있는 기업주를 가리킨다. '풀뿌리'형은 촌간부村幹部10), 자영업주, 하강下崗실직11), 고향을 떠나 다른 지역에서의 근무, 혹은 해외 유학 등과 같은 형태의 직업 이동 경력이 있는 기업주를 가리킨다. 이 유형은 비교적 복잡한데, '풀뿌리草根'라는 '라벨'

----

7) 역주: '개편'은 '체제 개편改制'이라는 의미로 본 연구에서 주로 '체제' 변화('체제 내'에서 '체제 외'로)를 겪은 사영기업주의 유형을 가리킨다.

8) 이론적으로 보면 국유·집단소유제 기업에서 당·정기관, 사업단위로 이동하고 나서 '하해' 창업을 하는 기업주가 존재하지만, 기업에서 국가기관으로의 직업 이동은 대부분 '발탁'된 것이기 때문에 발탁된 후 다시 창업을 할 가능성은 낮으므로 해당 데이터 자료에서 이런 유형의 기업주가 차지하는 비중은 굉장히 낮다.

9) 역주: 삼자기업은 중국 국내의 외국 독자기업, 중외합자기업과 중외합작기업을 통칭하는 말이다.

10) 촌간부만 경험한 사람들을 본 연구에서는 '하해형'으로도 '개편형'으로도 분류하지 않았다. 촌간부는 기층 정권의 일원이지만 그들이 사영기업에 들어간 사연은 국가 간부와 큰 차이를 보인다. 본 연구에서는 농촌 집단소유제 기업에 근무한 경험을 동시에 갖는 촌간부일 경우 '개편'형으로 분류하고 그렇지 않은 경우에 별도로 분류한다.

11) 역주: '하강下崗'은 '일자리에서 내려오다'라는 말로, 즉 '원래의 직장을 잃어버리다'라는 뜻이며, 국유기업의 개혁으로 인해 일자리를 잃은 사람들을 가리킨다.

은 그들이 대체로 '아래에서 위로 올라가는 시장 능력'을 갖춘 점을 나타낸다(Nee & Opper, 2012).

본 연구는 기업 규모에 따라 사영기업주를 세 가지 그룹, 즉 대·중·소기업주로 구분하였고 기업주의 자산 규모와 가장 관련이 깊은 대체 지표를 선택하여 측정하였다.[12] 우선 기업주를 대기업주와 중소기업주로 구분하였다. 기업의 규모를 구분하는 기준은 「전국공상련 규모 있는 민영기업 조사분석 보고서全國工商聯上規模民營企業調硏分析報告(2000~2014)」에 의거하였으며 2000년 이전에는 그 기준을 당해 매출액이 1.2억 위안으로, 2004~2011년 기간 동안은 3억 위안, 2012년 이후에는 5억 위안으로 조정하였다. 그리고 해당 기준 규모 이상의 사영기업 소유자를 대기업주로 규정하고 그 이하를 중소기업주로 구분하였다. 그리고 다시 중소기업 중 국가통계국의 관련 기준에 따라 공업 기업의 매출액이 3,000만 위안 미만인 경우와 기타 업종에서 1,000만 위안 미만의 기업 소유자를 소기업주, 기준 매출액 이상인 경우를 중기업주로 구분하였다.

사영기업주 집단 간의 차이를 비교하기 위하여, 본 연구에서는 창업 시점의 차이에 따라 '창업 코호트 집단'을 구축하였는데, 구체적으로 '1978~1995년', '1996~2005년'과 '2006~2014년'의 3 개로 대분류하였다. 그중에서 사영경제는 사실상 이전부터 여러 지역에서 다양한 지하 경제의 형태로 출현했지만(劉雪明·吳俐磊, 2000; 朱小斌·楊緬

---

12) 기업주의 '연봉'을 조사하였지만 실제로 기업주의 '연봉' 상황은 매우 복잡하기 때문에(많은 기업주는 '연봉'을 받지 않는다고 주장) 기업주의 자산 규모를 측량하기에 적합하지 않다. 따라서 여기서는 기업주들의 전년도 가구 총소득을 조사하는 것을 대체 지표로 삼았지만, 이 지표도 기업주 본인의 자산 규모와는 큰 차이를 보인다.

昆, 2000), 중국공산당 제11기 3중전회에서 전면적인 '개혁개방'의 시작을 선포한 1978년을 '시장으로의 전환'이 시작된 연도로 간주하였다. 1995년 제14기 5중전회에서는 국유기업에 대해 '조대방소抓大放小13)'라는 개혁 전략의 실행을 결정하였다. 그 후 각 지역은 조직 개편, 연합, 합병, 주주합작, 임대, 청부 경영과 매각 등 다양한 형식을 채택하여 많은 소기업을 직접 시장으로 진입시켰다. 이러한 대규모의 국유기업 제도 개편은 일부 학자에게는 '사유화'와 '국유 자산 유실'에 대한 우려를 야기하였고(CHUN, 2008: 1~27), 이 시기에 많은 간부와 국유기업 관리자들이 '하해'를 하기 시작했다(章敬平, 2004; 周慶行·吳新中, 2004). 그리고 그 후 2005년이 되면 '민진국퇴民進國退'14)에서 '국진민퇴國進民退'15)로의 전환을 상징하는 연도라는 주장이 있을 만큼, 그 해 '랑구논쟁'郎顧之爭16)으로 사영기업의 '야만적 성장'이 여론을 들끓게 하여 일련의 제도적 변화를 가져왔다(예를 들어 대형 국유기업의 경영진 인수 중단 등). 우리는 앞서 언급한 3가지 대분류 연도를 시기 구분의 시작/종결 연도로 설정하여, 서로 다른 창업 코호트에

---

13) 역주: 대형 국유기업을 집중 관리하고 소형 국유기업의 관리를 느슨하게 하여 활성화시키는 전략을 가리킨다.
14) 역주: 민진국퇴는 민영기업이 앞서고 국유기업이 물러난다는 뜻으로 개혁개방을 확대하고 국가경쟁력을 제고하는 차원에서 기업의 민영화를 추진하는 발전 전략이다.
15) 역주: 국진민퇴는 민진국퇴의 반대말로 국유기업이 발전하고 민영기업이 퇴진하는 것을 가리킨다.
16) 역주: 소위 '랑구논쟁郎顧之爭'은 2004년 8월 민영기업가 구추쥔顧雛軍을 비롯한 민영기업계의 중량급 인사들이 개혁의 이름을 빌려 국유기업의 자산을 침탈했다는 경제학자 랑셴핑郎咸平의 비판을 시작으로 경제학계와 기업계 간에 벌어진 국유기업의 체제 개혁에 관한 논쟁을 말한다. 이 논쟁은 그 후 구추쥔의 구속으로 인해 잠잠해졌다.

따른 사영기업주의 사회적 구성 차이를 밝히고자 한다. 데이터 분석 (〈그림 1〉 참조)은 이 구분의 합리성을 입증하고 있다.

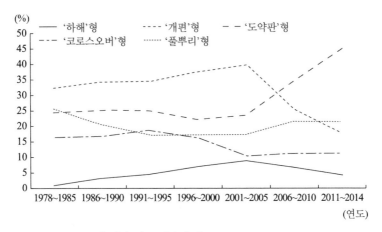

〈**그림 1**〉 코호트별 직업 이동 변화 추세

이러한 핵심 변수 외에도, 성별, 연령, 교육 수준, 정치 성향, 지역과 업종 같은 변수도 설정했다. 그중 지역은 동부, 중부, 서부로 나누고, 업종은 실물과 비실물로 구분하였다. 비실물 경제는 주 영업 활동인 금융, 보험과 부동산 기업으로 한정하였다. 〈표 1〉은 상기 변수의 통계를 기술한 것이다.

〈표 1〉 변수의 기술통계

	소기업주	중기업주	대기업주
직업 이동(%)			
하해	5.77	8.21	9.21
개편	32.79	38.59	40.07
크로스오버	27.42	23.36	23.09
도약판	14.26	14.14	14.21
풀뿌리	19.76	15.70	13.43
창업 코호트 (%)			
1978~1995년	27.35	23.46	28.52
1996~2005년	50.07	61.41	61.82
2006~2014년	22.58	15.13	9.66
교육 수준(%)			
중학교 이하	19.47	13.80	11.10
고등학교	34.24	24.28	17.31
전문대학	30.76	36.51	32.19
대학교 이상	15.54	25.40	39.40
정치 소속(%)			
중국 공산당원	28.31	38.62	50.28
민주당파 당원	4.95	7.74	8.77
군중	66.74	53.64	40.95
실물경제(%)	4.20	7.77	7.33
남성(%)	85.14	88.05	94.23
지역(%)			
동부	52.23	60.29	62.49
중부	24.71	19.00	18.98
서부	23.06	20.71	18.53
연령(세)[1]	44.73(8.62)	46.27(7.85)	48.26(7.73)
N	13,536(100.00)	4,752(100.00)	901(100.00)

[1]은 평균치이며 ( )안은 표준편차이다.

3) 통계 분석 전략

직업 이동이 다분변수임을 고려하여, 본 연구에서는 다중로지스틱 회귀모형을 채택하였다. 로지스틱 회귀모형의 계수 비교에서는 유의수준을 비교할 뿐만 아니라 Sheaf Coefficient Method(Heise, 1972: 147~173)를 사용하여 핵심 독립변수가 종속변수에 미치는 효과를 비교한다.

4. 분석 결과

1) 사영기업주 집단 직업 이동의 기본적 특징

(1) 직업 이동 경력의 통시적 추세

〈그림 1〉은 사영기업주들이 보여주는 다섯 가지 직업 이동 유형에 대한 창업 시기별(1978~2014년 사이) 분포 현황을 보여준다[17]. 그 동안에 창업을 했던 사람들의 분포를 보면 '하해'형 기업주의 비율이 전체적으로 가장 낮아 기본적으로 10% 이하였으며, 1996~2005년 '하해'형 기업주의 비율은 비교적 안정적으로 소폭 상승하다가 다시 하락하기 시작했다. 이러한 변화 추세는 1990년대에서 21세기 초 '하해 창업 붐'의 부흥과 몰락을 반영한다.

'체제 내외' 모두에서 근무 경험이 다 있는 '크로스오버'형 기업주 (대다수가 '체제 내'에서 '체제 외'로 이동했을 것임)는 '하해'형 기업주의

---

17) 전체적 변화 추세를 더 뚜렷하게 나타내기 위해서 1978~2014년 간에 창업한 사람을 7개의 코호트로 나누었는데 메커니즘 분석에서 사용하는 코호트 조작 방법과는 약간의 차이가 있다.

변화 형태와 어느 정도 유사하다. 이 유형의 비율은 1978~1990년 사이에 소폭 상승하였지만 그 후 대체로 1981년 이후로 약 20% 선에서 소폭 변동의 추세를 이어갔다. 이 추세는 1995년까지 이어지다가 다시 하락하기 시작했다. 2000~2014년 사이에는 기본적으로 10~15% 선을 유지하였다. 이 비율이 하락한 원인은 시대의 변화 이외에 기타 유형의 점유 비율이 빠르게 상승한 것과도 관련이 있을 수 있다.

'개편'형 기업주의 비율 변화 곡선은 시대의 변천을 더욱 분명하게 반영한다. 우선 2005년까지 몇 년 동안 그 비율에 가끔 변동이 발생하지만(1985~1986년과 1998~1999년), '개편'[18]형 기업주, 즉 국유·집단 소유제 기업에서 일했던 사람(이런 사람은 반드시 기업의 임원은 아님)은 여전히 사영기업주의 주요 근원이 된다. 다음으로, 2005년부터 '개편'형 기업주의 비율이 현저하게 감소하였는데, 그 원인의 일부는 직업이동 구조의 변천에 따른 영향에서 찾을 수 있으며, 또한 2005년 이후부터는 모든 국유기업 체제 개혁이 이루어지면서 대대적인 기업 환경 변화가 초래된 점도 빼놓을 수 없을 것이다.

기타 사영기업 경제 부문에서 일했던 '도약판'형 기업주의 비율은 2005년 이전에는 줄곧 두 번째로 큰 사영기업주의 근원이었다. 그들은 '체제 내'에서 일한 적이 전혀 없는 집단을 대표한다. 하지만 2000년 이후 그 비율은 현저한 상승세를 보였고 2005년 이후가 되면 '개편'형을 넘어서서 절반 이상의 비율을 차지하며 사영기업주의 주요 근원이 되었다.

2006년 이후 '풀뿌리'형 기업주도 지속적이고 안정적으로 성장하

---

18) 물론, 국유기업과 집단소유제기업이 사영기업 경제로 바뀐 상황이 더 복잡하다. 왜냐하면 파산, 합병, 연합 등의 유형일 수도 있기 때문이다. 따라서 본 연구에서 사용하는 '개편'이라는 개념 또한 '경영진 인수'와는 다른 것이다.

였다. '풀뿌리'형 기업주의 비율은 1980년대와 1990년대 초반 변동폭
이 컸는데 1991~2005년 사이에는 줄곧 17~18% 사이를 유지하다가
그 이후에는 내내 20% 이상의 점유율을 유지하였다. 국유·집단소유
제 기업의 기업주 비율이 하락하고 시장 출신의 기업주의 비율이 상
승한 것은 곧 중국 시장 경제 전환의 실제 모습을 반영한다[19].

(2) 교육과 직업 이동

〈그림 2〉는 매년 창업한 사영기업주 중 대졸 이상 학력자의 비율이
매년 계속해서 증가하고 있는 것을 나타낸다. 1980년대에 창업한 초
기 사영기업주 중 대졸 이상 학력자의 비율은 한 자릿수에 불과했지
만 1990년대 말 21세기 초가 되면서 전체 사영기업주의 20% 정도에
도달했고 최근 5년 사이에 30% 이상을 차지하게 되었다. 전문대졸
이상 학력자의 비율은 대체로 꾸준히 증가하고 있으며 사영기업주의
교육 수준에도 새로운 변화가 생겨나고 있다.

중학교 이하의 교육을 받은 사람들의 비율은 계속 감소하고 있고,
고등교육을 받은 사람의 비율은 상대적으로 안정적이다. 고등교육을
받은 사영기업가의 비율은 1990년대 중반부터 지금까지 30~35% 사
이에서 변동하고 있다. 그리고 이 비율을 구체적으로 분석해보면 대
부분 소기업주가 주를 이루고 있고, 사영기업주의 1/3 정도는 고등학
교 학력인 것으로 나타났다.

---

19) '개편'형 기업주라면 꼭 '체제 내'에서 '체제 외'로 나왔다는 것을 의미하지는
않는다. 대부분 집단소유제 기업은 실제로 개인이 설립하거나 청부한 것인데
특히 '빨간 모자'를 쓴 '향진기업'은 더욱 전형적인 예이다. 이들 기업이 명의
상 집단소유제 기업이지만 사실은 '사영기업'의 기초 형태이다. 데이터의 제한
으로 본 연구에서는 이러한 기업에 대한 구체적인 선별작업을 못하였다.

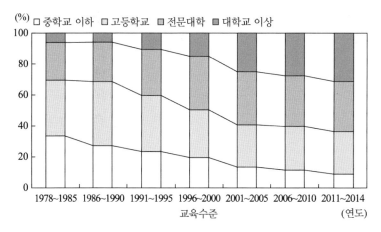

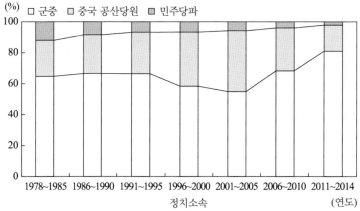

〈그림 2〉 코호트별 교육 수준, 중국 공산당원 신분의 변화 추세

계층별로 사영기업주들의 교육 수준은 어떤 차이가 있는가? 〈표 1〉에서 볼 수 있듯이 대·중·소기업주가 대학교의 교육을 받은 비율은 39.40%, 25.40%, 15.54%로 현저한 차이를 나타낸다. 전문대 학력자까지 합치면 이 비율은 각각 71.59%, 61.91%, 46.30%가 된다. 종합해 보면, 대기업주의 교육 수준이 더 높다는 것이다[20].

계층별로 기업주의 직업 이동 과정에서 드러나는 교육 수준의 차이를 살펴보면 '하해'형 기업주는 기업 규모에 상관없이 고등교육을 받은 비율이 가장 높고 기업주 간의 차이 또한 뚜렷하지 않은 것으로 나왔다. 표본의 직급 정보를 합산하지 않았지만 같은 분야의 연구를 통해(孫明, 2011; 餘洋, 2010) 고등교육을 받고 당정 기관에서 일했던 사람 중의 절대다수가 간부 신분이었다는 것을 알 수 있다. 바꾸어 말하면, '하해'형 기업주 중의 '주력군'은 국가 간부들이다. 대조적으로 '개편'형 기업주 중 대기업주만이 대졸 이상 학력자의 비중이 컸고(41.00%), 그들은 한때 기업의 경영진이었을 가능성이 높다. 소기업주 중에는 고등학교 교육을 받은 사람의 비율(32.55%)이 가장 높았다. 그들은 창업하기 전에 체제 '개편'을 한 기업의 기술자, 심지어 육체노동자였을 것이고, 소기업주 중 대졸 이상 학력자의 비율은 15%에 불과했다. '도약판'형과 '크로스오버'형, '풀뿌리'형 기업주의 상황은 '개편'형 기업주와 유사하다. 대기업주 중에서 고등교육을 받은 사람의 비율이 중소기업주보다 높았다.

한 발 더 들어가 살펴보면, 어떤 직업 이동 경력이 있는지 하는 문제를 떠나 창업 시기가 늦어질수록 대졸 이상의 학력자의 비중은 눈에 띄게 높아졌다. 그리고 사영기업주 집단의 전체적인 교육 수준이 지속적으로 상승했음을 알 수 있다. 유일하게 '풀뿌리'형 기업주는 각 코호트에서 각종 학력자의 비율 변동이 나타나긴 하지만, 그 차이가 분명하지 않고 수십 년 동안 내내 고등학교 혹은 전문대 학력자 위주의 구도를 유지해왔다. 이것은 개체호, 실직 노동자 중심의 '풀뿌리'형 기업주 중에는 여전히 중·저 수준의 교육을 받은 사람이 많다

---

20) 제한적인 데이터로 인해 조사 대상자의 학력이 창업 이전의 것인지, 아니면 창업 이후의 것인지를 구별할 수 없다.

는 것을 나타낸다.

(3) 중국 공산당원 신분과 직업 이동

창업한 사영기업주의 정치 신분 변화 추세를 연도별로 연구해 볼 가치가 있다(〈그림 2〉 참조). 중국 공산당원의 비율은 1995년 전에는 25% 정도였는데 1995년에 30%를 넘어선 후 줄곧 상승세를 유지하며, 2005년에는 40% 정도로 증가하였다. 그 후 하락하기 시작하여 2011~ 2014년 사이에 창업한 사영기업주 중 중국 공산당원 비율은 16.29%로 떨어졌다. 2014년 데이터를 보면 이 비율은 다시 상승하기 시작했는데, 이후의 변화 추세는 좀 더 관찰해 봐야 할 것이다.

민주당파 사영기업주의 비율은 1990년 이전에 다소 변동은 있었지만 대부분 그 비율이 10% 이상으로 비교적 높은 편이었다. 그러나 1990년부터는 이 비율의 하락 폭이 비교적 커졌다. 계산을 통해 알 수 있듯이, 이는 중국 공산당원 비율 상승만으로 인한 것만은 아니다. 2005년부터 창업자 중 중국 공산당원과 민주당파 당원의 비율이 하락하기 시작했다. 이는 비교적 최근에 창업한 사영기업주 중 상당수가 어떠한 당파에도 가입하지 않았다는 것을 의미한다. 아마도 사영경제에 들어선 기업주의 연간 증가 속도가 공산당이나 민주당파에 흡수되는 속도보다 빠른 것과도 관련이 있을 것이다.

기술통계는 기업 규모가 커짐에 따라 사영기업주가 직업 이동 경력의 유형과는 무관하게 중국 공산당원 신분을 가질 가능성이 높아진다는 것을 보여준다. 대기업주는 중국 공산당원일 가능성이 더욱 높고, 그 다음으로는 '하해'형 기업주, '개편'형 기업주와 '크로스오버'형 기업주 순으로 나타나는데 이 세 가지 유형은 모두 '체제 내'에서 근무한 경력을 보인다. '도약판'형 기업주가 당원의 비율이 가장 낮았는데, 심지어 '풀뿌리'형 기업주보다도 낮았다. 이것은 그들이 '체제 외'에서만 일했던 경력과 관련되어 있다. '풀뿌리'형 기업주는 촌간부 같은 기층 창업자를 포함한다. 그리고 한 가지 주목할 만한 것은 모든 조사 연도에 공산당 가입 연도에 관한 질문을 했던 것은 아니기 때문에, 본 연구에서는 횡단면 데이터를 가지고 이해할 수밖에 없었다. '체제 내' 근무 경력이 없는 기업주가 입당한 시기는 대부분 창업 이후이지만 '체제 내' 근무 경력이 있는 기업주의 상당수는 창업 이전에 이미 입당하였다(陳光金, 2011; 張厚義·呂鵬, 2012: 322~332). 결론적으로 직업 이동 경력과 관계없이 1996~2005년 기간에 창업한 창업자 중 중국 공산당원의 비율은 이전 기간 (1978~1995)보다 훨씬 높은 것으로 나왔다. 이것은 2001년 '칠일담화 七一談話'21) 전후로 사영기업주의 입당을 허용하기 시작한 것과 관련이 있다고 추측된다. 그 후 사영기업주의 입당이 허용되었지만 각 사영기업주 집단별 중국 공산당원 비율은 2006~2014년 사이에 불규칙적으로 하락하였다.

2) 사영기업주 직업 이동의 메커니즘

〈표 2〉는 계층적 지위가 사영기업주 직업 이동에 미치는 영향을 보여준다.22) 이 중 모형 1, 2, 3은 각각 사영기업주의 하위표본을 분

---

21) 역주: '칠일담화'는 2001년 7월 1일 중국공산당 창당 기념일에 장쩌민江澤民 주석이 발표한 담화이다. 담화에서는 주로 새로운 역사 조건 하에서, 공산당을 어떠한 정당으로 건설해 나갈 것인지에 대한 문제를 주로 다루고 새로운 세기에 맞는 공산당의 임무와 목표를 제시하였다.
22) 직업 이동 경력의 결측치와 직업 이동 경력이 없는 표본을 같은 분류로 분석 모형에 포함시켜 얻은 결과는 〈표 2〉, 〈표 3〉의 결과와 일치한 것으로 나왔다.

석한 것이다. 전체 표본에 대한 분석을 통해[23], 중학교 교육 수준인 사람에 비해 고등학교 혹은 전문대 학력자가 '하해'와 '도약판' 이동을 경험한 확률은 체제 '개편'으로 인한 이동을 경험한 확률보다 낮다. 그렇지만 대졸 이상 학력자가 '하해' 이동을 경험한 확률은 오히려 더 높다는 것을 알 수 있다. 중국 공산당원이 '하해' 이동을 경험한 확률은 '개편' 이동의 확률보다 높고, 체제 '개편' 이동을 경험한 확률 또한 '도약판' 이동 확률보다 높다. 주목할 만한 점은 소기업주에 비해 중기업주가 '도약판' 이동을 경험한 확률은 '개편' 이동을 경험한 비율의 84.95%이지만 대·소기업주 간에는 현저한 차이가 없었다. 동시에 각 기업주가 '하해'와 '크로스오버' 이동을 경험한 확률에도 큰 차이가 없었다. 이것은 기타 변수를 통제한 후 각 기업주의 직업 이동이 여전히 내재적 이질성을 가지고 있다는 것을 보여주며, 하위표본의 형성 메커니즘에 대해 분석해 볼 필요가 있음을 일깨워준다.

하위표본 회귀분석의 결과는 다음과 같다. 첫째, 소기업주(모형 1) 중 대졸 이상 학력자는 '하해'형일 가능성이 더 높았고($p < 0.05$), 기타 유형의 기업주(모형2, 3)는 이와 비슷한 특징을 나타내지 않았으며($p < 0.1$), 교육 수준이 대기업주에 미치는 영향은 유의미하지 않았다. 정치 소속이 일으키는 효과를 보면 소기업주에서 중국 공산당원 신분이 '하해'에 미치는 영향과 효과는 유의미하지만 기타 하위표본은 통계적인 검증을 통과하지 못했다. 둘째, 중학교 이하 교육 수준의 소기업주에 비해 대졸 이상의 학력자가 '도약판' 이동을 경험한 확률은 선명하게 낮지만 대기업주에서는 그렇지 않았다. 중국 공산당원 신분은 소기업주가 '직업을 바꿀' 확률을 낮추었고, 이러한 약화

----

23) 지면의 제한으로 연구에서 해당 보고서의 결과를 수록하지 않았다.

효과는 대기업주에서 더 강하게 나타나 민주당파 신분이 일으키는 효과와 유사하다. 셋째, 전문대학 혹은 대졸 이상 학력을 가진 소기업주 사이에서 '크로스오버' 이동은 정(+)의 효과를 나타내지만 대·중기업주 중에서는 그 효과가 불명확하였다($p > 0.1$). 넷째, 교육 수준이 '풀뿌리' 이동에 미치는 정(+)의 효과는 중소기업주에서 유의미하지만 대기업주 중에서는 유사한 사례를 발견하지 못했다.

〈표 2〉 직업 이동 영향 요인의 계층별 비교

모형1	'하해'형 vs '개편'형	'도약판'형 vs '개편'형	'크로스오버'형 vs '개편'형	'풀뿌리'형 vs '개편'형
고등학교	-0.462*** (0.128)	-0.311*** (0.070)	-0.046 (0.085)	-0.467*** (0.069)
전문대학	-0.229+ (0.123)	-0.256*** (0.072)	0.242** (0.088)	-0.818*** (0.074)
대학 이상	0.337* (0.132)	-0.287** (0.088)	0.465*** (0.111)	-1.282*** (0.099)
중국 공산당원	0.616*** (0.084)	-0.458*** (0.056)	0.094 (0.063)	-0.459*** (0.059)
민주당파	0.365* (0.167)	-0.136 (0.107)	-0.126 (0.130)	-0.460*** (0.129)
Log Likelihood	-18.361	-18.361	-18.361	-18.361
N	13,536	13,536	13,536	13,536
모형 2	'하해'형 vs '개편'형	'도약판'형 vs '개편'형	'크로스오버'형 vs '개편'형	'풀뿌리'형 vs '개편'형
고등학교	-0.576** (0.199)	-0.006 (0.145)	0.014 (0.175)	-0.204 (0.144)
전문대학	-0.689*** (0.189)	-0.294* (0.140)	-0.089 (0.167)	-0.896*** (0.144)
대학 이상	0.109 (0.194)	-0.263+ (0.156)	0.188 (0.185)	-1.452*** (0.175)
중국 공산당원	0.097 (0.121)	-0.531*** (0.088)	-0.139 (0.101)	-0.654*** (0.100)

모형 2	'하해'형 vs '개편'형	'도약판'형 vs '개편'형	'크로스오버'형 vs '개편'형	'풀뿌리'형 vs '개편'형
민주당파	-0.375 (0.235)	-0.352* (0.153)	0.145 (0.166)	-0.592** (0.191)
Log Likelihood	-6.514	-6.514	-6.514	-6.514
N	4,752	4,752	4,752	4,752
모형 3	'하해'형 vs '개편'형	'도약판'형 vs '개편'형	'크로스오버'형 vs '개편'형	'풀뿌리'형 vs '개편'형
고등학교	-0.608 (0.523)	-0.330 (0.384)	0.220 (0.479)	-0.076 (0.417)
전문대학	-0.278 (0.521)	0.095 (0.374)	0.492 (0.468)	0.123 (0.421)
대학 이상	-0.267 (0.526)	-0.482 (0.394)	0.251 (0.493)	-0.259 (0.443)
중국 공산당원	0.301 (0.296)	-1.041*** (0.207)	-0.221 (0.240)	-0.609** (0.236)
민주당파	0.091 (0.487)	-0.643+ (0.335)	-0.275 (0.403)	-0.476 (0.404)
Log Likelihood	-1.207	-1.207	-1.207	-1.207
N	901	901	901	901

주: 위 모형은 성별, 연령, 연령의 제곱, 지역, 업종, 조사 연도 및 창업 코호트 변수를 통제한다.
$***p < 0.001$, $**p < 0.01$, $*p < 0.05$, $+p < 0.1$.

〈표 3〉은 창업 코호트가 사영기업주의 직업 이동에 미치는 전반적인 영향을 보여주고 있다. 그중 모형 4, 5, 6은 각각 1978~1995, 1996~2005, 2006~2014년 사이의 3대 코호트의 하위표본을 분석한 것이다. 전체적으로 보면, 교육 수준이 높은 사영기업주는 '하해' 혹은 '개편'을 거쳐 이동할 가능성이 높았다. 이와 비슷하게, 중국 공산당원의 신분은 기업주가 국유 부문으로 이동하는 데 정(+)의 효과를 미쳤다. 1978~1995년 기간 중 창업한 기업주에 비해 1996~2005년,

2006~2014년 코호트의 '하해'형과 '개편'형에서는 큰 차이를 보이지 않았지만, 1996~2005년 기간 중의 창업자는 '개편'형, 2006~2014년 기간 중의 창업자는 '도약판'형일 가능성이 더 높았다.

〈표 3〉 직업 이동 영향 요인의 코호트 비교

모형 4	'하해'형 vs '개편'형	'도약판'형 vs '개편'형	'크로스오버'형 vs '개편'형	'풀뿌리'형 vs '개편'형
고등학교	-0.163 (0.234)	-0.378*** (0.106)	0.010 (0.117)	-0.382*** (0.107)
전문대학	0.015 (0.229)	-0.300** (0.115)	0.234+ (0.128)	-0.656*** (0.120)
대학 이상	0.326 (0.259)	-0.495** (0.167)	0.084 (0.201)	-0.822*** (0.175)
중국 공산당원	0.178 (0.164)	-0.308** (0.096)	0.079 (0.101)	-0.179+ (0.099)
민주당파	-0.149 (0.277)	0.014 (0.147)	-0.217 (0.173)	-0.213 (0.166)
Log Likelihood	-6.753	-6.753	-6.753	-6.753
N	5,074	5,074	5,074	5,074
모형 5	'하해'형 vs '개편'형	'도약판'형 vs '개편'형	'크로스오버'형 vs '개편'형	'풀뿌리'형 vs '개편'형
고등학교	-0.664*** (0.129)	-0.181* (0.0869)	-0.009 (0.108)	-0.286*** (0.086)
전문대학	-0.569*** (0.121)	-0.238** (0.085)	-0.152 (0.106)	-0.646*** (0.087)
대학 이상	0.128 (0.128)	-0.297** (0.10)	0.413*** (0.124)	-1.079*** (0.111)
중국 공산당원	0.460*** (0.085)	-0.488*** (0.061)	-0.044 (0.071)	-0.568*** (0.066)
민주당파	0.123 (0.166)	-0.227+ (0.116)	0.204 (0.133)	-0.648** (0.148)
Log Likelihood	-14.071	-14.071	-14.071	-14.071
N	10,253	10,253	10,253	10,253

모형 6	'하해'형 vs '개편'형	'도약판'형 vs '개편'형	'크로스오버'형 vs '개편'형	'풀뿌리'형 vs '개편'형
고등학교	-0.029 (0.324)	-0.178 (0.178)	0.060 (0.267)	-0.786*** (0.165)
전문대학	0.279 (0.307)	-0.190 (0.175)	0.264 (0.260)	-1.388*** (0.169)
대학 이상	0.796* (0.311)	-0.241 (0.182)	0.435 (0.265)	-2.058*** (0.191)
중국 공산당원	0.516** (0.157)	-0.675*** (0.107)	0.169 (0.129)	-0.642*** (0.121)
민주당파	0.308 (0.349)	-0.485* (0.235)	-0.089 (0.299)	-0.695* (0.304)
Log Likelihood	-5.156	-5.156	-5.156	-5.156
N	3,862	3,862	3,862	3,862

주: 위 모형은 성별, 연령, 연령 제곱, 지역, 업종, 조사 연도 및 계층 변수를 통제한다.
$***p < 0.001$, $**p < 0.01$, $*p < 0.05$, $+p < 0.1$.

구체적으로 살펴보면 첫째, 교육 수준의 차이가 1978~1995년 기간 중 창업자의 '하해' 경력에 미친 실질적인 영향은 '개편' 경력에 비해 적었지만(모형 4), 1996~2005년 기간 중에는 고등학교 혹은 전문대 학력자가 코호트에 음(-)의 효과를 미쳤고(모형 5), 2006~2014년 기간 중에는 대졸 이상의 기업주가 '하해'형에서 우세를 보였다(모형 6). 둘째, 교육 수준이 '도약판' 이동에 미치는 억제 작용은 모든 코호트에서 정도가 조금씩 다른 약세를 보였다. 그러나 '풀뿌리'형 이동에 대한 억제 효과는 늘 안정적이었다. 셋째, 중국 공산당원 신분이 1978~1995년 기간 중 창업자의 '하해' 이동에는 큰 영향을 미치지 않았지만($p > 0.1$), 1996~2005, 2006~2014년 두 코호트에는 정(+)의 효과를 미쳤다. 중국 공산당원 신분이 '도약판'형과 '풀뿌리'형 이동에 안정적인 억제 작용을 했다. 넷째, 민주당파 신분이 1996~2005년 코호트의 '도약판'형과 '풀뿌리'형 이동에 부정적인 영향을 미쳤는데, 이는 2006~2014년 코호트에서도 유사하게 나타났다.

교육 수준과 정치 성향이 사영기업주의 직업 이동에 미치는 영향의 차이를 비교하기 위해 본 연구에서는 Sheaf Coefficient Method를 도입하여 추계하였다. 〈표 4〉에서 보는 것과 같이 '하해'와 '개편'형의 비교에서 교육 수준이 중소기업주의 '하해' 경력에 미치는 영향은 정치 성향보다 현저히 컸고(0.353 vs 0.120), 1978~1995년 기간 중에 창업한 기업주 중에서는 교육 수준이 '풀뿌리'형 혹은 '개편'형에 미치는 효과차이가 비교적 컸다(0.133/0.084=1.58). 그러나 1996~2005

〈표 4〉 직업 이동에 미치는 영향의 효과 크기 비교

	'풀뿌리'형 vs '개편'형	'하해'형 vs '개편'형	'도약판'형 vs '개편'형	'크로스오버'형 vs '개편'형	'풀뿌리'형 vs '개편'형	'하해'형 vs '개편'형	'도약판'형 vs '개편'형	'크로스오버'형 vs '개편'형
	소기업주				1978~1995년			
교육 수준	0.275^{***}	0.115^{***}	0.187^{***}	0.403^{***}	0.133^{*}	0.168^{***}	0.102^{*}	0.273^{***}
정치 성향	0.277^{***}	0.204^{***}	0.053^{*}	0.216^{***}	0.084	0.137^{***}	0.071	0.090^{*}
	중기업주				1996~2005년			
교육 수준	0.353^{***}	0.135^{**}	0.108^{*}	0.532^{***}	0.332^{***}	0.093^{**}	0.157^{***}	0.357^{***}
정치 성향	0.120^{*}	0.254^{***}	0.085^{+}	0.321^{***}	0.219^{***}	0.231^{***}	0.053^{*}	0.288^{***}
	대기업주				2006~2014년			
교육 수준	0.165	0.258^{*}	0.155	0.163	0.330^{***}	0.070	0.159^{**}	0.657^{***}
정치 성향	0.145	0.495^{***}	0.114	0.292^{*}	0.228^{***}	0.295^{***}	0.08	0.293^{***}

주: 표준오차 미보고.
$^{***}p < 0.001$, $^{**}p < 0.01$, $^{*}p < 0.05$, $^{+}p < 0.1$.

년과 2006~2014년 코호트에 미치는 효과차이는 약간 줄어들었다
(1.52, 1.45). '도약판'형의 이동 과정에서 정치 성향과 교육 수준이
가져온 효과는 기업주의 계층적 지위 상승에 따라 증대되었고 교육
수준의 효과만 창업기의 추이에 따라 증대되었다. '크로스오버'형 이
동 중 교육 수준은 창업기 추이에 따라 증대되었지만 정치 성향은
상대적으로 약화되었다. '풀뿌리'형의 이동 과정에서 정치 성향이 대
기업주 사이에 미치는 영향은 교육 수준보다 컸지만 코호트별로 보
면 교육 수준 효과의 상대적 우위는 1996~2014년 코호트에서 다소
강화되었다.

5. 결론 및 토론

시진핑 주석은 여러 차례 "개혁을 전면적으로 심화시키려면 시장
에 잠재된 활력을 북돋아야 한다. 시장의 활력은 사람, 특히 기업가,
기업가 정신에서 나온다."라고 말한 바 있다. 사영기업주는 기업가
대열의 중요한 구성원이다. 시진핑 주석이 제기한 '우수한 기업가 양
성' 임무를 잘 완수하려면, 사회적으로 구성되는 기업가 집단에 대해
시대의 변화에 따라 이해하고 전망할 필요가 있다. 1997~2014년 '중
국 사영기업 조사' 데이터 분석을 통해, 본 연구는 사영기업주의 사회
적 구성과 근원에 대해 전체적인 판단을 내릴 수 있었다. 최근 40년
동안 '체제 내'에서 근무 경력이 있는 창업자의 비율은 한동안 성장
기를 거친 후 감소하기 시작했지만, '체제 외' 근무 경력만 있는 창업
자의 비율은 대폭 상승하였다. 고등학교 학력자는 시종 30% 수준을
유지하지만, 고등교육을 받은 사람의 비율은 해마다 증가하였다. 중

국 공산당원의 비율은 최고조에 도달한 후 완만하게 하강하는 과정을 거쳤다. 이와 동시에, 시장 경제 출신 인물, 고학력자, 중국 공산당원이 아닌 인사들이 사영기업주 대열에 많이 합류하였다. 1990년대 중반의 연구에서 발견되었던 것과 다른 점은 사영기업주 집단이 '체제 내'에서 근무한 경력이 있는 비율이 증가되다가 완만하게 하락하기 시작했다는 것이다.

전통적인 연구 과정과 달리, 본 연구에서는 특히 세 가지 계층적 지위에 놓인 사영기업주 간의 차이를 유심히 살펴보았다. 사영기업주의 사회적 근원 차이가 시간의 흐름에 따라 어떠한 추세를 보이는지를 통시적 데이터 분석을 통해 밝혔다. 분석을 통해 "누가 대기업주가 될 수 있느냐"와 "누가 기업주가 될 수 있느냐"에 대한 답이 약간 다르다는 것을 밝혔다. 대기업주는 사상면으로도 건전하고 실무면에서도 우수하다又紅又專. 대기업주 중에서 중국 공산당원의 비율은 다른 두 유형의 기업주보다 높을 뿐만 아니라 교육 수준도 더 높았다. 즉, '체제 내' 자원이 대기업주 사이에서 우세를 발휘했다.

초기 창업 시기와 달리 이후의 고등교육을 받은 창업자들은 먼저 '체제 내'(정부 또는 국유기업)에 들어간 뒤 다시 '하해'하여 창업하는 것이 아니라, 상당수가 바로 시장 영역에 진출하였다. '풀뿌리'형 기업주를 제외하고 각종 기업주 중에서 대졸 이상 학력자의 비율은 해마다 증가하고 있다. 이는 '풀뿌리'형 기업주 중에는 여전히 중·저학력자의 비율이 높지만 전체적으로 보았을 때 기업주 집단 전반의 학력이 상승하고 있음을 보여준다. '체제 내' 근무 경력이 있는 기업주는 그렇지 않은 기업주에 비해 교육 수준과 중국 공산당원 신분의 면에서 더 우세를 보였고, 이 우세는 시간의 추이에 따라 쉽게 사라지지는 않았다. 직업 이동의 형성 메커니즘에 대한 분석을 보면 '개편' 경력에 비해, 교육 수준이 중·소기업주의 '하해' 경력에 미치는 효과는 정치 성향과 동일하거나 높지만, 대기업주에 미친 효과차이는 뚜렷하지 않았다. 하지만 대기업주에서 정치 성향이 '풀뿌리'형 이동에 미치는 효과는 오히려 교육 수준보다 높았다. 이와 동시에, 1978~1995년 기간 중 창업한 기업주 중에서 교육 수준이 대다수 직업 이동 경력('도약판'형 제외)에 미치는 효과는 크지 않았지만, 1996~2005년과 2006~2014년 코호트에 미치는 효과는 계속해서 증가하였다. 중국 공산당원 신분이 '도약판'형 이동에 미치는 효과는 창업 시간이 늦어질수록 증가하였다.

이 밖에 사영기업주 직업 이동 경력은 명확하게 구분되어 있지만, 계층적 지위가 다른 사영기업주의 사회 근원은 '고착'되지 않고 다원화된 구조를 유지하였다. 기업주의 유형에 관계없이 그들의 창업 전 직업 경력은 매우 풍부하다. 이것은 중국 사영경제가 여전히 일정한 개방성을 유지하고 있고, 각종 사회 집단이 사영경제에 뛰어들 수 있으며, 사회적 근원이 다른 사람들도 중·대형 기업주가 될 수 있다는 것을 보여준다. 다시 말하면, 경제 확장은 여전히 시장 기회를 잡으려는 사람들에게 무대를 제공해 줄 수 있다. 이러한 사실은 이미 기타 경험적 연구에서 어느 정도 검증을 받았다(呂鵬, 2013; 李路路·朱斌, 2014).

비록 상호 간의 인과관계는 확인하지 못했지만, 본 연구는 교육 수준과 정치 성향이라는 두 가지 미시적 메커니즘이 사영기업주 사회적 지위를 획득하는 데 영향을 미친다는 사실을 밝혀냈다. 사영기업주 구성의 변화는 거시적인 제도의 변천을 반영한다. 예를 들어, '체제 내'의 엘리트가 '하해'하여 사영기업에 진입하는 비율이 하락한 것은 국가 공직자들에게 '체제 내'의 복지가 제도화되었고, 그로 인해 '하해'의 유혹이 줄어들었음을 의미한다[24]. 많은 고학력자들이 졸업 후 바로 사영경제로 진출하는 비중이 2000년대에 들어서서 빠르게 상승한 것은 주로 1990년대 말 고등교육의 개혁, 그리고 초급 노동시장의 공급과 수요 상황이 크게 변화하였기 때문이다. 이후 보다 많은 사영경제, 특히 그중에서도 민영 중소기업이 그들의 구직과 창업의 주요 시장이 되었는데, 이는 최근 국가에서 창업을 격려하고 지원하는 정책을 내세움으로써 나타나게 된 현상이다. 요컨대, 각 기간의 제도적 환경은 사회적 배경이 다른 사람들이 사영기업주가 될 수 있는 다양한 기회 구조를 제공한다.

앞서 설명한 '중국 사영기업 조사' 데이터에 대한 분석에 기초하여 본 연구는 주로 세 가지 정책적 함의를 제기한다. 첫째, 사영기업주의 사회 근원의 다원화와 기업 대물림 사이의 장력이다. 미래 기업가 구성에 영향을 미치는 주요 요인은 다음과 같다. 하나는 '저량'의 연속, 즉, 주로 기존의 기업가가 어느 정도 계승되어 재생산되는가 하는 것이다. 일부 가족 기업의 젊은 세대들이 '후계'를 원하지 않거나 '해외 이민'을 원하는 현상이 나타나고 있지만, 전반적으로 보면 자녀가 부친의 사업을 계승하는 것이 여전히 주류이다(呂鵬·范曉光, 2016). 그러나 '공급측 구조[25]개혁'과 '신형 정경관계 구축' 등 일련의 조치는 본토 기업가의 투자와 신뢰에 적극적인 작용을 하였다. 둘째, 지속적

---

24) 거시적 사회 상황의 변화에 따라 한 차례의 새로운 '하해의 붐'이 야기될 것이라고 일부 언론들이 보도한 바 있지만, 현재 이 현상은 전국적인 데이터의 지지를 받지 못하고 있다.

25) 역주: '공급측供給側 구조 개혁'은 2015년 10월 15일 시진핑 주석이 중앙재경영도소조회의中央財經領導小組會義에서 처음 언급했는바, 구조 개혁을 통해 수요 구조를 조정하면서 공급의 질을 끌어올리고자 하였다.

인 '증량'인데 이는 시장의 개방과 진입 허가가 개인을 사영경제로 얼마나 끌어들일 수 있고 그들이 시장에서 어느 정도 발전할 수 있는가 하는 것이다. 최근 '대중창업, 대중혁신'이라는 정책의 실시는 사영경제 투자자 확대에 긍정적인 영향을 미쳤다. 셋째, 기업 유형 면에 나타난 사영기업주의 사회 근원의 분화는 정치적, 사회적 결과를 가져올 수 있다. 만약 이런 분화가 일정한 한계를 넘어서게 되면, 이익의 추구와 표출을 비롯한 사영기업주 집단의 행위와 태도의 차이가 더욱 커질 것이다. 넷째, 더욱 중요한 것은 사영기업주 집단의 구성 변화도 전체 사회구조에 직·간접적인 영향을 미칠 수 있다는 것이다. 예를 들어, 국가통계국의 추산에 따르면, 민영경제 종사자가 전체 취업인구에서 차지하는 비율은 1990년의 3.5%에서 2015년의 40.85%로 증가하였고, 이미 전체 취업인구의 1/3을 넘어섰으며 도시 취업자의 78.29%를 차지하게 되었다. 고용주(사영기업주)의 구조 변화와 수반되는 산업구조, 기업 지배구조와 문화의 변화는 중간소득층과 노동력 집단을 구축하는 새로운 동력이 될 것이 분명하다.

물론 조사 자료의 한계로 본 연구에서는 중국 사영기업주를 형성하는 사회적인 메커니즘을 심도 있게 탐구하지 못했고, 거의 6,000만 명에 가까운 자영업자의 구조를 다루지 못했으며, 준거집단에 대한 조사 부족으로 연구 의제인 "누가 기업가가 될 수 있는가"라는 질문에 대해 더 깊이 있는 대답을 도출해 내지 못했다. 또한 중국 사영경제 발전 수준은 뚜렷한 지역 차이가 존재하지만, 본 연구에서는 전국적 차원에서 전체적인 분석만 시도하고 성·시 범위까지 확대시키지는 못했다. 이상의 부족한 점은 다음 단계의 연구에서 해결해 나갈 것이다. 그럼에도 불구하고 본 연구는 여전히 전국적인 차원에서 미래 사영기업주 집단의 구조 변화를 위한 긍정적인 지평을 제시하고 있다. 현재 중국의 경제 구조는 조정되고 있지만 이런 조정 과정은 기업가 대열의 '활력' 증진에 새로운 동력을 가져다줄 것이다. 시장은 더욱 많은 사람들에게 문을 열어주고, 특히 인적자본인 청년은 더욱 새로운 경제 전환의 주력군이 될 수 있을 것이며, 더욱 많은 청년들이 '체제'의 도약판을 필요로 하지 않고 직접 시장에 진입할 것이다. 더 넓은 역사적 관점에서 보면, 최근 한 세기 동안 어떤 시기도 지금처럼 근원이 다양한 집단에게 거대한 시장 투자의 기회를 제공하지 못했다. 지금이야말로 체제와 시장에 내재된 활력이 전면적으로 활성화되는 새로운 전환기이다.

참고문헌

陳光金(2005),「從精英循坏到精英複製 ― 中國私營企業主階層形成的主體機制的演變」,『學習與探索』第1期.
陳光金(2011),「中國私營企業主的形成機制, 地位認同和政治參與」,『黑龍江社會科學』第1期.
戴建中(1995),「中國私營經濟的社會狀況與'市場過渡'」,『戰略與管理』第4期.
范曉光(2016),「中國私營企業主的職業流動與階層地位認同(2004~2014)」,『中國民營經濟發展報告No.12(2014~2015)』, 中華工商聯合出版社.
李路路(1996),「社會結構變遷中的私營企業家 ― 論'體制資本'與私營企業的發展」,『社會學研究』第2期.
李路路(1997),「私營企業主的個人背景與企業'成功'」,『中國社會科學』第2期.
李路路(1998),「轉型社會中的私營企業主 ― 社會來源及企業發展研究」, 中國人民大學出版社.
李路路, 朱斌(2014),「中國經濟改革與民營企業家競爭格局的演變」,『社會發展研究』第1期.

劉雪明, 吳俐磊(2000), 「1957~1966年黨的個體私營經濟政策述評」, 『黨史研究與教學』第2期.

呂鵬(2013), 「新古典社會學中的'阿爾吉之謎' — 中國第一代最富有私營企業家的社會起源」, 『學海』第3期.

呂鵬, 范曉光(2016), 「中國精英地位代際再生產的雙軌路徑(1978~2010)」, 『社會學研究』第5期.

馬克思(2009), 「路易・波拿巴的霧月十八日」, 『馬克思恩格斯選集』, 人民出版社.

宋時歌(1998), 「權力轉換的延遲效應 — 對社會主義國家向市場轉變過程中的精英再生與循环的 ・種解釋」, 『社會學研究』第3期.

孫明(2011), 「家庭背景與幹部地位獲得(1950~2003)」, 『社會』第5期.

餘洋(2010), 「從精英國家化到國家精英化 — 我國幹部錄用制度的歷史考察」, 『社會』第6期.

張厚義, 呂鵬(2012), 「私營企業主的經濟分化與政治面貌變化」, 載陸學藝等主編『2013年中國社會形勢分析與預測』, 社會科學文獻出版社.

章敬平(2004), 「權變 — 從官員下海到商人從政」, 浙江人民出版社.

周慶行, 吳新中(2004), 「放大與透視 — 新一輪'官員下海'解析」, 『中國黨政幹部論壇』第2期.

朱小斌, 楊緬昆(2000), 「中國地下經濟實證研究: 1979~1997」, 『統計研究』第4期.

Chun, L.(2008). "AgainstPrivatization in China: A Historical and Empirical Argument," *Journal of Chinese Political Science*, vol.13, no.1, pp.1-27.

Dickson, B.(2003). *Red Capitalists in China : The Party, Private Entrepreneurs, and Prospects for Political Change.* Cambridge: Cambridge University Press.

Heise, D. R.(1972). "Employing Nominal Variables, Induced Variables, and Block Variables in Path Analysis," *Sociological Methods & Research*, vol.1, no.2, pp.147-173.

Hsu, C.(2006). "Cadres, Getihu, and Good Businesspeople : Making Sense of Entrepreneurs in Early Post-socialist China," *Urban Anthropology and*

    Studies of Cultural Systems and World Economic Development, vol.35, no.1, pp.1-38.

Nee, V.(1991). "Social Inequalities in Reforming State Socialism: Between Redistribution and Markets in China," *American Sociological Review*, vol.56, no.3, pp.267-282.

Nee, V.(2008), "China in Transition," *Accounts*, no.7, pp.3-8.

Nee, V. & S. Opper(2012). Capitalism from Below : *Markets and Institutional Change in China*. Harvard: Harvard University Press.

Róna-Tas, Á.(1994). "The First Shall Be Last? Entrepreneurship and Communist Cadres in the Transition from Socialism," *American Journal of Sociology*, vol.100, no.1, pp.40-69.

Wu, X.(2006). "Communist Cadres and Market Opportunities: Entry into Self-employmentin China, 1978-1996," *Social Forces*, vol.85, no.1, pp.389-411.

제7장

직업계층에서 본 도시 호적자와 농민공의 소득 격차 연구

톈펑田豊

중국 경제 발전 단계가 산업구조 조정에 중점을 두는 '뉴노멀' 단계에 진입하면서, 저렴한 노동력의 비교 우위에 의존하는 외향형 경제 모델을 계속 발전시키기가 어려워졌다. '뉴노멀' 구조 하에서 경제사회가 온전하게 발전할 수 있는 주요 경로를 확보하기 위해서 과학기술의 혁신과 산업구조의 변혁을 가속화하는 것 이외에 신형 도시화의 추진과 국내 주민 소비의 확대가 필수적으로 요구된다. 도시에 취업하는 농업 호적자(이하 '농민공農民工1)'으로 약칭)에 대해 경제와 사회 두 가지 측면에서 모두 도시 사회로의 융합을 유도하는 방안을 강구하는 것, 즉 그들이 합리적인 노동 보수를 받을 수 있도록 하여 소득수준을 높이고, 나아가 도시 호적자와 농민공의 소득 격차를 줄여 나가는 것은 신형 도시화를 추진하고 내수를 향상시키기 위한 필

---

1) 역주: 농민공은 일반적으로 농촌을 떠나 도시로 이주하여 육체노동에 종사하는 농민 출신 노동자를 가리키는 용어이다. 중국에는 농업 호적과 비농업(도시) 호적의 구분이 있기 때문에 농민공들은 도시에서 일하면서도 도시 호적자와 다른 농업호적을 소지한다.

수 요건이다. 농민공이 경제 및 사회적으로 모두 도시 사회에 융화되게 하기 위해서는, 불합리한 사회제도와 시장 규칙을 타파하고 통일된 노동시장이 건립되어야 하며, 노동시장에서 농민공들이 차별을 받지 않도록 해야 한다.

실제로 노동시장에서의 도시 호적자와 농민공 간의 차별은 세 가지 측면으로 요약할 수 있다. 첫 번째, 소득에 있어서 같은 노동을 하더라도 상이한 보수를 받는 경우가 존재한다. 도시 호적자와 농민공이 동일하거나 유사한 직종에 종사하지만 양자의 소득에 현저한 차이가 나타난다. 두 번째, 직업 분포에 있어 농민공들에게서 '밑바닥 일자리 효과'가 확인된다. 농민공들은 도시 노동시장에서 대체로 하층 직업에 종사하는데, 그들은 바닥에 깔린 것처럼 노동시장의 최하위에 처해 있다. 세 번째, 직업 이동에는 '유리천장 효과'가 존재한다. 농민공들은 노동시장에서 비교적 높은 직종에 종사할 자격을 갖추었다고 하더라도 그에 상응하는 직업을 획득할 수 없다.

이렇듯 직업적으로 도시 호적자와 농민공 사이에 존재하는 세 가지 차이는 공존하면서 서로 연관성을 가진다. 기존의 연구에서 경제학자와 사회학자는 주로 같은 노동에 종사하지만 보수가 다른 경우를 대상으로 연구를 전개하였다. 이처럼 노동시장 분절론은 가장 널리 사용되는 분석의 틀이었다. 그러나 노동시장 분절론은 직업 분포와 직업 이동에서 양자의 차이를 충분히 해석하지 못하기 때문에 직업을 주요 지표로 삼는 사회 계층화 이론을 통해 이를 해석하는 것이 더 합리적이다. 이에 본 연구는 사회학과 경제학 연구의 틀을 종합하고 노동시장 분절론과 직업계층 관련 이론을 결합시켜 도시 호적자와 농민공 간의 소득 격차를 분석하고 이를 통해 양자 간의 격차를 줄일 수 있는 새로운 방안을 제시하고자 한다.

1. 문제 정리 및 문헌 검토

　계획 경제 체제 하의 호적 제도에 따른 도시와 농촌의 이원화는 노동시장에서 농촌 노동력에 대한 제도적 차별을 보편적으로 야기하였다(陸學藝, 2003). 많은 연구들이 도시와 농촌 주민의 소득 격차에서 출발하여 노동시장 분절론의 틀을 결합시켜 유의미한 결론을 도출한 바 있다. 이와 같은 연구들은 주로 제도적 요인을 분석하였는데, 농촌 노동력의 노동시장 진입에 호적이 미치는 부정적 역할과 그에 따른 결과 등을 포함한다. 또한 일부 연구는 노동시장 분절론과 인적자본론을 결합시킴으로써 도시와 농촌 노동력의 소득 격차에 대한 이론 및 실증 분석을 진행하였다.

　호적 제도의 관리가 느슨해지면서 많은 농민공이 도시에 진입하게 되면서 도시 지역의 도시 호적자와 농민공 간의 소득 비교가 새로운 연구 과제로 대두되었다. 이 과제의 핵심은 인구 이동에 따라 호적과 거주지가 분리되었다는 점이다. 동시에 많은 학자들은 인구 이동이 사실상 노동의 시장화라는 결과를 초래하였으며, 고용주는 고용에 있어 호적 유형 등과 같은 제도적 요인 외에, 노동자 개인의 인적 요인도 고려해야 한다고 지적하였다. 즉 인적자본이 높은 노동자들은 시장의 선택을 받게 되며, 이들이 인적자본이 낮은 노동자보다 높은 소득을 얻는 것은 시장의 이성적 선택의 결과(肖文韜, 2004)인 것이다. 일부 연구는 인적자본의 이원성을 다른 측면에서 접근하고 (楊德才, 2012), 인적자본이 도시 호적자와 농민공의 투자 회수율과 수익률에 미치는 차이에 대해 연구하였으나 통일된 노동시장이 존재하는지, 소득 차이에 어떤 영향을 미치는지에 대해서는 언급하지 않았다.

도시와 농촌 주민의 소득 격차에 관한 연구나, 도시 호적자와 농민공의 소득 격차에 관한 연구는 주로 노동시장 분절론과 인적자본론을 통해 이루어졌는데 이는 현재 중국 사회구조와 사회계층의 변화를 간과하고 있다. 그러나 이러한 변화는 중국 사회 전환기에서 가장 두드러진 변화 중의 하나이다.

최근 몇 년 동안, 중국 노동시장의 구조가 비교적 크게 바뀌었다. 특히 호적 제도 개혁의 심화와 대학교 모집의 확대로 농업 호적의 대학생들이 도시로 쏟아져 나오게 된다. 2001년, 국무원에서 「소성진 호적 관리 제도 개혁 추진에 관한 의견關于推進小城鎭戶籍管理制度改革的意見」이 발표된 이후, 소성진小城鎭 호적 제도 개혁이 전면적으로 추진되었다. 2014년, 「호적 제도 개혁 진일보 추진에 관한 국무원의 의견國務院關于進一步推進戶籍制度改革的意見」의 발표에 따라, 소수의 거대도시를 제외한 도시 공간에서 농민공의 노동시장 진입에 호적 제도가 미치는 부정적 영향력은 감소하고 있다. 2003~2006년 사이의 통계 데이터를 분석한 일부 연구에서는 호적 제도 개혁과 농촌 노동력의 이동 총량 및 동향 간의 영향 관계는 뚜렷하게 확인되지 않는다(孫文凱 등, 2011)고 밝혔지만 노동시장 분절이라는 시각에서 접근하였을 때, 농민공이 노동시장에서 취약한 위치에 있다는 주장은 설득력을 잃고 있다.

아울러, 대학 입시 제도의 개혁 이후, 많은 농촌 출신의 대학생들은 농업 호적을 유지하게 되므로 대학 입시 제도 '꽃순 따기'[2]의 효과는

---

2) 역주: 꽃순 따기는 성적이 좋은 학생들이 좋은 대학교에 뽑히는 것을 비유적으로 일컫은 말이다. 대학 입학 시험을 통과하게 되면 학교 등록 시 호적을 고향에서 학교 소재지로 이전할 수 있다. 이로써 농업 호적을 가진 농촌 출신의 대학생은 도시 호적을 획득할 수 있게 된다. 일부 농촌 학생들에게 대학교

사리지게 된다. 노동시장에는 고등교육을 이수하고 나서도 농업 호적을 유지한 대학생의 수가 증가하게 되었는데, 국가통계국의 정의에 따르면 이들 역시 농민공에 속한다. 농업 호적을 가진 대졸자의 배출은 과거 인적자본이 비교적 낮았던 농민공의 상태를 바꾸었고, 농민공의 직업 분포를 어느 정도 변화시켰음에도 불구하고 노동시장에서 농민공의 지위는 여전히 약세를 띠고 있다. 오늘날 사회구조의 변화에 따라, 특히 직업계층 간의 소득 차이가 갈수록 뚜렷해지고 있는 상황에서 노동시장 분절론과 인적자본 이론을 무분별하게 사용하여 도시 호적자와 농민공의 소득 차이를 해석하는 것은 타당하지 않다.

과거 학계에서는 도시 호적자와 농민공의 소득 격차를 분석할 때 제도적 차별과 인적자본의 영향력을 구분하고 따로 분석하는 데 중점을 두었다. 그러나 이와 같은 방식은 사회제도와 인적자본에 포함되지 못한 영향 요인, 이를테면 직업을 기준으로 하는 사회계층을 간과하는 한계점을 가진다.

사회과학 연구 분야에서 '직업계층'처럼 사회구조, 불평등, 사회이동을 연구하는 데 중심 개념이 될 수 있는 연구 주제는 드물다. 오늘날 사회계층과 사회이동에 관한 국내외 연구를 살펴보면, 복잡한 현대 사회에서 사회계층과 사회이동을 설명하기 위해 주로 직업을 사회적 지위로 규정하고 우선 지표로 삼는다. 그 이유는 크게 세 가지로 설명할 수 있다. ① 직업과 그것에서 비롯한 사회 분업은 사회

의 입학은 학력 취득의 의미를 넘어 신분의 변화를 의미하게 된다. 하지만 호적 제도가 점차 느슨해지고 2005년을 전후로 신입생이 타지의 대학교를 다닐 경우 호적 이전이 필요하지 않게 되면서 농촌 출신의 학생은 농업 호적을 계속 유지할 수 있게 된다. 그로 인해 현재 '꽃순 따기'의 효과는 점차 줄어들고 있다.

변화를 이해하고 사회 기능을 규정짓는 핵심 개념이다. ② 직업계층은 특히 경험적 연구에서 쉽게 다룰 수 있다. ③ 직업은 사회경제적 자원의 점유와 긴밀한 관련이 있다. 사회경제적 자원의 점유는 사회계층의 분화와 사회이동 기회에 직접적인 영향을 미칠 뿐만 아니라 소득을 결정하는 중요한 요인 중의 하나로 된다.

전환기 중국의 직업계층은 서양 사회처럼 사회분화와 계급구조를 반영할 수 있다. 루쉐이는 "직업 구분을 기반으로 삼으며, 조직 자원, 경제 자원과 문화 자원의 점유를 기준으로 사회계층을 구분하는 이론적 틀을 구축해야 한다."고 제안하였다(陸學藝, 2004: 223). 그는 이 세 가지 자원의 소유 여부가 각 사회 집단과 구성원들의 계층적 지위와 개인의 사회경제적 지위를 결정짓는 지표라고 주장하였다. 직업을 통해 획득할 수 있는 자원은 기술, 지식과 같은 인적자본의 형태로 나타날 수 있고, 이와 같은 자원은 지배적 지위, 권력과 소득 등의 형태로 전환되어 나타날 수도 있다. 이를 봉해 직업은 사회적 지위의 상징으로 될 뿐만 아니라 경제 소득과도 밀접한 연관성을 갖는다는 사실을 확인할 수 있다. 만약 동등한 고등교육을 받은 두 사람이 졸업 후 등급이 다른 직업에 종사한다고 가정했을 때, 비교적 높은 직업등급에 종사하는 사람은 그 직업이 보유한 사회적 자원을 통해 더 많은 인적자본을 활용할 수 있다. 이는 기술과 지식 등의 인적자본 요인이 상이한 직업등급에 따라 발휘할 수 있는 역할이 서로 다름을 의미한다. 또한 직업등급에 따른 소득 격차는 인적자본의 효용성을 통해 은밀하게 드러나기 때문에 이것은 곧 인적자본의 차이로 해석되기 쉽다. 기존 연구에서 사회구조의 영향이 제대로 주목받지 못하였고, 직업계층이 소득 격차에 미치는 영향은 간과되어 왔으며, 직업계층 배후에 숨어 있는 사회구조의 또 다른 '보이지 않는 손'의 영향력도 충분히 부각되지 못했다.

종합해 보면, 중국 노동시장에는 도·농 호적의 차별뿐만 아니라, 직업계층에 따른 차별도 존재한다. 따라서 호적만 고려하고 직업계층의 영향을 충분히 고려하지 않으면 연구의 핵심 영향 요인이 간과될 위험이 있다. 직업계층에 대한 고려가 부족하면 도시 호적자와 농민공 간의 소득 격차에 대한 분석도 불완전해질 수밖에 없다. 본 연구의 독창성은 직업계층을 소득 격차의 중요한 영향 요인으로 삼고 직업계층을 통제하면서, 직업등급에 따른 도시 호적자와 농민공을 분류하여 양자 간 소득 격차의 실태와 그 원인을 분석하고, 더 나아가 노동시장에 대한 새로운 판단을 모색하는 데 있다.

2. 연구 방법과 데이터

본 연구는 도·농 호적 노동자들의 직업등급을 통제한다는 전제 하에, 도시 호적자와 농민공들이 동일한 직업등급일 때 나타나는 소득 격차의 크기와 발생 원인을 분석하고자 한다. 따라서, 본 연구에서는 주로 두 가지 분석 방법을 채택한다. 첫 번째는 분위수 회귀방법이다. 설명변수의 여러 개의 분위수(이를테면 사분위, 십분위, 백분위 등)를 이용하여 피설명변수의 조건부 분포에 대한 분위수 회귀식을 얻는다. OLS 추정 방법을 사용하면 평균치 방정식만 얻을 수 있는 것에 비해, 이 방법은 변수 분포를 보다 충분히 고려할 수 있으며, 특히 소득과 같은 불균일 분포를 이루고 있는 변수를 분석하는 데 더 적합하다.

두 번째 방법은 Blinder-Oaxaca 분해법이다. 이는 국내외 학자들이 집단 간 소득 격차를 분석할 때 채택하는 주요 방법이며, 노동시장 분절과 소득불평등을 연구하는 주요 방법이기도 하다. 이 방법은 로지스틱 회귀모형으로 소득 평균치를 분해하는 것으로 집단 간의 소득 격차를 두 부분으로 분해한다. 하나는 개인 특성으로 설명할 수 있는 인적자본의 차이로 인한 소득 차이인데, 예를 들면 교육, 근무 경력 등이 바로 그것이다. 다른 하나는 모형으로 설명하지 못하는 잔여 부분으로, 즉 인적자본의 영향 요인으로 설명할 수 없는 소득 차이이다. 소위 모형으로 설명할 수 없는 잔여 부분은 일반적으로 노동시장의 차별로 인한 소득 차이로 여겨지지만, 실제로는 모형에 포함되지 않은 영향 요인에 의한 소득 차이(Becker, 1975)도 포함한다. 본 연구에서 Blinder-Oaxaca 분해법을 사용하는 주된 목적은 직업등급별 집단에 드러나는 노동시장의 차별이 소득 격차에 미치는 영향을 비교하기 위한 것이다.

본 연구는 중국 사회과학원 사회학연구소가 2013년에 실시했던 '중국 사회실태 종합조사'의 데이터를 사용한다. 이 조사는 전국적으로 이루어진 대형 연속표본추출 조사이다. 그 목적은 대중의 취업, 가정 및 사회 생활, 사회적 태도에 대한 장기적 종단조사를 통해, 전환기 중국 사회 변천의 데이터를 획득하여 사회과학 연구와 정부의 정책 제정에 구체적이며 객관적인 기초 정보를 제공하는 데에 있다. 이 조사는 확률표본추출을 통한 방문 조사 방식을 채택하여, 전국 151개 현(구)의 604개 주민(마을)위원회를 대상으로 실시하였다. 매 회 조사의 전국 표본량은 1만여 가구에 이른다. 2006년, 2008년, 2011년의 제1, 2, 3차 조사에 이어 2013년의 제4차 조사는 전국 31개 성省과 시의 도·농에서 실시하였고, 조사 범위는 전국 151개 현(구) 604개 주민(마을)위원회를 포함한다.

3. 주요 분석 결과

1) 도시 호적자와 농민공의 주요 특징

위의 설계에 따라 본 연구는 비농업非農業부문에 종사하며 소득이 있는 도시 호적자와 농민공을 연구 대상으로 설정한다. 먼저 이 두 집단의 성별, 연령, 교육 수준, 임금 수준 등의 기본적인 사항에 대해 기술 분석을 하였다. 조사 결과에 따르면 도시 호적을 지니며 비농업 업종에 종사하는 인구 중 44%는 여성이며 그들의 평균 연령은 40.79세이다. 이들은 월 평균 23.32일, 하루 평균 8.42시간을 근무한다. 이들의 평균 교육연한은 12.95년, 평균 월소득은 4,026.43위안이고 공유제 부문에서의 취업률은 57%이다. 농업 호적을 가지고 비농업 부문에 종사하는 인구 중의 38%는 여성이고, 이들의 평균 연령은 40.85세, 월 평균 23일, 하루 평균 9.16시간 일하며 평균 교육연한은 8.90년, 평균 월소득은 3,382.08위안이고 공유제 부문에서의 취업률은 14%이다(〈표 1〉 참조). 두 집단을 비교하였을 때 3가지 두드러진 차이를 발견하게 되었는데, 즉 월평균 소득, 평균 교육연한과 직장 등 면

〈표 1〉 도시 호적자와 농민공의 기본 특징

	도시 호적자	농민공
성별(0=남, 1=여)	0.44	0.38
연령(세)	40.79	40.85
월평균 근무일(일)	23.32	23.00
일평균 근무 시간(시간)	8.42	9.16
평균 교육연한(년)	12.95	8.90
월평균 소득(위안)	4,026.43	3,382.08
직장(0=비공유제, 1=공유제)	0.57	0.14

에서의 차이다. 도시 호적자는 주로 공유제 부문에 취업하고 평균 교육연한과 월소득에서 농민공에 비해 두드러진 우세를 보인다.

2) 도시 호적자와 농민공의 소득 격차 분석

본 연구는 우선 도시 호적자와 농민공의 소득 격차에 대해 Blinder-Oaxaca 분해를 진행함으로써 그들 간의 소득 격차를 분석하였다. Blinder-Oaxaca 분해를 하기 전에 종속변수인 월소득에 로그를 취하고 모든 응답자가 학업을 마친 후 취업을 한다고 가정하면, 그들의 근무연한은 연령에서 6[3])을 빼고 거기서 다시 교육연한을 뺀 후 얻은 숫자가 된다. 또한 농민공들의 교육 수준이 전반적으로 낮은 특징을 고려하여, 교육연한 이외에 노동숙련도(비숙련노동, 반숙련노동, 숙련노동)변수를 추가하였다.

〈표 2〉의 모형은 인적자본의 시각에서 도시 호적자와 농민공의 소득 격차를 해석한 것이며, Blinder-Oaxaca 분해 결과에 따르면 양자 소득의 전반적 차이는 0.300이고, 그중에서 설명되는 부분은 0.248로, 소득 격차의 80% 이상을 차지하고 있다. 반면, 설명되지 않는 부분은 0.052로, 그 비율은 20% 미만이다. 분석 결과에 따르면, 기타 조건을 고려하지 않은 상황에서 도시 호적자와 농민공의 소득 격차는 주로 인적자본의 차이로 인해 생긴 것이라고 할 수 있다. 인적자본의 차이는 주로 양자 간 교육회수율의 차이에서 비롯된 것이다. 노동숙련도를 통제하는 경우, 회귀방정식의 계수로 보면 전자의 교육회수율은 5.0%, 후자는 1.8%에 불과하다.

---

3) 역주: 중국에서는 보통 만 6세에 초등학교에 입학한다.

〈표 2〉 도시 호적자와 농민공 소득 격차의 분해(전체)

	계수	로버스트 회귀 표준오차	Z값	유의성
전체				
도시 호적자 로그 변환한 소득	7.890	0.020	401.65	0.000
농민공 로그 변환한 소득	7.590	0.019	389.57	0.000
소득 격차	0.300	0.028	10.86	0.000
설명되는 부분	0.248	0.021	11.92	0.000
설명되지 않는 부분	0.052	0.031	1.71	0.088
설명되는 부분				
교육연한	0.117	0.019	6.11	0.000
근무연한	-0.041	0.013	-3.19	0.001
근무연한 제곱	0.084	0.016	5.16	0.000
성별(준거집단: 여성)	-0.022	0.006	-3.46	0.001
반숙련노동(준거집단: 비숙련노동)	-0.021	0.005	-4.15	0.000
숙련노동	0.129	0.015	8.9	0.000
설명되지 않는 부분				
교육연한	0.367	0.109	3.37	0.001
근무연한	-0.149	0.171	-0.87	0.386
근무연한 제곱	0.209	0.100	2.09	0.037
성별(준거집단: 여성)	0.057	0.021	2.74	0.006
반숙련노동(준거집단: 비숙련노동)	0.011	0.015	0.75	0.455
숙련노동	0.070	0.047	1.49	0.137
상수항	-0.513	0.161	-3.18	0.001

3) 로그 변환한 소득의 분위수 회귀분석 결과

Blinder-Oaxaca 분해법의 핵심은 인적자본 요인이 제대로 역할을 발휘하느냐 하는 것인데, 이때 인적자본으로 설명할 수 있는 소득 격차를 합리적인 소득 격차로 간주하고 설명할 수 없는 격차를 불합리한 소득 격차로 간주한다. 모형을 설정할 때는 일반적으로 인적자본을 모든 집단에서 항구불변의 영향을 미치거나 일치성을 띤 영향 변수로 간주한다. 하지만 사실은 그렇지 않다. 인적자본이 얼마나 큰 효과를 발휘할 수 있는가는 개인이 노동시장에서 어떤 위치에 처해 있는지와 관련되거나 혹은 개인의 직업등급과 관련된다. 분위수 회귀분석의 결과가 이를 증명하고 있는데, 〈그림 1〉을 통해 볼 수 있듯이, 직업등급이 다른 소득자에게 교육연한, 근무연한 및 노동숙련도 등 전형적인 인적자본 요인이 발휘하는 효과가 다르며 노동시장 분절에 가장 주요한 지표인 호적도 소득 등급이 다른 집단에서 발휘하는 역할이 다르다.

〈그림 1〉에서 볼 수 있듯이, 교육의 역할은 소득 등급의 하락에 따라 하락하는데, 소득이 가장 높은 집단에서 교육연한의 회귀계수는 0.04 정도이고, 소득이 가장 낮은 집단에서 교육연한의 회귀계수는 0.03 이하로 떨어졌다. 노동숙련도의 영향은 소득 등급의 하락에 따라 증가하며, 소득이 가장 높은 집단에서 노동숙련도의 회귀계수는 0.16 정도이고 소득이 가장 낮은 집단에서 노동숙련도의 회귀계수는 0.2 이상이다. 근무 경력이 미치는 영향은 그 변동의 폭이 비교적 크게 나타났는데, 소득 최상위 집단과 최하위 집단의 회귀계수는 비교적 컸고, 중등소득집단의 회귀계수는 상대적으로 작았다. 호적 유형의 영향도 마찬가지로 소득 등급의 하락에 따라 감소하였고 심지

어 소득이 가장 낮은 집단에서는 마이너스로 나왔다. 위의 분석 결과를 통해 사회 계층화 이론에서 자주 언급되는 현상을 쉽게 살펴볼 수 있다. 인적자본이 제대로 역할을 발휘할 수 있느냐 없느냐의 문제는 인적자본의 양에 달려 있는 것이 아니라, 인적자본이 제 역할을

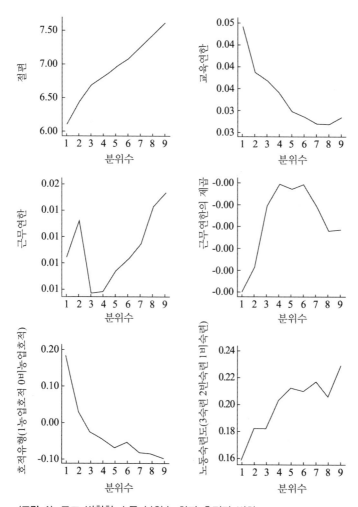

〈그림 1〉 로그 변환한 소득 분위수 회귀 추정값 변화

발휘할 수 있도록 직업 위상이 자원과 조건을 제공할 수 있는가에 달려 있다. 본 연구의 분석 결과에서도 이 관점이 검증되었다.

현재 중국 사회구조가 '역 T형'인 것을 감안할 때, 대부분의 농민공들은 직업계층 중 가장 낮은 위치에 집중되어 있고, 그들의 소득 분포도 마찬가지이다. 직업계층 중에서 가장 높은 위치에 있는 집단은 그들이 가진 자원적 우세를 이용하여 인적자본의 효용을 확대시키는 반면, 직업계층이 낮은 사람들에게 인적자본 요인의 효용은 현저하게 낮아졌다. 그러므로 농민공이 비교적 좋은 교육을 받았을지

〈표 3〉 로그 변환한 소득 분위수 회귀 예측

변수	교육 연한	근무 연한	근무 연한 제곱	호적 유형	노동 숙련도	상수항
Q10	0.049^{***} (0.009)	0.010^{+} (0.006)	-0.001^{***} (0.000)	0.183^{***} (0.044)	0.159^{***} (0.029)	6.103^{***} (0.138)
Q20	0.039^{***} (0.005)	0.013^{++} (0.005)	-0.000^{***} (0.000)	0.029 (0.035)	0.182^{***} (0.021)	6.429^{***} (0.085)
Q30	0.037^{***} (0.006)	0.008^{+} (0.005)	-0.000^{***} (0.000)	-0.026 (0.033)	0.182^{***} (0.025)	6.691^{***} (0.085)
Q40	0.034^{***} (0.006)	0.008^{+} (0.004)	-0.000^{***} (0.000)	-0.046^{+} (0.026)	0.203^{***} (0.022)	6.814^{***} (0.082)
Q50	0.030^{***} (0.005)	0.009^{*} (0.004)	-0.000^{***} (0.000)	-0.069^{*} (0.030)	0.212^{***} (0.022)	6.961^{***} (0.077)
Q60	0.029^{***} (0.005)	0.010^{**} (0.004)	-0.000^{***} (0.000)	-0.054^{+} (0.030)	0.210^{***} (0.017)	7.082^{***} (0.062)
Q70	0.027^{***} (0.007)	0.011^{**} (0.004)	-0.000^{***} (0.000)	-0.083^{**} (0.030)	0.217^{***} (0.026)	7.250^{***} (0.080)
Q80	0.027^{***} (0.006)	0.014^{**} (0.005)	-0.000^{***} (0.000)	-0.086^{*} (0.035)	0.206^{***} (0.021)	7.434^{***} (0.090)
Q90	0.028^{**} (0.009)	0.015^{+} (0.008)	-0.000^{*} (0.000)	-0.097^{+} (0.056)	0.229^{***} (0.029)	7.623^{***} (0.137)

$^{+}p < 0.10$, $^{*}p < 0.05$, $^{**}p < 0.01$, $^{***}p < 0.001$.

라도, 그들이 중상층의 직업에 종사할 수 없다면 교육회수율은 낮을 수밖에 없다.

이를 통해 인적자본의 역할이 변하지 않는 Blinder-Oaxaca 분해법의 전제 가설은 중국 노동시장에서 성립되지 않는다는 것을 알 수 있다. 분위수 회귀의 결과는 인적자본 요인이 서로 다른 소득 집단에서 발생하는 효용이 다르다는 것을 입증했다. 또한 이는 소득 격차에서 직업계층의 역할이라는 통제 요인을 도입하는 합리성과 유효성을 증명하였다. 만약 통제없이 Blinder-Oaxaca 분해법을 사용한다면 연구 결과에 어느 정도 오차를 일으킬 수 있기 때문에, 직업계층을 통제변수로 삼고 직업등급별 도시 호적자와 농민공 사이의 소득 격차를 다시 분석한다면 더욱 합리적인 결과를 얻을 수 있을 것이다.

4) 직업계층에 따른 도시 호적자와 농민공의 소득 격차 분석

직업은 사회 집단의 사회경제적 지위를 구분하는 지표로서 상당히 높은 변별력을 가지고 있으며, 사회학 연구에서는 상호 다른 사회 집단을 구분하는 중요한 지표 중의 하나로 사용되고 있는데, 루쉐이는 전환기의 중국 사회를 열 개의 사회계층[4](陸學藝, 2002)으로 분류

---

4) 역주: 2001년 루쉐이를 비롯한 중국사회과학원 사회학연구소 '당대 중국 사회 구조 변천 연구當代中國社會結構變遷研究' 프로젝트 연구팀은 공식적으로 중국의 중산층에 대한 연구를 시작하였다. 이 연구팀은 연구 성과물인 「당대 중국 사회계층 연구보고當代中國社會階層研究報告」에서는 개혁개방 이후 약 20여년 만에 중국의 사회계층이 10개의 계층으로 분화되었다고 밝혔는데, 이 10개의 사회계층은 다음과 같이 나뉜다. 1) 국가·사회관리자계층 2) 경리계층 3) 사영기업주계층 4) 전문기술자계층 5) 사무직계층 6) 자영업자계층 7) 상업 서비스업계층 8) 산업노동자계층 9) 농업노동자계층 10) 도시와 농촌의 실업

한 바 있다. 본 연구는 그가 제시한 직업계층 구분 방법을 참고하여 조사 표본을 직업계층별로 나누고 우선, 국가 기관, 당과 군중 조직, 기업·사업단위의 책임자를 하나의 부류에 귀속시켰는데(직업등급 1), 그들은 일반적으로 사회경제적 지위가 가장 높은 집단으로 여겨진다. 다음으로, 전문 기술자를 하나의 부류로 삼았는데(직업등급 2) 그들은 전통적인 의미에서 중산층에 속하고 일정한 지적 기능을 가지고 있으며, 소득이 안정적이고 일정한 사회적 지위도 있다. 그리고 마지막으로 상업·서비스업 종사자, 생산운수업 근로자와 관계자를 하나의 부류에 귀속시켰는데(직업등급 3), 그들은 사회계층 중 '블루칼라' 계층에 가깝고, 소득은 높지 않지만 충분히 가족을 부양할 수 있어서 보통 사회의 중하층으로 여겨진다. 〈표 4〉는 서로 다른 세 가지 사회적 지위에 있는 직군의 소득 격차에 대한 분해 결과를 발췌한 것이다.

분해 결과를 보면, 직업등급 1 집단에서 도시 호적자와 농민공의 로그 변환한 소득의 차이는 0.755로 소득 격차가 가장 선명하고, 직업등급 2 집단에서 도시 호적자와 농민공의 로그 변환한 소득의 차이는 0.427로 그 뒤를 이었고, 직업등급 3 집단에서 도시 호적자와 농민공의 로그 변환한 소득의 차이는 0.078로 가장 적었다. 이것은 등급이 다른 세 직군에서 도시 호적자와 농민공의 노동소득의 차이가 체감한다는 것을 보여준다.

소득 격차의 설명되는 부분과 설명되지 않는 부분이 차지하는 비율을 보면, 직업등급 1 집단에서 설명되지 않는 부분은 69.9%를 차지하고 설명되는 부분은 30.1%를 차지한다. 직업등급2 집단에서 설명

및 반실업자계층. (루쉐이 편저, 유홍준 역, 『현대 중국 사회계층』, 도서출판 그린, 2004, 22쪽 참조.)

되지 않는 부분은 69.6%이고 설명되는 부분은 30.4%이다. 직업등급 3 집단에서 설명되지 않는 부분은 1.3%를 차지하고 나머지 98.7%는 대부분 설명되는 부분에 속한다. 이것은 세 가지 등급의 직군에서 호적 차별로 인한 도시 호적자와 농민공 간의 소득 격차의 성격이 각기 다른 것임을 보여준다.

위에 서술한 두 가지 분석 결과를 종합해 보면, 도시 호적자와 농민공 급여소득의 차이는 균등 분포가 아니라 비교적 복잡한 분포 형태를 나타내고 있다는 것을 쉽게 알 수 있다. 직업등급 1 집단에서 도시 호적자는 주로 정부, 사무직, 기업의 관리자이지만 농업 호적자는 상대적으로 규모가 작은 기업에 국한되어 높은 직위를 차지할 수 없었다. 그들은 각자 도시나 농촌 사회 내부에서 상층부에 속하지만, 비교해 보면 농업 호적자의 소득수준이 훨씬 낮았다. 직업등급 2 집단에서도 비교적 큰 소득 격차가 존재하는데 분해 결과를 보면 호적의 차별이 뚜렷하다. 실제로, 도시 호적자와 농민공이 모두 전문 기술자일 수 있지만 전문 기술자 사이에서도 비교적 큰 차이가 보인다. 예를 들면, 농촌 출신의 대졸자는 비교적 낮은 전문 기술직에 종사하지만 도시 출신의 대졸자는 비교적 높은 전문 기술직에 종사할 가능성이 있다. 양자 모두 대학교육을 받고 전문 기술직에 종사하더라도, 같은 직종에서는 여전히 내부 등급의 구분이 존재하고, 이러한 구분은 사실상 차별을 초래한다. 직업등급 3 집단에서 도시 호적자와 농민공의 소득 격차는 가장 적은데 이러한 격차의 대부분은 인적자본의 차이로 설명될 수 있다. 실제로 블루칼라 노동자는 일반적으로 도시 호적자가 하기 싫어하는 직종에 종사한다. 그리고 블루칼라 계층의 일자리는 대부분 비공유제이며, 고용주는 직원 모집을 시장 원칙에 따라 진행할 가능성이 더 크다.

〈표 4〉 도시 호적자와 농민공 소득 격차 분해의 주요 지표(직업등급으로 분류)

	직업등급 1 (상층)	직업등급 2 (중상층)	직업등급 3 (하층)
도시 호적자 로그 변환한 소득	8.227*** (0.065)	8.107*** (0.033)	7.728*** (0.033)
농민공 로그 변환한 소득	7.473*** (0.175)	7.680*** (0.075)	7.650*** (0.021)
로그 변환한 소득의 차이	0.755*** (0.187)	0.427*** (0.082)	0.078* (0.039)
설명되는 부분	0.227* (0.108)	0.130** (0.043)	0.077*** (0.023)
설명되지 않는 부분	0.528** (0.183)	0.297*** (0.074)	0.001 (0.038)
설명되는 부분			
교육연한	0.195+ (0.115)	0.108*** (0.032)	0.036*** (0.016)
근무연한	0.060 (0.079)	-0.002 (0.007)	-0.010 (0.007)
근무연한 제곱	0.012 (0.083)	0.019 (0.026)	0.021 (0.013)
여성(준거집단: 남성)	0.003 (0.009)	-0.015 (0.012)	-0.013 (0.010)
반숙련노동(준거집단: 비숙련노동)	-0.036 (0.047)	-0.021 (0.026)	-0.005 (0.004)
숙련노동	-0.007 (0.037)	0.039 (0.037)	0.048*** (0.012)
설명되지 않는 부분			
교육연한	-1.257 (1.120)	-0.055 (0.575)	0.057 (0.132)
근무연한	2.676+ (1.490)	-0.150 (0.346)	-0.537** (0.241)
근무연한 제곱	-1.150 (0.925)	0.234 (0.200)	0.394** (0.138)

	직업등급 1 (상층)	직업등급 2 (중상층)	직업등급 3 (하층)
여성(준거집단: 남성)	-0.035 (0.093)	0.028 (0.073)	0.019 (0.028)
반숙련노동 (준거집단: 비숙련노동)	0.036 (0.041)	-0.057 (0.073)	0.035 (0.029)
숙련노동	0.473 (0.384)	-0.706 (1.059)	0.033 (0.046)
상수항	-0.215 (1.173)	1.003 (1.318)	0.135 (0.224)
표본량	174	487	2,134

$^*p < 0.10$, $^*p < 0.05$, $^{**}p < 0.01$, $^{***}p < 0.001$.

위에 서술한 세 가지 직업등급 집단에 대한 분석 결과를 종합해 보면 도시 호적자와 농민공의 소득 격차를 초래한 원인은 비교적 복잡하고, 계층이 다른 직군에서 인적자본 요인과 제도적 차별 요인의 영향도 다르다. 현 단계에서 노동시장 분절은 복잡한 양상을 띠고 있는데 블루칼라 노동자 위주의 하층 노동시장에서는 호적 제도로 인한 차별이 적어 시장 개방 정도가 비교적 높았고 관리자와 전문 기술자로 대표되는 고급 노동시장에서는 호적 제도로 인한 차별이 커서 시장의 개방 정도는 비교적 낮았다. 이것은 현재 노동시장이 농민공을 선택적으로 받아들인다는 것을 의미한다. 이는 또한 도시 주민이 자신의 사회경제적 지위의 우위를 공고히 하는 방법과 수단 이기도 하다. 전반적으로, 호적 제도로 인한 도시 호적자와 농민공 간의 취업 차별과 소득 격차는 여전히 존재하지만 그 차별이 일으키 는 영향은 여전히 직업등급에 달려 있다.

4. 결론

현 단계에서 중국공산당과 정부는 새로운 발전 전략을 모색하고 있다. 특히 「'13 · 5'계획요강」을 통해서 호적 제도 개혁을 추진하고 농민공이 도시에서 정착하도록 촉진해야 함을 명확하게 제시하였다. 이는 호적 제도가 이미 알려진 바와 같이 '뉴노멀'을 가로막고 신형 도시화 추진과 내수 확대를 방해하는 큰 장애물 중 하나임을 시사한다. 본 연구는 호적 제도라는 사회 제도의 장벽 외에도, 직업계층으로 대표되는 사회구조 역시 또 다른 '보이지 않는 손'이며, 도시 호적자와 농민공 사이의 소득 격차에 더욱 은밀하게 영향을 미치고 있다는 것을 발견하였다.

기존의 연구에 따라 단순히 노동시장 분절의 시각으로 도시 호적자와 농민공 사이의 소득 격차를 분석한다면 일부 '합리적'인 것처럼 보이는 결론에 의해 오류가 발생할 수 있다. 직업계층을 고려하지 않는다면, 도시 호적자와 농민공의 소득 격차는 대부분 인적자본 요인의 차이에 의해 '합리적'으로 발생하는 것처럼 이해될 수 있다. 하지만 실질적으로 존재하는 '밑바닥 일자리 효과'와 '유리천장 효과'에 대한 합리적인 설명이 도출되지 않는데, 이는 인적자본 요인이 직업적 위치와 결합되었을 때 충분한 효과가 발휘된다는 점을 연구자들이 경시했기 때문이다. 사회학의 시각으로 볼 때, 직업은 일자리일 뿐만 아니라 그에 상응하는 사회적 자원이 부여된다. 부여된 사회적 자원이 많은 직업일수록 인적자본이 발휘하기에 용이한 조건이 확연하게 형성된다. 본 연구는 분위수 회귀분석방법을 통하여 서로 다른 소득등급에서 역할을 발휘하는 인적자본 요인이 서로 다름을 증명하였다. 고소득층에서는 교육연한의 효과가 더 크게 발휘되는 반면, 저소득층에서는 노동숙련도의 효과가 더 크게 발휘되며, 본 연구에 따르면 인적자본 요인은 앞에 제시한 가설에서 지적된 것과 같은 효과를 발휘하지 못한다. 이를 통해 인적자본론과 노동시장 분절론의 선결적 가설에는 문제가 있음이 검토된다. 이 두 가지 이론에서 간과된 사회계층과 직업계층에 오히려 큰 영향을 미치는 요인을 간과해서는 안 된다.

이에 따라, 본 연구는 과거 사회학계에서 보편적으로 사용하던 직업계층 방법에 의거하여 직업등급을 통제하는 전제 하에, 도시 호적자와 농민공의 소득 격차를 깊이 분석하였고, 양자 간의 소득 격차가 서로 다른 계층에서 균등하게 분포되어 있지 않음을 발견하였다. 사회 중상층에 속하는 관리자와 전문 기술자 직군 가운데, 도시와 농업 호적 노동자 사이의 소득 격차가 크게 나타나며, 소득 격차의 대부분은 호적 차별로 설명될 수 있다. 사회 중하층에 속하는 블루칼라 계층에서는 양자 간의 소득 격차가 비교적 작았고, 호적 차별은 소득 격차의 일부분만을 설명할 수 있다. 일반적으로 차별에 따른 소득 격차를 해소하는 것은 노동시장의 개방을 의미한다. 사회구조와 직업계층이 도시 호적자와 농민공의 소득 격차에 중요한 영향력을 행사하지만, 이러한 영향력이 기존 연구에서는 간과되었으며, 본 연구는 사회구조가 소득 격차를 결정하는 '또 다른 보이지 않는 손'임을 논증하였다. 또한 본 연구는 도시 사회의 노동시장이 농민공들에게 선택적으로 개방되었다는 점을 증명하였다. 도시 호적자가 꺼리는 하위 직업은 농촌 노동자에게 넓게 개방되어 있으며, 호적 제도가 소득 격차에 미치는 영향력은 비교적 적게 나타난다. 반면 중상층의 직업은 농촌 노동자들에게는 상대적으로 폐쇄되어 있고 호적 제도가 소득 격차에 미치는 영향력은 비교적 큰 것으로 검토된다.

더 나아가, 본 연구는 도시 호적자와 농민공의 임금소득, 직업 분포와 직업 이동에 대한 전반적인 해석을 제시한다. 오늘날 중국 노동시장에는 여전히 도시 호적자와 농민공 간의 소득 격차가 존재하며 직업등급이 높아질수록 소득 격차가 커지는 현상도 존재한다. 직업계층은 호적 제도보다 은밀하게 영향력을 미치기 때문에, 이는 연구자들에 의해 쉽게 간과될 위험성을 가진다. 농민공은 도시 사회에 개방되어 있는 하층 노동시장에 쉽게 진출할 수 있지만, 비교적 많은 자원을 장악한 중상층 직업을 획득하기는 어렵기 때문에 '유리천장 효과'와 '밑바닥 일자리 효과'가 발생하게 된다. 이에 따라 농민공은 도시의 사영기업과 하층 직업이나 업종으로 밀릴 수밖에 없다. 직업계층의 영향은 현재 중국 노동시장이 농민공들에게 선택적으로 개방되어 있다는 것을 의미한다. 즉, 노동시장의 하층은 개방되어 있으나 상층은 폐쇄적인 구조를 통해 도농 간의 균열을 더욱 심화시키고 있는바, 이는 소득 격차를 줄이고 사회 안정을 유지하는 데 부정적인 작용을 하게 된다.

본 연구는 기존의 학설과는 달리, 직업계층이라는 시각을 통해 경제학 분야의 전통 의제를 해석하였는데 많은 부분에서 아직 미흡한 점이 있다. 그러나 경제학과 사회학 연구 시각의 융합은 중국 사회 경제의 실상을 구체적으로 분석하는 데 도움이 될 수 있다. 향후의 연구에서는 노동 인구와 소득 격차 영역에 사회학의 구조적 시각을 도입하여 학문 간의 이론과 방법의 융합을 추진해야 하며, 데이터, 모형 등에의 과도한 의존을 피하고 사회 현실에 입각하여 연구를 해야 한다. 본 연구는 기존 호적 차별 연구를 기반으로 삼으며 '역 T자 형' 사회구조 속에서 상층 직업으로의 이동 메커니즘과 주요 장애물에 중점을 두고, 대안과 조언을 제시하여 '뉴노멀'이라

는 상황 속에서 경제 성장과 사회 공정을 동시에 실현할 수 있기를
기대한다.

참고문헌

陸學藝(2002), 『當代中國社會階層研究報告』, 社會科學文獻出版社.

陸學藝(2003), 「農民工體制需要根本改革」, 『中國改革』第12期.

陸學藝(2004), 『當代中國社會流動』, 社會科學文獻出版社.

孫文凱 等(2011), 「戶籍制度改革對中國農村勞動力流動的影響」, 『經濟研
　　究』第1期.

肖文韜(2004), 「戶籍制度保護了二元勞動力市場嗎?」, 『中國農村經濟』第3期.

楊德才(2012), 「論人力資本二元性對城鄉收入差距的影響」, 『當代經濟研
　　究』第10期.

Becker, G.(1975). *Human Capital.* Cambridge, Mass.: Harvard University Press.

제3부
중산층의 소비문화

중간소득층의 확대를 통한 소비 견인 경제 성장 모색: 상하이 중간소득층 연구 보고

리페이린李培林 · 주디朱迪*

상하이는 환상적이면서 중국의 역사 기억과 미래를 보여주는 도시이며 오늘날 세계에서 발전 속도가 가장 빠르고 활기찬 국제 대도시로 부상하였다. 이러한 발전 과정에서 상하이의 중간소득층은 급속히 부상하고 그 규모가 커지면서 상하이의 사회구조, 생활방식, 소비 관념, 가치관 등을 확립하는 데 중요한 역할을 발휘하고 있다. 전국적인 차원에서 보면, 현재 중국은 인구 구조의 심각한 변화와 산업구조의 전환 및 업그레이드에 따라 저가노동력 공급이라는 비교 우위는 약화되었고 기술 혁신과 창의적 경제 창출의 중요성은 날로 부각되었다. 이와 동시에, 그 동안 경제 성장을 이끌어오던 투자와 수출의 작용이 약해지기 시작하면서 국내 소비가 경제 성장에 미치는 영향은 커지고 있다. 이 과정에서 급속히 부상한 중간소득층은 중요한 역할을 담당한다. 중국공산당 제18차 전국대표대회에서 제시한 '중

---

* 본 연구는 상하이연구원 사회조사 및 데이터센터 연구팀에 의해 진행되었으며 리페이린과 주디가 집필하였다.

간소득층 비중 확대'라는 목표는 사회구조와 소득분배를 조정하는 사회적 목표일뿐만 아니라, 경제 '뉴노멀'에 적응하고 대중 소비를 촉진하며 지속적이고 안정적인 경제 성장을 추진하는 경제 목표이기도 하다.

따라서 본 연구에서는 중간소득층에 관련된 전국 조사와 전문 조사의 데이터 분석을 근거로[1] 상하이 중간소득층이 산업 업그레이드, 혁신 구동, 소비 촉진 및 민생 개선에 미치는 영향을 살펴보고, 중간소득층이 산업구조 조정과 소비 활성화에서 발휘하는 역할을 분석하고자 한다. 본 연구는 중간소득층이 비교적 집중되어 있는 세 가지 전형적인 산업을 선정하여 이들 산업의 발전과 GDP기여도를 분석함으로써 산업 업그레이드와 혁신 구동에 대한 중간소득층의 기여도를 살펴보기로 한다. 그리고 데이터와 자료를 통해 중간소득층의 구매력, 소비 취향과 욕구를 분석하고 소비 확대에 대한 중간소득층의 기여도도 살펴본다. 이외에 본 연구는 주관적 정체성과 생활만속노의 측면에서 중간소득층의 복지를 살펴보고 그들의 적극성을 자극하

---

[1] 데이터의 출처는 다음과 같다. (1) 국가통계국이 2000년 11월 1일 0시와 2010년 11월 1일 0시를 표준 시점으로 실시한 제5차와 제6차 인구 센서스 조사(이하 '5보五普'와 '6보六普'로 약칭)의 데이터 (2) '사회발전과 사회건설 전국조사社會發展與社會建設全國調查'는 상하이대학교 상하이사회과학조사센터에서 2012년 8월부터 2013년 5월까지 상하이·광둥·지린吉林·허난河南·간쑤甘肅·윈난雲南 6개의 성·시에서 실시한 대형 설문 조사. 조사 표본은 다단계 무작위 추출 원칙에 따라 총 5,745부의 유효 설문지를 추출, 그중 상하이에서 1,050개의 표본 추출 (3) 2015년 '거대도시 주민생활실태조사(상하이권)'는 중국 사회과학원, 상하이대학교와 중산대학교가 공동으로 주관했는데, 본 보고서에서 사용하는 데이터는 제1단계 추출한 데이터. 상하이시로부터 50개의 주민 위원회를 선출하고, 각 주민 위원회에서 20개의 설문지를 완성하여 총 1,000개의 상하이 주민들의 표본 추출.

고 삶에 대한 자신감을 증가시키는 방법을 모색해 보려고 한다. 결론 부분에서는 데이터 분석을 기초로 중간소득층 역할 발휘에 대한 정책적 제안을 제시하고자 한다.

1. 중간소득층의 규모와 발전 추세

중국의 중간계층을 설명할 때, 중간소득층과 중산층은 자주 함께 언급되면서도 논쟁을 불러일으키는 두 개념이다. 2005년 국가통계국에서는 '중간소득층'을 가구당 연평균 소득이 6만~50만 위안 사이인 '중간소득층 가구'로 정의하였고 중간소득층 가구가 전국에서 차지하는 비율을 5.4%로 추정하였다[2]. 리페이린과 주디(李培林·朱迪, 2015)는 중간소득자를 소득수준이 중간 정도이며, 생활의 수준이 비교적 여유가 있는 집단으로 규정하였다. 그들은 소득분위지표를 사용하여 중간소득자를 정의하였는데 소득 상한선을 도시 주민 소득의 제95(95포함) 분위, 하한선을 제 25 분위로 정하였다. 그리고 중국 사회실태에 대한 종합적인 조사 데이터를 근거로 하여 2013년 중간소득자는 도시 주민의 25%를 차지한다고 추정하였다.

중간소득층이라는 개념은 주로 소득지표로서, 사회의 소득분배와 빈부 격차를 고찰하는 데 사용되고 중산층은 보다 더 심층적인 차원에서 사회구조를 설명하는 데 사용된다. 따라서 대부분의 사회학자들은 노동시장에서의 위치를 나타내는 직업 지표를 사용하거나(陸學藝, 2002; 劉欣, 2007; 李友梅, 2005), 직업을 기준으로 삼아 교육과 소

---

2) sohu뉴스센터: http://news.sohu.com/20050119/n224006776.shtml.

득을 통합적으로 측정하는 방식을 사용하였다(周曉虹, 2005; 呂大樂·王志鋒, 2003; 李培林·張翼, 2008).

이에 본 연구는 전환기 중국을 논함에 있어, 직업을 바탕으로 한 중간소득층을 종합적으로 측정하는 지표를 구축하는 것이 타당하다고 판단하였다. 따라서 본 연구에서는 중간소득층을 '화이트칼라' 가운데 일정한 전문 기술이나 관리 권한을 가지고 있으며, 소득이 비교적 높은 집단으로 정하며 '화이트칼라'를 정신노동자 및 반#육체노동자로 정의 내린다. 전국 인구조사에서 사용된 직업 분류표에 따르면 화이트칼라는 국가 기관과 당·민중 조직 및 기업·사업단위의 관리자, 전문기술직, 사무직 및 관련 업무 종사자, 상업·서비스업 종사자 등을 포함하는 개념이다. '6보六普' 데이터에 따르면, 2010년 상하이 취업인구 가운데 화이트칼라가 차지하는 비율은 62%인데, 이는 2000년 '5보五普'에 비해 12% 증가하였다(〈그림 1〉 참조). 2000~2010년 기간 동안, 취업인구에서 네 종류의 화이트칼라가 차지하는 비율이 모두 증가하

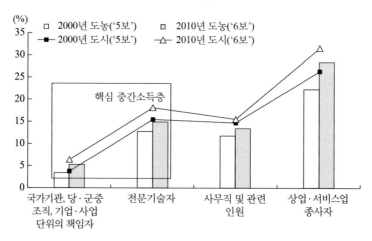

〈그림 1〉 상하이 취업인구 중 화이트칼라와 핵심 중간소득층의 비율

게 되었는데, 그중에서 상업·서비스업 종사자의 비율이 가장 두드러지게 증가(22%에서 29%로 상승)하였다. 상하이 화이트칼라 계층의 확대는 주민들의 교육 수준 상승, 상업·서비스업을 중심으로 한 제3차 산업의 발전 및 산업구조 전반에서 일어난 변화를 반영하고 있다.

화이트칼라 가운데 국가기관, 당·민중 조직, 기업·사업단위의 책임자와 전문 기술자는 소위 관리 엘리트와 전문 엘리트로 일컬어지며, 두 '엘리트' 집단은 '핵심 중간소득층'에 속한다. '6보'의 데이터에 의하면 상하이의 핵심 중간소득층은 전체 취업인구에서 20%를 차지하지만, 2000년의 '5보' 때는 그 비율이 16%밖에 되지 않았다. 상하이시 시할구市轄區3)에는 기업·사업단위가 집중되어 있고 상업·서비스업은 더욱 발달되어 있기 때문에 화이트칼라도 더 많이 집중되어 있다. 2000년 상하이 시할구의 화이트칼라가 전체 취업인구에서 60%를 차지하였고 2010년에는 71%로 증가하였다. 핵심 중간소득층은 2000년에 19%에서 24%로 증가하였다. 시할구의 화이트칼라 중에서 상업·서비스업 종사자의 비율도 두드러진 증가세를 보였는데 대체로 2000년의 26%에서 2010년의 32%로 증가하였다.

그러나 상하이의 화이트칼라 및 핵심 중간소득층의 규모는 베이징보다 다소 작았다. 2010년 '6보' 데이터에 의하면, 상하이의 화이트칼라가 전체 취업인구에서 차지하는 비율은 62%인데 비해, 베이징의 비율은 73%였다. 상하이의 핵심 중간소득층은 취업인구의 20%를 차

---

3) 역주: 시할구는 중국 행정구획 중의 하나이다. 일반적으로 현縣급 행정구에 속하며 경제적으로 발전한 대도시에 시할구를 지정한다. 현재 중국의 행정구획은 일반적으로 성급省級, 지급地級, 현급縣級 세 가지로 분류한다. 성급은 성, 자치구, 직할시, 특별행정구를 포함하는 등급이고 지급에는 시, 자치주 등이 포함되며 현급에는 현, 자치현自治縣, 자치기自治旗 등이 포함된다.

지하고 베이징은 24%를 차지한다. 그리고 시할구에서 상하이의 화이트칼라가 전체 취업인구에서 차지하는 비율은 71%이고 베이징은 82%이며, 상하이의 핵심 중간소득층은 취업인구의 24%를 차지하고 베이징에서는 27%를 차지한다.

〈그림 2〉는 구체적인 차이를 제시한다. 세 종류의 화이트칼라 직종에 종사하는 인구 비율이 모두 베이징에서는 높게 나왔다. 상하이의 경우 도시 지역의 국가기관, 당·군중 조직, 기업·사업단위 책임자의 인구 비율은 비교적 높게 확인되지만 이들 관리 엘리트가 전체 취업인구에서 차지하는 비율은 현저히 낮았다. 상하이와 베이징 두 도시의 화이트칼라에서 보여지는 차이는 주로 전문기술자의 차이에서 발생한다. 이들 전문 엘리트는 인구 규모, 교육 수준 및 생활방식과 문화 선도 측면에서 모두 중간소득층의 핵심 집단으로 자리매김하였으며, 소비 확대와 혁신 구동 및 경제 전환과 업그레이드 등의 측면에서 중요한 의미를 지닌다.

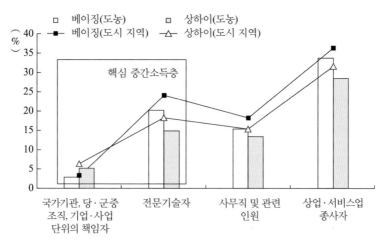

〈그림 2〉 상하이·베이징의 취업인구 중 화이트칼라와 핵심 중간소득층의 비율(2010)

상하이와 베이징 두 도시의 화이트칼라 및 중간소득층의 규모에서 나타나는 차이는 인구 구조, 교육 수준 및 제3차 산업의 발전과 직접적인 관련이 있다. 우선, 베이징의 경우 취업인구의 도시화 비율이 비교적 높고, 도시 취업인구가 전체 취업인구에서 차지하는 비율이 78%인 반면, 상하이에서의 비율은 74%이며, 도시 취업인구에서 화이트칼라의 비율이 더 높게 나타난다. 둘째로 베이징의 인구 구조는 상하이보다 상대적으로 젊다. 베이징에서 15~59세의 인구 비율은 79%이고 상하이는 76%로, 이 연령층 가운데 중간소득층이 더 많이 분포되어 있다. 또한, 베이징 두농 인구 가운데 교육 수준이 전문대학 이상(전문대학, 대학교 및 대학원)이 39%에 달했지만, 상하이에서는 28%에 머무른다. 그 이유는 고등교육 자원이 베이징에 더 많이 집중된 점과 밀접한 관련이 있다. 마지막으로, 베이징이 제3차 산업의 발전 정도가 더 높다. 2014년 베이징에서 제3차 산업이 GDP에서 차지하는 비율이 77.9%였는데 상하이에서의 비율은 64.8%로 집계되었다. 제3차 산업에는 상대적으로 더 많은 화이트칼라 인구와 중간소득층이 밀집되어 있다.

2013년 상하이 · 란저우蘭州 · 광저우 · 정저우鄭州 · 창춘長春 · 쿤밍昆明 등 6개 도시의 시할구에 대한 조사 결과에 따르면, 6개 도시 시할구에서 도시 가구 1인당 연소득은 27,458위안으로 집계된다. 이 소득을 기준으로 일반 화이트칼라의 중간소득층 여부를 판별한다면, 6개 도시에서 중간소득층은 전체 인구의 32%를 차지하고, 상하이의 중간소득층은 도시 인구의 47%를 차지하게 된다. 취업인구만을 고려한다면, 6개 도시의 중간소득층은 전체 인구에서 37%를 차지하고, 상하이의 경우 전체 인구에서 55%를 차지하게 된다. 조사에 의하면, 상하이 도시 가구 1인당 연소득은 34,400위안이다. 부부와 미성년 자녀로 구성된 핵가족일 경우, 가구의 연소득은 10만 위안 이상이어야 하며 부부 중 적어도 한 명은 화이트칼라일 경우에만 중간소득층에 속할 수 있다. 가구당 연평균 34,400위안의 소득을 일반 화이트칼라 중간소득층의 소득기준으로 삼는다면, 상하이 주민 중 42%가 중간소득층에 속하게 되고, 취업인구 중의 49%가 중간소득층으로 분류될 것이다. 이와 같은 결과는 기타 연구 결과와도 일치한다.

상하이 고소득층과 저소득층의 비율이 상대적으로 낮다. 따라서 가구 1인당 연평균 소득기준을 34,400위안으로 책정하고, 일률적으로 소득이 기준보다 높은 사람들을 중간소득층에 편입시키고, 낮은 사람들을 중저소득층으로 분류한다면, 중간소득층 가구의 1인당 연평균 소득은 중저소득층 가구의 두 배 이상인 각각 51,709위안과 22,119위안이 될 것이다. 또한 위의 데이터를 통해 중간소득층의 교육 수준이 중저소득층에 비해 더 높은 것을 확인할 수 있다. 중간소득층 가운데에는 전문대학 이상의 학력자가 64%를 차지하는 반면, 중저소득층의 경우 이 비율이 16%에 불과함을 알 수 있다. 중간소득층의 최근 혹은 현재 종사 직업은 일반 전문기술자(40%), 기업·사업단위 중·고위 간부 및 관리자(17%), 중·고급 전문기술자(15%)에 집중되어 있고, 이와 같은 직종들은 관리 엘리트 또는 전문 엘리트에 속한다. 그러나 중저소득층의 최근 혹은 현재 종사 직업은 일반 노동자(36%), 상업·서비스업 인력(24%)에 집중되어 있고, 이 가운데 상업·서비스업 종사자의 최종학력은 중학교와 일반 고등학교·직업고등학교·중등전문학교·기술학교에 집중되어 전체에서 75%를 차지한다. 최종 학력이 전문대학과 대졸인 비율은 13%였다. 이와 같은 직업 분포는 상하이의 중간소득층에 상업·서비스업 인력이 부족하다는 것을 반영한다. 이 집단은 교육 수준이 제한되어 있기 때문에,

직업과 소득 모두 불안정하여, 중간소득층 대열에 진입하기 어렵다. 그러나 근무 환경, 직업 문화 등의 영향으로 그들은 일정한 신분 상승의 동기와 기회를 가진다. 상하이는 이 집단이 중간소득층에 진입할 수 있도록 그들에게 교육을 계속 받을 기회와 근무기회를 제공해주고, 그들의 직업 안정성을 향상시켜야 한다.

2. 산업구조 조정에서의 중간소득층의 기여

중간소득층은 대체로 높은 교육 수준을 가지고 있으므로 상대적으로 높은 기술력이 요구되는 전문직이나 신흥 산업에 종사한다. 이러한 직업과 직종의 특성은 그들을 대체 불가능하게 만들며 그들의 직업적 안정성을 향상시켰다. 동시에 비교적 전문적인 기술력이 요구되는 직종과 신흥 산업은 또한 산업구조의 조정과 경제 발전의 촉진에 큰 기여를 하였다.

제1차 산업과 제2차 산업에 비해, 서비스업 위주의 제3차 산업에는 더 많은 중간소득층이 집중되어 있다. 2012년 상하이 제3차 산업의 생산 증가액이 전체 GDP에서 차지하는 비중은 처음으로 60%를 초과하였는데, 이는 상하이가 서비스 경제 중심의 발전 단계로 진입하였음을 의미한다. 2014년, 제3차 산업 생산 증가액이 상하이시 전체 총생산에서 차지하는 비중은 64.8%에 달했다[4]. 본 보고서에서는 세 가지 전형적인 산업인 문화창의산업[5], 금융업 및 정보산업을 중심으

---

4) 상하이시 통계국, http://www.stats-sh.gov.cn/xwdt/201501/276502.html.
5) 역주: 문화창의산업Cultural and Creative Industries(CCI로 약칭)은 창의력을 주된 경쟁력으로 하는 신흥 산업이며, 주로 문화 제품과 서비스를 제공하는

로 경제 발전에 대한 중간소득층의 기여도를 살펴보기로 한다. 이 세 가지 산업은 현대 서비스업에 속하며, 자주적인 혁신으로 추진할 수 있는 산업이다. 따라서 상기의 산업에 많은 중간소득층이 모여 있으며, 동시에 상하이의 경제 성장에도 크게 기여하게 된다. 데이터에 따르면 2013년 문화창의산업, 금융업과 정보서비스 산업의 생산 증가액이 상하이시 전체 GDP에서 차지하는 비율은 각각 11.83%, 13.1%, 6.4%였다.[6]

문화창의산업의 발전 과정을 살펴보았을 때, 상하이는 전국에서 선두적인 위치를 차지한다. 상하이는 비교적 일찍 문화창의산업 단지를 조성하였으며 자주적 창업 기업과 신흥 산업을 육성해 왔다. 이는 산업구조를 최적화하고 산업 통합을 촉진하는 데 중요한 역할을 발휘하였다. 「상하이시 문화창의산업 분류 목록上海市文化創意産業分類目錄」에 따르면, 2012년 상하이의 문화창의산업 중 소프트웨어와 컴퓨터 서비스업, 건축 디자인업, 컨설팅 서비스업의 경제 규모가 비교적 큰 가운데, 이러한 산업이 문화창의산업 생산 증가액에서 차지하는 비율은 각각 17.4%, 13.3%, 11.3%(총 42%)에 이르렀다.[7]

문화 콘텐츠 산업, 무형문화재 개발, 애니메이션, 광고 미디어 및 디자인업 등의 업종들을 포함한다. 일부 대도시에서는 문화창의산업단지를 조성하여 인재를 영입하고 지역 문화와 경제 발전을 도모하기도 한다.

6) 동방망東方網, 상하이 금융업연합회上海金融業聯合會, http://finance.eastday.com/m/20141216/ula8492442.html, http://sh.eastday.com/m/20140910/ula8331777.html, http://www.shfa.org.cn.

7) 중국 상하이망上海網, http://www.shanghai.gov.cn/shanghai/node2314/node2319/nodel2344/u26ai36199.html.

<표 1> 2012년 상하이 문화창의산업별 총생산, 생산 증가액과 성장 현황

업종	총생산 (억 위안)	증가액 (억 위안)	전년 대비 증가액(%)
합계	7,695.36	2,269.76	10.8
문화창의산업	6,803.14	1,973.07	11
1. 미디어 산업	433.39	143.82	-4.7
2. 예술 산업	201.05	67.25	15.4
3. 공업 디자인업	527.29	196.54	15.3
4. 건축 디자인업	1,235.63	301.93	11.8
5. 패션 창의산업	768.46	143.52	4.4
6. 인터넷 정보산업	216.33	96.46	5.8
7. 소프트웨어 및 컴퓨터 서비스업	1,138.65	395.33	10.4
8. 컨설팅 서비스업	789.4	256.97	19.7
9. 광고 및 전시컨벤센 서비스업	887.09	214.67	16
10. 레저 오락 서비스업	605.84	156.58	10.6
문화창의 관련 산업	892.23	296.69	9.4
11. 문화창의 관련 산업	892.23	296.69	9.4

　전반적으로 문화창의산업은 전도유망하며 산업 증가액의 상승폭도 동기 GDP 상승폭보다 높으며 상하이 국민 경제에서 차지하는 비중도 늘어나고 있어 경제 성장, 산업구조 조정 및 전환에 대한 기여도가 커졌다. 2012년의 총 산출액은 7,695.36억 위안으로 전년 대비 11.3% 증대되었고 증가액은 2,269.76 억 위안을 기록하였다. 이를 불변가격으로 환산하면 전년 대비 10.8% 상승하여 상하이시 전체 GDP 상승폭보다 3.3% 포인트 높았고, 상하이시 전체 GDP에서 차지하는 비중은 11.29%로 전년 대비 0.42% 포인트 증대되었으며 상하이 경제 성장에 대한 기여도는 20.2%에 달하였다[8]. 2013년, 총 산출액은

8,386.21억 위안으로 전년 대비 8.7% 성장하였고 증가액은 2,555.39억 위안으로 8.3%의 증가폭을 기록하였다. 성장 속도는 상하이 전체 GDP보다 0.6%포인트 빠르고 상하이 전체 GDP에서 차지하는 비중은 11.83%로 경제 성장에 대한 기여도는 14.4%에 달했다. 문화창의의 10대 산업 가운데 6대 산업은 성장 속도가 두 자릿수를 유지해 왔는데, 이에 해당하는 산업은 인터넷 정보산업, 소프트웨어 및 컴퓨터 보조 디자인업, 컨설팅 서비스업, 건축 디자인업, 공업 디자인업과 예술 산업이다.9)

대다수의 문화창의산업에 종사하는 사람은 우수한 교육 배경을 가지고 있으며, 일부는 상당한 수준의 전문 기술력을 가지고 있다. 상하이시 정부 인민위원회 홍보부 인재 사무실은 2014년에 '하이퍄오海漂'10)인재 리서치를 진행하였다. '하이퍄오'는 상하이의 호적을 가지고 있지 않으나 상하이에서 생활하고 근무하는 사람들을 지칭한다. 상하이시 24개의 문화산업단지에서 획득한 5,000여 개의 표본을 바탕으로 산출된 결과에 따르면, 문화창의산업에 종사하는 '하이퍄오' 가운데 남성은 여성의 1.7배이며, 30세 이하는 71%를 차지하고 40세 이하는 무려 96%를 차지하고 있다. 이들 '하이퍄오' 중 절대다수는 고등교육을 받았고, 대졸 이상 학력자의 비율은 76%를 차지하고 있다. 전문대학 학력도 고등교육 범주로 구획한다면 '하이퍄오' 가운

---

8) 중국상하이망, http://www.shanghai.gov.cn/shanghai/node2314/node2319/nodel 2344/u26ai36199.html.

9) 동방망, http://finance.eastday.com/m/20141216/ula8492442.html.

10) 역주: 상하이에 거주하나, 상하이의 호적 혹은 안정된 직업이 없는 젊은 세대를 의미하는 합성어이다. 하이海는 상하이上海를 의미하며, 퍄오漂는 안정되지 않고 떠돌아다닌다는 의미의 단어 표박漂泊에서 따온 것이다.

데 고등교육을 받은 비율은 93%에 이르게 된다. '하이퍄오' 중에서
중·고급 직함 소유자의 비율은 30%를 차지한다. 고등교육을 이수하
였거나 전문 기술을 획득한 집단은 근무 경력의 누적에 따라 많은
소득과 근무 기회를 제공받게 된다. 이들은 중간소득층을 확대시키
는 중요한 인적자원이며, 경제 구조의 전환에 크게 이바지하였다.

금융, 물류, 정보기술 서비스 등을 비롯한 현대 서비스업은 상하이
에서 급속도로 성장하였다. 2014년 금융업의 생산 증가액은 3,268.43
억 위안으로 14% 증가하였고[11] GDP 기여도는 13.1%였다[12]. 2013년
정보산업의 증가액은 2,216.09억 위안으로 전년 대비 10.8% 증가하였
다. 그중에서 정보 서비스업의 생산 증가액은 1,387.88억 위안으로
15.1% 증대하였다[13]. 2013년말까지 정보산업의 총 규모는 1.09만 억
위안에 이르렀다. 그중 소프트웨어와 정보서비스업의 소득은 4,317억
위안에 이르렀고 생산 증가액은 도시 전체 GDP에서 6.4%를 차지하
였다. '12·5계획'기간에 금융업과 정보 서비스업 부문에서는 활발한
발전이 이루어졌고 상하이 산업구조의 최적화를 촉진시켰다.

상하이 금융업연합회와 롤란트 베르거 전략 건설턴트사Roland
Berger Strategy Consultants가 공동 발표한 「2013년 상하이 금융 경기 지
수 보고」에 의하면, 금융업 종사자의 연평균 소득은 17.2만 위안이고
고학력자의 비율은 60%에 가까운 것으로 조사되었다.[14] 이는 금융업
과 정보 서비스업에 화이트칼라와 중간소득층이 집중적으로 포진되

---

11) 상하이시 통계국上海市統計局, http://www.stats-sh.gov.cn/xwdt/201501/276502.html.
12) 「2013년 상하이 금융 경기 지수 보고2013上海金融景氣指數報告」, http://www.shfa.
org.cn.
13) 상하이시 통계국, http://www.stats-sh.gov.cn/sjfh/201402/267416.html.
14) 「2013년 상하이 금융 경기 지수 보고」, http://www.shfa.org.cn/.

어 있으며 그들은 지혜와 지식을 통해 상하이 산업구조의 업그레이드, 혁신 구동을 추진하는 데 이바지하고 있음을 보여주고 있다.

3. 소비 활성화에 대한 중간소득층의 기여도

수요가 비교적 포화 상태인 고소득층과 비교해 볼 때, 중간소득층의 소비는 탄력적인데, 이는 실수요와 더 높은 차원으로의 발전 및 향유에 대한 요구에서 비롯된다. 저소득층과 비교하였을 때, 중간소득층의 구매력은 더 높고, 소비 욕구도 더 강하게 나타난다. 이 같은 의미에서 보면, 중간소득층은 소비를 활성화하는 데 중요한 역할을 담당한다고 평가할 수 있다. 기존 데이터를 근거로 하여 본 연구는 주택, 자동차, 교육, 문화·레저 및 녹색소비 등의 분야에서 상하이 중간소득층이 소비 활성화에 미치는 역할과 이들의 소비 잠재력을 분석해 보기로 한다.

자신의 경제 상황에 대한 상하이 도시 중간소득층의 평가는 전반적으로 우수한 것으로 나왔다. 65%의 중간소득층 가구는 지난 1년간 "저축할 수 있는 여윳돈이 있다."라고 대답했다. 2014년, 상하이시 중간소득층 가구의 연간 지출은 114,917위안으로 전체 가구의 평균 지출인 79,266위안보다 훨씬 높았다.

그리고 상하이의 주택 시장은 비교적 발달하였다. '6보' 조사에 따르면, 상하이 도시 지역에서 분양 주택과 기존 주택을 구매하는 비율은 모두 베이징 도시 지역의 비율보다 높게 나타났다. 분양 주택 구매 비율은 29%, 기존 주택 구매 비율은 7%로 나타났는데 사회복지와 소속기관의 도움을 받아 주택을 분양 받은 비율은 비교적 낮았다.

예를 들면, 정부에서 제공한 경제형 주택을 구매하는 사례는 거의 없었고, 공공소유 주택이었던 공공주택15)을 구매하는 비율은 18%로, 베이징의 비율인 22%보다 낮게 나타났다. 비교적 발달된 주택 분양 시장은 시장 경쟁의 활성화에 유리하다. 집값이 합리적인 범위로 돌아온다면, 더 많은 소비자들은 시장에 진입하게 될 것이다. 즉 중간소득층의 주거 환경을 개선하고 중저소득층의 실수요를 만족시킴으로써 주택 구매 욕구를 자극하게 될 것이며, 부동산 시장이 활성화될 것이다. 조사에 따르면, 상하이 도시 가구 중의 57%는 분양 주택을 구매하거나 정부에서 제공한 경제형 주택을 구매하는 방식으로 집을 장만하였고, 31%는 공공주택, 개인 주택을 임대하거나 타인 주택에 세를 들었고, 11%는 복지나 '체제 내'에서 근무를 통해 개인 소유 주택(철거 이주, 소속기관 분배, 소속기관에서 자금을 모아 건설한 주택 등 포함)을 취득하거나 소속기관 숙소16)에 거주한다. 중간소득층 가구가 자가주택을 취득할 때 시장화 요인이 크게 작용했다. 중간소득층 가

---

15) 역주: 공공주택, 즉 공방公房은 공공소유의 주택을 의미한다. 중국은 계획 경제 시대에 국가에서 주택을 분배하였다. 이때 개인은 정부 기관이나 직장에서 제공하는 주택에 대해 소유권이 없고, 거주만이 가능했다. 개혁개방 후, 특히 시장 경제로 전환하는 과정에서 정부 기관, 기업·사업단위는 개인에게 주택의 소유권을 판매하게 된다. 주택 소유권의 판매는 복지 정책의 일환으로 기획되었으므로, 건설 원가 혹은 시장 가격보다 낮은 가격에 판매되었다. 시장 가격보다 낮은 가격에서 거래되었으므로, 이와 같은 주택이 다시 부동산 시장에 진입할 때에는 기타의 분양 주택에 비해 정책적인 제한을 받는다.

16) 역주: 계획 경제 체제 하에 각 기관, 기업·사업단위는 숙소를 지어 소속 인원에게 분배하였다. 단일 단위가 숙소 단지를 짓는 경우도 있고 여러 단위가 함께 숙소를 짓는 경우도 있다. 일반적으로 숙소는 단위 근처에 짓게 되고 이를 중심으로 단일 혹은 혼합 단위의 커뮤니티가 형성된다. 주택 시장화 개혁 후에는 개인이 구매하는 방식으로 소유권을 얻게 되었다.

구에서 분양 주택을 구매한 비율은 65%에 달했고, 복지나 '체제 내'의 요인으로 자가주택을 취득한 비율은 7%에 불과했다. 이 밖에 사택 임대 비율은 20%로 비교적 높았다. 2015년 상하이의 조사 데이터에 따르면 자가주택을 구매하는 중간소득층 가구 중 절대다수(97%)는 정부에서 제공하는 경제형 주택을 구매하지 않고 시장 경로를 통해 집을 장만하였다.

중간소득층 가구가 소유한 자가주택(분양 주택, 경제형 주택)의 평균 건축면적은 85m²이고, 평균 전용면적은 39m²이며, 절반 정도 가구의 평균 건축면적은 80m²이하, 혹은 전용면적은 69m²이하였다. 미성년 자녀 한 명을 둔 핵가족에게, 건축면적이 80m²의 집은 여유롭지 않고 기본적인 요구만 충족시킬 것이며, 아이를 돌봐 줄 노인이 함께 거주하면, 거주 공간이 충분하지 못하여 삶의 질을 높일 수 없다. 또한 중간소득층 중의 32%는 주거면적이 매우 좁다고 생각하고, 17%는 건축물의 상태에 문제가 있다고 인지하며, 22%는 주거 환경이 매우 불만족스럽거나 비교적 불만족스럽다고 응답하였다. 중간소득층 가구는 일정 정도의 계약금을 지불할 능력을 갖추고 있으며, 평균 30만 위안의 가계자산(저축, 주식, 예술 소장품, 유가증권, 지분, 기업, 점포 등)을 소유한다. 중간소득층 가구 중 10%는 가계 자산이 70만 위안 이상에 달한다. 이에 따라 자신의 주거 환경에 만족하지 않으며 일정한 경제력을 갖춘 중간소득층 가구는 실수요 또는 개량 수요를 갖고 있다. 그러나 소득 증가 속도와 사회복지 및 부대시설의 공급이 이러한 수요를 따르지 못하고 있으므로 주민들은 선뜻 주택 투자나 소비 계획을 결정하지 못하게 된다. 이는 중간소득층 가구가 주거 환경 개선을 주저하는 중요한 원인이기도 하다.

상하이에서 자가용 승용차 보유 가정의 비율은 31%이고, 자가용의 평균 구입 가격은 21만 위안이었다. 중간소득층 가구의 자가용 승용차 보유 비율은 50%이며, 2대의 차량을 보유하는 비율도 비교적 높게 나타나고, 평균 구입 가격은 22만 위안이었다. 흥미로운 것은 중저소득층 가구의 차량 구매 가격도 20만 위안으로, 차량 구매 가격에서는 계층 간 차이가 뚜렷하지 않다는 점이다. 이는 상하이의 도시 주민이 비교적 부유한 것과, 번호판 경매와 같은 제도적 요인과 연관지어 설명될 수 있다. 2015년 1월까지 번호판의 평균 경매 가격은 74,216위안[17]이었다. 이러한 가격 구조는 자동차 구입 욕구가 강한 소비자를 선별해 냈으며 그들이 자동차의 레벨과 가격대에 대한 일정한 요구가 생겨나도록 하였다.

중간소득층 가구와 중저소득층 가구 모두 자녀 교육과 생활 비용을 중시한다. 이러한 지출이 가구 총지출에서 차지하는 비율은 모두 22%이다. 그러나 중간소득층 가구의 자녀 교육 비용은 평균 25,389위안으로 중저소득층 가구의 15,680위안보다 높았다. 조사에 따르면, 중간소득층 가구는 문화생활과 과학교육에 더 높은 관심을 보였다. 예를 들면, 중간소득층 가구의 자녀는 평균 65권의 책을 보유하고 있는데, 이는 중저소득층 가구의 평균 42권보다 높았다. 중간소득층 가구 자녀가 14세 이전에 가끔 혹은 자주 문화생활에 참여하는 비율은 83%로 중저소득층 가구 자녀의 비율인 76%보다 높게 집계되었다[18]. 중간소득층 가구의 자녀가 14세 이전에 가끔 혹은 자주 여행을 하는 비율은 70%로 이는 또한 중저소득층 가구 자녀의 64%보다 높다. 계

---

17) 동방망, http://sh.eastday.com/m/20150131/ulai8562563.html.

18) 문화예술 생활에는 직접 구연 동화·뮤지컬·인형극·신화 연극 관람, 전통 희곡(경극 등) 관람, 예술 전시회·박물관 참관, 각종 예술 행사(음악, 무용, 그림, 서예 등) 참여 등이 포함된다.

층 간의 차이는 과학교육 측면에서도 뚜렷이 드러난다. 중간소득층 가구의 자녀가 14세 이전에 가끔 혹은 자주 각종 과학교육(이를테면 항공 모형, 선박 모형, 천문, 기상 등)에 참여하는 비율은 41%였지만 중저소득층 가구의 경우는 23%밖에 안 되었다. 중간소득층 가구의 자녀들이 학원에 다니거나 과외를 받는 비율은 45%였지만, 중저소득층 가구는 38%였다. 이를 통해 중간소득층 부모는 자녀의 교육에서 부터 방과후 취미 활동에까지 많은 투자를 하고 있으며, 교육과 생활 방면의 지출이 더 높다는 것을 확인할 수 있다. 이는 중간소득층이 교육 방면의 투자에 대해 소비 잠재력을 가지고 있다는 것을 보여준다.

문화·레저 소비 분야에서도 중간소득층은 새로운 생활방식의 선도자 역할을 한다. 문화창의단지는 문화 창의력의 향상과 산업 업그레이드에 중요한 의미를 가지며, 동시에 도시 관광·레저의 새로운 랜드 마크가 되기도 한다. 현재 상하이는 브릿지 8(8號橋), M50 예술촌, 1933라오창팡老場坊, 라오마터우老碼头[19] 등 수십 개의 문화창의 단지가 조성되어 있다. 상하이시 통계국 민원조사센터의 조사에 따르면[20] 고학력 집단은 문화창의단지에 깊은 흥미를 보이며 적극적인

19) 역주: 브릿지 8, M50 예술촌, 1933라오창팡, 라오마터우는 모두 새롭게 조성된 상하이의 복합 문화공간이다. 브릿지8은 2003년에 형성된 문화단지로, 1970년대에 지어진 자동차 공장을 새롭게 탈바꿈한 공간이다. 이를 계기로 옛 공장이나 창고를 리모델링하여 새롭게 운영하는 방식이 도입된다. M50 예술촌은 1930년대의 방직공장을 리모델링한 예술촌이다. 이곳은 화가들의 작업실, 화랑, 갤러리가 밀집한 예술 감상의 공간으로 변모하게 되었다. 1933라오창방은 1933년에 지어진 동아시아 최대 규모의 도축장을 새롭게 탈바꿈한 예술 공간이다. 이 공간은 문화, 예술, 디자인 등의 다양한 경험을 할 수 있는 공간과 레스토랑이 즐비하게 들어서 새로운 관광 명소로 부상하고 있다. 라오마터우는 옛 황푸강의 선착장에 음식점, 바, 상점 등이 밀집된 번화한 공간으로 새롭게 탈바꿈하였다.

참여율을 보인다. 우선, 고학력자가 문화창의단지에 대한 인지율은 저학력자보다 높았다. 고학력자의 인지율은 45.4%에 달했는데 이는 저학력자보다 18.7% 포인트 높은 수치이다. 그리고 고학력자 창의단지의 참관과 방문 빈도수도 저학력자보다 높게 나타났다. 과거 1년간 문화창의단지를 방문한 적이 있다고 응답한 고학력자의 비율은 26.7%로 저학력자보다 7.5% 포인트 높았다. 국가통계국 상하이 조사 프로젝트 연구팀이 2014년 10~11월에 '상하이 공포上海發布', '중국 상하이中國上海'와 '상하이통계上海統計' 등 웹사이트를 통해 실시한 상하이 근로자의 유급 휴가와 여행 상황에 관한 설문조사에 따르면[21] 중고소득층과 외자 합자 기업 근무자들의 여행 욕구가 가장 높은 것으로 밝혀졌다. 월소득 8,001위안 이상 근로자 가운데 최근 3년 동안 여행을 다녀온 비율은 88%이고, 3,000위안 이하에서는 61%였다. 외자 기업의 근로자 중 84.1%는 최근 3년 동안 자비 여행 경험이 있고, 국유기업 근로자의 경우 상기 비율은 82.4%이며, 사업단위 종사자의 경우 77.2%로 나타났다. 사영기업과 정부 기관 종사자의 경우 이 비율은 모두 70%였다.

2015년의 조사에 따르면, 근로, 학업, 도로 교통, 가사, 가정 생활 및 수면 시간을 제외하면 중간소득층의 주중 여가 시간은 3시간이고, 주말과 휴일의 여가 시간은 조금 늘어나 평균 5시간을 기록한다. 그들의 여가 시간은 상당히 제한적이지만 여전히 문화·여가·소비에 대해 비교적 높은 열정을 보이고 있다. 그들은 매년 평균 2번 자비 국내 여행을 가고, 2년에 한 번 해외여행을 간다. 이 밖에 중간소득층

---

20) 상하이시 통계국, http://www.stats-sh.gov.cn/fxbg/201202/245563.html.

21) 상하이시 통계국, http://www.stats-sh.gov.cn/xwdt/201412/275484.html.

의 독서량은 월평균 13권이지만, 중저소득층의 경우 5권이다. 독서 취향을 살펴보면, 중간소득층은 비교적 사상성이 있고 일정한 깊이가 있는 서적을 선호한다. 그중 인문사회와 예술 서적을 선호하는 비율은 가장 높은 32%이며 중저소득층보다 현저히 높은 비율을 보이고 있다. 그리고 중간소득층이 직접 음악회와 공연에 가고자 하는 비율은 중저소득층보다 기본적으로 높게 나타났다. 이는 중간소득층이 문화 생활에 관심이 많다는 것을 반영하고 있다. 중간소득층은 클래식 음악과 대중 음악의 공연장에 직접 가기를 좋아하며, 각각의 선호 비율은 23%와 15%이며 중저소득층보다 현저히 높았다. 업무 스트레스와 비교적 빠른 생활 리듬 때문에 운동하는 비율은 보편적으로 높지 않았다. 운동을 아예 하지 않거나 매주 1~2번만 하는 중간소득층과 중저소득층의 비율은 각각 35%와 43%였다.

옷차림에 있어서 중저소득층에 비해 중간소득층은 신분에 걸맞은 브랜드를 더 많이 선택한다. 중간소득층의 29%는 '신분에 맞는' 옷 스타일을 강조하고, 13%는 '선호하는 브랜드가 있음'을 강조하며, 71%는 '편안함'을 추구하지만 가격, 실용성 등의 기타 요소를 그다지 고려하지 않는다. 중저소득층에서는 '편안함'(62%), '튼튼하고 실용적임'(40%), '저렴하고 가성비가 좋음'(32%)과 '무엇을 입어도 상관없음'(12%)이 더욱 강조되었다.

패션 스타일에서의 차이는 이미 중간소득층의 정체성과 특유의 문화를 형성해 주는 중요한 매개체가 되었다. 의복을 예로 들면, 중간소득층이 인지하는 사치품의 가격 기준은 중저소득층보다 훨씬 높다. 옷 한 벌에 2,000위안과 5,000위안 이상이어야 사치품이라고 생각하는 중간소득층은 각각 25%와 30%를 기록하였고, 중저소득층의 경우 이 비율은 각각 12%와 11%였다. 반면 중저소득층 가운데 '사치품'의 기준을 300위안, 500위안과 1,000위안 이상으로 인지하는 비율은 각각 19%, 25%, 28%였다. 실제로 사치품을 구매할 때 중간소득층이 구매하는 '사치품'의 가격은 중저소득층보다 높았다. 2014년 중간소득층 가구에서 구매한 가장 비싼 사치품의 가격은 가구 평균 월소득의 61%가량이었지만, 중저소득층 가구의 경우 이 비율이 32%가량이었다. 이를 통해 중간소득층이 가구소득에서 높은 비율을 사치품 구매에 할애한다는 것을 확인할 수 있다. 이와 같은 강렬한 소비 욕구는 풍부한 경제적 자원 및 삶에 대한 낙관적인 인식과 관련이 높은 것으로 추측된다.

녹색소비는 환경의 지속가능한 발전에 도움이 되며, 소비 욕구를 확대시키고 경제 발전에도 지속적인 동력을 제공한다. 데이터 분석을 통해, 상하이 중간소득층이 녹색소비에 매우 적극적이라는 것을 확인할 수 있다. 〈그림 3〉에서 볼 수 있듯이, 50%가 넘는 중간소득층은 자주 대형 마트에서 식재료를 구매하고 친환경 식품을 먹으며 유

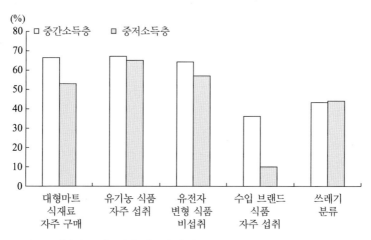

〈그림 3〉 상하이 주민들의 녹색소비 습관

전자 변형 식품을 먹지 않는다. 또한 36%의 상당히 높은 비율의 중간소득층이 해외 수입 브랜드 식품을 자주 구매한다. 조사 결과에서 보여지듯이, 중간소득층이 식품 소비에 대한 요구가 더 높으며, 이들은 안전하고 질이 좋은 친환경 건강 식품 구입을 위해 더 많은 돈을 쓴다. 이는 중간소득층이 유기농 식품 소비에서 커다란 잠재력을 가지고 있다는 점을 방증한다.

이와 같이 중간소득층은 유기농 식품 소비 측면에서 비교적 강한 욕구를 드러내지만, 다른 지속가능한 상품인 신에너지 자동차에 대해서는 오히려 보수적인 편이었다. 중간소득층 가운데 25%는 향후 2년안에 새 차를 구입할 계획이 있으나, 그중 24%만이 신에너지 자동차 구매를 고려해 보겠다고 응답했다. 조사 결과에 따르면, 신에너지 자동차 보급 정책 중 정부가 강조하고 있는 가격 요인은 중간소득층에게 그다지 중요하지 않았다. 그들이 중시하는 것은 사용과 관련된 요소들이다. 중간소득층이 신에너지 자동차를 구매하지 않는 주된 이유 중 하나는 가스를 넣거나 충전이 불편하다는 것인데, 63%의 중간소득층이 이 문항을 선택하였다. 두 번째 이유는 이와 같은 차에 대해 잘 알지 못한다는 것인데, 이는 응답자의 31%를 차지했다. 세 번째 이유는 성능이 좋지 않다는 것인데 19%가 이러한 우려를 표하였다. 가격 메리트가 없기 때문이라고 대답한 응답자는 16%에 불과하였다. 따라서 신에너지 자동차를 보급시키기 위해서 우선 관련 기초 시설의 구축과 AS의 강화가 이루어져야 하고, 신에너지 자동차의 실용성을 향상시킬 수 있는 기술을 개발하여야 한다. 이를 통해 소비자들의 관심과 구매를 이끌어낼 수 있다.

위의 분석을 통해, 중간소득층이 강한 경제력과 소비 욕구를 지니고 있으며, 풍부하고 다원적인 생활방식을 갖추고 있다는 점과 문화,

오락, 여가를 즐기고, 자녀 교육, 문화적 품위, 여행과 녹색소비에 투자하기 원한다는 점을 확인할 수 있다. 이에 따라 중간소득층은 소비를 활성화하고 내수를 확대하는 데 큰 역할을 수행한다. 그러나 위의 분석 결과는 그들이 경제적, 시간적 스트레스를 받고 있다는 사실을 보여준다. 따라서 문화·여가 소비 부문에서 중간소득층의 적극성을 상승시키려면 공휴일을 합리적으로 설정하거나 적절히 확대해야 한다. 동시에 기업이 중간소득층 중 특히 아이를 양육해야 하는 여성들을 위해 자율 근무제의 확대를 권장해야 한다.

이 밖에 중간소득층 가구의 연평균 주거 관련 지출도 매우 높았다. 주택 구입, 건축, 임대와 대출과 같은 주거 관련 평균 지출은 20,158위안이었다. 조사 표본 가운데 이 같은 지출이 있는 중간소득층 가구의 연평균 주거 관련 지출은 평균 46,633위안으로 상승하였다. 이는 주택을 임대하든 매입하든 상하이 중간소득층 가구의 2011년 주거 관련 지출은 평균 5만 위안 정도로, 가구 총지출의 17%를 차지하였다. 중저소득층 가구의 주거 관련 지출은 비교적 낮은 11,403위안이었지만, 여전히 가계 총지출의 16%를 차지했다. 가령 3인 가구로 구성된 핵가족의 가구 연소득이 15만 위안일 경우 가구소득의 1/3을 주택 임대나 대출금 상환에 사용하고 여기에 일상 생활 지출을 더하게 될 경우, 여가와 문화 소비 부문에서의 가처분소득이 상당히 줄어들 것이다.

조사 결과를 보면, 상하이 도시 가구 중의 46%가 가장 큰 부담을 느끼는 지출은 일상 생활 부문의 지출(의·식·용수·전기·교통)이고, 주택, 자녀 양육 비용과 의료비는 각각 16%, 14%, 14%로 그 뒤를 잇는다. 이는 다음과 같은 상황을 반영한다. 주민들의 소비가 여전히 기본적인 일상 생활을 유지하는 수준에 머물러 있고 주택, 의료, 자녀 교육 부문 등의 지출은 주민들에게 무거운 짐이 된다. 이에 문화, 여행 및 레저 등 가구의 발전과 삶의 질을 향상시킬 수 있는 지출은 줄어들 수밖에 없다. 각각 46%와 47%의 중간소득층 가구와 중저소득층 가구가 일상 생활 비용을 가장 부담을 느끼는 지출로 꼽았다. 그 다음으로 중간소득층 가구 가운데 20%와 14%는 각각 주거와 자녀 양육 비용 관련 부담이 가장 크다고 응답했다. 최근 2~3년 동안 생활이 개선되었는지에 관한 주관적인 느낌으로 볼 때, 중간소득층과 중저소득층의 차이는 두드러지지 않았다. 따라서 소비를 추진하는 중간소득층의 역할을 제대로 발휘하려면 그들의 객관적인 복지를 개선해야 한다. 중간소득층의 우려를 해소하기 위해서 그들의 소득을 증대시키고 사회복지 시스템을 보완해야 한다. 동시에 중간소득층의 주관적인 복지를 이해하고 향상시켜야 한다. 주관적인 복지에는 계층 인식, 귀속감, 생활만족도, 미래에 대한 기대 등이 포함된다. 이를 향상시키고 삶에 대한 자신감을 강화시킴으로써, 중간소득층의 소비 적극성을 확대시키고, 확실하게 민생을 개선하고 보장해야 한다.

4. 중간소득층의 생활만족도와 주관적 정체성

중간소득층의 생활만족도와 주관적 정체성은 이 집단의 주관적 복지를 반영하고, 생산과 소비의 적극성, 그리고 미래 생활에 대한 기대감에 중요한 영향을 미친다. 사회의 핵심 역량인 중간소득층의 주관적 복지와 적극성은 사회경제의 발전에도 중요한 영향력을 행사한다.

따라서 본 연구에서는 4점 척도로 생활만족도를 측정해 보고자 한다. 매우 불만족은 1점, 비교적 불만족은 2점, 비교적 만족은 3점, 매우 만족은 4점, 보통은 0점으로 설정된다. 중간소득층의 전체적인 생활만족도는 1.4점으로 중저소득층과 상당히 유사한 '비교적 불만족' 상태에 놓여 있다. 중간소득층이 '비교적 만족'이라고 응답한 비율은 41%로 상대적으로 높았고 '매우 만족'이라고 응답한 비율은 겨우 1%로 매우 낮았다. 〈그림 4〉는 중간소득층의 생활만족도를 여러 방면에서 보여주고 있다. 가족관계에 대한 만족도는 2.7점으로 '비교적 만족'했고, 사회 생활과 교육 수준에 대한 만족도는 각각 1.9점과 1.8점으로 비교적 높게 나타났다. 그러나 가구소득과 생활수준에 대한 만족도는 각각 1.3점과 1.4점으로 비교적 낮게 나타났다. 이는 중간소득층이 생활에 대해 어느 정도 근심과 불안감을 느끼고 있음을 말해준다.

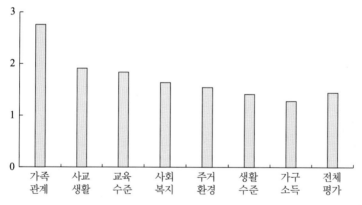

〈그림 4〉 중간소득층의 생활만족도

일반적으로 분배 제도가 안정된 상황에 대다수 국가에서 사회적, 경제적 지위가 '중간층'에 속하는 사람들의 비율은 모두 중간소득층의 비율보다 상당히 높게 나타난다. 이 지표는 사회 분석 과정에서 중요한 의미를 가진다. 보편적으로 사회경제적 지위에 대한 인식이 높으면 사람들은 적극적인 태도를 갖고 사회에 대해 긍정적인 기대를 하게 된다. 반면 사회경제적 지위에 대한 인식이 낮으면 사람들은 사회의 분배 구조와 지위 구조에 대해 불만을 가지거나 변화를 요구하게 된다.

오늘날 중국 각 계층의 주관적 정체성은 어느 정도 그들의 객관적인 경제적 지위를 반영한다고 할 수 있으나 절대적이라고 판단 내릴 수는 없다. 주관적 계층 정체성은 주로 개인과 가정이 처해 있는 사회경제적 지위에 의존할 뿐만 아니라 준거집단과의 비교와 미래에 대한 기대감의 영향을 받기도 한다. 그러므로 주관적 계층 정체성과 객관적인 경제적 지위 간의 차이가 발생하게 된다.

상하이 도시 주민 중 가구의 경제적 지위가 '중간층'에 속한다고 인지하는 비율은 47%이고, '중하층'에 속한다고 인지하는 비율은 35%이며 가구의 사회적 지위가 '중간층'에 속한다고 생각하는 비율은 56%이고, '중하층'에 속한다고 생각하는 비율은 28%로 나타났다. 즉, 중간소득층이 자각하는 스스로의 사회경제적 지위는 중간층과 중하층에 집중되어 있다. 중간소득층 중 가구의 경제적 지위가 중간층에 속한다고 생각하는 비율은 55%이고, 중하층에 속한다고 생각하는 비율은 30%이며, 중상층에 속한다고 생각하는 비율은 6%에 불과했다. 국제 사회 대다수 국가의 국민 중 자신이 중간층에 속한다고 생각하는 비율은 60%이다. 반면 상하이에서는 주민 전체 혹은 비교적 부유한 중간소득층을 막론하고, 스스로의 경제적 지위가 중간층에 속한다고 생각한다는 비율은 모두 60%에 못 미쳤다. 그리고 중간소득층의 자기인식도 '하향'세를 보였다. 이는 도시 주민과 중간소득층이 가구의 경제 상황에 대해 비교적 만족하지 않거나 현 상태를 바꾸고자 하는 기대감을 반영한다. 그러나 중간소득층이 사회적 지위에 대한 자체평가는 비교적 높았다. 가구의 사회적 지위가 중간층에 속한다고 생각하는 비율은 65%이고, 중하층에 속한다고 생각하는 비율은 21%이며 상류층에 속한다고 생각하는 응답자는 없었다.

상하이 중간소득층 중 29%는 자신들의 가구가 중간소득층 가구에 속하고, 24%는 스스로가 중간소득층에 속한다고 생각한다. 중간소득층을 구분하는 기준 중에서 경제적 요인을 비교적 강조한다. 80%의 중간소득층은 소득수준을 선택하고, 66%는 자산 총량(부동산, 토지 등 포함)을 선택하였지만 교육과 직업 등 기타 요인의 중요성은 특별히 거론되지 않았다. 중간소득층 가운데 52%는 교육 수준을 선택하였고 오직 34%만 직종을 선택하였다. 이는 경제적 요인이 사회계층을 측정하는 데 중요한 역할을 하고 교육과 직업 등의 요인은 비교적 간접적인 역할을 한다는 것을 보여준다. 22%의 중간소득층은 개인 연소득이 20 만 위안 이상이어야 '중간소득층'으로 분류될 수 있다고 생각했고 중간소득층 가운데 12%와 15%는 개인 연소득이 각각 30만과 50 만 위안 이상이 되어야 '중간소득층'으로 분류될 수 있다고 응답했다. 분석을 통해 계층인식이 높을수록, 즉 중간소득층이 스스로를 중간소득층에 속한다고 인정할수록 그들의 생활만족도가 높아지는 것을 확인하였다. 중간소득층의 소속 계층에 대한 인식은 그들의 생활만족도에 영향을 미칠 뿐만 아니라 거주 도시에 대한 귀속감에도 영향을 준다. 중간소득의 이주민들은 대도시의 취업기회, 자녀교육 시설 등을 중요시하며 대도시에서 거주하기를 희망한다. "대도시에서 집을 사서 정착할 것입니까?"라는 질문에 중간소득층의 21%는 매우 그럴 의향이 있다고 응답하였고 52%는 비교적 그럴 의향이 있다고 응답하였지만, 중저소득층의 경우 이 비율은 상대적으로 낮았다.

다음으로, 경제와 사회적 지위의 변화와 생활 개선에 대한 믿음이라는 두 가지 측면을 통해 중간소득층의 미래 생활에 대한 기대감을 분석하고자 한다. 우선, 대부분의 중간소득층은 향후 5년 동안 현재의 경제와 사회적 지위를 유지할 것이라고 예측하였다. 〈표 2〉에 나타난 바와 같이, 중간소득층 중 가구의 경제적 지위가 불변할 것으로 예측한 비율은 73%이고, 가구의 사회적 지위가 불변할 것으로 예측한 비율은 81%를 기록하였다. 경제적 지위 및 사회적 지위 상승을 예측한 비율은 각각 21%와 15%로 나타났다. 이는 사회가 비교적 안정적이며 중간소득층이 자신의 경제와 사회적 지위를 유지할 수 있는 데 자신감을 가지고 있음을 보여준다. 다시 말해 경제적 및 사회적 지위가 현저하게 상승하지 않더라도, 중간소득층은 생활의 개선에 대해 낙관적인 전망을 취하고 있다. "앞으로 생활이 좀 더 나아질 거란 자신감이 있습니까?"라는 질문에 중간소득층의 35%는 "자신이 있다."고 응답했고, 15%는 "매우 자신 있다."라고 응답했다. 이는 상하이 주민들이 전체적으로 미래 생활수준이 향상될 것임을 기대하고 있다는 것을 반영한다. 그러나 30% 정도의 중간소득층은 비교적 모

〈표 2〉 5년 후 가구 경제와 사회적 지위에 대한 중간소득층의 예측　　　(단위: %)

예측	가구의 경제적 지위		가구의 사회적 지위	
	중간소득층	총계	중간소득층	총계
불변	73	72	81	79
상승	21	24	15	18
하락	6	4	4	3
합계	100	100	100	100
표본량	347	836	347	836

호한 태도를 취한다. 분석에 따르면, 미래 생활의 개선에 자신감이 있는 주민들은 더 높은 생활만족도를 보이는데, 중간소득층에서도 이와 비슷한 결과가 나왔다. 미래 생활 개선에 대해 자신감을 가진 중간소득층 중 52%는 현재 생활에 대해 "매우 만족한다." 혹은 "비교적 만족한다."고 응답했다. 그러나 생활 개선에 자신감이 있지만 생활만족도는 여전히 "보통이다."라는 모호한 태도를 보인 비율은 41%이다. 이는 생활만족도가 현재와 미래의 경제적 요인 이외의 기타 사회적 측면과 관련이 있음을 시사한다.

구체적인 사회 문제에 대한 평가를 살펴보면, 상하이의 중간소득층은 치솟는 물가를 가장 심각한 문제로 꼽았다. 매우 심각하다고 생각하는 비율은 37%, 비교적 심각하다고 여기는 비율은 48%로 조사되었다. 본 연구는 심각성에 따라 점수를 부여하였는데 매우 심각하지 않음은 1점, 그다지 심각하지 않음은 2점, 비교적 심각함은 3점, 매우 심각함은 4점을 부여하였다. 〈그림 5〉는 상하이 중간소득층이

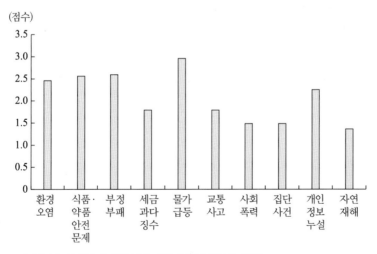

〈**그림 5**〉 사회문제 심각성에 대한 중간소득층의 평가

사회 문제를 얼마나 심각하게 생각하고 있는지를 보여준다. 가로축 좌측의 네 가지 항목은 공공 서비스 및 제도와 매우 밀접하게 연계되어 있다. "세금이 너무 높다."라는 항목을 제외하면, '환경 오염 문제', '식품·약품 안전 문제'와 '부정부패 문제'의 세 항목은 모두 2점을 초과하며 이는 "비교적 심각하다."는 정도에 가깝고, 이러한 문제를 중간소득층은 중저소득층보다 더욱 심각하다고 인식하고 있다. 이밖에, 개인의 사생활 침해 문제에 대해 중간소득층은 더 많은 우려를 표하고 있으며 심각성은 2.2 점으로 "비교적 심각하다."에 가깝다.

분석 결과를 통해 사회문제에 대한 우려는 주민들의 생활만족도에 영향을 미치고 있음을 확인할 수 있다. 부정부패 문제는 사회적 공평성을 가늠하는 중요한 척도 중 하나로서 부정부패가 매우 심각하다고 생각하는 중간소득층의 생활만족도는 가장 낮게 나타난다. 환경 오염 문제와 식품, 의약품 안전 문제는 공공 서비스 수준을 가늠하는 중요한 척도로서 이 두 가지 공공 서비스에 대한 평가가 낮을수록 중간소득층의 생활만족도도 떨어진다. 이러한 문제가 "비교적 심각하다."라고 응답한 중간소득층은 생활에 대해 '불만족'을 느끼며, 이러한 문제가 "그다지 심각하지 않다."라고 응답한 중간소득층의 생활만족도는 '만족'을 느끼는 것으로 파악된다.

5. 중간소득층 확대를 위한 정책적 제안

앞의 분석을 통해 우리는 상하이 중간소득층이 지난 10년 동안 많이 성장했고 상하이 주민 중의 40%가 중간소득층이 되었으며, 그들이 혁신 구동, 산업 업그레이드 및 소비를 장려하는 데 있어서 중요한 역할을 충분히 발휘하고 있다는 것을 살펴볼 수 있었다. 상하이 중간소득층을 확대하고 소비를 촉진하며 경제를 발전시키기 위해서 본 연구에서는 다음과 같은 제안을 제시하고자 한다.

첫째, 국제 대도시의 현대 서비스업 시스템을 빠르게 구축하기 위하여 중간소득층의 취업 기회를 증가시켜야 한다. 문화창의산업, 금융업, 정보서비스업, 전시컨벤션, 현대 무역 등 중요 서비스업의 발전을 가속화하여 전자 상거래, 창의적 디자인, 디지털 출판, 에너지 절약 등 신흥 서비스업의 발전을 추진하고 과학기술과 기술혁신을 핵심 경쟁력으로 강조하여, 근본적으로 중간소득층의 취업과 발전 기회를 확대해야 한다.

둘째, 대졸자의 취업과 창업을 확대하여 절대다수의 대졸자가 중간소득층에 진입할 수 있게끔 해야 한다. 산업구조 조정과 서비스업이 빠르게 성장할 수 있는 기회를 포착하여 적극적으로 대졸자가 기술력을 향상시킬 수 있도록 도와주어야 하고 그들이 직업, 업종을 합리적으로 선택하도록 유도하여, 스스로 창업할 수 있도록 격려하며 상하이의 대졸자 중 절대다수가 중간소득층에 진입할 수 있도록 보장해야 한다. 상하이에서는 관련 조치를 취하여 보다 많은 젊은이와 고등교육 받은 인재를 영입하고 그들에게 상류층이 될 수 있는 기회를 제공하고 뛰어난 인재에게 보다 나은 발전 기회를 제공해야 한다.

셋째, 국내외 우수한 인재를 유치하고 인적자원 육성 및 관리 체계를 완비해야 한다. 미래 경쟁에서는 인재가 가장 핵심적인 경쟁력이 되기 때문에, 제도와 관리 체계 혁신의 강도를 높여 더욱 완벽하고 인간적인 인적자원 관리 제도를 마련해야 한다. 여기에는 취업 장려 제도뿐만 아니라 호적, 자녀 교육, 주택, 의료 등 상응하는 정책을 포함한다. 이런 정책을 통해 중간소득층이 경쟁과 창의적 발전에 참여할 수 있는 통로를 마련해 주어야 한다.

넷째, 사회복지 시스템을 완비하고 중간소득층의 민생 복지를 강화해야 한다. 대부분 중간소득층의 부담과 우려는 사회복지에서 비롯된다. 교육, 의료 및 노인 부양 지출로 인해 중간소득층은 무거운 부담을 느끼며, 특히 주택 문제는 중간소득층의 기타 소비를 더욱 제한한다. 주민들이 사회복지 시스템을 신뢰할 수 있도록 적극적으로 주택과 교육, 의료, 양로 서비스 등의 사회복시 시스템을 완비하고 정보의 투명성을 높여야 한다. 사회복지 정책도 이주자 및 이주자의 배우자, 자녀와 부모를 포함한 이주 가족에게도 혜택을 주어야 하고 현대 사회의 인구 이동에 맞추기 위하여 관련 사회복지 정책을 개혁해야 한다.

다섯째, 물가와 집값을 안정시키고 인플레이션을 억제하여, 중간소득층의 삶의 질과 소비 욕구를 제고해야 한다. 높은 집값과 치솟는 물가로 중간소득층이 일정한 위기감과 불안을 느끼게 되는 바 70%에 가까운 중간소득층은 일상 생활과 주택 지출에 대해 부담을 느낀다. 대부분 중간소득층은 물가의 상승도 비교적 심각하다고 생각한다. 이러한 생활 스트레스로 인해 중간소득층은 어쩔 수 없이 교육, 관광 레저, 친환경 등 개인 발전과 삶의 질을 높일 수 있는 소비를 억제할 수밖에 없다. 이러한 소비 패턴은 경제 발전에 불리하다. 따라서 주택 시장 안정, 인플레이션 억제는 국민경제의 건전한 유지, 더 나아가서 사회 민생이라는 큰 계획과 관련되어 있기 때문에 중간소득층의 소비 욕구와 적극성을 높이는 데 중요한 의미를 가진다.

여섯째, 시장 관리 감독 시스템을 강화하고 소비 환경을 개선시켜 중간소득층의 안정감을 향상시켜야 한다. 식품 안전, 환경 오염과 개인 사생활 노출 등 문제에 대한 우려도 중간소득층의 소비 욕구를 억제하여 삶의 질에 영향을 미치기 때문에 식품과 환경 안전 등의 문제에 대한 관리 감독을 강화해야 한다. 이를 위해, 우선 소비품 안전에 관한 입법을 추진하고 '불량' 식품 판매, 관광객 '바가지 씌우기' 등 불법 행위 엄벌 관련 법제를 강화해야 한다. 그리고 정보 공개를 추진하고, 불확실·불완전 요인으로 인해 사람들이 느끼게 되는 혼란을 줄일 수 있는 질서를 정비해야 한다. 동시에, 적극적으로 기초 시설과 공공 서비스를 보완해야 한다. 예를 들면, 식수와 공기의 질을 향상시키고 공공 교통 시설, 특히 장애인 편의시설을 업그레이드하고, 공립병원에 대한 재정 투입량을 늘리고 정부 기관의 업무 효율과 수준을 높여야 한다.

일곱째, 산업 업그레이드와 제품 혁신을 촉진하여 중간소득층의 다원화된 소비 수요를 충족시켜야 한다. 산업 업그레이드와 혁신 구동은 중간소득층이 자아 실현을 할 수 있는 중요한 보장이며 소비자로서 생산 영역에 대한 요구이기도 하다. 중간소득층은 품질이 좋고 참신한 제품에 대해 높은 소비 욕구와 구매 능력을 가지고 있지만, 현재 대부분의 소비 수요는 해외로 흘러 나가고 있다. 통계에 따르면, 2013년 중국 소비자 1인당 해외 소비액은 1,508유로로 전 세계 1위를 차지하였다. 이 수치는 많은 구미 국가 국민의 1인당 평균 해외 소비액의 3~5배에 달하는 것이었다. 중국인이 세계 47%의 사치품, 약 1,020억 달러를 소비하였지만 이중에서 280억 달러의 소비만 중국 국내에서 발생한 것으로, 이는 곧 중국인 사치품 소비 중의 73%가 해외로 빠져나갔다는 것을 뜻한다.[22] 세계화가 되고 있는 요즘, 중국

---

22) 신화망新華網, http://news.xinhuanet.com/finance/2014-11/03/c_1113096290.htm.

의 산업과 경제는 전 세계의 경쟁자의 도전을 받고 있다. 상하이의 산업구조와 혁신 수준은 전국 상위권에 있고 세계적인 차원에서 과학 혁신 센터가 되는 데 힘을 써야 한다. 이를 위해 반드시 산업 업그레이드와 과학기술 혁신에 박차를 가하고 사양산업은 업그레이드하고 유망산업은 개발하고 녹색소비 산업은 발전시켜 중간소득층이라는 거대한 시장을 지켜내고, 품질이 좋고 정교하고 혁신적인 제품과 서비스에 대한 그들의 요구를 만족시켜야 한다.

여덟째, 사회의 질을 향상시키고, 보다 개방적인 문화 환경을 조성하고, 중간소득층의 주관적인 정체성과 생활만족도를 향상시켜야 한다. 중간소득층은 이성적이고 전문적이며 사려가 깊은 정신적 특성을 가지고 있다. 이는 중간소득층이 경제사회 발전을 촉진하고 주류 가치관을 구축하는 핵심 역량으로 성장하기에 유리한 부분이다. 그러나 민주, 법제, 자유, 평등의 사회 질서와 환경이 구축되어야 중간소득층의 에너지가 효과적으로 발휘될 수 있을 것이다. 중간소득층의 생활만족도가 낮은 것은 소득과 사회복지 수준 등 경제적 요인과 관련이 있을 뿐만 아니라 계층 정체성, 사회 문제에 대한 평가 등의 요인과도 관련이 있다. 계층 정체성과 사회적 신뢰를 강화하기 위해 사회의 질을 중시해야 한다. 주로 민주와 법제 건설을 강화하고 사회 공평과 정의를 촉진하고 비교적 개방적인 사회문화 환경을 건설해야 한다. 그리고 한편으로 제도화된 통로를 구축하고 중간소득층의 경제와 정치적 요구를 만족시켜야 하고, 다른 한편으로는 포용적인 자세로 문화와 생활방식의 다양성을 장려하고 중간소득층을 존중해야 한다. 상하이의 공공 서비스 수준과 제도화 건설은 줄곧 전국 선두를 달리고 있으므로, 이러한 우위를 이용하여 중간소득층의 상하이 문화에 대한 공감대를 높이고 중간소득층의 주관적 정체성을 제고해야 한다. 이것이야말로 중간소득층의 혁신 구동과 소비 확대 역량의 발휘에 중요한 핵심으로 되는 것이다.

참고문헌

邊燕傑, 劉勇利(2005), 「社會分層, 住房産權與居住品質 － 對中國'五普'數據的分析」, 『社會學研究』第3期.

國家發改委社會發展研究所課題組(2012), 「擴大中等收入者比重的實證分析和政策建議」, 『經濟學動態』第5期.

國家統計局城調總隊課題組(2005), 「6萬~50萬元: 中國城市中等收入群體探究」, 『數據』第6期.

江文君(2011), 『近代上海職員生活史』, 上海辭書出版社.

李培林(2010), 「中國的新成長階段與社會改革」, 『文匯報』(http://www.news365.com.cn/wxpd/jy/jjygg/201003/t20100301_2633564.htm).

李培林, 張翼(2008), 「中國中産階級的規模, 認同和社會態度」, 『社會』第2期.

李培林, 朱迪(2015), 「努力形成橄欖型分配格局 － 2006~2013年中國社會狀況調查數據的分析」, 『中國社會科學』第1期.

李强(2005), 「關於中産階級的理論與現狀」, 『社會』第1期.

李强(2010), 「爲什麼農民工'有技術無地位' － 技術工人轉向中間階層社會結構的戰略探索」, 『江蘇社會科學』第6期.

李友梅(2005), 「社會結構中的'白領'及其社會功能 － 以20世紀90年代以來的上海爲例」, 『社會學研究』第6期.

連連(2009), 『萌生: 1949年前的上海中産階級 － 一項歷史社會學的考察』, 中國大百科全書出版社.

劉欣(2007), 「中國城市的階層結構與中産階層的定位」, 『社會學研究』第6期.

陸學藝(2002), 『當代中國社會階層研究報告』, 社會科學文獻出版社.

呂大樂, 王志錚(2003), 『香港中産階級的處境觀察』, 三聯書店.

毛蘊詩, 李潔明(2010), 「從'市場在中國'剖析擴大消費內需」, 『中山大學學報』(社會科學版)第5期.

汝信, 陸學藝, 李培林主編(2012), 『2012年中國社會形勢分析與預測』, 社會
科學文獻出版社.

周曉虹(2005), 「再論中產階級: 理論, 歷史與類型學 — 兼及一種全球化的
視野」, 『社會』第4期.

제 9 장

중간소득층의 소비 추이(2006~2015)

주디朱迪

　중간소득층은 주로 안정된 직업을 가지고 있으며 물질적으로 풍요로운 삶을 살고 있는 중간소득 집단을 가리킨다. 대체로 물질적인 욕구가 충족된 고소득층에 비해 중간소득층은 수요가 비탄력적이고 보다 높은 차원의 삶을 향유하려는 욕구를 갖고 있어서 이 집단의 소비 탄력성은 매우 크다. 저소득층에 비해 중간소득층은 구매력과 소비 욕구가 더 강하다. 중국 가구소득이 보편적으로 상승하고 가구당 자산이 축적됨에 따라, 소비 능력도 꾸준히 늘어나고 있어 중간소득층을 중심으로 하는 대중 소비는 이미 내수 경제를 활성화하는 중요한 방식이자 동력이 되었다.

　본 연구에서는 2006~2015년 중국 사회 실태에 대한 종합적인 조사 데이터를 사용하여 중간소득층의 소비 특징과 잠재력 및 소비 증가에 영향을 미치는 주요 요인을 살펴보고자 한다.

1. 중간소득층의 가구 지출 추이

　중산층과 중간소득층은 비교적 많은 경제 자본과 문화 자본을 점유하고 있는데, 많은 실증 연구를 통해서 이 점이 그들의 소비를 확대하는 중요한 역량이 된다는 사실이 지적된 바 있다. 상하이연구원 사회조사 및 데이터센터 연구팀(2016)은 상하이의 중간소득층이 비교적 높은 경제력과 소비 욕구에 기반한 풍부하고 다원화된 생활방식을 누리고 있으며, 문화, 오락 및 레저 소비 등에 빈번히 참여하면서 자녀 교육, 문화 생활, 레저 활동 및 여행과 친환경 관련 분야의 소비를 추구한다는 것을 확인하였다. 장이張翼가 2013년 '중국 사회 실태 종합조사' 데이터를 사용하여 분석한 결과는 농민계층, 노동자 계층과 구舊중산층은 생존을 위한 한계소비성향이 높은 반면, 신중산층은 발전을 위한 한계소비성향이 비교적 높았다는 것이다. 그러나 현재 생산·공급 능력과 신중산층의 소비 취향 사이에는 격차가 존재한다(張翼, 2016). 장린장과 자오웨이화(張林江·趙衛華, 2016)는 상품과 서비스에 대한 중산층의 요구가 개성하·고급화·차변화·정교화됨에 따라, 삶의 질과 고급 서비스에 대한 요구가 높아지게 되었고, 이에 따라 거대한 중산층의 소비 전환을 토대로, 양질의 소비 체험적인 '상상 경제imagination economy'는 발전 여지가 커졌다고 보았다.

그러나 현 단계에서 중산층과 중간소득층은 신분 상승, 삶의 질, 사회복지와 계층 정체성 등 다방면에서 난제에 부딪치고 있으며, 이는 계층 규모의 확대와 사회 및 경제 구조의 조정에 있어서 상당히 불리한 시점이다. 학계에서는 이러한 문제를 타개해 나가기 위해 소득, 취업, 공급, 소비 등 여러 가지 측면에서 중간소득층과 중산층을 발전시킬 수 있는 정책적 조언(李培林·朱迪, 2015; 朱迪, 2016; 上海研究院社會調査和數據中心課題組, 2016)을 이미 제시한 바 있다. 구체적으로 살펴보면, 우선 소득 방면에서는 소득분배 구조를 조정하고, 소득분배 질서를 규범화함으로써 '올리브형'의 분배 구조를 구축해야 한다고 보았다. 또한 취업의 방면에서 현대화된 서비스업 취업 체계 구축을 가속화하고 대졸자와 신세대 농민공의 취업과 창업을 촉진하여 보다 완벽한 인적자원 관리 제도를 구축해야 한다고 주장한다. 그리고 공급 방면에서 산업 업그레이드와 제품 혁신을 추진해야 하고, 소비 방면에서는 사회복지 체계를 보완하고 물가와 집값을 안정화시킬 수 있도록 시장 관리 감독을 강화하면서 소비 환경을 개선해야 한다고 강조하였다. 특히, 장이(張翼, 2016)는 소비 확대의 근본적인 목적이 민생 보장 수준을 높이는 데 있다고 보고, 대중이 개혁개방과 시대 발전의 성과를 공유하도록 소비 장려 정책을 입안함으로써 계층 간 수익의 공정한 분배를 보장해야 한다고 주장한 바 있다.

본 연구에서는 먼저 다음과 같이 소득에 따라 계층을 분류하도록 한다. 중위소득을 기준으로 소득이 중위소득의 0.75배 이하인 집단을 저소득층으로, 중위소득보다 0.75배 이상 1.25배 이하인 집단을 중저소득층으로, 중위소득보다 1.25배 이상 2배 이하인 집단을 중고소득층, 중위소득보다 2배 이상인 집단을 고소득층으로 규정한다.

그리고 2006~2015년 '중국 사회실태 종합조사CSS'의 데이터를 사용한다. 이 조사는 중국 사회과학원 사회학연구소에서 실시한 것으로, 다단계의 무작위 표본추출법을 사용하고, 조사 범위는 전국 25~28개의 성·자치구내 도시와 농촌 지역이며, 조사 대상은 18세 이상의 중국 국적을 가진 사람으로, 총 41,685개의 표본을 확보하였다.

다음으로 소득 계층의 분포를 살펴보면, 중간소득층은 주로 도시 지역에 집중되어 있는 것을 알 수 있다. 2015년을 예로 들어 보면, 중간소득층 가운데 62%가 도시 지역에 분포되어 있고, 38%만이 농촌에 분포되어 있었다. 고소득층 가운데 무려 82%에 달하는 사람이 도시 지역에 분포되어 있으며 저소득층 가운데 겨우 32%만이 도시에 분포되어 있고, 나머지 68%는 농촌 지역에 분포되어 있었다. 이렇듯 소득 계층의 분포는 도시와 농촌 발전의 격차를 보여준다.

또, 직업적 특징을 살펴보면, 중간소득층은 서비스업과 생산업, 운수업에 집중되어 있고, 이러한 추세는 도시 지역에서 더욱 뚜렷하게 나타난다. 2015년 26%의 중저소득층과 24%의 중고소득층은 생산·운수업 종사자이며 이 직업군은 중간소득층에서 가장 높은 비율을 차지하였다. 이들은 일정한 기술이나 경험을 가지고 있으며 일반 노동자보다 소득이 높기 때문에 '기술노동자' 또는 '숙련노동자'로 분류된다. 또한, 14%의 중저소득층과 17%의 중고소득층은 사무직이고 각각 16%의 중저소득층과 중고소득층은 상업 종사자이며, 14%의 중저소득층과 18%의 중고소득층은 서비스업의 근로자이다. 생산·운수 노동자를 제외하면 이 세 업종은 중간소득층에서 가장 높은 비중을 차지하는 직종이다. 그들은 자신들이 속한 직종에서 소득이 높다고 할 수 없지만 연령이 비교적 낮고(평균 연령은 41~43세로 동일 직종 저소득층의 평균 연령인 44~46세보다 낮음), 교육 수준도 비교적 높기 때문에(동일 직군의 평균 교육 수준보다 높거나 같음), 직업 발전이나 소비 및 생활방식에서 독특함을 보인다.

마지막으로 교육 수준을 살펴보면, 중저소득층은 평균 9년의 교육을 받으며 대부분 중학교 졸업 수준이고, 중고소득층은 평균 10년의 교육을 받으며 대부분 고등학교 정도의 교육을 받은 것으로 나타난다. 이는 저소득층이 평균 7년의 교육을 받는 것과 비교하였을 때 상당히 높은 수치이다.

이상의 데이터 분석을 통해 중간소득층 대부분이 도시에 거주하며 주로 서비스 산업과 기술노동자에 집중되어 있고 일정한 경제적 자본과 문화적 자본을 가지고 있다는 것을 알 수 있다. 이어서 소비 확대의 측면에서 중간소득층의 소비 추세를 검토하고 지출 및 내구재 보유 상황을 중점적으로 분석함으로써, 중간소득층의 소비 잠재력과 영향 요인을 탐구하기로 한다.

CSS의 데이터에 따르면 2015년 중저소득층과 중고소득층의 연평균 가구 지출은 각각 54,137위안과 66,817위안이었다. 모든 소득 집단에서 식비 지출이 가장 높았는데 중저소득층과 중고소득층의 식비 지출은 각각 13,858위안과 16,812위안이며, 고소득층의 경우 해당 방면의 지출은 22,932위안으로 가장 높았다. 의료보건을 제외한 항목에서 고소득층의 각종 지출은 모두 현저하게 높은 값을 기록한다. 특히 식비, 주택 구입 계약금과 대출 및 내구재 방면 등의 지출이 뚜렷하게 높았다. 저소득층의 의료보건 지출은 7,478위안으로 비교적 높았고 그 다음으로 높은 계층은 중간소득층이다. 중저소득층과 중고소득층의 의료보건 지출은 각각 7,068위안과 6,770위안인 반면, 고소득층의 의료보건 지출은 연평균 6,883위안으로 비교적 낮게 나타났다.

지출 구성을 통해 각 소득층 간 삶의 질의 차이가 확인될 수 있다. 고소득층의 식비 지출은 비교적 높지만, 가계 지출에서 차지하는 비중은 21%에 불과했다. 중저소득층과 중고소득층의 식비 지출은 가계 지출에서 각각 26%와 25%를 차지한다. 고소득층에 비해 중간소득층은 식비, 집세, 교육과 대인관계 등의 지출 비율이 비교적 높았고 저소득층에 비해 중간소득층은 식비, 주택 구입의 계약금과 대출, 내구재 등의 지출 비율이 비교적 높게 나타났다.

2006~2015년의 가계 지출을 살펴보았을 때, 기본적으로 고소득층의 유형별 지출은 모두 비교적 높게 나타났다. 특히 주택, 식비, 문

화·오락 등 분야에서 더욱 그러했다. 2011년부터 모든 소득층에서 주택 구입 계약금과 대출 지출이 모두 현저하게 증가하였는데 그중에서 고소득층의 증가 폭이 가장 크게 나타났다. 고소득층은 해당 항목에서 2008년 연간 5,000위안 미만에서 2011년에는 11,505위안으로, 2015년에는 16,451위안으로 증가하였다. 2013년부터 고소득층의 내구재 지출은 빠르게 증가하였는데 2011년 해당 지출이 7,553위안이었지만 2013년에는 두 배가 넘는 16,190위안을 기록하였다. 그러나 중간소득층과 저소득층의 내구재 지출은 매우 느리게 증가하였고, 2011년 해당 항목에서 중고소득층의 지출은 2,416위안이었고 2013년에는 4,843위안으로 상승하였으며, 2015년에 이르면 5,121위안까지 증가하였다. 중간소득층과 저소득층의 의료보건 지출은 비교적 높게 나타나는데 이와 같은 추세는 2015년에 더욱 뚜렷해졌다.

지출 구성을 보면 중간소득층의 가계 지출에서 식비와 교육은 높은 비중을 차지한다. 고소득층의 소비 추세에서는 주택 구입 지출이 2011년부터 현저한 증가세를 보이는 특징이 나타나는데, 2013년과 2015년에는 내구재, 문화·오락, 관광 분야의 지출 비율이 다소 증가하여 삶의 질이 많이 향상되었다는 것을 짐작할 수 있다. 저소득층은 주로 의료보건과 대인관계의 지출 방면에서 제약을 받는데 이는 2015년도까지 뚜렷한 변화 없이 지속된다.

위의 분석을 통해, 중간소득층은 음식 소비, 사회복지와 관련된 집합적 소비에서 일정한 특이점을 가지고 있음을 알 수 있다. 다음으로, 본 연구에서는 중간소득층의 이러한 두 가지 유형의 소비 추이를 중점적으로 분석하고자 한다. 2006~2015년 중간소득층의 식비 지출은 전반적으로 하락세를 보였다. 2011년의 가계 지출에서 약 30%를 차지했던 식비 지출 비율은 2015년에는 25% 정도로 떨어졌다. 하지만 저소득층이나 고소득층과 비교했을 때 중간소득층의 식비 지출 비율은 가장 높게 나타난다. 고소득층에 비해 중간소득층의 식비 지출 비율이 높다는 것은 중간소득층 생활수준의 한계를 반영하는 것이라면, 저소득층에 비해 중간소득층의 식비 지출이 높다는 것은 고품질 음식과 서비스에 대한 욕구를 반영하는 것으로 읽을 수 있다. 2011년의 데이터는 집밥과 외식을 구분하기 때문에 이러한 특징을 더 명확하게 반영하게 된다. 중간소득층의 외식 소비 지출은 두드러지게 높은 것으로 집계되었다. 중저소득층과 중고소득층의 외식 지출 비율은 전체 가계 지출에서 각각 4%, 5%를 차지하였으나, 고소득층의 외식 지출 비율은 전체 가계 지출의 5% 미만에 그쳤다. 소비 촉진의 차원에서 보면 중간소득층은 간편하고 고품질의 음식 소비에 어느 정도 잠재력을 가지고 있다고 할 수 있다.

본 연구는 중간소득층이 내구재와 문화·오락, 관광 등 자기 개발 및 삶의 질 향상과 관련된 소비 영역에서의 지출이 낮고, 이 지출이 전체 가계 지출에서 차지하는 비율도 낮다는 사실을 발견했다. 이는 불완전한 집합적 소비의 제약을 받는 데서 기인한다. 소위 집합적 소비는 국가·도시·커뮤니티 등 '집합'에서 공급되는 제품과 서비스이며, 주로 분배를 통해 획득할 수 있다. 공공주택, 공공시설, 교육, 의료 등이(Castells, 1977, 459~462; Warde, 1990; 王寧, 2014) 이에 해당된다. 중국의 사회 복지 체계가 완비되지 않았으므로 교육·의료·양로 등의 지출은 주민 개인 소비에 의해 이루어져야 한다. 현재 삶과 관련 있는 지출 비용뿐만 아니라, 미래에 필요한 양로, 자녀 교육, 의료 등의 비용도 부분 소득을 동결하면서 중간소득층의 구매력을 제한하게 된다. 〈그림 1〉은 이러한 딜레마를 가감 없이 보여주고 있다. 중저소득층과 중고소득층의 경우 2011년 가계 지출에서 의료보건이 차지

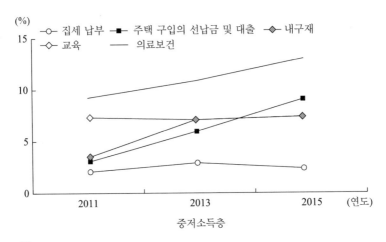

중저소득층

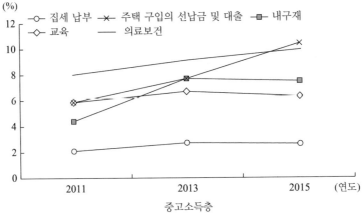

중고소득층

〈그림 1〉 중간소득층의 주택·내구재·교육·의료보건 지출 비중 변화(2011~2015)

하는 비중은 8% 이상이었고 2015년까지 가계 지출의 13%와 10%를 차지하는 등 상승세를 보였다. 주택 구입의 계약금 및 대출은 가계 지출에서 높은 비율을 차지하였는데 특히 중고소득층에서 이 비율은 2015년의 의료보건 지출을 초과하였으며, 가계 지출의 11%를 차지하게 되었다. 한편 내구재 지출의 비율은 2013~2015년 간 대체로 변함이 없었다. 중저소득층의 관련 지출 비율은 7%에 머물렀고 중고소득층의 관련 지출 비율은 8%를 유지하였다.

2. 중간소득층의 내구재 소비 추이 및 영향 요인

다음으로는 2008~2015년의 내구재 소비 추이를 살펴보고자 한다. 우선, 연구를 통해 내구재 소비품의 품질이 향상되었다는 것을 확인할 수 있다. 최근 몇 년 사이에 액정 TV, 스마트폰, 태블릿 PC 등 기술 혁신 가전과 디지털 제품이 출시되었고, 텔레비전과 일반 핸드폰 등 일부 전통적인 내구재는 역사 속으로 사라졌다. 기술 혁신에 따른 내구재의 원가와 가격의 인하는 내구재 소비품의 대중화를 촉진하였고, 예전에는 비교적 고가였던 내구재, 이를테면 에어컨·전자레인지·오븐 등 주방 가전과 자동차 등은 점차 일반 가정으로 보급되었다. 급속도로 대중화된 첨단 기술 제품 가운데 대표적인 사례는 스마트폰이다. 2015년 고소득층의 스마트폰 보유율은 93%, 중간소득층은 83% 이상, 저소득층도 66%에 이르렀다.

그 다음은 소득 집단에 따라 나타나는 소비 성향 차이를 확인할 수 있다. 고소득층의 구매력과 소비 욕망은 더욱 강하게 나타나며, 특히 자동차와 같은 고가 내구재의 보유율과 그 성장 속도는 기타 집단에 비해 절대적인 우위를 차지하고 있다. 2015년 고소득층의 국산 자동차 보유율은 44%인 반면, 중저소득층의 보유율은 18%였으며, 중고소득층은 26%였다.

그러나 일부 고급 내구재에서는 중간소득층과 일부 저소득층도 비교적 강한 소비 성향을 드러냈다. 각 소득 집단의 텔레비전과 세탁기

보유율은 대체로 포화 상태에 이르렀거나 심지어 하락세를 보이고 있지만, 냉장고의 생산 기술은 발전해 제조업자들도 보다 친환경적이고 실용적인 제품을 만들어 내고, 대중적인 제품 라인도 확대되면서, 냉장고의 보유율은 여전히 상승세를 보이고 있다. 저소득층의 냉장고 보유율은 상대적으로 빠른 속도로 증가하고 있다. 고급 가전 보유율은 고소득층이 더 높지만, 저소득층과 중간소득층의 소비 성향 역시 뚜렷하게 나타난다. 전자레인지, 오븐 등 주방 가전의 경우, 고소득층의 보유율은 2008년의 59%에서 2015년의 75%로 증가한다. 고소득층에 비해 저소득층과 중저소득층의 보유율은 낮지만 40% 가까이의 증대 비율을 기록한다. 2008년에 이들의 보유율은 각각 7%, 17%였는데 2015년에는 각각 46%, 55%로 증대되었다.

본 연구의 목적은 주민들의 고급 내구재 보유에 영향을 미치는 요인을 분석함으로써 각 소득층의 소비 욕구와 소비의 확대를 저지하는 요인을 연구하는 데에 있다. 디지털 제품의 보유는 나이와 취미의 영향을 크게 받고 자동차의 보유는 일정한 기술적 장벽이 있으며 기타 가정용 내구재의 가격보다 상당히 비싸기 때문에 이 두 가지는 고급 내구재에서 제외한다. 분석은 2015년의 조사 데이터를 사용하여 고급 내구재의 범위는 주로 액정과 PDP 텔레비전, 전자레인지·오븐·식품 가공기·로스타·토스터기 등으로 대표되는 고급 일상용 가전과 기타 주방 가전, 세척기, 에어컨 및 진공청소기 등 다섯 종류로 설정하였다. 본 연구는 이 다섯 가지 변수를 더해 고급 가전 보유 지수를 산출하였다. 보유 지수의 범위는 0~5점으로 설정하여 점수가 높을수록 해당 가구가 고급 가전을 더 많이 보유한 것임을 의미한다. 주민의 평균적인 고급 가전 보유 지수는 1.6점으로 산출된다. 데이터의 다른 하나의 변수는 "2012년 이후 가구에서 자동차나 가구 등 귀중품을 추가 구입했습니까?"이다. 이 변수는 고급 내구재의 소비 성향을 어느 정도 반영하였는데 약 14%의 주민이 추가 구입한 적이 있다고 대답하였다.

소득층 변수는 주민들의 고급 내구재 보유에 영향을 미치는 중요한 요인이다. 객관적인 소득의 영향을 제외하고 주관적인 계층 정체성이 고급 내구재 보유에 미치는 영향을 연구하고 가족 구성원이 스스로 중산층 가구라고 인정할수록 고급 내구재 구매 의사가 더 강해지는지에 대해 검토하고자 한다. 이외에, 본 연구는 주민들의 생활 보장이 고급 내구재 구매 의사에 영향을 미친다고 가정하기 때문에, 모형에는 2012년 이후 경제 상황의 개선과 가정 생활의 스트레스 변수를 추가함으로써 생활 보장 상황을 측정한다. 가정 생활의 스트레스 지수는 응답자에게 '각종 생활상의 스트레스가 있는가'하는 내용의 변수를 합쳐서 만들어낸다. 구체적인 변수는 다음과 같다. 주택 조건이 열악하거나 집을 살 수 없고, 자녀 교육 비용을 감당하기 어렵고, 가족관계는 화목하지 않고, 의료 지출을 감당하기 어렵고, 물가 상승이 생활수준에 영향을 미치고, 가계 소득이 낮아서 일상 생활이 어렵고, 가족이 무직·실직하거나 직장이 불안정하고, 노인 부양의 부담이 크고, 가계 대인관계 방면의 지출이 너무 커서 감당하기 힘들고, 사기·도난·강도 등 범죄 사건을 겪은 내용을 포함한다. 가정 생활 스트레스 지수는 응답자와 그 가정이 감당하는 각종 생활 스트레스의 정도를 측정한다. 점수 범위는 0~10점으로 설정하고, 점수가 높을수록 스트레스가 크다는 것을 의미하는데 주민들의 평균적인 생활 스트레스 지수는 2.7점이다.

통제변수에 거주 지역과 자가주택 거주 여부를 추가하였다. 이 변수에는 다음과 같은 가설을 한다. 도시와 농촌 경제 발전 수준의 차이가 주민들의 고급 내구재 소유에 영향을 미치고 자가주택에 거주하면 고급 내구재를 보유할 가능성이 높다.

우선 가정 생활에서 받는 스트레스 지수를 사용해서 고급 내구재 보유 모형을 구성하고, 가정 생활 스트레스의 크기를 측정한다(〈표 1〉참조). 모형 1은 28%의 분산을 설명할 수 있다. 주관적이고 객관적인 소득층, 경제 상황의 개선과 가정 생활의 스트레스 변수는 모두 유의미하다. 저소득층의 고급 내구재 보유 지수에 비해 중저소득층의 지수는 0.316점 높고 중고소득층의 지수는 0.592점 높으며 고소득층의 지수는 1.075점이나 높은 것으로 측정되었다. 고소득층의 고급 내구재 보유량은 다른 소득층에 비해 현저하게 많았지만 고소득층과 중고소득층의 차이(0.483점)는 중고소득층과 저소득층 간의 차이(0.592

〈표 1〉 도시와 농촌 주민의 고급 내구재 보유 지수 선형회귀모형

(모형1 가성 생활 스트레스 지수)

독립변수	계수	표준오차
소득층 분류(준거집단: 저소득층)		
중저소득층	0.316***	0.0364
중고소득층	0.592***	0.0389
고소득층	1.075***	0.0398
경제 상황개선(준거집단: 미개선)	0.113***	0.0269
가정 생활 스트레스 지수	-0.0506***	0.00674
중산층 가정 인정(준거집단: 인정하지 않음)	0.196***	0.0289
도시 지역 거주(준거집단: 농촌 지역 거주)	0.558***	0.0298
자가주택 거주(준거집단: 주택 임대)	0.471***	0.0409
상수항	0.567***	0.0545
표본량	6,066	

***$p < 0.01$

점)보다 적었다. 2012년 이후 경제 상황이 개선되고 스스로 중산층 가정이라고 인지하거나 가정 생활의 스트레스가 비교적 적은 가정의 고급 내구재 보유 지수가 현저하게 높게 나타났다. 통제변수 중에서 도시의 자가주택 거주 가구의 고급 내구재 보유 지수도 현저히 높은 것으로 나타났다.

모형 2는 가정 생활 스트레스 지수 대신 생활 보장 관련 가정 생활 스트레스 분류변수를 사용하여, 구체적으로 어떠한 생활 스트레스가 주민 소비 확대를 막는지 측정한다. 모형 2는 27%의 분산을 설명할 수 있다. 〈표 2〉에 나타난 바와 같이 소득층 변수는 여전히 유의미하다. 지출을 제약하는 가장 큰 항목은 의료 지출이며, 의료 지출에 스트레스를 받는 가구의 고급 내구재 보유 지수는 0.139점 감소한다. 다음으로 가족 구성원의 무직·실직·직장 불안정으로 인한 스트레스 인데 이러한 스트레스를 받는 가정에서는 고급 내구재 보유 지수가 0.0627점 감소했다. 높은 자녀 교육 비용과 노인 부양의 과중한 부담으로 인한 스트레스가 고급 내구재 보유량에 미치는 영향은 유의미하지 않았다. 자녀의 교육비가 많고 적음에 상관없이 자녀의 생활 욕구를 충족하기 위해 각각의 가정은 최선을 다하기 때문에 자녀 교육 비용이 높다고 해서 반드시 고급 내구재 구입을 줄이는 것은 아니다. 노인 부양은 경제적으로 부담이 될 수 있지만 정신적 측면의 부담이 될 수도 있기 때문에 고급 내구재 구매에 유의미한 영향을 미치지 않았다. 분석을 통해 생활 보장, 특히 의료 보장과 취업 보장은 주민들의 소비 확대에 중요한 역할을 한다는 것을 확인했다.

본 연구는 귀중품 추가 구매 여부의 logit 회귀모형도 설정하였다. 소득층 변수는 여전히 유의미하고 중간소득층과 고소득층이 저소득 층보다 귀중품을 구입할 가능성이 현저하게 큰 것으로 나왔다. 이외에, 경제 상황의 개선도 중요한 역할을 했다. 2012년 이후, 경제 상황이 개선된 가구가 귀중품을 추가로 구입할 가능성은 1.8배로 증가했다. 스스로 중산층 가구라고 인식하는 가구일수록 귀중품을 추가 구입할 가능성도 높아졌다.

고급 내구재 보유 지수는 보유량을 반영하는 것으로, 경제적 조건과 물질적 보장의 영향을 상당히 받고 있지만 자동차, 가구와 같은

〈표 2〉 도시와 농촌 주민의 고급 내구재 보유 지수 선형회귀모형
(모형2 가정 스트레스 분류변수)

독립변수	계수	표준오차
소득층 분류(준거집단: 저소득층)		
중저소득층	0.314***	0.0365
중고소득층	0.606***	0.0390
고소득층	1.096***	0.0398
경제 상황개선(준거집단: 미개선)	0.118***	0.0270
높은 자녀 교육 비용으로 인한 스트레스 (준거집단: 해당 스트레스 없음)	0.0171	0.0331
높은 의료 지출로 인한 스트레스 (준거집단: 해당 스트레스 없음)	-0.139***	0.0288
가족의 무직·실직·직장 불안정으로 인한 스트레스 (준거집단: 해당 스트레스 없음)	-0.0627**	0.0300
과중한 노인 부양 부담으로 인한 스트레스 (준거집단: 해당 스트레스 없음)	-0.0553	0.0433
중산층 가구 인정(준거집단: 인정하지 않음)	0.206***	0.0289
도시 지역 거주(준거집단: 농촌지역 거주)	0.561***	0.0299
자가주택 거주(준거집단: 주택 임대)	0.490***	0.0409
상수항	0.473***	0.0517
표본량	6,066	

*** $p < 0.01$, ** $p < 0.05$.

귀중품 추가 구매에 작용하는 메커니즘은 더욱 복잡하다. 그 메커니즘은 경제적 조건, 생활방식 이외에 중대한 생활 사건, 생명 주기와 관련이 될 수 있다. 예를 들어, 최근 몇 년 동안 이사를 하면서 가구를 추가로 구매할 필요가 있었거나 아이들이 다니는 학교가 집에서 멀어 자동차를 추가 구입해야 하는 경우가 그 예이다. 귀중품 추가 구매는 일부 중대한 생활 사건 앞에서 '필수적'일 수 있다. 물론 추가 구매의 등급에는 차이가 있기 때문에 생활 보장 요인에 비해 상대적으로 독립적이다. 모형을 통해서 귀중품 추가 구매 역시 도시 거주 여부, 자가주택 거주 여부와는 상대적으로 독립되어 있다는 것을 확인할 수 있다. 도시와 농촌 간의 차이가 뚜렷하지 않다는 점은 농촌 소비 수요가 활발하다는 것을 반영한다. 비록 농촌 지역의 소비수준은 낮지만 소득 증가의 탄력성이 비교적 크기 때문에, 2012년 이후 농촌 가정에서 가구와 자동차 등의 귀중품을 추가 구매하는 비율은 도시 가구보다 현저하게 낮지는 않았다.

3. 결론 및 정책적 제안

본 연구는 2006~2015년 전국 조사 데이터에 대한 분석을 통해 중간소득층의 소비 특징과 추세를 살펴보았다. 결론을 정리하면 다음과 같다. 중간소득층은 일정한 소비 잠재력을 가지고 있다. 중간소득층의 식비 지출 비율은 전반적으로 하락세를 보였지만, 저소득층이나 고소득층에 비해 중간소득층의 식비 지출은 여전히 높은 것으로 나타났다. 중간소득층에서는 외식 소비가 두드러지게 나타나며, 이들은 고품질의 음식 소비에 어느 정도의 잠재력을 갖고 있다. 또한, 중간소득층은 일부 고급 내구재 구매에 비교적 강한 소비 경향을 보였다. 주로 기술 혁신을 이룬 냉장고, 주방 가전과 같은 내구재의 보유율이 빠르게 성장한 것으로 나타났다.

그러나 중간소득층이 문화·오락, 관광 등 삶의 질 향상 및 자기 개발과 관련된 소비 지출 금액과 그것이 전체 가계 지출에서 차지하는 비율은 모두 낮게 나타났다. 중간소득층의 각종 가구 내구재 보유율은 증가했지만 지출 금액과 가계 지출에서 차지하는 비율은 모두 매우 낮은 편이었다. 이와 같은 현상의 주요 원인은 사회복지 제도가 아직 완비되지 못했기 때문이다. 특히 중간소득층과 저소득층의 의료보건 지출은 비교적 높게 나타났는데, 2015년까지 이러한 추세는 더욱 뚜렷하게 나타난다. 빠르게 늘어난 주택 대출 지출은 이들에게 또 다른 제약 요인으로 작용하게 된다. 모형 분석을 통해, 생활 보장은 도시와 농촌 가구의 고급 내구재 보유량에 부정적인 영향을 미치고 의료 지출은 가장 큰 제약 요인이었으며 가족 구성원의 무직·실직·직업 불안정이 그 뒤를 잇는 것으로 확인된다.

이를 바탕으로 본 연구는 다음과 같은 정책적 제안을 하고자 한다.

첫째, 소득분배 제도 개혁을 추진하고 소득구조를 조정하여 중간소득층의 소득과 성장 속도를 높여야 한다.

둘째, 도시와 농촌의 사회복지 체계, 특히 의료와 취업 보장을 보완하고 주민 생활의 불안감을 완화시켜 민생 보장 수준을 향상해야 한다.

셋째, 기업의 기술 혁신과 제품 업그레이드를 촉진해야 한다. 생산 라인을 발전시켜 고급·정밀·첨단 제품에 대한 고소득층과 중고소득층의 수요를 만족시킬 제품 연구 개발을 촉진하고 원가를 낮춤으로써 중저소득층과 저소득층의 수요를 만족시키고 가계의 내구재 교체를 장려하여 삶의 질을 향상시켜야 한다.

넷째, 소비를 활성화하고 확대하기 위해서는 농촌 시장의 기회를 장악하는 것이 필요하다. 최근 몇 년간 농촌 가구의 소득이 빠르게 성장하면서 가구 내구재에 대한 수요도 계속 늘어나고 있다. 정부와 기업은 반드시 생산·판매·물류 등의 분야에서 농촌 소비층의 수요에 부응할 수 있도록 노력해야 한다.

참고문헌

李培林, 朱迪(2015),「努力形成橄欖型分配格局 — 基於2006~2013年中國社會狀況調查數據的分析」,『中國社會科學』第1期.

上海研究院社會調查和數據中心課題組(2016),「擴大中等收入群體, 促進消費拉動經濟 — 上海中等收入群體研究報告」,『江蘇社會科學』第5期.

王寧(2014),「地方消費主義, 城市舒適物與產業結構優化 — 從消費社會學視角看產業轉型升級」,『社會學研究』第4期.

張林江, 趙衛華(2016),「中產階層壯大, 擴大內需與經濟轉型」,『中國黨政幹部論壇』第9期.

張翼(2016),「當前中國社會各階層的消費傾向 — 從生存性消費到發展性消費」,『社會學研究』第4期.

朱迪(2016),「金磚國家中產階層的發展概況和困境」,『文化縱橫』第8期.

Castells, M.(1977). *The Urban Question : A Marxist Approach*. Cambridge, Massachusetts : The MIT Press.

Warde, A.(1990). "Introduction to the Sociology of Consumption." *Sociology*, 24(1): 1-4.

제 10 장

'교육' 중심에서 '공급' 중심으로
: 도시 중산층의 지속가능한 소비 연구틀과 실증 분석

주디朱迪

21세기 이후, 중국은 지속적인 경제 성장과 주민 소비 수요 충족, 환경 보호 간의 모순을 해결하기 위해 지속가능한 환경과 소비의 발전에 관한 일련의 전략적 계획과 정책적 조치를 내놓았다. 새롭게 대두한 국제적 담론과 사회 거버넌스 방식 중의 하나인 '지속가능한 소비'는 물질적 상품과 서비스가 인류의 기본 욕구를 충족시키고 삶의 질을 향상시키는 것을 전제로 하되, 자원의 사용과 유독 물질의 배출을 줄임으로써 후손들의 삶을 위태롭게 하지 않는 것을 의미한다. 소비자는 물질적 자원을 사용하는 주체로서 많은 지속가능한 소비 정책의 대상으로 간주되었다. 특히 소비를 성찰할 수 있는 책임과 능력을 가지고 있는 중산층은 일정한 지식 수준을 갖추고 비교적 부유한 삶을 사는 집단으로 소비 문화와 소비 확대의 핵심적인 역량으로 지속가능한 소비의 선구자로 인식되기도 한다. 즉 중산층은 소비를 통해 삶의 질을 향상시키는 동시에 환경에 대한 영향을 고려해 생활에서의 소비를 지속가능한 소비로 전환할 수 있다. 따라서 신에너지 자동차와 쓰레기 분류 등 비교적 전형적인 지속가능한 소비에 관련된 정책은 대체로 중산층이 비교적 밀집된 경제 발달 도시와 중·고급 커뮤니티를 중심으로 시범적으로 시행되고 있다.

소비자의 입장에서 볼 때, 소비자는 상품과 서비스 및 생활방식을 자유롭게 선택할 권리를 갖고 있다. 소비 행위의 지속가능성 여부는 일탈 행위의 범주에 속하지 않기 때문에 이에 대한 강제적, 규범적인 수단은 적절하지 않으며 장려와 유도의 방식을 통해서 지속가능한 소비에 대한 사람들의 적극성을 이끌어내야 한다. 기존의 정책은 주로 경제 지렛대나 교육을 통해 소비자의 변화를 유도하고자 했다.

경제 지렛대는 중국에서 자주 사용하는 정책 도구로 신에너지 자동차 보급에 널리 사용되고 있다. 2010년부터 신에너지 자동차의 구입을 장려하기 위하여 중국은 일련의 재정 보조금 정책을 쏟아냈고, 이에 따라 신에너지 자동차의 판매가 크게 증가하였다. 중국 자동차 공업협회汽車工業協會의 통계에 의하면 2013년 중국 신에너지 자동차의 생산량은 1만 7,500대로 2012년 동기 대비 39.7% 증가하였고 2015년의 경우 생산량 34만 500 대, 판매량 33만 1,100 대로 동기 대비 각각 3.3배와 3.4배 증가하였다.[1] 그러나 보조금 지원 정책 시행 과정에서 자금이 제대로 조달되지 못하거나 업체의 보조금 사기 등의 문제가 발생했고, 소비자의 적극성이 떨어져 신에너지 자동차 판매의 지속적인 성장은 낙관적이지 않다.[2] 이와 더불어 보조금 정책을 통해 유지되는 신에너지 자동차 산업의 발전 전망도 역시 낙관적이지 않다(章睿, 2016).

---

1) 출처: http://money.163.com/16/0123/16/BE1EAPVL002534NV.html, http://auto.sohu.com/20140110/n393300678.shtml, http://finance.cnr.cn/gundong/20161130/t20161130_523296270.shtml.

2) 출처: http://finance.cnr.rn/gundong/20161130/t20161130_523296270.shtml.

소비자 교육은 흔히 사용되는 다른 정책적 도구인데 환경 보호와 친환경 소비 관념의 홍보가 전형적인 사례이다. 녹색출행綠色出行[3]과 쓰레기 분류를 장려하는 선전 문구는 사람들의 공감을 일으키기는 하나 업무와 가정에 대한 책임, 생활 리듬, 대중 교통 체계, 쓰레기 분류 시설의 편리성 등의 문제로 소비자들은 관심은 있지만 실천하기 어렵다고 토로한다. 많은 실증 연구도 환경 보호의 관념과 행위 간의 괴리를 지적하고 있다. 도시 주민들은 비교적 높은 쓰레기 분류 의사를 보이면서도 실제로 낮은 분류 참여 비율을 보였다. 쓰레기 분류에 영향을 주는 주요 요인은 분류 시설의 유무와 관련 시설의 편의성에 있다(陳紹軍, 2015).

이외에 소비자 주권의 지나친 강조는 지속가능한 소비의 정당성을 약화시킬 뿐만 아니라 소비의 확대에도 불리한 영향을 미친다(朱迪, 2016). 우선, 소비 측면과 소비자 교육에 주력하면 결국 지속가능한 소비와 소비자 주권이 대립되는 결과를 초래한다. 즉, 사람들은 왜 자신들을 번거롭게 하면서까지 지속가능한 소비를 해야 하는가? 환경 보호의 가치관만을 위해 소비자의 자유로운 선택권을 줄여야 하는가? 이는 실제로 지속가능한 소비의 정당성을 약화시킨다. 다음으로, 소비자는 생산-소비 체계의 끝부분에 위치하고, 그 이전 단계로서 생산, 분배, 공급 등이 있다. 소비자를 비롯하여 정부, 기업, 시장이 모두 중요한 이해 관계자들이므로, 이에 상응하는 기회 구조가 마련되지 않는다면, 소비자의 능동적 참여는 기대하기 어렵다.

현재 중국의 지속가능한 소비 정책이 미진한 현 상황에 대해 본

---

3) 역주: '녹색출행'은 환경에 대한 영향을 줄이기 위해 대중교통을 이용하는 친환경적인 통근 방식이다.

연구는 실천론의 틀을 강조하여 소비자의 일상 생활 참여의 관점에서 소비 행위를 이해하고자 한다. 그리고 연구를 진행하는 과정에서, 공급-소비 체계와 시간 질서를 결합하여 지속가능한 소비 행위를 분석하고자 한다. 본 연구는 도시 중산층에 주목하여 그들의 소비 패턴을 분석하고 지속가능한 소비 동력의 부족을 초래하는 문제점을 탐구하며, 관련된 정책적 조언을 제시하고자 한다. 아울러 본 연구는 소비 사회학의 발전 방향에 대한 모색도 함께 시도한다.

본 연구에서 사용하는 데이터는 상하이대학교, 중국사회과학원 사회학연구소와 중산대학교가 공동으로 실시한 2015년 '거대도시 주민 생활 실태 조사'의 결과에 의거한다. 조사는 두 단계로 나누어 실시되었다. 1단계는 지역 무작위 표본추출법으로 베이징·상하이·광저우 3개 도시에서 주민들의 전체적인 상황을 대표하는 1,000개의 표본을 각각 추출한다. 2단계는 적응집락추출 방식으로 중산층의 표본을 추출하는 데 중점을 두었다. 두 단계의 조사를 통해 총 6,010개의 표본을 얻었는데 그중 베이징은 2,000개, 상하이는 2,002개, 광저우는 2,008개이다.

1. 실천론과 인프라의 시각

일반적으로 지속가능한 소비에 적용되는 실천론은 주로 두 가지 이론적 맥락에서 나온 것으로, 하나는 기든스의 구조화론이고 다른 하나는 부르디외의 실천론이다.

게르트 스파르가렌Gert Spaargaren은 전자의 이론을 주장하는 대표자이다. 그는 기든스의 이론을 이어받아 사회 실천의 관행성과 중복성을 인지하고 지속가능한 소비 방면의 분석은 행위자가 참여하는 사회 실천과 그 배후의 맥락, 이익과 동기에 주목하여 이루어져야 한다고 주장하였다. 그리고 실천은 사회구조의 제약을 받으며 사회구조는 주로 규칙과 자원으로 이루어져 있다고 강조하였다(Spaagaren & Vilet, 2000). 구체적으로 행위 규범과 가치는 정황context 안에 존재하게 되므로, 이는 사회실천 중의 '규칙'에 속하며, 특정한 정황에서 행위자의 행위 과정을 변화시키는 요인은 사회 실천 중의 '자원'에 해당된다. 가계소비를 예로 들면, 스파르가렌(2000) 등은 구조화론의 틀을 응용하여 생산-소비의 순환 과정에 환경 과학기술의 혁신적인 요소를 도입함으로써 지속가능한 소비 연구의 모형을 제시하였다. 이 모형은 난방, 세탁, 조리 등 일상적인 실천을 열거하며, 생산-소비의 순환을 생산, 공급, 획득과 사용 네 부분으로 조작화하였다. 모형의 왼쪽은 인간 행위자이며 생활방식에 미치는 환경의 영향을 줄이는 데 목적을 둔다. 모형의 오른쪽은 회사, 사업단위 및 정부부처 등 인간 행위자를 위해 지속가능한 상품과 서비스를 개발하는 기구이며 그들은 규칙과 자원을 장악하고 사회실천의 구조를 구축한다. 환경 분야의 혁신 기술은 생산자와 소비자를 연결하는 핵심으로, 공급 측면에 의해 연구되고 개발되어야 하지만 소비자가 요구하는 생활방식과 쾌적, 청결, 편의 등의 생활기준을 만족시켜야 한다. 이러한 수요는 거꾸로 기술의 혁신을 촉진하게 된다.

알란 와르드Alan Warde와 데일 서더턴Dale Southerton은 후자의 이론을 대표하는 학자들이다. 부르디외가 제시한 '아비투스Habitus' 개념은 실천론의 핵심이다. 이 이론은 인간의 물질에 대한 처리가 완전히 의식적이고 목적이 있는 것이 아니라고 강조하며 일상행위의 중요한 특징을 지적하였는데, 인간은 어떤 일에 부딪쳤을 때 반드시 고민을 통해 결정하지 않더라도 대다수 상황을 순조롭게 진행시킬 수 있다는 것이다. 와르드 등의 학자들은 부르디외와 그의 후배 학자들이 발전시킨 실천론을 지속가능한 소비 영역에 적용함으로써 지속가능한 소비의 분석에 유용한 이론적 시각을 제시하였을 뿐만 아니라 소비사회학의 발전에도 이바지하였다.

하나는 사회 기술과 시간 질서를 강조함으로써 실천론과 소비사회학 관련 이론의 실증화를 추진하였다는 점이다. 와르드(Warde A., D. Welch & J. Paddock, 2016) 등은 사회 기술의 변천, 시간 질서와 정책 패러다임 비판 등 실증 연구의 세 가지 영역을 논의한 바 있다. 셔브(Shove E., M. Pantzar & M. Watson, 2012) 등은 실천에는 주로 의미, 능력, 물질의 세 가지 요소가 포함된다고 주장하며, 기술과 물질은 실천의 요소 및 그것들 간의 관계를 새롭게 구축한다고 논하였다. 예를 들어, 셔브(Shove E., 2003)는 신기술과 인프라를 통해 어떻게 쾌적한 생활을 가능하게 할 것인지에 대한 새로운 방법론을 제시하였는데 이는 사회적 기술 변천 연구의 관심사이기도 하다. 시간 질서 연구에서는 한 가지 행위와 기타 행위 간의 동기성(예를 들어 식사와 일, 오락, 사교 등 습관의 동기성)과 행위의 시간 순서(예를 들어 분류에서 세탁, 건조, 깨끗한 의류 정리까지의 세탁 순서)를 강조한다(Warde & Southerton, 2012). 시간 질서 연구는 습관과 관행의 중요성을 반영하고 있으며, 실천 행위가 시간적으로 교차한다는 사실이야말로 행위에 관여할 수 있는 절호의 기회가 될 수도 있다. 전통적인 정책 관여는 ABCattitude, behavior, choice 패턴, 즉 태도, 행위, 선택의 패턴으로 요약할 수 있지만, 이러한 패턴은 일상 행위들의 교착을 간과할 뿐만 아니라, 공급 시스템의 지원도 소홀히 함으로써 소비자의 행위를 효과적으로 바꾸지 못한다. 에번스(Evans, 2014)는 쓰레기에 대한 연구에서, 사람들은 지속가능한 소비에 대한 의사가 있으나 일상 생활의 잡다한 책임 및 의무를 감당해야 하는 과정에서 결코 지속가능한 소비 행위를 할 수 없다고 밝혔다. 실천론에서는 일상적인 실천 행위는 상호의존적이며, 다양한 이해관계자와 책임에 대한 관여 방법이 강조되며, 한 가지 이상의 실천 행위에 관여하거나 실천 요소를 다른 실천 요소로 대체하는 방식을 통해 행위의 변화를 일으킬 수 있다고 인식한다(Warde, 2016).

다른 하나는 사회구조의 제약과 실천의 '미약성'을 강조하여 경제학과의 대화 및 소비사회학 내부의 대화를 추진하는 것이다. 고전 경제학 이론에서는 인간을 이성적인 의사 결정을 할 수 있는 개체로 인식하여 소비자의 자유와 주권을 강조하며, 소비자들이 그들의 수요에 따라 의사 결정을 할 수 있음을 인정한다. 이러한 상품이나 서비스를 소비하는 데 필요한 물질적 자원과 사회적 권리를 가진 상태에서 소비자들은 절대적인 선택 자유를 가진다고 주장한다. 그러나 행동-구조 이론에서는 인간의 행동이 자원과 규칙으로 구성된 구조의 제약을 받기 때문에 인간이 완전한 능동적인 개체가 아니라고 한다. 실천론에서는 일상 생활의 규칙성, 사소함과 무의식을 강조하며 성찰적인 선택은 제한적인 상황에서만 나타난다고 하고 소비가 항상 표현적이고 부호적이며 유의성이 있는 것만은 아니라고 주장한다. 그로나우와 와이드(Warde, 2001)는 '일상적 소비Ordinary consumption'의 개념을 제시하며, 이 개념은 거의 어떤 기호적 의미도 전달하지 않고 유의성이 없는 소비 행위, 예를 들어 전기와 용수, 요리, 세탁 등의 행위를 가리킨다. 이러한 주장들은 소비 행위를 설명하기 위한 실천론의 독창성과 혁신성을 강화하는 한편 다양한 소비 연구 가운데 실천론이 차지하는 위상과 역할을 논의한다.

어떠한 이론 맥락을 갖는 실천론이든 태도 변화가 행동 변화의 효과적인 전제가 아니라는 사실을 인정하고 있으며, 소비자 교육에만 의존한다면 행동 개입이라는 소기의 목적을 달성하기는 어렵다고 주장한다. 반대로, 실천론은 공급 측면과 '인프라 시각'을 강조한다. 실증 분석의 틀을 구축하기 위하여 본 연구는 위와 같은 연구 가운데 세 가지 주요 차원, 즉 공급-소비 체계, 실천의 시간성 및 중산층 소비자를 논의하고자 한다.

1) 공급-소비 체계: 인프라의 시각에서

행동-구조 시각은 자원과 규칙으로 이루어진 사회구조가 행위자에게 가하는 제약적 역할을 강조한다. 이를 지속가능한 소비의 영역에 적용한다면 이는 실천적인 구조로서의 공급 측면이 소비자에게 가하는 제약석 역할이 강조되는데 이를 '인프라 시각'이라고도 한다. 스파르가렌(Spargaren, 2003)은 '인프라 시각'을 공공사업의 서비스 수준을 가늠하는 일종의 분석 도구로 될 수 있다는 시각을 제시하고, 공급 측면의 설계, 생산·분배 모형이 소비 측면의 획득, 사용과 처분 패턴에 적합한지 여부를 연구한다. 이에 따라 소비분야별로 지속 가능성의 차이를 발견할 수 있다. 일부 일상적인 실천이 다른 것에 비해 달라지기 어려운 원인은 친환경적인 선택이 공급수준에서의 차이를 보이기 때문이다. 그래서 일부 일상적 실천에서 친환경적인 선택이 줄어들거나 소비자들의 획득이 어려워지게 되므로 소비자 행위의 변화는 방해를 받게 된다.

'인프라 시각'에서 사회학자와 행동경제학자들의 논의는 일치한다. 리처드 탈러와 캐스 선스타인4)(Richard H. Thaler & Cass Sunstein, 2015)

은 '넛지Nudge' 이론을 통해 사람들의 행동을 변화시키고자 했다. '넛지' 이론의 개괄적인 내용은 다음과 같다. "어떠한 선택 체계의 한 측면에서 강제적인 방식이 아닌 언어로 사람들의 선택을 바꾸거나 그들의 경제적 동기 및 행위를 바꾸는 것을 말한다. '넛지'라고 할 수 있으려면 반드시 부작용을 최소화하거나, 나아가서 부작용을 쉽게 피할 수 있어야 한다." 탈러와 선스타인은 이러한 책략을 '독단적인 자유방임주의'라고 정의하고, 사람들이 좋아하는 것을 자유롭게 선택하도록 격려한다. 그러나 선택 설계자는 사람들이 더 건강하고 행복하게 살 수 있도록 그들의 행위에 영향을 미치려고 노력한다. '넛지'의 책략은 인간 인지 시스템에 대한 분석을 기초로 둔다. 탈러와 선스타인은 사람들이 일상 생활에서 두 가지 사고방식을 사용한다고 분석한다. 한 가지 방식은 직감적이고 자동적인 방식이며, 다른 한 가지 방식은 사유적이고 이성적인 방식인데, 전자가 더 보편적으로 사용되고 있다. '넛지'의 목적은 사람들의 인지 습관에 맞게 설계를 함으로써 직관적 사고가 일으킬 수 있는 불리한 결과를 피하고자 하는 데 있다.

'선택 설계자'는 정책의 제공자뿐만 아니라 공급 측면의 기업, 사업단위 등 상품과 서비스의 제공자를 포함하기도 한다. 예를 들어 상점의 식품 진열 방식을 설계할 때, 건강식품과 유기농 식품을 보다 눈에 잘 띄고 집어들기 쉬운 곳에 배치함으로써, 소비자들의 우선

---

4) 역주: 캐스 선스타인, 하버드대학교 로스쿨 교수. 시카고대학교의 행동경제학자 리처드 탈러와 함께 『넛지Nudge』라는 책을 공저하였다. 이 책을 통해 '넛지'라는 단어가 널리 알려지게 되었다. '넛지'는 '타인의 선택을 유도하는 부드러운 개입'이다. 즉, 어떤 선택을 금지하거나 경제적 인센티브를 크게 변화시키지 않고 예상가능한 방향으로 사람들의 행동을 변화시키는 것이다.

선택을 유도하는 방식은 일종의 '넛지'이다. 호텔에서 카드 삽입을 통해 전기가 공급되게 하는 것도 에너지 절약을 위한 일종의 '넛지'이다. 와르드(Warde, 2016)는 특히 회사와 기업이 '넛지'에서 담당하는 중요한 역할을 지적하였다. 회사 관료제의 조직 방식, 강제적 협력 방식 및 목표제 관리와 평가 메커니즘은 에너지 절약 촉진에 긍정적인 효과가 있을 뿐만 아니라, 원가, 보조금과 세금에 대한 회사의 반응 또한 개인에 비해 훨씬 민감한 것으로 나타났다.

지속가능한 소비의 확대에 인프라 시각이 중요한 만큼, 소비 측면의 실천 요소와 특징을 또한 간과해서는 안 된다. 마일란(Mylan, 2015)은 소비 실천이 지속가능한 서비스 통합시스템Sustainable Product-Service System에 미치는 영향을 세 가지 측면에서 분석하였다. 우선, 소비 실천과 수요는 고정불변의 것이 아니며, 공급 발단은 소비자의 수요에 '만족'하지 않고 '변화'해야 한다. 지속가능한 서비스 통합시스템의 혁신은 소비 실천과 신제품, 비즈니스 패턴과 인프라의 공동 발전을 유도해야 한다. 다음으로, 일부 소비 실천의 전환은 기술이나 의미의 변화를 말하는데, 가령 고온 세척에서 저온 세척, 운전에서 보행으로의 변화가 그러한 사례에 해당한다. 소비 실천의 전환에 따라 소비자들의 선택 변화는 더 어려워지게 되며, 지속가능한 서비스 통합시스템은 이런 종류의 소비 의미의 재구축 방식 및 자기 이미지 표현 방식에 대해서 고민해야 할 것으로 보인다. 마지막으로, 기타 행위와의 연계가 그다지 긴밀하지 않은 행위들, 예를 들어 원예 같은 행위들은 비교적 적은 자원을 필요로 하면서도 다른 행위와 상대적으로 독립적이기 때문에 변화는 비교적 쉽게 이루어질 수 있다. 그러나 운전과 같은 행위는 쇼핑, 통근, 사교, 가정 책임 등 기타 일상적인 실천과 관련이 되므로 상대적으로 바꾸기가 어렵다.

2) 실천의 시간성temporalities

시간은 추상적인 물리학적 의미뿐만 아니라 사회성과 경제성을 가지는 것이다. 시간의 사회성은 시간 그 자체가 일종의 사회기관social institution이며, 시간에 대한 우리의 이해와 체험은 집단 사회 활동 가운데 시간 간격에서 발생하게 된다. 시간의 경제성은 사회경제 활동에 분배되는 시간의 자원적 속성을 가리킨다. 스페인과 영국의 식사 행위 비교를 통해 서스턴 등은 실천 행위의 시간적 차원, 즉 지속 시간, 주기성, 순서, 리듬 및 동기성을 제시하고, 실천의 실체적 특징을 입증하였다(Southerton, Díaz-Méndez, and Warde, 2012). 영국에서는 가족과 함께 식사하는 빈도가 현저히 줄어든 반면, 스페인에서는 여전히 빈번하게 유지된다. 이 두 나라의 사회와 문화적 배경의 차이를 총괄해 보면 "실천 행위 방식의 특징은 실천 행위 그 자체의 문화적 함의를 구축한다."는 것을 설명할 수 있다. 이 연구는 시간의 기관성과 자원적 특성을 강조한다. 개체는 시간을 자유롭게 지배할 수 있는 것처럼 보이지만 실제로는 사회적 관습, 규범과 경제 및 사회 제도의 영향을 받게 된다.

어떻게 '시간'을 이용하여 사람들의 행위를 변화시킬 것인가에 대해 본 연구는 식사와 관련된 실천 행위의 시간성을 중시해야 한다고 주장한다. 예를 들어, 회사가 직원들을 정해진 시간에 식사하도록 장려하고 규모 효과를 형성함으로써 에너지 절약의 목표를 달성하고자 한다고 가정해 보자. 목표 달성을 위해 회사는 근무 시간과 음식 공급의 시간적 순서(구매, 저장, 조리, 식사까지)를 고려해야 하며, 현지 식자재 구매, 냉장고 사용 줄이기, 남은 음식 줄이기를 장려하려면 회사는 시간적 차원에서 적절한 개입을 해야 한다.

서스톤(Southerton, 2013)은 일상 행위의 시간 조건성을 강조하고 실천 행위의 세 가지 중요한 시간 개념을 제시하였다. ① 시간은 자원이다. ② 일상 행위에는 시간적 비용이 든다. ③ 서로 다른 행위들에 대한 시간의 리듬은 서로 다르다. 습관과 관행은 실천론의 핵심 개념이다. 서스톤(2013)은 습관과 관행은 관찰이 가능한 두 가지 행위이며, 이들이 사회적 조건성을 가지고 있고 또한 많은 일상적 행위의 기초가 된다고 지적하였다. 그는 구체적으로 실천의 시간성, 그리고 시간성이 어떤 식으로 관습이나 관례 개념과 관련을 맺는지에 대해 밝히고, 더 나아가 이들을 통해 실천이 지속가능한 소비로 전환하는 데에 필요한 방법론을 제시하였다.

3) 중산층 소비자

중산층이 소비문화의 핵심 역량으로서 지속가능한 소비와 환경 보호 행위에 관한 연구에서 주목을 많이 받았다. 많은 실증 연구들은 중산층이 지속가능한 소비에 적극적이지 않다는 사실을 지적하였다. 상하이시 황푸구 주민을 대상으로 한 조사에서 성별, 연령, 교육, 직업 등의 변수를 통제한 경우, '중산' 시민(가구소득 10만 위안 이상)들은 주거 단지의 환경 및 저탄소 커뮤니티 건설에 관한 정부 조치에 상대적으로 만족하지 않았다. 그들은 저탄소에 대한 낮은 인식을 보였으며 그들의 생활 역시 저탄소와 낮은 관련성을 보였다. 그들은 저탄소 커뮤니티 건설에 참여하는 적극성도 '비非중산 시민'보다 낮게 나타난다(孫中偉·黃時進, 2015). 이러한 연구들은 중산층이 저탄소 에너지 절약에 적극적이지 않은 이유를 그들이 환경 보호를 위해 삶의 질을 낮추기를 원치 않으며 사회적 도덕심이 결여된 것으로 해석했지만 이는 실제로 공급 측면과 인프라의 시각을 간과한 것이다. 예민선과 저우창청(葉閔愼·周長城, 2016)은 2013년 '중국 사회실태 종합조사' 데이터를 이용하여 교육 수준이 주민의 생태적 가치관에 일정한 영향을 미친다는 사실을 발견하였다. 교육 수준이 높을수록 사람들은 환경 보호에 대한 책임을 더욱 중시하고, 스스로가 가진 환경 지식에 대해 높은 자신감을 보이지만, 실제로 환경 보호를 위해서는 매우 제한적인 역할만을 수행하였다. 결국 교육 수준과 환경 보호 사이에는 뚜렷한 상관관계가 없는 것으로 밝혀졌다. 기존의 연구에서는 중산층의 지속가능한 소비 실천의 특징을 제시하고 태도와 행위 간의 괴리를 지적하였으나, 납득할 만한 설명을 제공하지는 못했다.

본 연구에서는 이론적 정리를 토대로 지속가능한 소비를 연구할 수 있는 실증적인 분석틀을 세운 후, 주요 영향 요인을 인프라와 시간·생활 리듬으로 설정하여 중산층의 지속가능한 소비 행위를 고찰해 보고 그 결과를 해석하고자 한다. 이론적 틀은 〈그림 1〉과 같다.

〈**그림 1**〉 지속가능한 소비 이론의 틀

2. 중산층의 지속가능한 소비 지향과 태도

본 연구는 중산층을 권력 엘리트, 전문 엘리트 및 소득이 평균보다 높은 일반 화이트칼라로 정의하였다(구체적인 정의는 朱迪, 2013 참조). 데이터를 통해 중산층은 전체 표본의 42%, 전체 취업인구의 54%를 차지하고 있음을 알 수 있다. 식품 소비 측면에서는 중산층은 유기농 식품과 고품질 식품을 선호한다. 〈그림 2〉를 통해 중산층의 71%는 식자재를 대형 마트에서 자주 구입하고 75%는 유기농 식품을 자주 섭취하며 38%는 수입브랜드 식품을 자주 섭취한다는 것을 알 수 있다. 이는 중저계층의 56%, 60%와 16%만이 이러한 소비를 하는 것과 차이를 보인다. 중산층의 쓰레기 분류 비율도 중저계층보다 높게 나타나며 중산층의 63%는 이미 이러한 습관을 갖고 있다.

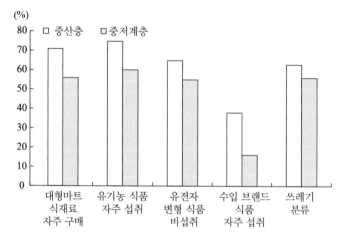

〈그림 2〉 중산층과 중저계층의 일상 유기농 식품 소비

비록 중산층은 식품 소비를 적극적으로 지속가능한 소비로 전환하려고 하지만, 자동차 소비에서는 오히려 '보수적'인 경향을 보였다. 〈그림 3〉에 나타난 바와 같이, 신차 구입시 중산층의 40%만이 신에너지 자동차 구입 의사를 밝힌 반면, 중저계층에서는 46%나 신에너지

자동차 구입 의사를 밝혀 비교적 적극적인 태도를 보였다. 비교해 보면 광저우 주민들이 신에너지 자동차 구입에 가장 적극적이어서 응답자의 52%가 신차 구입 시 신에너지 자동차를 구입하겠다고 응답했고, 베이징 주민들의 적극성이 가장 낮게 나타났는데 응답자의 36%만이 긍정적인 반응을 보였다.

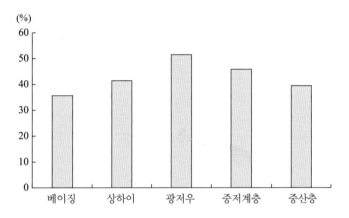

〈그림 3〉 도시 주민의 신에너지 자동차 소비

중산층이 유기농 식품 소비와 신에너지 자동차 소비에서 보여주는 불일치는 어떻게 해석될 수 있는가? 이는 서비스 공급의 수준 차이에서 비롯되었다고 해석할 수 있다. 유기농 식품의 공급은 갈수록 보편화되고 있으나 신에너지 자동차에 필요한 충전기의 보급률과 배터리의 안전성 및 지구력 등에 여전히 문제가 남아 있으며, 이는 분야별 소비의 소비자 선호에 영향을 주고 있다.

그 밖에 소비 실천 요소 특징과 실천 행위 간의 관계와도 관련이 있다. 마일란(Mylan, 2015)이 언급했듯이, 일부 소비 실천의 전환은 기술이나 의미의 변화를 초래한다. 나아가 일부 소비 실천은 기타 일상의 실천과 더욱 긴밀하게 연계됨으로써 소비 행위의 변화를 상당히 어렵게 만든다. 신에너지 자동차가 전형적인 사례이다. 전통적인 자동차에서 신에너지 자동차로 소비자들의 선호를 바꾸기 위해서는 기술과 지식이 모두 업데이트되어야 하고 신에너지 자동차를 둘러싼 문화적 의미와 기호적 의미도 모두 변해야 하며 소비자의 자아 정체성과의 부합 여부를 고려해야 한다. 〈그림 4〉에 나타난 바와 같이, 중산층의 40%는 자가용 배기량이 2.0~2.5L인데 비해, 중저계층의 23%만이 이와 같은 배기량의 자가용을 이용한다. 이를 통해, 중산층이 자동차의 성능을 중시하는 태도에는 실용적인 동기와 기호적인 동기가 담겨 있음을 확인할 수 있다.

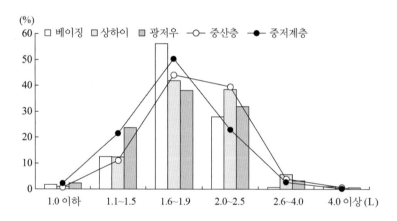

〈그림 4〉 도시 주민 자가용의 배기량

자동차는 일상적인 출퇴근 및 자녀의 픽업과 관련되어 있으며 많은 가정에서 명절 때 고향에 가거나 휴가를 보낼 때의 도구로 이용된다. 대도시의 주차난과 비싼 주차 비용으로 인해, 일부 가정은 주말이나 휴가철에만 자가용을 이용하거나, 장거리 혹은 근교 여행 등에 사용한다. 그러나 신에너지 자동차는 배터리 지구력 등의 문제로 이러한 수요를 제대로 충족시키지 못할 수 있다.

그러나 유기농 식품은 지식이나 기호의 의미에서 큰 변화를 보이지 않았다(변화가 있더라도 건전한 생활방식으로 소비자의 사회적 지위를 높이는 방향으로 변함). 소비자에게 있어서 일반 식품에서 유기농 식품으로의 전환은 주로 지출을 증가시킬 뿐 그들의 일상적 실천을 바꾸지는 않았다. 이는 구매, 저장, 조리 등에 영향을 주지 않는다는 사실을 의미한다. 따라서 신에너지 자동차에 비해 유기농 식품의 소비가 소비자들에게 받아들여질 가능성이 더 높았던 것으로 분석된다.

중산층의 유기농 식품 선호는 환경적 고려뿐만 아니라, 안전하고 건강한 고품질 식품 선호에 기인한다. '반대 격리inverted quarantine'이론(Szasz, 2009)에서 제시된 것처럼, 사람들은 환경의 위협에 맞서 적극적인 행동을 통해 환경을 보호하는 것이 아니라, 위협적인 환경으로부터 자신을 격리시킴으로써 스스로를 보호하고자 한다. 중산층은 '반대 격리'를 할 수 있는 자원을 더 많이 가지고 있는 것이 분명하다.

조사에서는 도시 주민들에게 신에너지 자동차를 구입하지 않는 이유에 대해서도 물었다(〈그림 5〉 참조). 가장 주요한 이유는 "가스를 넣거나 충전할 때 불편하다."라는 것이었는데, 중산층의 66%와 중저계층의 62%가 이 같은 응답을 하였다. "그런 차를 잘 모른다."라는 응답은 2위로, "가격 면에서 혜택이 없다."는 응답은 3위로 집계되었다. 이를 통해 편리성이 떨어진다는 점이 신에너지 자동차의 가장 두드러진 단점임을 확인할 수 있었다. 3분 동안 기름을 넣으면 바로 달릴 수 있는 것과 30분 동안 충전기를 찾아 3시간이나 충전을 해야 하는 것을 비교해 보면, 신에너지 자동차를 사용하는 데 필요한 시간과 에너지 비용이 여전히 높게 나타난다는 사실을 어렵지 않게 알 수 있다. 동시에 관련 인프라의 건설과 유지가 완비되지 않은 것도 소비자들의 신뢰에 부정적인 영향을 미치게 된다. 중산층은 중저계층보다 편리성을 더 중시한다. 그 외 대중은 관련 지식과 기술 부족으로 인해 새로운 대상에 대한 걱정이 생기기 쉽기 때문에 신에너지 자동차 구입의 장벽은 높아지게 된다. 관련 정책에서 중점을 두는 가격과 보조금 지원이 실제로는 가장 중요한 요인이 아니었던 것이다.

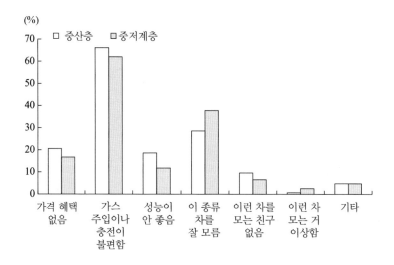

〈그림 5〉 도시 주민이 신에너지 자동차를 구입하지 않는 이유

편리성뿐만 아니라, 중산층은 중저계층보다 성능과 사회적 스트레스 요인을 더 강조한다. 중산층의 19%는 신에너지 자동차의 "성능이 좋지 않다.", 10%는 "주변에 이런 차를 모는 친구가 없다."라고 답하였다. 이를 통해, 신에너지 자동차의 보급 과정에서 거래 원가도 중요하지만 사용 원가 또한 중요하다는 것을 확인할 수 있다. 편리성, 성능 및 소비자의 수요와 지위를 나타내는 것은 중산층에게 유의미한

영향을 미치기 때문에 소비 행위에 관여할 때도 이러한 요인을 중요시해야 한다.

조사를 통해 중산층과 중저계층 모두가 지속가능한 소비 확대의 시급성과 정당성을 인정하는 것을 알 수 있었다. 각각 69%와 67%의 중산층과 중저계층은 "소비자는 친환경보다 실용적이며 편리한 소비를 우선 고려해야 한다."는 물음에 비교적 동의하지 않거나 매우 동의하지 않았으며, 각각 68%와 63%의 비율은 "지속가능한 소비를 장려하는 것은 현재 중국의 상황에서 이르다."라는 물음에 비교적 동의하지 않거나 매우 동의하지 않았다.

그러나 중산층이 보이는 지속가능한 소비 지향과 실제 행위 간에는 간극이 존재한다. 〈그림 6〉은 도시 주민의 지속가능한 소비에 대한 다중대응분석의 결과이다. 지속가능한 소비와 환경 보호에 공감

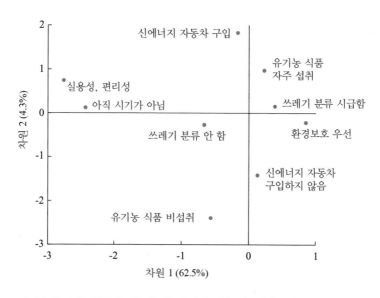

〈그림 6〉 도시 주민의 지속가능한 소비에 대한 다중대응분석

하는 태도가 도시 주민의 지속가능한 소비 패턴에 중대한 영향을 미치는지를 살펴본 결과는 다음과 같다. 차원 1은 62.5%의 분산을 설명할 수 있는데 지속가능한 소비의 실천 여부(유기농 식품과 신에너지 자동차 구입, 쓰레기 분류 포함)는 또 다른 차원을 구성하고 있으며, 행위 차원은 도시 주민의 지속가능한 소비를 설명하는 부차적인 차원을 이루는데, 차원 2는 4.3%의 분산만을 설명할 수 있다. 즉, 사람들은 항상 지속가능한 소비를 지향하는 태도를 보이지만 행위가 이러한 태도의 영향을 항상 받는 것은 아니다. 이러한 결과를 두고 단순히 소비자의 '허위'로 귀결시켜서는 안 되고, 소비자 주권의 한계로 이해해야 한다. 소비 실천은 역시 서비스 통합시스템, 시간 안배 등의 요인의 영향을 받기 때문이다.

3. 중산층의 지속가능한 소비 모형

앞에서 구축한 이론적 틀에 따라 본 연구는 주로 인프라와 시간 안배의 차원에서 도시 중산층의 지속가능한 소비패턴을 분석하고자 한다. 주로 두 가지 지속가능한 소비 실천, 즉 쓰레기 분류와 유기농 식품 소비에 중점을 둔다. 조사에서 해당 커뮤니티의 인프라를 직접적으로 측정하는 변수가 없기 때문에 응답자 거주 커뮤니티의 유형과 아파트 관리비라는 두 변수를 통해 인프라 완비의 정도를 측정한다. 응답자가 거주하는 아파트의 상품화 정도와 등급이 높을수록 인프라가 잘 완비되어 있으며, 아파트의 관리비가 높을수록 인프라 및 관리가 잘 되어 있음을 가정한다. 그리고 유기농 식품 소비와 인프라 간에는 상관관계가 보이지 않으므로 모형에서 아파트 관리비라는 변수를 제거하였다.

이외에 응답자의 근무일과 주말의 여가 시간을 통해 삶의 리듬과 시간 안배를 측정한다. 여가 시간이 많을수록 일과 가정에 책임지는 시간이 적고 시간 안배가 느슨한 것임을 의미한다. 여기서는 삶의 리듬이 느려질수록 시간 안배가 느슨해지고 개인이 지속가능한 소비로 전환할 가능성이 높아질 것으로 가정한다.

변수에 응답자들의 소속 계층을 추가하여 중산층이 지속가능한 소비를 할 수 있는지를 측정한다. "녹색소비와 지속가능한 소비의 장려는 현재 중국의 상황에서 이르다."라는 변수를 설정함으로써 응답자들의 지속가능한 소비에 대한 태도를 측정한다. 녹색소비의 태도에 비해 이러한 태도가 지속가능한 소비 실천에 미치는 영향과 계층별 태도에서 보이는 차이가 상대적으로 유의미하기 때문이다. 인구 특징의 변수는 교육 수준, 성별과 연령을 포함한다. 〈표 1〉은 모형에서 사용하는 변수를 기술한다.

본 연구에서는 두 개의 logit 회귀모형을 설정하여 도시 주민의 쓰레기 분류와 유기농 식품 소비의 영향 요인을 설명하고자 한다. 다음의 〈표 2〉는 회귀모형의 결과를 제시한다. 분석을 통해서 쓰레기 분류나 유기농 식품 소비에서 인프라와 시간의 영향은 모두 유의미하지만 지속가능한 소비태도의 영향은 유의미하지 않음을 알 수 있다.

〈표 1〉 도시 주민의 지속가능한 소비 회귀모형의 변수

변수	표본	평균치	표준편차	변수 설명
쓰레기 분류 여부	2,925	0.587692	0.492334	0= 쓰레기 분류하지 않음 1=쓰레기 분류함
유기농 식품 섭취 여부	2,930	0.657338	0.474681	0=유기농 식품 자주 섭취하지 않음 1=유기농 식품 자주 섭취
중산층 여부	4,928	0.42289	0.494068	0=중저계층 1=중산층
여가 시간	2,785	7.650987	5.461686	범위는 0~48시간
아파트 관리비 (월/m²)	3,554	5.694797	16.90125	범위는 0~100위안
주거유형	5,911	2.5955	0.771296	1=재건축되지 않은 단지, 2=단위(單位) 커뮤니티, 농촌에서 도시로 전환한 아파트 단지 및 기타 보장성 주택, 3=일반 아파트 단지, 4=별장 및 고급 아파트
"녹색소비와 지속가능한 소비의 장려는 현재 중국의 상황에서 이르다."의 인정 여부	2,929	0.347559	0.476276	0=인정하지 않음, 1=인정함
교육 수준	5,991	2.493908	1.247871	0=무학 및 초등학교, 1=중학교, 2=일반 고등학교·직업 고등학교·중등 전문학교·기술학교, 3=전문대학, 4=대학교 이상
성별	5,989	0.535315	0.498793	0=남, 1=여
연령	5,952	42.1213	13.74576	범위는 18-70세

〈표 2〉 도시 주민의 쓰레기 분류 및 유기농 식품 소비에 대한 logit 회귀모형

변수	쓰레기 분류 여부	유기농 식품 자주 섭취 여부
중산층	0.0321	0.563***
여가 시간	0.0174*	0.0314***
아파트 관리비(월/m²)	0.0102***	-
주거유형(준거집단: 재건축되지 않은 낡은 아파트 단지)		
단위 커뮤니티, 농촌에서 도시로 전환한 아파트 단지 및 보장성 주택	-0.101	0.0791
일반 아파트 단지	0.0904	0.713***
별장 및 고급 주택	1.300***	0.819***
녹색소비가 이르다고 생각함(태도)	-0.167	-0.0240
교육 수준(준거집단: 무학 및 초졸)		
중학교	0.0305	0.463**
일반 고등학교·직업 고등학교·중등 전문학교·기술학교	0.127	0.728***
전문대학	0.642**	0.897***
대학교 이상	0.426	0.767***
성별	0.120	0.344***
연령	0.00294	0.0106***
표본량	1,397	2,279

*** $p < 0.01$, ** $p < 0.05$, * $p < 0.1$.

아파트 관리비가 높을수록, 별장이나 고급 주택가에 거주하는 사람일수록 쓰레기 분류에 적극적인 태도를 보이는 것으로 나타났다. 삶의 리듬 측면에서 볼 때, 여가 시간이 많을수록 쓰레기를 분류할 가능성이 높아진다. 이러한 결과는 앞서 제시한 가설을 검증한다. 즉 아파트 단지에 편리하고 실용적인 쓰레기 분류 시설이 갖추어진다면

쓰레기 분류에 대한 주민들의 적극성을 대폭 높일 수 있다는 것이다. 또한 삶의 리듬이 느려지고 개인 시간이 많이 늘어날수록, 일상 생활에서 쓰레기를 분류할 가능성이 높아진다. 이와 반대로, 삶의 리듬이 빨라질수록, 직장과 가정에 소모해야 할 에너지가 높아지기 때문에 상대적으로 덜 시급하고 덜 중요한 쓰레기 분류에 대한 관심은 낮아질 수밖에 없다. 그러나 쓰레기 분류시설의 완비와 편리성은 시간 부족으로 인한 부정적 효과를 상쇄할 수 있게 된다.

쓰레기 분류 모형에서는 계층의 영향이 유의미하지 않았다. 이는 중산층과 중저계층의 쓰레기 분류 가능성에 유의미한 차이가 없음을 보여준다. 태도의 영향도 유의미하지 않았다. 이는 지속가능한 소비에 대한 공감 여부가 쓰레기 분류 여부에 실질적인 영향을 미치지 않음을 보여준다. 교육 수준의 영향은 유의미하지만 안정적이지는 않다. 다만 전문대졸 학력의 주민들의 쓰레기 분류 가능성은 무학 또는 초졸 학력의 주민보다 높게 나타났다.

유기농 식품 소비 모형에서는 인프라와 시간의 역할을 강조한다. 거주하는 아파트 단지의 상품화 정도와 등급이 높을수록, 단지 주변에 신뢰성이 높고 편리한 유기농 식품 구입처가 완비될 가능성이 높아져 주민들의 유기농 식품 구매의 빈도가 높아질 것이다. 주민들의 시간 안배가 느슨해질수록 식품의 질, 안전 및 환경 문제를 더 많이 고려할 수 있으며 전통적인 식습관을 유기농 식품으로 대체할 가능성이 높아질 것이다.

쓰레기 분류 모형에서와 달리 계층은 유기농 식품 소비 모형에서 유의미한 영향을 미쳤다. 중산층이 유기농 식품을 더 자주 섭취할 가능성이 높은 것은 중산층의 구매력이 비교적 강하고 '반대 격리'의 능력이 강한 것과 연관된다. 교육 수준의 영향력도 유의미한데, 무학

이나 초졸 학력자에 비해 교육 수준이 높은 주민들은 유기농 식품을 섭취할 가능성이 더 높게 분석된다. "녹색소비와 지속가능한 소비의 장려는 현재 중국의 상황에서 이르다."에 대한 동의 여부는 유의미한 영향 관계를 나타내지 않았다. 이는 가치관 교육으로 행위를 변화시키는 전략이 현명하지 못한 것임을 설명하는 동시에, 주민들이 유기농 식품을 먹는 동기가 환경에 대한 고려를 넘어섰음을 반영한다. 성별과 연령의 영향도 유의미해서 여성과 연령이 비교적 많은 사람이 유기농 식품을 더 자주 섭취할 가능성이 높은데, 이들을 대상으로 지속가능한 소비 행위에 관여하는 것이 더 효과적일 수 있다.

중산층의 지속가능한 소비 행위에 대한 영향 요인을 구체적으로 고찰하기 위하여 본 연구는 도시 중산층과 중저계층을 대상으로 각각 쓰레기 분류의 logit 회귀모형을 구축했는데 분석 결과는 〈표 3〉과 같다. 이 두 모형에서 아파트 관리비와 주거유형의 영향은 모두 유의미하며 인프라 완비가 중산층과 중저계층의 쓰레기 분류 장려에 모두 효과적임을 보여준다. 그러나 여가 시간과 교육 수준은 유의미한 영향을 주지는 않는데, 그 주된 원인은 중산층과 중저계층의 삶의 리듬과 교육 수준의 동질성으로 인하여 이러한 변수들의 효과가 불명확해졌기 때문이다.

흥미롭게도 지속가능한 소비 태도의 영향이 중저계층 모형에서 유의미하게 나타났다. "녹색소비와 지속가능한 소비의 장려는 현재 중국의 상황에서 이르다."에 동의하지 않는 것은 지속가능한 소비의 시급성을 인지하는 중저계층이 쓰레기 분류에 동참할 가능성이 더 높다는 것을 의미한다. 가치관 교육 강화는 중저계층에게 더 효과적일 수 있으며, 이는 지속가능한 소비를 위한 정책의 실행에 일정한 시사점을 제공해 준다.

<표 3> 도시 중산층과 중저계층의 쓰레기 분류 logit 회귀모형

변수	중산층의 쓰레기 분류 모형	중저계층의 쓰레기 분류 모형
여가 시간	0.0229	0.0177
아파트 관리비(월/m²)	0.164**	0.220***
주거유형(준거집단: 재건축되지 않은 낡은 아파트 단지)		
단위 커뮤니티, 농촌에서 도시로 전환한 아파트 단지 및 보장성 주택	-0.104	-0.0861
일반 아파트 단지	0.495	-0.211
별장 및 고급 주택가	1.785***	0.827*
녹색소비가 이르다고 생각함(태도)	0.188	-0.511***
교육 수준(준거집단: 무학 및 초졸)		
중학교	1.823	-0.179
일반 고등학교·직업 고등학교·중등 전문학교·기술학교	1.557	-0.0405
전문대학	1.985	0.485
대학교 이상	1.814	0.361
성별	-0.119	0.378**
연령	0.00923	0.00271
표본량	647	745

***$p < 0.01$, **$p < 0.05$, *$p < 0.1$

4. 결론과 시사점

본 연구는 공급 – 소비 체계와 일상 생활 실천의 시각에서 출발하여 중산층의 지속가능한 소비 행위의 주요 특징과 영향 요인을 분석하였다. 연구 결과에 의하면 도시 중산층은 분야별로 지속가능한 소비 경향에서 차이를 보였는데, 그들은 유기농 식품 소비를 선호하고 쓰레기 분류에는 적극적이지만 신에너지 자동차 구입에서는 적극적이지 않은 모습을 보였다. 이는 중산층 자체의 소비 특성, 동기와 관련성이 있으며, 또한 지속가능한 소비 실천의 특징과 관련이 있는 것으로 분석된다. 신에너지 자동차는 관련 인프라의 확충 및 많은 관련 지식을 필요로 하고, 기술에 대해서도 높은 요구가 전제되는 관계로 자동차 소비에 대한 일종의 개념 전환을 야기한다. 그런데 중산층이 생각하는 자동차는 일상 생활의 계획과, 일과 가정에 대한 책임을 조화시키는 기능을 하는 도구 정도이기 때문에 중산층이 신에너지 자동차를 선택하는 것을 어렵게 만든다.

모형은 인프라와 시간이 쓰레기 분류와 유기농 식품 소비에 미친 영향이 모두 유의미하지만, 지속가능한 소비에 공감하는 태도에 미치는 영향은 유의미하지 않았음을 보여준다. 계층이 쓰레기 분류에 미치는 영향이 유의미하지 않은 것은 중산층과 중저계층 간의 쓰레기 분류 가능성의 차이가 불명확하다는 것을 나타낸다. 더 나아가 본 연구는 인프라의 완비가 중산층과 중저계층의 쓰레기 분류 장려에 효과적이라는 것을 알아냈다. 아파트 단지에 편리하고 실용적인 쓰레기 분류 시설이 완비된다면 주민들의 쓰레기 분류 의욕을 크게 향상시킬 수 있다. 지속가능한 소비 태도가 중저소득층에 미치는 영향은 크지만 중산층에 미치는 영향은 크지 않은 것으로 나타났다.

본 연구의 주된 시사점은 '교육'과 '보조금 지원'에서 '공급'으로, '교육 소비자'에서 '서비스 소비자'로의 정책 패러다임 전환과, 전반적인 인프라의 계획과 보완을 통해 녹색출행과 쓰레기 분류를 위한 다양한 편의를 제공하여 소비자들의 소비 행태를 바꾸는 데 있다.

서비스 통합시스템의 시각에서, 녹색출행과 신에너지 자동차 보급에 대한 정책 제안은 다음과 같다. 대중교통 체계를 완비해 자가용,

자전거, 전기 자전거 등의 개인 교통 수단과 연결하고, 직장, 주택, 상가 및 공공주차장 등 소비자가 장시간 머무는 장소에 충전기를 설치하고 효율적인 유지 조치를 다양하게 강구하여 신에너지 자동차의 편의성을 높인다. 그리고 기술 혁신을 추진하여 안전성을 제고하고 소비자의 신뢰를 높인다. 쓰레기 분류에 대한 정책적 제안은 다음과 같다. 쓰레기 분류 시설을 완비하고 정기적으로 관리함으로써 편리성과 변별성을 높인다. 동시에 아파트 관리사무소, 지역과 시 정부 등 다층적인 환경 보호 서비스 체계의 관리를 강화하여 서비스 공급 측면에서 쓰레기 분류를 촉진하고 주민의 참여도를 높인다.

본 연구는 미흡한 부분도 있다. 주로 인프라의 측정 변수가 정확하지 않으므로 향후 연구에서는 충전기, 쓰레기 분류 시설, 유기농 식품 구입처 등의 데이터를 수집함으로써 인프라를 보다 직접적으로 측정해야 한다. 또한, 시간성과 삶의 리듬의 측정에는 다소 복잡한 부분이 있어서 이 측면의 측정 자체가 어렵다는 점을 고려하여 추후 연구에서는 더 나은 실증 연구방법을 모색해야 한다. 그러나, 본 연구의 이론적인 틀과 실증 분석을 통해 지속가능한 소비가 소비사회학 연구에 몇 가지 시사점을 제공해 주었음을 확인할 수 있다.

첫째, 실증 연구의 발전 방향을 제공하였다. 소비사회학은 흔히 기호적 의미와 보편적인 해석 패러다임으로 구축되어 있다. 그러나 지속가능한 소비 연구는 소비사회학의 이론, 방법 및 응용을 보다 현실적이고 실증적인 방향으로 발전하게 할 수 있다. 지속가능한 소비에서는 구체적인 실천 행위(음식, 외출, 수도 이용, 조명, 쓰레기 분류 등)를 서로 다른 구조(가정 구조, 시간적 질서, 공급 체계, 제도 체제 등)에서의 배치를 검토하고 이러한 실증 분석을 통해 실천 요소 간의 관계를 논증함으로써 실천론을 발전시켰다.

둘째, 소비와 과학 기술이 긴밀하게 결합된 시대적 특징을 정확하게 짚어 볼 수 있었다. 부르디외와 기든스 등의 고전 사회학자들은 물질, 과학기술, 인프라가 도구적이라고 주장하였다. 그러나 지속가능한 소비 관련 연구에서는 인간의 행위에서 차지하는 과학기술과 인프라의 역할이 이미 도구적인 차원을 넘어 일정한 자주성과 능동성을 가지게 되었다(Warde, Welch & Paddock, 2016). 극단적인 '행위자 네트워크 이론Actor Network Theory'에서는 사회를 해석할 때 인간과 사물을 동등한 위치에 두고 같은 방법으로 고찰해야 한다고 주장했다(Latour, 2005). 지속가능한 소비에서 서비스 통합시스템의 기술 혁신을 강조함으로써, 소비와 물질 연구는 과학 기술, 정보, 인터넷 등의 연구와 밀접하게 연관성을 가지게 되며, 이를 통해 소비사회학 발전에 새로운 계기를 제공하였다.

셋째, 보다 효과적인 정책 패러다임이 구축되었다. 기존의 제도 규범, 경제적 자극, 관념교육과 같은 정책적 방법과 달리, 지속가능한 소비 연구는 서비스 통합시스템으로부터 시작해 완비된 공급 발단을 강조한다. 또한 소비자의 일상 생활 실천의 특징에 영합하는 유도적 '넛지' 방식을 제공할 것을 주장하고, 인프라 설계가 보다 편리하고 우호적임을 강조함으로써, 소비자의 생활 속 '묵인 선택'(무의식적인 직감 사용)을 쓰레기 분류, 녹색출행 등 지속가능한 소비 행위로 전환하게 만드는 것이다. 지속가능한 소비 연구에서 지적한 정책 패러다임은 사회 거버넌스의 패러다임을 '편리한 통치'에서 '대중의 편리를 위한 조치'로 바꿈으로써 소비사회학의 정책적 의미와 실천적 의미를 강화하게 된다.

참고문헌

陳绍軍, 李如春, 馬永斌(2015),「意愿與行为的悖离: 城市居民生活垃圾分类机制研究」,『中國人口·资源與环境』第9期.

理查德·泰勒, 卡斯·桑斯坦, 劉寧譯(2015),『助推: 如何做出有關健康, 財富與幸福的最佳決策』, 中信出版社.

孫中偉, 黃時進(2015),「'中產'更環保嗎? 城市居民的低碳行為及態度 ― 以上海市黃浦區為例」,『人口與發展』第3期.

葉閩慎, 周長城(2016),「從觀念到行為: 教育, 生態價值觀與環保行為」,『黑龍江社會科學』第1期.

章睿(2016),「財政補貼不能讓新能源汽車野蠻生長」,『上海企業』第3期.

朱迪(2013),「城市化與中產階層成長 ― 試從社會結構的角度論擴大消費」,『江蘇社會科學』第3期.

朱迪(2016),「我國可持續消費的政策機制 ― 歷史和社會學的分析維度」,『廣東社會科學』第3期.

Evans, D.(2014). *Food Waste: Home Consumption, Material Culture and Everyday Life*. London: Bloomsbury.

Gronow, J. & A. Warde(2001). *Ordinary Consumption*. London: Routledge.

Latour, B.(2005). *Reassembling the Social: An Introduction to Actor-Network-Theory*. Oxford: Oxford University Press.

Mylan, Josephine(2015). "Understanding the Diffusion of Sustainable Product-Service Systems : Insights from the Sociology of Consumption and Practice Theory." *Journal of Cleaner Production*(97): 13-20.

Shove, E.(2003). *Comfort, Cleanliness and Conveniece : The Social Organisation of Normality*. Oxford, New York, BERG.

Shove, E., M.Pantzar, & M.Watson(2012). *The Dynamics of Social Practice : Everyday Life and How It Changes*. London: Sage.

Southerton, D.(2013). "Habits, Routines and Temporalities of Consumption : From Individual Behaviours to the Reproduction of Everyday Practices." *Time and Society* 22(3) : 335-355.

Southerton, D., C.Díaz-Méndez, and A.Warde(2012). "Behavioural Change and the Temporal Ordering of Eating Practices: A UK-Spain Comparison." *International Journal of Sociology of Agriculture and Food* 19(1): 19-36.

Spaargaren, Gert(2003). "Sustainable Consumption: A Theoreticaland Environmental Policy Perspective." *Society and Natural Resources*(16): 687-701.

Spaargaren, Gert & Bas Van Vliet(2000). "Lifestyles, Consumption and the Environment : The Ecological Modernization of Domestic Consumption." *Environmental Politics* 9(1) : 50-76.

Szasz, Andrew(2009). *Shopping Our Way to Safety : How We Changed from Protecting the Environment to Protecting Ourselves*. University of Minnesota Press.

Warde, Alan(2016). *Consumption: A Sociological Analysis*. London: Palgrave Macmillan.

Warde, A. & D. Southerton(2012). "The Habits of Consumption." *COLLeGIUM : Studies Across Disciplines in the Humanities and Social Sciences. Helsinki Collegium for Advanced Studies*(12) : 1-25.

Warde, A., D.Welch, & J.Paddock(2016), "Studying Consumption through the Lens of Practice." In M.Keller, B.Halkier, T.Wilska, and M.Truninger(eds.), *Handbook of Consumption*. London, Routledge.

제**11**장

시장 경쟁과 집합적 소비 및 환경의 질
: 도시 주민 생활만족도 및 영향 요인 분석*

주디朱迪

GDP는 한때 사회의 발전을 가늠하고 인류의 복지를 나타내는 가장 중요한 지표로 여겨졌다. 이는 본질적으로 시장 주도의 방식으로, 시장교환의 산출과 자원배치의 역할을 강조하며 경쟁을 지향한다. 그러나 일부 연구에 의하면, 경제수준의 향상에 따라 사람들의 행복감과 생활만족도가 반드시 높아지는 것은 아니라는 사실이 밝혀졌다. 이를테면 1990~2010년 기간 중 중국의 1인당 GDP는 해마다 8%이상의 속도로 증가했지만, 사람들의 생활만족도는 오히려 'U자형'의 변화 추세를 보였다. 세계가치관조사, 갤럽Gallup, 링덴회사零點公司[1], Asiabarometer와 퓨 리서치센터의 데이터를 비교한 결과, 이스터린 (Easterlin et al, 2012) 등은 중국 주민의 생활만족도가 1990년부터 하락

---

* 리페이린李培林 선생님의 아낌없는 지도에 감사드린다. 데이터 분석에 조언 해준 추이옌崔巖, 톈펑田豊, 왕징王晶, 루징징陸晶婧, 리링李凌, 유징尤婧 등 에게도 감사의 말을 전한다.
1) 역주: 링덴회사Horizon research consultancy group는 1992년에 설립된 컨설팅회 사이다.

하기 시작해 2000~2005년이 되어서야 비로소 개선되었으며 그 이후로 다시 상승세를 보이고 있다고 했다.

이러한 모순을 감안해, 국제 사회와 학술계는 점차 집합적 소비가 생활만족도에 미치는 중요성을 인식하고 사회보장, 사회복지, 사회지원 등의 공공서비스와 자원 분배의 공평성과 공정성에 대해 주목해야 할 것을 강조했다. 집합적 소비는 제품과 서비스를 국가, 도시, 사회 등의 '집합'이 공급하는 것을 말하며, 주로 분배의 방식을 취한다. 이를테면 공공주택, 공공시설, 교육, 의료 등이 이에 해당한다 (Castells, 1977; Warde, 1990; 王寧, 2014). 사람들의 집합적 소비에 대한 참여와 평가는 주민들의 주관적, 객관적 복지 수준을 향상시키는 중요한 요인이다. 사람들은 시장과 국가를 통해 복지를 누릴 뿐만 아니라, 환경을 통해서도 복지를 누린다. 사람들의 생산 활동과 생활은 대체로 환경 자원에 대한 '소비'를 대가로 일정한 생태적 결과를 초래함으로써 인류 복지에 영향을 미치는 중요한 요인이 되었다. '복지'와 '환경'은 불가분의 관계가 되었는데, 최근 몇 년간 학계에서 제기해 온 '주관적 안녕감의 생태 효율성environmental efficiency of well-being'(Dietz et al., 2009) 등과 같은 담론은 바로 인류 복지와 환경 소비 간의 균형을 모색하는 차원에서 나온 것이다.

생활만족도 측정에 관한 선행 연구는 대체로 학문 차원의 경제, 환경 등 단일 요인의 영향을 강조하고 생활만족도에 영향을 미치는 요인에 대한 체계적인 고찰은 부족하다. 이에 본 연구는 시장 경쟁, 집합적 소비, 환경의 질과 개인 삶의 질로 구성된 분석틀을 제시하여 관련 정책과 제도에 대한 피드백을 제공하고 사회학적 시각에서 사회보장, 사회적 공평성과 환경요인이 주민들의 생활만족도에 미치는 영향을 살펴보고자 한다. 이러한 분석틀을 기반으로, 본 연구는 2013

년 '중국 사회실태 종합조사' 데이터를 사용하여 생활만족도 설명 모형을 설정하여 해당 요인이 생활만족도에 미치는 영향을 살펴보고자 한다. 본 연구는 우선 생활만족도의 개념을 설명하고 분석틀을 구축하고자 한다. 그리고 이를 토대로 중국 도시 주민의 생활만족도를 분석하고 이에 대해 국제적 측면과 역사적 측면에서 비교하기로 한다. 실증 분석의 핵심은 생활만족도의 선형회귀모형과 다층모형의 설정이다. 마지막으로, 결론 부분에서는 실증의 결과를 분석할 것이며 이를 바탕으로 학술적 차원과 정책적 차원의 시사점을 논의할 것이다.

1. 생활만족도의 분석틀

소득, 교육, 건강 등 객관적인 지표와 달리, 생활만족도는 사람들의 주관적인 느낌과 체험을 통해 삶의 복지와 질을 측정한다. 영문 문헌에서 생활만족도와 관련된 용어는 '주관적 안녕감subjective well-being', '생활만족도life satisfaction'와 '행복감happiness'을 포함한다. '주관적 안녕감'은 일종의 집합 개념으로, 사람들의 생활과 경험, 심신 및 생활 환경에 대한 각종 평가를 나타낸다(Diener, 2006). 디나와 비스와 - 디나(Diener & Biswas-Diener, 2003; Diener, 2006)는 '주관적 안녕감'을 다음과 같이 세 가지 주요 구성 성분으로 나누었다. ① 생활만족도. 생활에 대한 전체적인 평가와 생활의 구체적인 방면, 예를 들어 결혼, 직업, 소득, 주거와 여가에 대한 평가이다. ② 정서. 적극적인 정서(유쾌감, 만족감 등)와 부정적인 정서(좌절감, 분노 등)를 포함한다. ③ 가치판단. 자신의 생활에 대한 성취감과 인생의 의미에 대한 느낌

등이다. '행복감'의 함의는 좀 더 모호하여 학술 연구에서는 최소 두 가지 용도로 쓰인다. 하나는 정서의 측정에 쓰이는데, 예를 들어 "당신은 어제 행복했습니까/즐거웠습니까?"이다. 이와 같은 체험은 대체로 순간적이고 계속 변화하는 것이며 방금 일어난 사건의 영향을 받기 쉽다. 다른 하나는 정서 측정에 사용되기도 하고 생활의 평가에 활용되기도 한다. 예를 들어 "전반적으로 당신의 생활은 행복합니까?"인데, 이러한 '행복감'은 '주관적 안녕감'에 매우 가깝다. 캐나다, 미국, 영국 학자들의 연구 성과를 종합한 독립보고서 '세계행복보고서(2013)'(Helliweill et al., 2013)는 바로 이 두 번째 틀을 바탕으로 전 세계 사람들의 행복감을 논의한 것이다.

따라서 개념적으로 '생활만족도'는 '주관적 안녕감'의 중요한 구성 성분이자, 광의적 개념의 '행복감'에서 강조되는 생활에 대한 평가이다. 사람들은 정서와 가치판단 등의 심리적, 정신적인 차원보다는, 직업, 소득, 결혼, 주거, 건강 등 각 방면의 생활을 고려해 생활만족도에 대한 평가를 한다. 이는 주관적 안녕감의 많은 측면 중 가장 안정적인 것으로, 경제와 사회의 발전 수준 및 사회 정책의 실행 효과를 직접적으로 반영함으로써, 관련 제도와 정책의 개혁을 촉진하는 데 도움이 되므로 더욱 실천적인 의미를 가진다.

생활만족도라는 지표는 최근에 와서 관심을 받고 있으며 여론 조사나 정책 연구에 보편적으로 이용되고 있다. 일부 연구에서는 생활만족도의 주민 복지 측정에 대한 감응성을 이미 밝힌 바가 있다. 생활만족도의 작용 메커니즘은 GDP지표와는 다르지만 여전히 유효한 측정 수단으로 작용하고 있다. 이스터린(Easterlin et al., 2012) 등의 실증 분석에 따르면, 1인당 GDP성장은 물질적 생활수준의 평균적인 향상 정도를 나타낸다. 경제 성장의 수혜자들은 전체 인구 중의 소수이지만, 이들은 풍부한 경제와 문화적 자원을 점유하는 집단이기 때문이다. 생활만족도 지표는 일반인 생활수준의 변화, 특히 상대적으로 소득이 적고 교육 수준이 낮은 사람들의 생활수준을 보여준다. 이런 의미에서 GDP지표에 비해, 생활만족도는 사람들의 생활실태와 복지를 측정하는 전면적이고 의미 있는 지표가 된다.

현재 생활만족도, 행복감, 주관적 삶의 질 등의 개념에 대한 연구가 많이 축적되어 있으며, 소득, 가정 생활, 건강, 취업 등의 요인이 미치는 영향에 대한 연구도 비교적 깊이 있게 다루어졌다. 그러나 이러한 연구들은 영향 요인 분석틀을 구축하는 것에는 거의 주목하지 않았다. 왜 이러한 영향 요인을 선택했는가? 배후의 이론 가설과 이론 배경은 어떤 것인가? 이러한 요인의 내적인 구성과 관계는 어떤가? 이러한 문제들을 해결해야만 모형의 신뢰도와 타당성을 확보할 수 있다.

시장과 국가는 사람들이 생활에 필요한 물질적인 보장을 얻고, 사회복지와 공공시설을 제공받는 주요 경로로 작용한다. 이 두 가지 경로의 자원 배치 방식, 목적과 규범적 가치는 서로 다른 면이 있다. 이들 두 가지 구조적 요인 외에도, 사람들은 환경을 통해 생산과 생활에 필요한 자원을 얻기도 하는데, 일정한 생태적 결과를 초래하여 복지의 지속가능한 성장에 영향을 미치기도 한다. 생활만족도의 높낮이는 개인 삶의 질, 생활방식과 관련된다. 본 연구는 복지를 획득하는 각종 경로 및 메커니즘에 주목하여, 이를 바탕으로 생활만족도에 영향을 미치는 요인을 살펴보고자 한다. 복지를 획득하는 경로에 따라 시장, 집단(지역·국가), 환경과 개체 등을 포함하는 해석 차원과, 복지를 획득하는 서로 다른 경로의 규범적 가치에 따라 경쟁, 공평, 지속가능한 발전을 포함하는 해석 차원으로 설명한다. 본 연구는 '집합적 소비'의 개념을 통해, 지역이나 국가로부터 복지를 획득하는 메커니즘을 보여주고 공평과 정의의 가치지향을 강조한다. 이는 시장에서 복지를 획득하는 메커니즘 및 경제적 수익과 경쟁을 강조하는 가치지향과 구별된다. 기존의 연구를 바탕으로 본 연구는 보다 체계적인 생활만족도 분석틀을 구축하여 이를 통해 실증 분석을 진행하고자 한다.

1) 생활만족도와 시장 요인

소득과 경제 발전의 수준을 가늠하는 주요 지표인 GDP는 자본과 시장의 산물로, 경제적 수익과 효익을 강조하는데, 이와 관련된 가치지향은 경쟁이다. 사람들은 시장 경쟁을 통해 '절대' 소득을 얻고 타인이나 자신의 과거와의 비교를 통해 '상대' 소득을 얻기도 한다. 이러한 '시장 경쟁'의 차원은 두 가지 서로 다른 소득 메커니즘을 형성한다. 벤호벤(Veenhoven, 1991)은 수요 – 만족의 틀에 기초해, 사람들은 기본적이고 고유한 욕구에 만족감을 얻어야 행복을 느낄 수 있는데, 소득이 비교적 높은 사람들은 각종 기본적인 욕구에 만족하므로 그들의 소득과 행복은 정(+)의 관계를 가지며, 이때의 행복은 비교를 통해 얻은 상대적인 느낌이 아니라고 지적하였다. 이와 동시에 그는 인간의 욕구는 무한히 증가하는 것이 아니기 때문에 소득과 행복감의 관계도 한계효용체감의 법칙을 따른다.

비록 벤호벤의 비판을 받았으나 이스터린(Easterlin, 2001; Easterlin et al, 2012)은 상대적인 시각을 견지하고 생활만족도에 대한 물질적 욕구의 작용 메커니즘을 강조했다. 이러한 물질적 욕구를 결정하는 요인은 두 가지인데, 바로 개인의 과거 경험과의 비교, 그리고 타인과의 사회성 비교이다. 생명 주기의 여러 단계에서 이 두 가지 요인이 갖는 중요성은 다르다. 이스터린(Easterlin, 2001)은 소득이 뚜렷하게 증가했을 때 사람들의 생활만족도가 왜 상대적으로 안정되었는지를 설명하였다. 그가 보기에 소득은 개인의 생명 주기에 있어서, 생활의 만족을 가져오는 원인이 아니라, 물질적 욕구라는 매개변수가 작용하는 대상이다. 즉, 소득의 증가에 따라 물질적 욕망이 커지는 반면, 물질적 욕망의 증가는 소득 증가가 생활만족도에 미치는 긍정적인 효과를 상쇄시킨다.

중국 학자들은 중국 국내 데이터를 사용해 이러한 논쟁에 실증적 증거를 제시하였다. 싱잔준(刑占軍, 2011)은 6개 성도省都의 조사 데이터 분석을 통해 개인 소득이 행복감에 미치는 영향은 미약하다는 것을 발견했다. 오히려 상대적으로 말하면 비교적 부유하지 못한 지역 주민들의 개인소득과 행복감 간에 더 높은 상관관계가 나타났다. 관하오(官皓, 2010)는 절대소득을 지난 해 소득으로 조작화하고, 상대소득을 자신의 소득수준에 대한 평가로 조작화해 베이징·상하이·광둥의 조사 데이터를 분석했다. 그 결과 상대소득이 행복감에 유의미한 영향을 미치지만, 절대소득의 영향은 별로 유의미하지 않은 것으로 나타났다. 그러나 뤄추량(羅楚亮, 2009)은 전국적인 데이터 분석을 통해 상대소득을 통제하더라도 절대소득의 수준은 주관적 행복감에 유의미한 영향을 미친다는 것을 발견했다.

미국의 유명한 싱크탱크인 퓨 리서치센터(Pew Research Center, 2014)가 43개국을 대상으로 조사한 결과 신흥시장국가의 생활만족도는 2007년에 비해 대폭 향상되어 거의 선진국의 생활만족도 수준에 이른 것으로 나타났다. 신흥시장국가 가운데 중국, 인도네시아와 말레이시아의 생활만족도가 뚜렷하게 향상되었다. 연구 결과에서도 절대소득의 효과가 강조되었는데, 즉 선진국, 신흥시장국가, 개발도상국을 막론하고 고소득층의 생활만족도가 저소득층보다 높았다.

2) 생활만족도와 집합적 소비

경제적 수익과 경쟁을 강조하는 시장요인과 달리 집합적 소비는 공공 이익에 봉사하며, 소비재의 생산 목적은 이윤 추구에 있는 것이 아니라 노동력과 사회관계 재생산을 위하는 데 있다. 소비 과정은 '집합'에 의해 조직되고 관리되며, 그 경제와 사회적 기능은 주로 국가기구를 통해 실현된다(Castells, 1976, 1977). 왕닝(王寧, 2014)은 소비재의 공급처에 따라 집합적 소비를 다시 커뮤니티·도시 소비와 사회적 소비로 구분하였다. 전자는 공원, 학교, 병원, 도서관 등을 포함하고 주민은 시민의 신분으로 집합적 소비 자원을 획득할 수 있다. 후자의 소비 대상은 전국의 일체화된 공공재나 공공 서비스이며, 일체화된 사회보장과 사회복지를 포함한다. 집합적 소비연구에서 분배 정의와 공공서비스의 질은 학자들이 주목하는 분야이다(Warde, 1990).

집합적 소비의 이론적 틀은 사회보장, 사회복지, 공공서비스 및 공평과 공정한 가치관을 강조하는데 이는 관련 생활만족도 연구 성과의 정리에 실마리를 제공하였다. 이스터린(Eastrlin et al., 2012) 등은 중국 경제 성장 초기 생활만족도의 하락을 사례로 사회보장체계의 붕괴와 소득불균형 및 실업이 생활만족도에 미치는 중요한 영향을 강조하며, 이는 또한 동유럽 국가의 생활만족도가 하락된 중요한 요인이라고 주장하였다. 그러나 경제 발전의 성숙기에는 생활만족도가 지속적으로 상승하는데 이는 주로 사회보장 시스템이 재건되었기 때문이다. 애플톤과 숭리나(Appleton & Song, 2008)는 중국 도시 지역의 조사 데이터를 바탕으로 의료보험이 사람들의 생활만족도에 뚜렷한 영향을 미치는 것을 발견했고, 중병보험(개인이 일부부담)과 아무런 의료보험도 없는 사람들의 생활만족도는 국가 의료보험에 가입한 사람들보다 현저히 낮음을 지적하였다.

장하이둥(張海東, 2012) 등은 '사회의 질'이라는 틀을 사용해 사회관계의 질이 사람들의 복지를 향상시키고 잠재력을 개발하는 데 중요한 역할을 한다는 점을 강조했다. 그중 사회의 질의 '제약 요인'에는 사회경제 보장, 사회 응집력, 사회적 포용과 사회적 권한이 포함된다. 위안하오와 마단(袁浩·馬丹, 2011)은 이러한 연구의 틀을 바탕으로 상하이시의 조사 데이터를 분석하였는데, 기타 차원과 인구 특징을 통제할 경우, 사회의 질이라는 요인이 상하이 주민들의 행복감에 유의미한 영향을 주고 있음을 밝혔다.

분배제도의 공평과 공정 여부는 생활만족도를 좌우하는 중요한 요인이다. 브록만(Hilke Brockman, 2014) 등은 1990~2000년 기간 중국 주민들의 생활만족도가 하락한 원인에 주목하였다. 그는 실증 분석을 통해, 경제적 불만은 생활만족도를 저해하는 중요한 요인이며, 내재된 메커니즘은 바로 소득불평등임을 지적하였다. 비록 이 기간 동안 사람들의 소득수준은 향상되었지만 국민 평균 소득에 미달하는 인구 비율이 갈수록 높아지면서 이들 저소득층의 상대적 박탈감이 커짐으로써 전체적인 생활만족도가 하락했다. 따라서 소득분배 구조를 개선하는 것은 바로 이러한 현상을 해소하는 중요한 해결책이 된다. 여기서 주의해야 할 점은 2003~2010년 기간에 중국의 지니계수는 지속적인 상승세를 보였고 2003년 이후 빈부 격차는 경제성장 초기인 1990~2003년보다 전반적으로 높았다는 것이다(李培林·朱迪, 「1982~2013年中國基尼係數研究」, 2015). 경제 성장 초기에는 평균 소득이 생활만족도의 경계선이 되었고, 소득이 평균보다 낮은 사람들의 생활만족도가 비교적 낮게 나타났다(Easterlin et al., 2012; Brockman 외, 2014). 그러나 2003년 이후로 경제가 성숙기에 진입하면서부터는 생활만족도를 구분하는 경계선이 고소득층과 기타 계층 사이에 위치하게 된 것으로 보인다. 리페이린 등(李培林·朱迪, 2015)의 실증 분석에서는 연령, 사회보장, 생활 스트레스와 생활비용을 통제한 결과, 고소득자들의 미래 생활수준에 대한 전망은 매우 낙관적이지만 중간소득자와 중저소득자는 저소득자와 뚜렷한 차이가 없는 것으로 나타났다. 이러한 생활만족도 차이에 내재된 메커니즘은 바로 소득불평등이다. 고소득자들과 기타 소득층 간의 소득 격차는 기회불평등을 의미하고, 이는 교육불평등에 기인한 사회 이동의 저하로 더욱 심화되어 있다(李春玲, 2014). 이러한 소득불평등에 기반한 경제 발전은 많은 사람들의 적극성을 해쳤다.

3) 생활만족도와 환경요인

생활만족도에 대한 환경의 작용 메커니즘은 비교적 복잡하다. '적응이론'은, 사람들이 생리적 또는 인지적 측면에서 주변 환경에 적응하여 환경에 그다지 민감하게 반응하지 않음으로써 환경의 질이 생활만족도에 유의미한 영향을 미치지 않을 수도 있다고 주장하였다(Hackney et al., 1976; Evans et al., 1982).

많은 학자들은 환경 문제의 부정적인 면에 공감하는데, 건강을 중심으로 한 일부 연구에서 환경 문제로 유발된 각종 질병으로 인해 사람들의 생활만족도가 낮아졌다고 주장했다(Welsch, 2006). 다른 일부 연구에서는 환경의 독립적인 영향을 강조하였는데, 공기 오염, 수질 오염 등 환경 문제 및 그 결과에 대한 사람들의 관심이 생활만족도에 현저한 부정적 효과를 초래하고, 이러한 영향은 건강요인과 거리가 먼 것이라고 주장했다. 이와 같은 문헌들은 주관적인 환경 의식의 영향을 강조한다. 만약 사람들이 환경 오염 문제에 관심을 두지 않으면 아무리 오염이 심해도 그들의 생활에 대한 평가에 영향을 미치지 않는다. 페리러카버나와 고디(Ferreri-Carbonell & Gowdy, 2007)가 영국 가정의 패널 데이터를 분석한 결과 등이 이에 해당한다. 그들은 거주지의 환경 상황, 거주하는 지역, 생활방식과 심리적 특징을 통제한 경우, 사람들의 오존 오염에 대한 관심은 생활만족도와 부정적 상관관계를 나타내지만, 객관적인 환경 오염을 통제한 후, 환경에 대한 관심은 생활만족도에 여전히 유의미한 영향을 미쳤다. 마이커카룽과 머라퉁(MacKerron & Mourato, 2009)은 400명의 런던 주민 주택의 공기질 데이터를 수집하고 자신들이 거주하는 커뮤니티의 공기 오염 심각도를 평가하게 한 결과, 객관적인 측정과 주관적으로 느끼는 공기 오염 수준이 모두 주민들의 생활만족도에 현저한 부정적 영향을 미친 것으로 나타났다. 기타 변수를 통제한 경우에도 결과는 마찬가지였다.

환경은 인류의 복지와 생활만족도에 중요한 영향을 미치기 때문에 국제 사회와 학술계는 환경 소비(환경자원의 개발 및 이용)와 인류 복지 간의 균형을 제창하고 있다. 인류 복지를 추구하는 것은 당연히 사회 발전의 근본적인 목표이지만, 환경에 대한 영향을 최소화하고 환경의 이용 효율을 향상시키는 것이야말로 복지를 지속가능하게 하는 경로가 되며, 이를 '주관적 안녕감의 생태 효율성'(Dietz et al., 2009)이라고 일컫는다. 이처럼 환경을 고려한 '지속가능한 복지' 이론의 틀은 본 연구의 분석틀과 관련 정책의 제안에도 시사하는 바가 크다.

4) 생활만족도와 개인 삶의 질

생활만족도에 대해서 논의할 때, 개인 삶의 질은 무시할 수 없는 영향 요인이 된다. 이는 구조적이고 제도적인 요인들과 달리, 중요한 생명 유지에 필수적 요인으로 생활에 대한 사람들의 평가에 영향을 미친다. 그중에서 건강과 실업의 영향이 가장 중요하다. 예를 들어 두란(Dolan et al., 2008) 등은 1990년 이후 경제학 관련 학술지에 발표한 논문을 분석하여 학술계에서 주관적 안녕감의 영향 요인에 대해 공감대를 형성하지 못하고 있고 심지어 일부 연구는 서로 대립되기도 하지만 건강과 실업이 주관적 안녕감에 유의미한 영향을 미친다는 것에는 의견이 일치하였음을 밝혔다. 이러한 발견은 서로 다른 국가, 시간대와 데이터 및 연구방법에 의해 증명되었다.

애플톤과 숭리나(Appleton & Song, 2008)는 건강 상태에 대한 자신의 평가가 중국 도시 주민의 생활만족도에 유의미한 영향을 미치고 있음을 발견했다. "매우 건강하지 못하다"고 생각하는 사람 중의 14%만이 자신들의 생활에 만족하거나 매우 만족하는 반면, "매우 건강하다"고 생각하는 사람 중의 44%는 자신들의 생활에 만족하거나 매우 만족한다고 답변했다. 이 연구는 사람들이 건강이 안 좋으면 심리적으로 우울해질 수 있을 뿐만 아니라, 건강 문제가 심각한 경제적 부담을 초래해 생활만족도에 부정적인 영향도 미칠 수 있다고 설명했다.

디너와 비스워스-디나(Diener & Biswas-Diener, 2002)는 대부분의 기존 연구들이 소득 요인을 통제해도 실업자들의 행복감은 여전히 매우 낮다고 지적한 데에 착안하고, 문화 메커니즘에서 그 원인을 찾으려고 했다. 즉 직업이 없으면 사람들은 성취감이 결여되고 존중받지 못하는데 특히 남성의 경우 이런 현상이 훨씬 더 심각하다고 보았다. 이들을 비롯해 대부분의 학자들은 생활만족도 분석 모형을 설정할 때 실업과 그에 따른 스트레스의 영향을 소홀히 하거나 또는 단순히 직장의 유무로 실업을 판단하곤 하는 경향이 있다. 그러나 직업이 없는 원인은 다양한데, 일자리를 잃어 실직하거나 개인적인 이유로 취업을 포기할 수도 있으므로 실업이 생활만족도에 영향을 미친다고 단순화시키는 것은, 실업이 생활만족도에 미치는 영향력에 대한 설득력을 떨어뜨린다. 관하오(官皓, 2014)는 이미 생활만족도 모형을 통해 직장의 유무가 생활만족도에 미치는 영향은 분명하지 않다고 밝히기도 하였다. 이는 실업이 생활만족도에 미치는 영향을 분석할 때 반드시 측정 지표를 신중하게 선정해야 한다는 사실을 시사한다.

5) 분석틀의 구축

이 틀에서 생활만족도를 설명하는 요소는 대체로 시장 경쟁, 집합적 소비, 환경과 개인의 삶의 질 등이다. 여기에서 시장 경쟁 요인은 주로 절대소득, 상대소득과 경제 발전 수준으로 구성되고, 집합적 소비 요인은 대체로 사회보장 수준, 공공 서비스 수준과 사회 공평 수준으로 구성되며, 환경요인은 객관적인 환경 품질과 주관적인 환경 평가로 구성된다. 개체 층위에서의 삶의 질의 요인은 주로 건강과 취업 여부로 구성된다(〈그림 1〉참조).

상술한 분석틀은 비교적 체계적으로 생활만족도의 차이를 해석할 수 있기 때문에 생활만족도 분석의 신뢰도를 높였다. 실천적 측면에서 이 분석틀은 정책 수립과 실시에 신뢰할 만한 이론적, 실증적 기반을 제공할 수 있으며, 기술적 측면에서는 비교적 완전한 분석틀에서 오차의 영향을 줄일 수 있기 때문에 관련 요인의 효과를 정확하게 설명할 수 있다.

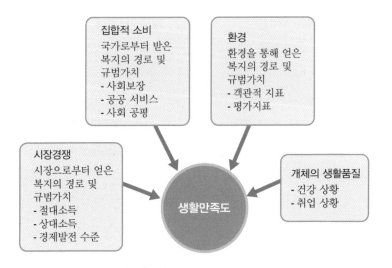

〈그림 1〉 생활만족도 영향 요인 분석틀

2. 주민의 생활만족도 및 비교

본 연구에서 사용된 데이터는 중국사회과학원 사회학연구소에서 주관한 2013년 '중국 사회실태 종합조사'를 근거로 한다. 이 조사는 다단계 표집 방법을 사용하여 전국 30여 개의 성·자치구·직할시의 도시와 농촌 지역을 조사하였다. 수집된 데이터가 기본적으로 도시와 농촌 지역을 각각 대표할 수 있도록 설계하였다. 조사 대상은 만 18세 이상의 중국 국민이며 2013년 데이터의 유효 표본 크기는 10,206개이다. 도시와 농촌 생활만족도의 작용 메커니즘은 비교적 큰 차이를 보이기 때문에, 예를 들어 농촌 지역의 사회보장 시스템과 공공 서비스는 도시 지역과 큰 차이가 있어, 설령 생활만족도에 대한 영향이 모두 유의미하더라도 작용 메커니즘에는 차이가 있을 수 있다. 이러한 점을 감안하여 본 연구는 도시 주민들의 생활만족도 연구에 초점을 두었다.

데이터 중에는 생활만족도를 측정하는 일련의 문항이 있는데, 응답자의 교육 수준, 건강 상태, 사교 생활, 가족 관계, 가구 경제 상황, 여가 생활의 만족도와 전체적인 만족도에 대한 질문으로 구성되어 있다. 응답자는 만족도에 점수를 매기는데 범위는 1~10점이다. 1점은 '매우 불만족', 10점은 '매우 만족'이다. 도시 주민들의 전체적인 생활만족도는 평균 6.84점으로 나왔다. 비교적 높은 만족도를 보인 것은 가족 관계, 사교 생활, 건강 상태로 각각 평균 8.26점, 6.99점, 6.95점이며 모두 생활 전체의 만족도보다 높았다. 교육 수준, 가구 경제 상황, 여가 생활은 비교적 낮은 만족도를 보여 각각 평균 5.66점, 5.81점, 5.83점이었다.

본 연구는 전체만족도를 종속변수로, 각 방면의 생활만족도를 독립변수로 회귀모형을 설정한다. 모형은 전체적으로 유의미하여 56.2%의 전체만족도 분산을 설명할 수 있으며 각 구성 부분도 유의미하다. 기타변수를 통제하는 상황에서, 가구 경제 상황의 만족도가 전체만족도에 미치는 영향이 가장 중요한데, 이 모형에서 우월한 물질적 조건이 도시 주민 생활만족도를 향상시키는 가장 중요한 요인임을 알 수 있다. 그 밖에, 여가 생활과 가족 관계의 만족도는 두 번째로 중요한 요인이며 사교 생활, 건강 상태와 교육 수준은 상대적으로 생활만족도에 큰 영향을 미치지 못했다.

퓨 리서치센터(Pew Research Center, 2014)는 유사한 조사를 통해, 신

흥시장국가와 개발도상국 주민의 대다수가 생활수준과 근무 환경 등 경제 상황을 반영하는 지표에 대해 불만족을 드러낸 반면, 가정과 친구 등 개인 생활 영역에 대해서는 만족을 표했으며, 물질적 조건에 대한 만족도가 전체 생활만족도에 가장 중요한 긍정적 영향을 미치고 있음을 밝혔다.

갤럽조사연구소의 조사 데이터를 바탕으로 한 '세계행복보고서 (2013)'(Helliwell et al., 2013)에 따르면, 2010~2012년 기간 중국인의 평균 행복도는 4.978점(10점 만점)으로 156개국 중에서 93위를 기록하고 2005~2007년의 조사 결과보다 0.257점 올랐다. 유사한 추세는 세계가치관 조사에서도 나타났는데, 2012년 중국 주민들의 전체적인 생활만족도는 6.85점(10점 만점)으로 58개국 중 31위를 기록해 2005~2009년의 36위보다 약간 상승하였다.

류쥔창(劉軍强, 2012) 등은 전통적인 '행복의 역설'이라는 가설 (Easterlin, 1974)에 동의하지 않는다. 그들은 '중국 사회실태 종합조사' 데이터를 바탕으로 국민의 행복도는 2003~2010년 사이에 지속적인 증가세를 보였다고 강조했다. 5점을 만점으로 행복도를 계산할 때, 2003년 행복도의 평균치는 3.27점이었으나 2010년에는 3.77점으로 올랐다. 만약 '행복'과 '매우 행복'을 모두 '행복'으로 간주하고 '매우 행복하지 않음'과 '행복하지 않음'을 모두 '행복하지 않음'으로 간주하면, 자신이 행복하다고 생각하는 비율은 2003년의 37.3%에서 2010년의 72.6%로 상승하고 행복을 느끼지 못하는 비율은 2003년의 12.9%에서 2010년의 9.8%로 하락했다.

본 연구는 중국 주민들의 생활만족도를 브릭스 국가, 주요 선진국과 복지 수준이 비교적 높은 북유럽의 국가들과도 비교했다. 〈그림 2〉가 보여주는 것처럼, 중국 국민들의 생활만족도는 선진국과 높은 복지 수준을 각각 대표하는 미국, 스웨덴 두 국가에 미치지 못했을 뿐만 아니라, 2001년 이후에는 일본보다 낮았다. 그러나 추세를 보면, 미국 국민들의 생활만족도가 2001년 이후 하락세를 보인 반면 중국은 2001년 이후부터 오히려 상승세를 보이고 있다. 브라질의 생활만족도는 미국, 스웨덴과 비슷한 수준으로 기타 브릭스 국가보다 훨씬 높고 인도와 러시아의 생활만족도는 상대적으로 낮았다.

국제적 비교는 경제 발전 수준의 차이와 복지, 가치관, 사회 안정 등의 작용 메커니즘을 반영한다. 비록 미국은 경제 위기와 빈부 격차 확대 등으로 국민의 생활만족도가 하락세를 보이고 있지만 여전히 강한 경제와 복지 시스템으로 전체 국민의 높은 생활수준을 보장함으로써, 국민의 생활만족도는 복지 수준이 높은 다른 선진국들과 비슷하다. 브라질이 높은 생활만족도를 보인 것은 그들의 문화, 가치관과 관련된다. 남미 국가의 국민들은 적극적인 목표와 정서를 더 지향한다(Diener & Biswas-Diener, 2003). 반면에 러시아의 생활만족도가 낮은 것은 소련의 해체로 인한 사회 불안정, 소득 저하 및 신앙 붕괴와 관련된다(Inglehart & Klingemann, 2000; Diener & Seligman, 2004). 데이터에 의하면 2007년부터 러시아의 생활만족도는 많이 향상되었다. 이처럼 국제적인 비교를 통해 생활만족도가 상당히 복잡한 메커니즘의 영향을 받고 있음이 밝혀졌다. 2001년 이후 상승세를 보이고 있는 중국 국민들의 생활만족도가 지속적으로 유지될 수 있을지 여부와 관련하여 관련 제도 개혁 또한 도전을 받고 있다.

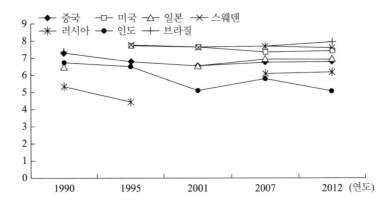

<〈그림 2〉 중국과 브릭스 국가 및 선진국의 생활만족도 비교

자료: '세계가치관조사' 온라인 데이터 분석
(http://www.worldvaluessurvey. org/WV-SOnline jsp)
주: X축은 중국의 조사 연도이다. 각국의 구체적인 조사 연도는 대체로 상하
2년 이내이다. Y축은 생활만족도표이다. 1=매우 불만족, 10=매우 만족이다.

3. 주민 생활만족도의 영향 요인 분석

　본 연구는 앞에서 설정한 분석틀을 바탕으로, 시장 경쟁, 집합적
소비, 환경, 개인 삶의 질이라는 네 가지 차원에서 주민 생활만족도를
고찰해 보고 관련 인구학적 변수를 통제하기로 한다. 우선 선형회귀
모형을 구축하여 생활만족도에 대한 다양한 차원의 중요성을 살펴본
다. 그러나 사람들의 생활만족도는 자신이 처한 사회경제적 조건의
영향을 받을 뿐만 아니라, 소재 지역의 사회경제적 환경의 영향을
받기도 한다. 그리고 일반 선형모형은 중첩 데이터를 분석할 때는
여러 가지 한계를 보이는데, 개체 층위의 전통 계층모형을 사용하여
고차원 범주형 변수를 분석하면 고차원 범주형 변수들 간의 동질성
때문에 통계 추정의 기본 가정을 위배하게 된다(Raudenbush & Braiker,

2007; Luke, 2012). 한편, 지역 층위의 변수를 도입하면 보다 많은 객관적 지표, 예를 들어 사회보장 수준, 환경의 질 등을 포함시킬 수 있는데 이는 개체 층위에서 얻을 수 없는 지표이다. 따라서 본 연구는 다층모형을 구성하여 생활만족도에 영향을 미치는 요인을 고찰하기로 한다. 각 독립변수의 정의는 다음과 같다.

본 연구에서 시장요인 중 가구소득을 선택하여 절대소득을 측정하는데, 한 개인의 삶의 기회가 개인소득뿐만 아니라 함께 생활하는 가족 구성원의 소득에 의해서도 영향을 받기에, 가구소득을 통해 개인의 경제적 복지를 비교적 정확하게 측정할 수 있다. 또한, 응답자들이 소득과 지출을 함께하는 가족 구성원을 측정하는 기준에 대해 상대적으로 모호하기 때문에 가구수의 통계에 많은 오차가 발생하여 가구 1인당 소득의 계산이 부정확한 경우가 많다. 따라서 본 연구는 가구 총소득을 통해 응답자들의 절대소득을 계산하도록 한다.

상대소득의 측정 지표의 경우, 추적 자료가 부족하므로 객관적인 가구소득 변화를 파악하기 어렵지만, 설문조사에서는 5년 전과 비교해 응답자의 생활수준 변화와 현지의 사회경제적 지위에 대한 자체 평가를 질문하였다. 이를 통해 수직적 상대소득(자신의 과거와 비교)과 수평적 상대소득(주변 사람들과 비교)을 비교적 근사하게 측정할 수 있다. 기존 연구는 주로 두 가지 방법을 통해 타인과 비교하는 상대소득을 측정했다. 하나는 객관적인 측정 방법으로, 예를 들어 동등한 교육 수준, 동일한 연령대 또는 비슷한 소득 구간에 있는 집단을 준거집단으로 하여 한 개인과 준거집단 간의 차이를 측정하는 것이다. 다른 하나는 주관적인 판단 방법으로, 응답자들로 하여금 준거집단을 선택하도록 하여 상대소득수준을 제시하는 방법이다. 관하오(官皓, 2010)는 주관적인 판단 방법을 주장하는데, 객관적으로 지정된 어떤 준거집단이라 하더라도 응답자 자신의 소득수준에 대한 주관적인 느낌을 정확히 반영할 수 없기 때문이다. '현지에서의 사회경제적 지위'라는 변수에서 비록 '현지'는 모호한 개념이지만, 응답자가 자신이 생각하는 사회관계에 따라 지역과 준거집단을 가리킬 수 있으므로 수평적 상대소득의 측정 지표로 더 적합하다. 관하오(官皓, 2010)는 또한 다른 객관적인 준거집단에 의해 정의된 상대소득 모형을 사용하여, 주관적으로 판단된 상대소득의 생활만족도에 대한 설명력을 검증하였다.

집합적 소비 차원에서 본 연구는 주로 사회복지, 공공서비스와 사회적 형평성이라는 세 가지 측면에 초점을 맞춘다. 기존 연구에 따르면 의료보험은 사회복지 수준을 측정하는 중요한 지표이다. 표본은 의료보험 가입률이 비교적 높고, 의료보험의 유형2)이 사회복지 수준을 의미하지 않기 때문에 의료보험의 객관적인 지표로는 사회복지 수준을 정확하게 측정할 수 없다. 이에 비해 주관적 지표인 '의료복지 만족도'는 사회복지 수준을 측정하는 데 더 적합한 변수이다. 공공서비스는 의식주와 같은 일상 생활의 여러 측면과 관련되어 있는데, 사회복지의 측정이 의료위생 부분을 포함하고 있어 잘 드러나지 않는 관계로, 본 연구에서는 국민의 민생 보장 수준을 나타내는 중요한 지표인 주택 보장을 선택하여 관련 정부 업무에 대한 응답자들의 평가를 통해 공공서비스 수준을 측정한다. 사회적 형평성 문제에 관련해서 일반 대중과 학계에서 가장 관심을 갖는 것은 빈부 격차와 소득분배이다. 따라서 본 연구는 응답자가 평가한 '부와 소득분배'의 형평

---

2) 설문조사에서 의료보험의 유형에는 도시 직장인 기본 의료보험, 도시주민 기본 의료보험, 국비의료, 신형 농촌합작의료보험(즉 신농합新農合)과 기타 유형이 있다.

성 수준을 통해 사회의 형평성을 측정하고자 한다.

환경 측면에서 본 연구는 응답자의 현재 거주 환경에 대한 만족도를 측정한다. 개인 삶의 질에서는 주로 건강과 실업이라는 두 요인에 주목한다. 데이터에는 건강 상태를 직접 측정하는 변수가 없지만 생활 스트레스를 측정하는 일련의 변수가 있다. 그중 "의료 지출이 크고 감당하기 어렵다."고 하는 변수는 건강의 생활만족도에 대한 작용 메커니즘을 세부화하여 건강의 영향을 보다 정확하게 측정할 수 있다. 따라서 본 연구는 해당 변수를 선택하여 경제적 스트레스의 관점에서 건강요인의 영향을 고찰했다. 실업도 역시 많은 연구에서 생활만족도에 영향을 미치는 변수로 지적되었다. 앞서 언급했듯이 단순히 '일자리 유무'의 변수로 생활만족도를 평가하는 것은 적절치 않으며, 기존 데이터를 기반으로 실제 '실업자'를 분리하는 것도 어렵다. 그래서 본 연구는 앞서 건강요인의 측정 방법과 마찬가지로 '가족이 무직·실직 혹은 불안정한 직장으로 인한 스트레스'라는 문제를 통해 응답자 혹은 그 가족 구성원이 직면한 실업 위기를 측정하고자 한다. 이처럼 명확한 '스트레스–만족도'의 이론적 가설은 실업의 영향을 비교적 정확하게 측정할 수 있다.

통제변수는 기존 연구에서 자주 사용되는 인구학적 변수, 즉 성별, 연령, 혼인 상태, 호적과 교육 수준 등을 선택했다. 그리고 연령과 생활만족도가 'U자형' 관계를 가질 수 있다는 점을 고려해서 모형에서는 연령의 제곱항을 추가하였다. 또한, 제도적, 문화적 요인에 따라 현지 호적의 소유여부가 생활만족도에 영향을 미칠 수 있고, 도시와 농촌 호적 간 상호작용을 일으킬 수도 있기 때문에 본 연구에서는 호적 유형을 현지 호적 여부와 도시 호적 여부의 4점 척도로 구분하였다. 거시적 수준에서, 추가된 독립변수는 응답자가 소재하는 성省

의 1인당 GDP, 의료보험 보급률, 이산화황 배출량이며 이러한 변수를 사용하여 시장, 집합적 소비와 환경을 측정한다. 모형에 포함된 변수와 기술통계는 〈표 1〉과 같다. 본 연구에서는 가구소득을 로그 변환하여 공선성과 이분선성의 위험을 줄이고자 한다.

〈표 1〉 모형에 포함된 종속변수와 독립변수의 기술통계

변수	변수값	표본량	평균치	표준편차
개체 층위				
전체적인 생활만족도	1~10, 1=매우 불만족, 10=매우 만족	5,574	6.842	1.819
지난 해 가구 총소득 (위안)	0~10,100,000	4,083	76,820.430	197,255
로그 변환한 지난 해 가구 총소득	4.277~16.130	4,055	10.817	0.934
5년전과 비교했을 때의 생활수준 변화	1=많이 내려감, 2=약간 내려감, 3=변화 없음, 4=조금 향상됨, 5=많이 향상됨	5,542	3.726	0.950
현지에서 본인의 사회경제적 지위에 대한 자체평가	1=하층, 2=중하층, 3=중층, 4=중상층, 5=상층	5,490	2.357	0.893
의료보장 만족도	1=매우 불만족, 10=매우 만족	5,278	6.553	2.371
중저소득자에게 공공임대와 경제적용주택 제공하는 정부 직책에 대한 평가	1=매우 불만족, 2=조금 불만족, 3=비교적 좋음, 4=매우 좋음	4,467	2.406	0.786
부와 소득분배의 공평도	1=매우 불공평, 2=조금 불공평, 3=비교적 공평, 4=매우 공평	5,171	2,149	0.732
거주지 환경만족도	1~10, 1=매우 불만족, 10=매우 만족	5,582	6.250	2.009

변수	변수값	표본량	평균치	표준편차
감당하기 어려운 의료 지출 부담	0=무, 1=유	5,549	0.278	0.448
가족이 무직·실직, 혹은 직장 불안정	0=무, 1=유	5,556	0.289	0.453
성별	1=남, 2=여	5,583	1.542	0.498
연령	18~72세	5,583	43.554	13.600
혼인 상태	0=독신(미혼, 이혼 혹은 배우자 없음), 1=결혼(초혼 배우자 있음, 재혼 배우자 있음, 동거 중)	5,575	0.816	0.387
교육 수준	0=무학 및 초졸, 1=중학교, 2=고등학교·중등 전문학교·직업 고등학교, 3=전문대, 4=대졸 이상	5,575	1.553	1.261
호적 유형	1=도시 호적, 2=도시 타지 호적, 3=농촌 호적, 4=농촌 타지 호적	5,562	2.111	1.132
성(省)급 층위				
1인당 GDP(만 위안)	2.315~10.011	5,583	5.054	1.904
의료보험 보급률	0.559~1	5,583	0.871	0.046
이산화황 배출량(만 톤)	0.419~164.497	5,583	81.560	39.011

1) 선형회귀모형의 분석 결과

본 연구에서는 전반적인 생활만족도를 연속적인 결과변수로 설정하고 선형회귀모형을 사용하여 독립변수에 시장 경쟁, 집합적 소비, 환경 및 개인 삶의 질 등의 요인을 순차적으로 도입함으로써 모형의 설명력과 독립변수의 변화를 살피고자 하였다. 제6차 전국 인구 센서스 조사의 연령과 성별 분포에 맞춰 모형의 연령과 성별에 대해 가중치를 부여했다. 해당 선형회귀모형은 〈그림 2〉에서 제시한 바와 같다. 분석 결과는 절대소득 변수만 다루는 모형 1부터 모든 변수를 다 포함한 모형 6까지 모두 통계적으로 유의미하고 모형이 설명할 수 있는 생활만족도의 분산도 순차적으로 증가하고 있다.

우선 가구소득 변수를 도입하여 절대소득을 측정한다. 모형 1은 3.7%의 생활만족도의 분산이 설명 가능하고 가구 총소득의 영향 또한 유의미한 것으로 드러났는데, 가구소득이 높을수록 주민의 생활만족도가 높게 나타났다. 모형의 추정은 조정된 R^2을 사용했고 변수의 도입을 통해 모형 설명력의 변화를 살펴볼 수 있다. 이에 따라 상대소득의 변수를 도입, 즉 자신의 과거, 그리고 주변 사람들과의 경제 상황을 비교 분석한다. 결과에 따르면 절대소득은 여전히 유의미하게 나오고 상대소득의 두 측정 지표 역시 통계적으로 유의미한 것으로 나타났다. 생활수준이 향상될수록 생활만족도가 증가하고 현지에서의 경제적 지위에 대한 자체평가가 높을수록 생활만족도도 높게 나타났다. 또한 모형 2의 설명력이 크게 향상되어 무려 17.2%의 생활만족도의 분산을 설명할 수 있다. 이는 상대소득이 도시 주민 생활만족도에 매우 중요한 요인이 된다는 사실을 의미한다.

모형 3은 집합적 소비를 측정하기 위한 세 가지 변수를 도입하여 각각 사회복지 수준, 공공서비스 수준과 사회적 형평성 수준을 측정하였다. 그 결과, 모형의 설명력이 다시 크게 향상되었는데, 단순히 시장 경쟁 요인만 포함한 모형에 비해 설명력이 9% 가량 향상되었다. 기존의 시장 경쟁 요인은 여전히 유의미하고 새로 도입한 집합적 소비 요인도 긍정적인 효과를 보였다. 의료보장에 대해 만족도가 높을수록, 주택보장에 관한 정부직책에 대한 평가가 높아질수록 소득분배가 공정하다고 생각하며 주민들의 생활만족도도 높아진다.

모형 4는 환경요인을 측정하는 변수를 도입하였다. 거주지의 환경에 대한 만족도가 높을수록 생활에 대한 전체만족도도 높으며 그 차이도 유의미한 것으로 나타났다. 환경요인을 도입함으로써 전체 모형의 설명력을 향상시켜 29.6%의 분산을 설명할 수 있게 되었다. 모형 5는 개인 삶의 질이라는 요인을 추가하여, 본인과 가족의 건강 및 취업의 스트레스라는 차원에서 삶의 질을 측정하였는데 이 두 요인의 영향은 역시 유의미하다. 다시 말해, 의료비 지출 부담과 가족 구성원의 무직·실직으로 인한 스트레스는 모두 생활만족도에 부정적인 영향을 미친다.

아울러 본 연구에서는 시장과 비시장적 요인(집합적 소비, 환경과 개인 삶의 질)을 포함한 모형을 사용하여 약 31%의 생활만족도의 분산을 설명할 수 있으며, 모형의 설명력은 도입한 변수의 증가에 따라 증가한다. 즉, 이러한 요인들이 도시 주민의 생활만족도에 중요한 영향을 미친다는 것이다. 이 밖에도, 모형의 결과는 본 연구에서 구축한 분석틀이 어느 정도 강건성을 가지고 있음을 입증하였다.

모형 6은 모든 독립변수와 통제변수를 포함하여 설명력은 33%까지 증가하여 모든 독립변수는 1%의 수준에서 유의미한 것으로 나타났다. 호적 유형을 제외하고 통제변수 중의 성별, 연령, 연령의 제곱, 혼인 상태와 교육 수준도 통계적으로 유의미했다. 여성은 남성보다 생활만족도가 높고 기혼이나 배우자가 있는 응답자들의 생활만족도도 높았다. 중학교, 고등학교, 전문대와 대학교 이상 교육 수준인 주민들의 생활만족도는 교육을 받지 않았거나 초졸인 주민들보다 높게 나타났다. 연령과 생활만족도는 'U자형' 관계를 나타냈는데, 계산을 통해 연령 효과의 임계점은 41세, 즉 위로 노인이 있고 아래로는 자식이 있는 중년의 문턱이다. 이 문턱에 진입을 하게 되면서 스트레스가 점차 증가하고 생활만족도는 점점 낮아진다. 반면에, 이 문턱을 뛰어넘으면 어느 정도 경험과 부의 축적을 이루고 가정과 사업도 안정되면서 생활만족도가 다시 회복된다. 인구학적 특징의 영향은 기존 연구와 거의 일치했다(Appleton & Song, 2008; 官皓, 2010; 劉軍强 등, 2012).

〈표 2〉 도시 주민 생활만족도의 선형회귀모형

	모형1	모형2	모형3	모형4	모형5	모형6
시장 경쟁 요인 — 절대소득과 상대소득						
로그 변환한 가구소득	.376*** (.033)	.183*** (.032)	.257*** (.038)	.266*** (.037)	.215*** (.037)	.163*** (.039)
과거와 비교했을 때 생활 수준의 변화		.409*** (.034)	.305*** (.035)	.276*** (.035)	.252*** (.035)	.250*** (.035)
현지 사회경제적 지위에 대한 자체평가	.517*** (.035)	.420*** (.039)	.377*** (.038)	.323*** (.038)	.290*** (.038)	
집합적 소비 요인 — 사회복지, 공공서비스와 사회적 형평성						
의료보장 만족도			.147*** (.015)	.120*** (.014)	.109*** (.015)	.107*** (.014)
주거보장에 관한 정부 직책에 대한 평가			.272*** (.040)	.204*** (.040)	.198*** (.040)	.198*** (.040)
소득분배의 공정성			.260*** (.043)	.209*** (.043)	.191*** (.043)	.207*** (.043)
환경요인 — 환경에 대한 평가						
거주지 환경만족도				.188*** (.017)	.182*** (.017)	.178*** (.017)
개인 삶의 질 — 건강과 취업						
의료지출의 스트레스					-.387*** (.073)	-.417*** (.073)
가족의 무직·실직으로 인한 스트레스					-.310*** (.073)	-.237*** (.072)

	모형1	모형2	모형3	모형4	모형5	모형6
통제변수						
여성						.152*** (.056)
연령						-.081*** (.016)
연령의 제곱						.001*** (.000)
기혼						.307*** (.090)
교육 수준(준거집단: 무학이나 초졸)						
중학교						.127 (.093)
고등학교·직업 고등학교						.292*** (.105)
전문대						.509*** (.118)
대졸 이상						.655*** (.124)
호적 유형(준거집단: 농촌 타지 호적)						
도시 현지						.040 (.098)
도시 타지						-.002 (.139)
농촌 현지						.071 (.103)
상수항	2.748*** (.368)	2.108*** (.347)	-.262 (.422)	-.864** (.418)	.276 (.438)	1.746*** (.558)
표본량	4,049	3,980	3,038	3,037	3,018	3,001
R²	.037	.172	.257	.296	.309	.329

주: ( )안의 숫자는 강건한 계수 표준오차이다.
**p < 0.05, ***p <0.1

2) 다층선형모형의 결과

본 연구는 다층모형에서 종속변수와 통제변수를 그대로 유지하고 기존 개체 층위의 독립변수에 소재하는 성省의 1인당 GDP, 의료보험 보급률과 이산화황 배출량 지표를 추가하여 해당 지역의 거시적인 경제 발전 수준, 사회복지 수준과 환경의 질을 측정한다. 기존의 연구는 환경 의식과 환경에 대한 인식 수준이 생활만족도에 끼치는 중요성을 강조하였는데, 다층모형은 객관적인 환경의 질이 미치는 독립적인 영향뿐만 아니라, 주관적인 환경 평가를 통해 형성된 간접적인 영향도 고려한다. 따라서 본 모형에서는 거주지가 위치한 성省의 환경의 질이 개체의 생활만족도에 영향을 미칠 뿐만 아니라(인터셉트 효과), 개체의 환경만족도와 상호작용을 일으킬 수 있다고 가정한다. 즉 해당 성省의 환경의 질이 개체의 환경만족도를 통해 생활만족도에 영향을 미친다는 것이다. 따라서 본 연구는 랜덤 절편과 기울기 모형random-intercept and slope model을 구축하고 개인 주거 환경만족도의 기울기를 랜덤으로 처리했다. 성省급 층위의 변수에는 의료보험 보급률을 도입하여 거시적 사회복지 지표로 간주하였기 때문에 모형의 단순성을 위해 개체 층위에서 동일한 지표를 측정하는 의료보장 만족도를 제거하였다. 해당 모형은 아래와 같다.

(1) 귀무모형

$$Y_{ij} = \beta_{0j} + r_{ij}$$

β_{0j}를 고정성분과 성급 층위에서의 랜덤 성분으로 분해하면, 그 혼합효과에 대한 방정식은 다음과 같다.

$$Y_{ij} = \gamma_{00} + u_{0j} + r_{ij}$$

귀무모형에서 랜덤 절편의 분산은 0.083이다. 계산 후 얻은 급간 내 상관계수는 0.03이다. 다시 말해, 독립변수를 추가하지 않은 경우, 개체 생활만족도 차이의 3%는 성省별 차이에서 비롯된다는 것이다. 성급 분산에 대한 카이제곱 검정은 0.01 수준에서 유의미하며, 생활 만족도는 개체 및 성급 층위의 변수로 설명할 수 있음을 말해준다.

(2) 다층모형: 랜덤 절편과 기울기 모형

개체 층위 모형:

$$Y_{ij} = \beta_{0j} + \beta_{1j}X_{1ij} + \beta_{2j}X_{2ij} + \beta_{3j}X_{3ij} + \beta_{4j}X_{4ij} + \beta_{5j}X_{5ij} + \beta_{6j}X_{6ij} +$$
$$\beta_{7j}X_{7ij} + \beta_{8j}X_{8ij} + \beta_{9j}X_{9ij} + \beta_{10j}X_{10ij} + \beta_{11j}X^2_{10ij} + \beta_{12j}X_{12ij} +$$
$$\beta_{13j}X_{13ij} + \beta_{14j}X_{14ij} + r_{ij}$$

이 중 β_{nj}(n=0, 1, $\cdots$, 14)는 개체 층위의 회귀계수이고 X_{nij}는 개체 층위에서 성省인 j 중 개체 i의 독립변수로, 각각 로그 변환한 가구 총소득, 과거와 비교할 때의 생활수준의 변화, 현지 사회경제적 지위에 대한 자체평가, 주택보장에 관한 정부직책에 대한 평가, 소득분배의 형평성, 주거환경만족도, 의료비 지출 부담, 가족 구성원의 무직·실직으로 인한 스트레스, 성별, 연령, 연령의 제곱, 혼인 상태, 교육 수준, 호적 유형과 대응된다. r_{ij}는 개체 층위에서 j 성省에 있는 개체 i의 설명되지 않은 잔차이다.

성省급 층위 모형:

$$\beta_{0j} = \gamma_{00} + \gamma_{01}W_{1j} + \gamma_{02}W_{2j} + \gamma_{03}W_{3j} + u_{0j}$$
$$\beta_{6j} + \gamma_{60}\gamma_{61}W_{3j} + u_{6j}$$
$$\beta_{ij} = \gamma_{i0} \quad (i = 1, 2, 3, 4, 5, 7, 8, \cdots, 14)$$

이 중 γ_{00}, γ_{01}, γ_{02}, γ_{03}은 성급 층위의 회귀계수이며 W_{1j}, W_{2j}, W_{3j}은 성급 층위에서 성省을 나타내는 j의 독립변수로 각각 1인당 GDP, 의료보험 보급률과 이산화황 배출량을 의미한다. u_{0j}는 도시 층위의 잔차이며 γ_{61}은 이산화황의 배출량과 환경만족도 간의 상호작용을 나타낸다.

모형 분석의 결과는 〈표 3〉과 같다. 다층모형은 귀무모형에 비해 그 적합도가 크게 향상되었다. 모형의 랜덤 절편 분산은 0.025이고, 귀무모형의 0.083에 비해 이 모형은 성省별 생활만족도 차이의 69.88%를 설명할 수 있다.

개체 층위 변수의 역할은 선형회귀모형의 역할과 일치하며 성급 변수 중 1인당 GDP만이 유의미한 영향을 미친다. 거주지의 1인당 GDP가 높을수록, 부유할수록, 사람들의 생활만족도는 높게 나타난다. 의료보험 보급률의 영향이 유의미하지 않은 원인은 아마도 각 성省 의료보험의 보급률이 별 차이가 없었기 때문일 것이다. 이산화황의 배출량은 주거 환경만족도를 통해 생활만족도에 부정적인 영향을 주지만 통계적으로 유의미하지 않았다. 그러나 주거 환경만족도의 독립적인 영향은 다층모형에서 여전히 유의미했다. 분석에 따르면 환경요인이 생활만족도에 미치는 영향은 대체로 주변환경에 대한 사람들의 인식과 평가에 크게 좌우된다. 주관적인 환경만족도가 미치는 독립적 영향에 있어서 본 연구의 분석은 기존 연구와 일치한다

<표 3> 도시 주민 생활만족도의 다층회귀모형

	회귀계수	표준오차
개체 층위 변수		
로그 변환한 가구소득	.138***	.035
과거와 비교했을 때의 생활수준 변화	.277***	.031
현지 사회경제적 지위에 대한 자체평가	.331***	.035
주택보장에 관한 정부직책에 대한 평가	.247***	.036
소득분배의 공정성	.233***	.039
거주지 환경만족도	.217***	.036
의료지출로 인한 스트레스	-.464***	.063
가족의 무직·실직으로 인한 스트레스	-.228***	.064
여성	.0951*	.055
연령	-.0756***	.015
연령의 제곱	.001***	.000
기혼	.0308***	.087
교육 수준(준거집단 : 무학이나 초졸)		
중학교	.037	.082
고등학교·직업 고등학교	.202**	.094
전문대	.404***	.118
대졸 이상	.545***	.124
호적 유형(준거집단 : 농촌 타지 호적)		
도시 호적	.0706	.097
도시 타지 호적	-.004	.139
농촌 현지 호적	.136	.097
성(省)급 층위 변수		
1인당 GDP	.065***	.020
의료보험 보급률	.160	.692
이산화황 배출량(만 톤)	.005	.003
이산화황 배출량*거주환경만족도	-.000	.000
절편	1.341*	.813

*$p < 0.1$,　**$p < 0.05$,　***$p < 0.1$

(Ferreri-Carbonell & Gowdy, 2007; MacKerron & Mourato, 2009). 이는 환경 의식과 환경 문제에 대한 관심의 중요성을 보여줄 뿐만 아니라 환경 거버넌스의 복잡성도 보여준다. 오염 물질의 배출은 건강과 생태 환경에 영향을 미칠 뿐만 아니라, 지역의 경제 발전과 개인의 취업 및 생활방식과도 밀접한 연관이 있다. 이처럼 강한 주관성을 띤 관계는 정부와 대중들에게 환경 거버넌스에 최저의 기준을 엄수해야 하고 환경 문제를 중요시하며 지속적인 공기 오염과 통제의 어려움 때문에 방치해서는 안 된다는 사실을 시사해 준다.

3) 분석과 논의

위의 분석을 통해 시장 경쟁 요인이 중국 도시 주민들의 생활만족도에 여전히 중요한 역할을 발휘하고 있음을 확인했다. 부유한 지역에 거주할수록 주민들의 생활만족도는 더 높게 나타나고 절대소득도 유의미한 영향을 미쳤다. 그러나 소득 격차 비율의 감소에 따라 주민 생활만족도 간의 격차도 줄어들고 있다. 이는 "소득불평등은 사람들의 생활만족도를 억제하는 중요한 요인이다."라는 가설도 입증했다(이 부분은 뒤에서 다시 상세하게 설명할 예정임). 만약 절대소득의 차이를 개인 소득수준의 변화로 간주할 수 있으면, 소득이 일정 수준까지 증가하면 생활만족도에 미치는 영향은 약화된다. 중국 주민들의 생활만족도에 대한 시장요인의 중요성은 개발도상국의 급속한 경제적 성장 배경을 반영하고 있으며 이는 신흥시장국가에 관한 연구 결과와 일치한다(Pew Research Center, 2014). 이는 디너와 비스와스 – 디너(Diener & Biswas-Diener, 2002)가 논의한 사회적 부의 수준이 소득이 생활만족도에 미치는 영향에 대한 조절변수라는 주장을 입증하였다. 마찬가지로 한 사회의 내부에서 소득수준이 소득효과의 조절변수이기도 하다. 즉, 소득효과가 고소득층에서는 유의미하지 않다는 것이다.

절대소득에 비해 상대소득은 생활만족도에 더 중요한 영향을 미친다(생활만족도 차이를 더 많이 설명할 수 있음). 이러한 결과는 중국 국내의 기존 연구와 일치한다(羅楚亮, 2009; 官皓, 2010; 劉軍强 등, 2012). 상대소득이라는 지표로 볼 때, 현지 사회경제적 지위에 대한 자체평가 변수의 회귀계수의 값이 더 커, 주변 사람들과의 비교를 통해 느끼게 된 우월감이 생활만족도를 높일 수 있음을 시사한다. 모형6에서 기타변수를 통제한 경우, 현지 사회경제적 지위에 대한 자체평가가 한 등급이 상승할 때마다, 예를 들어 중상위에서 중위로 오르면, 그 생활만족도는 0.29점이 향상된다.

분석 결과는 집합적 소비와 환경이 생활만족도에 미치는 영향을 강조한다. 이 두 변수를 도입한 후 모형의 설명력은 13% 증가했다. 소득분배 형평성이 미치는 영향도 유의미하다. 예를 들어, 주민 A의 평가는 매우 불공평하고 주민 B의 평가는 비교적 공평하다고 가정할 때, 기타요인이 동일한 전제 하에 주민 B의 생활만족도가 0.414점이 높게 나왔다. 이는 소득불평등이 사람들의 생활만족도를 억제하는 중요한 요인임을 반영한다. 이러한 소득불평등은 대체로 기회불평등을 의미하기 때문에 사람들이 스스로 성공할 수 있는 자신감을 잃게 하고 합법적인 수단으로 목표를 달성하는 믿음도 약화되어 생활에 대한 믿음과 행복감을 낮게 하였다(관련된 논의는 張海東 등, 2012; 官皓·馬丹, 2011 참조). 한편, 사회복지는 주민생활의 안정감을 높이고 사회적 형평성을 반영하며 공공서비스는 사회복지와 사회 형평성을 실현하는 조건이다. 공공서비스에 대한 평가는 정부에 대한 사람들의 신뢰도와 만족도를 반영한다. 집합적 소비의 영향 메커니즘은 소득의 증가로 인한 만족감이나 우월감과 다르지만 역시 주민의 생활만족도에 중요한 영향을 미친다.

전국 각지에서 미세 먼지, 수돗물 오염 등 기후나 환경과 관련된 사건이 빈번히 발생하면서 환경 문제에 대한 대중들의 관심이 높아지고 있다. 본 연구는 조사 데이터를 통해 지역 환경 조건에 대한 주민들의 만족도를 한 층 더 세밀히 분석하였다. 회귀분석 결과, 일상 생활의 환경 위생 평가에 미치는 영향이 가장 크고 공기 오염 평가에 미치는 영향이 그 뒤를 이었다. 선형회귀모형과 다층모형은 주거환경만족도가 생활만족도에 유의미한 영향을 미치고 있음을 보여준다. 이를테면 본인의 주거환경에 비교적 만족하는 주민(9점 가정)은 자신의 주거환경을 비교적 우려하는 주민(2점 가정)에 비해 경제, 사회, 삶의 질과 인구학적 특징 등의 요인이 모두 동일할 때, 주변 환경에 만족하는 주민들의 생활만족도는 1.246점이 높아질 것이다. 가령 객관적인 환경의 질이라는 지표를 도입하여도 주거 환경만족도에 대한 영향은 여전히 유의미하다. 더 나아가, 〈표 2〉 중 모형6의 회귀계수를 표준화한 결과, 환경만족도의 표준화계수는 네 개의 독립변수 중에서 가장 높게 나타났다. 이는 시장 경쟁, 집합적 소비와 개인 삶의 질이라는 요인에 비해, 환경에 대한 사람들의 주관적 평가가 생활만족도에 영향을 미치는 핵심적인 요인임을 보여준다.

4. 결론 및 시사점

본 연구는 두 가지 측면에서 진행하였다. 하나는 생활만족도의 분석틀을 구축하는 것이고 다른 하나는 이러한 틀에 준해 도시 주민 생활만족도에 대한 실증 분석을 진행했다는 것이다. 복지를 획득하는 경로와 해당 복지가 지니는 규범 가치에 따라, 본 연구는 시장 경쟁, 집합적 소비, 환경 및 개체 삶의 질로 구성된 생활만족도를 분석하는 틀을 제시하여 비교적 체계적으로 생활만족도에 영향을 미치는 요인을 고찰하였다. 실증 분석은 도시 주민 생활만족도의 변화 추이를 이해하는 데 도움을 주었을 뿐만 아니라, 구축된 분석틀의 유효성과 강건성도 검증하였다. 생활에 대한 도시 주민 전체 만족도는 평균 6.84점으로서 비교적 높은 수준이라 평가할 수 있다. 실증 분석은 절대소득과 상대소득, 그리고 거주 지역의 경제 발전 수준이 생활만족도에 유의미한 영향을 미치고 있음을 보여준다. 본인의 과거 소득이나 주변 사람들과 비교해서 얻은 상대소득이 훨씬 더 중요했다. 또한 분석에서는 집합적 소비와 환경의 중요성을 강조하였다. 사회복지 수준, 공공서비스 수준과 사회적 형평성으로 구성된 집합적 소비 요인이 도시 주민들의 생활만족도에 미치는 영향은 유의미하다. 또한, 환경 문제가 점점 주목을 받으면서 주민들이 주거 환경에 대한 만족도가 높을수록, 전체적인 생활만족도도 높아진다. 객관적인 환경 지표를 도입하더라도 환경만족도의 영향은 여전히 유의미하다. 보다 깊이 있는 연구를 통해, 위생 환경과 공기 오염이 환경만족도에 미치는 영향이 가장 컸음을 보여준다. 의료지출로 인한 스트레스와 가족의 무직·실직으로 인한 스트레스로 측정한 개체 삶의 질 요인도 부정적 효과를 나타낸다.

분석 결과는 "돈이 중요하다", 즉 경제 발전과 소득이 생활만족도에 중요하다는 것임을 보여주었지만 "돈이 있어도 꼭 행복한 것은 아니다."라는 것도 강조하였다. 생활만족도는 사회복지 체계, 사회적 형평성, 그리고 환경과도 밀접한 연관이 있다. 중국의 경제 발전과 더불어 국민들이 단순히 따뜻하게 입고 배부르게 먹을 수 있는 것에 만족하지 않고 더 높은 수준의 생활을 지향하게 된다. 예를 들면 안전한 식품, 신선한 공기, 높은 교육 수준과 청렴하고 효율적인 정부를 원한다. 국내외 환경의 변화도 중국으로 하여금 GDP를 중심으로 한 발전이 아닌 인간을 근본으로 삼는 지속가능한 발전을 요구하게 되고 관련 제도를 끊임없이 개혁해야만이 주민들의 생활만족도를 높일 수 있고 궁극적으로 "민심을 얻을 수 있다". 2015년 11월에 발표된 「중국공산당 중앙위원회 국민경제와 사회발전 제13차 5년계획 건의안(中共中央關于制定國民經濟和社會發展第十三個五年規劃的建議)」[3]에서는 '국민을 핵심으로 하는 신형 도시화 건설'이라는 목표를 제시하고 경제 발전의 목표는 '국민'이 누릴 수 있는 복지에 두고 '아름다운 중국', '건강한 중국'과 '안전한 중국'을 건설해야 함을 강조하였다. 이는 실제로 생태 환경을 개선하고, 의료위생 서비스 체계를 완비하고 사회 거버넌스 체제를 혁신하여야 국민들의 복지를 지속적으로 향상시킬 수 있다는 것이다.

본 연구는 지속가능한 소비 연구에도 일정한 시사점을 준다. 기존 연구와 본 연구의 실증 분석은 시장 교환에 의지하는 개체의 소비 증가는 주관적인 안녕감을 가져다주지 않는다는 것을 밝혀냈다. 오히려 지속적인 소비 행위가 심리적인 경험을 풍족하게 하고 사람들에게 성취감을 안겨주어 주관적 안녕감을 증가시킬 수 있다(Jacob et al., 2009). 이는 지속적인 소비의 원칙과 방법에 합법적인 기초를 제공

---

3) 신화망新華網, http://newsxinhuanet.com/ziliao/2015-11/04/c_128392424_3.htm.
(접속시간은 2016년2월5일)

해 준다. 즉, 소비를 줄이거나 소비 패턴을 변화시키는 것은 수용할 만한 대안이다. 이는 생태 파괴를 줄이면서도 사람들의 주관적인 복지에 피해를 주지 않기 때문이다(Lintott, 2013). 이러한 합법적인 기초를 바탕으로 정부는 녹색소비를 장려할 수 있다. 이는 생태 환경에도 유리할 뿐만 아니라 새로운 소비를 창출할 수도 있어서 경제 성장을 이끌어 낼 수 있다.

여기서 강조해야 할 점은 비록 생활만족도는 삶의 질을 평가하는 중요한 도구이기는 하지만 객관적인 평가 지표, 예를 들어 GDP, 소득, 직업 등을 대체할 수가 없다는 것이다. 일부 취약계층도 행복감을 느낄 수 있으나 이는 단순히 정서적인 체험에 머물러 있을 뿐 삶의 질과는 거리가 있다. 객관적인 사회경제적 지표가 사회복지를 대표할 수 없듯이 주관적인 복지지표도 품위가 있는 생활을 대체할 수 없다(OECD, 2013; Diener & Biswas-Diener, 2003).

학계의 중요한 가설 중 하나는 한 사회가 기본적인 물질적 수요를 만족시켰을 경우, 사람들은 시장 경쟁 요인에 대한 관심이 줄어들고 공평, 권리와 아늑한 환경 등의 요인에 주목할 것이며 생활만족도의 향상은 후자에 의해 결정되는 것이다. 이러한 추이는 중산층에서 더 두드러지게 나타난다. 이러한 가설은 사회 정책의 혁신과 실행에 중요한 시사점을 제시해 주기 때문에 향후에 보다 더 깊이 있는 연구가 필요하리라 본다.

참고문헌

布羅克曼·希爾克, 簡·德爾海, 克利斯蒂·韋爾澤, 袁浩, 許峰(2014),「中國 困惑 — 經濟增長與幸福感的背離」,『國外理論動態』第5期.

風笑天, 易松國(2000), 「城市居民家庭生活質量 — 指標及其結構」, 『社會學研究』第4期.

官皓(2010), 「收入對幸福感的影響研究 — 絕對水平和相對地位」, 『南開經濟研究』第5期.

勞登布希·斯蒂芬·W., 安東尼·S.布裡克, 郭志剛等譯(2007), 「分層線性模型 — 應用與數據分析方法」, 社會科學文獻出版社.

李春玲(2014), 「教育不平等的年代變化趨勢: 1940~2010 — 對城鄉教育機會不平等的再考察」, 『社會學研究』第2期.

李培林, 朱迪(2015), 「努力形成橄欖型分配格局 — 基於2006~2013年中國社會狀況調查數據的分析」, 『中國社會科學』第1期.

林托特·約翰, 鞠美庭譯(2013), 「可持續消費與可持續福利」, 愛德溫·紫卡伊主編『可持續消費, 生態與公平貿易』, 化學工業出版社.

劉軍強, 熊謀林, 蘇陽(2012), 「經濟增長時期的國民幸福感 — 基於CGSS數據的追蹤研究」, 『中國社會科學』第12期.

盧克·道格拉斯, 鄭冰島譯(2012), 『多層次模型』, 格致出版社.

羅楚亮(2009), 「絕對收入, 相對收入與主觀幸福感 — 來自中國城鄉住戶調查數據的經驗分析」, 『財經研究』第11期.

王寧(2014), 「地方消費主義, 城市舒適物與產業結構優化 — 從消費社會學視角看產業轉型升級」, 『社會學研究』第4期.

邢占軍(2011), 「我國居民收入與幸福感關係的研究」, 『社會學研究』第1期.

袁浩, 馬丹(2011), 「社會質量視野下的主觀幸福感 — 基於上海的經驗研究」, 『吉林大學社會科學學報』第4期.

張海東, 石海波, 畢婧千(2012), 「社會品質研究及其新進展」, 『社會學研究』第3期.

Appleton, Simon & Lina Song(2008). "Life Satisfaction in Urban China: Components and Determinants." *World Development* 36(11).

Castells, Manuel(1976). "Theory and Ideology in Urban Sociology." In C. G. Pickvance(ed.), *Urban Sociology : Critical Essays.* London and New York : Routledge.

Castells, Manuel(1977). *The Urban Question : A Marxist Approach.* Cambridge, Massachusetts : The MIT Press.

Diener, Ed.(2006). "Guidelines for National Indicators of Subjective Well-Being and Ill-Being." *Journal of Happiness Studies*(7).

Diener, Ed & Martin, E. & P. Seligman(2004). "Beyond Money : Toward an Economy of Well-Being." *Psychological Science in the Public Interest* 5(1).

Diener, Ed & Robert Biswas-Diener(2002). "Will Money Increase Subjective Well-Being? A Literature Review and Guide to Needed Research." *Social Indicators Research*(57).

Diener, Ed & Robert Biswas-Diener(2003). "Findings on Subjective Well-Being and Their Implications for Empowerment." Presented at the Workshop on "Measuring Empowerment : Cross-Disciplinary Perspectives" held at World Bank in Washington, DC.

Dietz, Thomas, Eugene A. Rosa, & Richard York(2009). "Environmentally Efficient Well-Being : Rethinking Sustainability as the Relationship between Human Well-Being and Environmental Impacts." *Human Ecology Review* 16(1).

Dolan, Paul, Tessa Peasgood, & Mathew White(2008). "Do We Really Know What Makes Us Happy? A Review of the Economic Literature on the Factors Associated with Subjective Well-Being." *Journal of Economic Psychology*(29).

Easterlin, Richard A.(1974). "Does Economic Growth Improve the Human a Lot? Some Empirical Evidence." In David, P.A. & Reder, M.W.(eds.), *Nations and Households in Economic Growth : Essays in Honour of Moses Abramovitz*. New York : Academic Press.

_____(2001). "Income and Happiness : Towards a Unified Theory." *Economic Journal*(111).

Easterlin, Richard A., Robson Morgan, Malgorzata Switek, & Fei Wang(2012). "China's Life Satisfaction, 1990-2010." *Proceedings of the National Academy of Sciences of the United States of America* 109(25).

Evans, Gary W., Stephen V. Jacobs & Neal B. Frager(1982). "Adaptation to Air Pollution." *Journal of Environmental Psychology* 2(2).

Ferrer-i-Carbonell, Ada & John M. Gowdy(2007). "Environmental Degradation and Happiness." *Ecological Economics* 60.

Hackney, Jack D., William S. Linn, Ramon D. Buckley, & Helen J. Hislop(1976). "Studies in Adaptation to Ambient Oxidant Air Pollution : Effects of Ozone Exposure in Los Angeles Residents vs. New Arrivals." *Environmental Health Perspectives* 18.

Helliwell, John, Richard Layard & Jeffrey Sachs(2013). "World Happiness Report 2013."(Available at: http: //unsdsn.org/resources/publications/world-happiness-report-2013/)

Inglehart, R. & H. D. Klingemann(2000). "Genes, Culture, Democracy and Happiness." In Diener, E. & Suh, E. M.(eds.), *Subjective Well-Being across Cultures.* Cambridge, MA: MIT Press.

Jacob, Jeffrey, Emily Jovic & Merlin B. Brinkerhoff(2009). "Personal and Planetary Well-Being : Mindfulness Meditation, Pro-Environmental Behavior and Personal Quality of Life in a Survey from the Social Justice and Ecological Sustainability Movement." *Social Indicators Research*(93).

Knight, Kyle W. & Eugene A. Rosa(2011). "The Environmental Efficiency of Well-Being : A Cross-National Analysis." *Social Science Research*(40).

MacKerron, George & Susana Mourato(2009). "Life Satisfaction and Air Quality in London." *Ecological Economics*(68).

OECD(2013). "OECD Guidelines on Measuring Subjective Well-Being." OECD Publishing(Available at : http://dx.doi.org/10.1787/9789264191655-en).

Pew Research Center(2014). "People in Emerging Markets Catch Up to Advanced Economies in Life Satisfaction."(Available at: http: //www.pewglobal.org/2014/10/30/people-in-emerging-markets-catch-up-to-advanced-economies-in-life-satisfaction/)

Veenhoven, Ruut(1991). "Is Happiness Relative?" *Social Indicators Research*(24).

Warde, Alan(1990). "Introduction to the Sociology of Consumption." *Sociology* 24(1).

Welsch, Heinz(2006). "Environment and Happiness : Valuation of Air Pollution Using Life Satisfaction Data." *Ecological Economics* 58.

제4부

중산층의 행동 방식과 가치관

제12장

거대도시 중산층의 국가정체성 연구

: 여행 행위 분석을 중심으로*

량위청梁玉成 · 양샤오둥楊曉東

1. 서론

　개혁개방 이후 중국은 새로운 국가 발전 단계에 진입하였다. 글로 벌화와 시장 경제화 및 현대화라는 다양한 배경 속에서 국경을 초월한 경제 및 정치 활동이 날로 빈번해지면서 국가 간의 경계도 모호해지고 있다. 국가정체성은 민족국가의 수립과 적법성을 보장하는 전제 조건이며, 글로벌화에 따른 국가정체성 위기는 오늘날 민족국가가 직면한 커다란 도전이다(王卓君 · 何華玲, 2013). 1978년 이후, 중국의 사회계층은 다양하게 분화하였으며 점차 직업을 바탕으로 한 계층구조를 형성하였다. 도시화, 물질 생활과 문화 생활의 향상에 따라 중산층이 사회 주요 계층으로 성장하였으며 차츰 국가와 사회발전에

---

* 본 연구는 국가사회과학기금 중대 프로젝트 '대형 데이터 조사를 기반으로 한 중국 도시 커뮤니티 구조의 이질성과 기층사회 거버넌스 연구基于大型調查數據的中國城鎮社區結構異質性及其基層治理研究"(15ZDB172)의 중간 성과이다.

영향을 주는 중요한 요인으로 자리매김하였다. 본 연구에서는 중국 내 사회계층을 중산층과 비非중산층으로 분류한다. 기존의 사회 연구에서 중산층이 처한 사회 내 중추적인 지위는 기타 사회계층을 효율적으로 묶을 수 있기 때문에, 중산층을 종종 사회의 '스태빌라이저'로 (呂慶春·伍愛華, 2016), 혹은 소비를 이끄는 주요 동력으로도 여겼다. 중산층은 사회에서 부단히 성장하는 집단이기 때문에 중산층의 국가 정체성을 알아보는 것은 매우 중요하다. 특히 여행은 중요한 소비 행위로서, 1990년대부터 원유 수출 부문을 초월하고 세계에서 가장 큰 경제 활동이 되었으며 국가정체성에 미치는 영향 또한 아주 크다고 할 수 있다.

그러면 경제 활동의 일종인 여행은 서로 다른 계층에 속한 사람들 간에 어떤 차이를 보이는가? 여행은 목적지에 따라 국내여행과 해외여행으로 나눌 수 있는데, 국내여행과 해외여행의 발생확률은 어떤 차이를 보이는가? 각자 다른 계층에 속한 사람들이 여행에서 구축한 정체성은 어떤 차이를 보이는가? 이러한 문제들을 살펴보는 것은 중산층의 국가정체성 인식을 전반적으로 이해하는 데 매우 필요한 것이다. 그러나 현재까지 여행 행위의 차원에서 출발하여 중산층의 국가정체성 인식을 깊이 있게 다룬 연구는 아직 없다. 중산층, 정체성, 여행이라는 검색어를 중국 학술검색 엔진인 CNKI에서 검색한 결과 (2016년 11월 27일 기준)는 35편의 문헌만이 검색되었을 뿐이다. 이들 문헌은 주로 사례연구의 방식으로 소비와 취미생활, 자아 정체성 등과 관련된 비교적 미시적인 차원에만 한정되어 있으며, 중산층의 국가정체성에 대한 전반적인 연구는 아직 이루어지지 않았다.

본 연구는 여행 행위에 입각하여 2015년 '거대도시 주민생활 실태 조사'의 데이터(PPS규모비례확률표집)를 사용하여 중산층의 국가정체성을 분석하고자 한다. 본 연구의 연구대상은 중산층이다. 실제 조사 과정에서 사회 최상위 계층을 만날 확률은 매우 낮아 조사하기가 어려운 점을 감안하여 데이터 분석 시 전체 조사 대상을 중산층과 비중산층으로 분류하였다. 이렇게 함으로써 실제 상황과도 잘 부합되고 보다 합리적인 분석을 할 수 있다.

본 연구는 여행에 나타난 계층 간의 차이, 여행이 국가정체성에 미치는 영향과 작용 메커니즘을 검토하고 중산층의 국가정체성을 분석하고자 한다. 또한, 문헌 정리와 이론 분석을 바탕으로 세 가지 연구 가설을 제기하고 이를 실증 데이터를 통해서 검증해 보고자 한다. 해외여행과 국내여행의 내생성 문제에 대해서는 bivaritate probit 모형을 통해 처리하기로 한다.

2. 선행 연구 검토

1) 여행과 사회계층

글로벌화와 시장 경제의 발전 및 삶의 리듬의 빨라짐에 따라, 사람들은 여행을 주된 여가 활동으로 많이 선택하게 되었다. 사람들은 여행을 통해 잠시나마 바쁜 일상에서 벗어나 색다른 세상을 접할 수 있는 기회를 가지게 되고, 일상 환경과 다른 확 트인 장으로 나아가게 된다. 따라서 여행은 일시성, 타지성他地性과 유동성을 지니는 활동이라고 할 수 있다. 국내외 학자들은 각기 다른 차원에서 여행 행위에 대해 분석한 바가 있다. 국외의 학자들은 주로 '도피', '만남' 및 '응시'라는 세 가지 측면에서 여행의 본질을 해석한다. 레이퍼(N. Leiper)는 모든 여가 활동은 도피의 의미를 담고 있다고 한다. 여기서 말하는 '도피'는 주로 '일상의 근무 환경과 생활 환경으로부터의 탈출'을 의미한다(Pearce, 1987 재인용). 그러나 일반 여가 활동과는 달리, 여행은 공간에서의 탈출도 포함한다. 여행자는 일상 생활과 다른 각양각색의 목적지를 선택하여 '도피'의 목적을 달성한다(Beaver and Beaver, 2005: 754). 피터 번즈(Peter Burns, 2002: 69~70)는 여행은 일종의 '만남'으로, 여행객과 휴양지 및 관광지의 만남이라고 하였다. 존 어리(John Urry, 2011)는 '응시'론을 제기하였는데, 여행자가 자신 및 자신과 상반된 것들, 혹은 비여행적인 사회체험, 의식과 상호관계를 형성하면서 여행이 구축된다고 지적하였다. 중국 학자들도 여행에 대해 깊이 있는 연구를 하였다. 류단칭(劉丹靑, 2008)은 "여행은 각종 문화적 부호를 찾아 그 의미를 해석하는 과정이다."라고 하였다. 왕중화(王中華, 2011)는 철학적인 시각에서 출발하여 자각적인 여행은 "주체로서의 자아가 일상으로부터 시공을 초월하는 것"이라고 하였다. 이러한 초월에는 일시적인 일상 탈출 혹은 정신적인 만족에 대한 추구가 담겨 있다.

사회계층 연구는 사회학 영역에서의 중요한 의제이다. 고전 사회학자들이 제기한 사회계층론은 다음과 같다. 마르크스의 계급론은 생산수단의 점유 여부에 따라 계급을 구분하였고 베버는 비물질적인 요인의 작용을 중요시하여 권력, 부와 명예라는 삼위일체의 계급분화론을 구축하였다. 중국은 개혁개방 이후, 사회계층이 끊임없이 분화하면서 직업을 기준으로 하는 사회계층이 형성되었다. 중국사회과학원 사회학연구소 '당대 중국 사회구조 변천 연구當代中國社會變遷研究' 연구팀은 노동분업, 등급질서, 생산관계와 제도체계에서 차지하는 지위에 따라 현대 중국 사회를 열 개의 사회계층으로 분류하였다(陸學藝, 2002). 리창李強은 사회경제적 지위를 기준으로 중국은 현재 '역 T자형'의 사회분화 구조를 형성하고 있다고 하였다. 기존의 사회계층 구분은 대체로 경제, 직업 등 물질적 기준을 근거로 하였다. 여행은 일종의 경제적 활동으로서 볼 수 있는데, 물질적 기준으로 구분된 사회계층이 여행을 선택함에 있어서 서로 차이를 보인다고 할 수 있다. 이러한 차이를 비교해 보면 중산층의 국가정체성 인식이 더욱 명확하게 드러날 것이다. 사회계층과 여행의 관계에 대한 기존의 연구는 주로 한 계층을 대상으로 구체적인 여행 목적지를 사례로 미시적인 분석을 진행한 관계로, 여행 활동 전반에 대한 분석적 시각을 제공하지 못했다. 하지만 본 연구는 전반적인 사회계층에서 출발하여 중산층의 국가정체성에 대한 종합적인 연구를 진행함으로써, 전반적인 사회계층이 여행 활동 선택에 어떠한 차이를 보이는지도 아울러 살펴보고자 한다.

2) 국가정체성

'정체성'이라는 단어는 영어 'identity'에서 기원한 것으로, 처음 중국어로 번역할 때 '동일성同一性'이라고 하였다. 이 단어는 16세기에 이미 출현하였지만 제2차 세계대전 이후에 비로소 주목받기 시작했다. 글로벌화에 따른 사회발전과 더불어 아이덴티티와 사회적 경계가 모호해졌으며, 이로써 사람들은 '정체성'에 대해 이성적으로 사유하기 시작하면서 '정체성'에 대해 여러 가지 연구를 하게 되었다. 예를 들어, '민족정체성', '정치정체성', '문화정체성', '제도정체성' 및 '지역정체성' 등에 관한 연구가 다양한데 이러한 것들은 결국 '국가정체성'으로 포괄된다. 여기서 말하는 국가정체성은 어디까지나 중국이라는 큰 틀에 초점이 맞추어져 있을 뿐, '국가'라는 단순한 의미

이상을 넘어서지 못하였기 때문에 보다 거시적인 사회구조적 차원에서 그 의미가 정립되지 못했다. 그리고 기존 학자들의 국가정체성에 대한 정의는 통일되지 않았으며, 일부 학자는 이를 기능적 차원과 내용적 차원의 두 가지로 분류하였다. 기능적 차원의 최종적인 판단 기준은 '귀속감'이고, 귀속감을 확인하는 기준은 '우리 나라 사람'과 '다른 나라 사람'의 구분이다. 귀속의 정도는 국가 상황에 대한 인식, 수용과 찬미 등의 정도를 일컫는다. 내용적 차원에서 볼 때, 귀속감의 기준과 정도는 역사, 문화, 경제, 정치 등 방면에서 각각 다르게 나타나는데, 개인의 국가에 대한 인식을 반영한다(林震, 2001). 일부 학자는 국가정체성 인식의 주체에서 출발해 정의를 시도하였는데, 개인적 차원에서의 국가정체성은 각 개인이 인지하는 자아 정체성의 일부이며 그들이 처한 정치공동체의 적법성에 대한 주동적인 인식이고 국가적 차원에서의 국가정체성은 국제 관계에서 국가가 지니는 특성으로 나타난다(吳魯平 등, 2010). 본 연구에서는 '국가정체성'을 일종의 구체적인 형태로 규정해 개인이 "어떤 국가의 범주나 조직에 귀속되는가?"하는 것에 지향점을 둔다(Stets & Burke, 2000). 또한 이상의 선행 연구와 본 연구의 주제인 여행을 결합하여 국가정체성을 공간적 범주에 따라 세 가지 즉, 국가정체성, 아시아 정체성 및 세계시민 정체성으로 분류하기로 한다.

3) 여행과 국가정체성

여행하는 과정에서 '자아'는 자신과 유형이 다른 사람과 사물을 만나게 되고 그 과정에서 서로 다른 두 가지 문화의 교류와 충돌을 경험하게 되면서, 그 결과로서 타문화에 대한 공감이나 배척의 감정을 형성한다. 서로 다른 삶과 세상에 대한 문화의 인식 과정 그 자체는 '자아'와 대립되는 많은 '타자'를 만나게 됨으로써 '자아'는 '타자'가 속한 지역, 문화, 행위 등을 일시적으로 접촉하게 된다. 그런 과정에서 '타자'와 교류하고 상호작용을 하게 된다. 이러한 상호작용 속에서 '자아'는 '타자'의 삶과 세상에 개입함으로써 공감(이를 테면 이해, 포용, 인정)이나 배척(이를테면 부정, 거부, 왜곡) 등의 심리적 행위를 수반하게 된다. 그리고 개인이 형성한 공감은 여행의 과정에서 끊임없이 강화되고 거꾸로 자아와 사회 간의 관계를 구축하기도 한다. 여행지에서 만나는 건축물과 유적, 문화적인 경관 및 무형문화재 등은 역사적 기억과 집단 귀속감의 매개체로 작용하며, 국민들의 국가정체성을 강화하는 데 유리한 역할을 하게 되고, 이러한 국가정체성의 강화는 여행 산업의 발전을 촉진하기도 한다. 따라서 여행은 국민들의 국가정체성을 강화하는 유력한 수단으로 여겨져, 많은 국가에서는 자국민의 국가정체성 및 국민정체성을 강화하기 위해 여행을 적극적으로 활용하기도 한다(餘向洋 등, 2015).

'여행'과 '정체성'을 검색어로 하여 CNKI에서 검색하면, 총 1,842개의 결과가 나온다(2016년 11월 27일 기준). 이들 문헌은 주로 중국 국내 여행지에 대한 인식 분석, 홍색여행紅色旅遊[1), 민족정체성과 시골여행 4 가지 측면에 초점을 두고 있지만, 국내외 여행과 국가정체성에 관련된 연구는 아직 많지 않다. 외국 문헌의 경우, 여행과 국가정체성에 관련하여 팔머(Palmer, 2005)는 한 국가의 역사적 기호를 매개로 한 유적지 여행은 국가정체성의 구축과 유지에 도움을 준다고 주

---

1) 역주: '홍색관광'은 주로 중국공산당 혁명의 기념지, 기념물 등과 같은 혁명 정신을 견학할 수 있는 여행을 가리킨다.

장하였다. 그리고 파크(Park HY.)²⁾는 한국의 창덕궁을 사례로 들었는데, 창덕궁 관람을 통해 사람들에게 공통된 역사적 기억이 환기된다고 하였다. 그래서 유적지 여행은 기호의 메커니즘을 통해 국가에 대한 귀속감을 구축함으로써 국가의 통일성을 유지하게 하는 기능을 갖는다(餘向洋 등, 2015). 이들은 모두 구체적인 여행지를 예로 들어 여행이 국가정체성에 미치는 영향을 분석하였으나 여행이 국가정체성에 미치는 영향을 전반적으로 살펴본 연구는 아직 부족하다.

3. 연구 문제와 연구 가설

많은 학자들은 여행이 국가정체성에 미치는 영향이 크다는 것을 강조하면서도 여행 내부의 작용 메커니즘과 영향에 대해 깊이 있는 분석을 하지 못했다. 즉 여행의 영향에 대해서만 서술하였지, 유형이 다른 사회계층 간의 세부적인 비교는 이루어지지 못했다. 이는 사회를 여행이 발생하는 단일한 장으로 봄으로써 상이한 계층들이 처한 장의 특수성을 소홀히 하는 결과를 초래하였다. 상이한 장에 속한 사람들은 계층 간 아비투스의 차이로 인해, 여행 선택 시 여러 방면에서 차이를 보인다. 여행에서 보여준 이러한 계층 간의 차이는 자연스럽게 국가정체성에도 영향을 미친다. 각 계층이 여행을 통해 느끼는 국가정체성의 차이를 연구하는 것은, 국가가 여행을 통해 국가정체성을 강화하고 여행 산업의 발전을 촉진하는 데 있어 중요한 본보

---

2) 역주: 이 문헌의 출처: Park H Y. Shared national memory as intangible heritage: Re-imagining two Koreas as one nation. *Annals of Tourism Research*, 2011, 38(2): 520-539.

기와 지침이 될 것이다. 따라서 본 연구는 국가정체성에 영향을 미치는 여행 행위의 각종 요인을 분석하는 데 착안점을 두고, 다양한 계층의 정체성 차이를 기초로 여행 상품에 대한 계층 간의 소비와 선택의 차이 및 정체성 인식의 이질성에 대해 분석하고자 한다. 각각 다른 logistic 모형 간에 내생성 문제가 있는지를 탐구하고 상응한 데이터를 분석하여, 다양한 여행 상품이 국가정체성 인식에 미치는 구체적인 영향을 분석하기로 한다.

1) 여행 관련 가설

여행 목적지의 선택에 대해서 리핑(李萍, 2007) 등은 선택에 영향을 미치는 요인으로는 주로 여행 목적지의 이미지, 시설과 조건, 경관의 질에 대한 인식 등이 포함된다고 보았다. 개인의 차원에서 보면, 각각 다른 계층의 사람들 간에는 차이가 존재하는데, 즉 그들이 쓸 수 있는 시간과 금전을 비롯하여 여행 목적지의 선택에서도 차이를 보인다. 그리고 여행 상품의 소비에는 경쟁적인 관계가 존재한다. 시간과 금전이 주어진 범위 안에서 모든 개인은 그중 한 가지의 여행 상품(국내여행 또는 해외여행)만을 선택할 수 있다. 이러한 선택 자체는 다른 유형의 제품을 포기한다는 것을 의미한다. 그래서 개인에게 있어서 국내여행과 해외여행은 서로 견제하는 관계를 가진다. 이로부터 본 연구에서는 다음과 같은 첫 번째 가설을 제기한다.

> H1: 여행관련 가설: 국내여행과 해외여행 간에 상관관계가 존재한다.

2) 여행의 계층별 차이 가설

현대 중국에서는 직업 등의 물질적인 기준을 계층 분류의 주된 기준으로 삼고 있지만, 사실은 중국 사회에는 다양한 계층이 존재하고 있으며 각 계층이 소유하고 있는 사회적 자원의 수량과 유형은 다르다. 콜만Derrick Coleman의 합리적 선택 이론에 입각해서 보면, 소비자가 여행 목적지를 선택하는 행위 자체는 일정한 목적 지향성을 갖고 있다. 또한 선택의 과정은 이성적인 방식을 통해 전개되는 연속적인 결정 과정으로 이러한 과정에서 소비자는 필요와 욕망에 따라 여행 목적지와 여행 상품에 대해 적극적으로 정보를 검색하고 수집한 후 자신의 선택 기준에 따라 정보를 걸러내고 최종적인 결정을 내린다. 사람들은 여행을 통해 각자 다른 목적을 달성하고자 한다. 모티뉴(Moutinho, 1987)는 여행의 선택 행위 모형을 제기하였는데 여기에는 세 가지 완전히 다른 단계, 즉 사전 결정과 결정 과정, 여행후 평가, 미래의 결정 수립 과정이 포함된다. 그리고 그는 마지막 단계가 끝나면 다시 첫 번째 단계로 되돌아와 그 과정이 되풀이된다고 하였다. 벨리(Beerli A.)와 마틴(Martin J.D., 2004)은 여행자의 자아인식이 여행 목적지 선택에 미치는 영향을 분석하였다. 종합해 보면, 이상의 연구들은 모두 개인의 인지 차이가 여행 행위와 여행 목적지 선택에 결정적인 영향을 미치는 것으로 간주되었다. 구조주의의 시각에서 볼 때, 가처분소득, 여가 시간, 교육 수준, 교통비 및 여행 목적지의 인프라 시설 등과 같은 요인들은 모두 개인이 여행 목적지를 선택하는 데 영향을 미친다. 그중 가처분소득과 여가 시간, 교육 수준 세 가지 요인은 중국의 사회계층을 구분하는 중요한 기준이 되기도 한다. 자신이 속한 사회계층의 차이에 따라, 여행 여부와 목적지에 대한 선택이 달라진다. 이에 본 연구에서는 다음과 같은 두 번째 가설을 제시한다.

> H2: 여행의 계층별 차이 가설: 계층과 여행 행위의 발생확률에는
>   상관관계가 있다.

3) 여행결과 가설

빅터 터너Victor Turner가 종교를 분석할 때 제기한 '성지 순례의 패러다임'을 빌려 여행 행위를 살펴보자면, 여행자를 성지 순례자에 비유해 볼 수 있다. 그들은 참배하기 위해 '먼 중심지'로 가고 익숙한 장소를 떠나 먼 곳으로 갔다가 다시 익숙한 장소로 돌아온다. 여행자는 '먼 곳에서' 유희를 하거나 '엄숙하지 않은' 일을 하는 것을 허용한다(Beerli A. & Martin J.D., 2004). 여행은 사람들이 자신의 일상적인 생활권에서 벗어나 타지에서 즐거움을 찾는 행위로 간주될 수 있는데 여기에서 말하는 '타지'는 여행자의 생활, 근무 환경 등과 같은 일상적인 생활권과 비교적 큰 차이가 있는 낯선 환경이다.

인간은 문화의 산물로 자신의 생활권에 안전감과 귀속감을 느낀다. 여행자는 장의 전환을 통해 자신이 익숙한 사물이나 환경이 아닌 다른 곳을 접하게 되는데, 이런 과정에서 낯선 환경을 접촉하면서 심리적 충돌을 체험하게 된다. 따라서 여행 과정에서 두 가지 형식의 문화정체성이 형성된다. 하나는 자신의 고향 문화에 대한 반추를 통해 형성된 고향에 대한 잠재의식이며, 다른 하나는 민족정체성과 국가정체성이다(黃晨晨, 2014). 앤더슨(Anderson B., 1991)은 국가는 상상의 공동체이며 민족정체성과 국가정체성은 모두 다 '상상의 관계'를 바탕으로 형성된 것이라 하였다. 공동체를 구성하는 구성원들은 서

로 모르는 사이일 수 있지만 서로 간에 일종의 공통된 이념이나 동일성의 존재가 있음을 상상한다. 따라서 여행이라는 장을 통해 여행자들은 이러한 '상상의 관계'로 마음속에 내재한 민족정체성과 국가정체성을 불러일으키는데, 이는 많은 여행자들의 공통된 체험이다. 천차이와 루창충(陳才·盧昌崇, 2011)은 여행 체험이라는 새로운 연구 시각을 제시하고 여행자가 '타자'를 관찰하면서 '자신'을 다시 인식하게 된다고 하였다. 또한, 여행은 자신의 일상 생활과 고정된 행위 패턴에서 벗어나는 행위로서 기존의 관습과 생각에 도전할 수 있고, 더 나아가서 고정불변의 삶에 새로운 자극을 줄 수 있다고 하였다. 그래서 여행은 '고향'에서 '타향'으로, '관습'에서 '이상'으로의 변화 과정이고, 이러한 과정에서 여행자는 자아와 여행지 및 문화에 대한 정체성을 갖게 된다. 문화정체성은 실제로 국가정체성 안에 포함되어 있다. 이로부터 본 연구에서는 여행 인식에 대한 세 번째 가설을 제기한다.

H3: 여행결과 가설: 여행은 개체의 국가정체성에 영향을 미친다.

문화정체성은 한 개인이나 단체가 자신의 문화적 '신분'을 인지하고 확인하는 것을 의미한다. "시공의 변화, 여행지의 풍경과 현지인에 대한 응시를 통해, 여행자는 자신이 어떤 문화정체성을 갖추었는지를 확인하고 싶어한다."고 궈사오탕(郭少棠, 2005)이 지적한 것과 같이, 문화정체성의 본질은 국가정체성이다. 하지만 중국에는 다양한 계층이 공존하고 있으며, 서로 다른 계층에 속한 사람들은 문화 환경과 생활 경험에서 차이를 보인다. 그래서 여행은 각자가 처한 사회 환경 등의 외부 요인의 차이로 인해 서로 다양한 계층에 속한 사람들은 상이한 국가정체성을 가질 수 있다. 이러한 계층 정체성의 차이에 대한 가설을 검증하기 위해 본 연구에서는 가설 3에서 더 나아가 다음과 같은 하위 가설을 추가한다.

> H3.1: 여행의 계층 결과 가설: 여행이 국가정체성에 미치는 영향은 계층에 따라 다르다. 중산층의 국가정체성 인식은 비중산층보다 긍정적이다.

4. 연구 설계와 실증 분석

1) 연구 설계

(1) 데이터

본 연구에서 사용하는 데이터는 2015년 상하이대학교 상하이사회과학 조사센터에서 발표한 '거대도시 주민생활 실태조사'에 의거한다. 이 조사는 PPS방법을 사용하여 주로 베이징·상하이·광저우 3개 도시를 중심으로 50곳의 커뮤니티와 1,000개의 가구를 표본 추출하여 최종적으로 3,000개의 데이터를 확보했다.

(2) 연립방정식의 내생성 문제와 추정 방법

위의 가설에 대해 일반적으로 logistic 모형을 사용하여 회귀분석을 하는데 여행 행위를 하는 사람만을 표본으로 설정하였다. 그러나 앞의 두 가설은 상호 독립적인 것이 아니라, 여행 행위 그 자체가 내생성을 갖고 있다. 첫째, 우리가 관찰할 수 있는 것은 실제로 여행을 하게 된 개체들이다. 이는 일종의 사후 관찰이며 관찰되지 못한 여행 행위가 있을 수 있다. 둘째, 계층별 차이를 국가정체성에 영향을 미치는 독립변수로 삼고 여행을 목적지에 따라 국내여행과 해외여행으로 분류한다. 하지만 이 두 변수는 서로 독립적인 것이 아니다. 즉 국내여행을 선택하면 대체로 해외여행을 선택할 확률이 낮고 반대의 경우도 마찬가지이다. 양자 간에는 상호 내생적인 자아선택 과정이 존재한다. 이 두 가지 상황은 모두 logistic 모형의 분석 결과에 심한 편차를 가져올 수 있다. 가설 2는 그 자체가 독립적인 logistic 모형이지만 가설 1의 영향을 받는다. 이런 상황에서 두 개의 일반화된 logistic 모형을 만들고 간단하게 분리하는 것은 적절하지 않다. 개인이 속한 계층과 여행 목적지라는 두 가지 요인이 공동으로 작용하여 국가정체성의 차이를 일으키게 된다.

연립방정식의 내생성문제에 대해 본 연구에서는 bivariate probit 모형을 활용해 분석해 보고자 한다. 그리고 여행 목적지를 국내여행과 해외여행으로 분류하여 기타 독립변수가 국가정체성에 미치는 효과를 각자 검증함으로써 여행 행위에서 보여준 계층별 차이가 국가정체성에 미치는 순작용을 분석하기로 한다.

2) 실증 분석

(1) 여행 목적지 선택 차이 분석

여기서 bivariate probit 모형을 도입하여 연립방정식의 내생성 문제를 처리하고자 한다. 이 모형의 기본적인 설계는 다음과 같다. 우리가 연구하고자 하는 두 개의 이분형 종속변수가 상관관계를 갖는 동시에 서로 독립적이지 않을 경우, 이들의 결합확률을 구하기 위하여 이 두 종속변수를 결합하여 추정해야 한다. 이는 행위자가 동시에 두 가지 결정을 내리는 경우와 유사하다. 이 두 가지 결정은 서로 연관되어 있기 때문에 부분적으로 행위자 개인의 특성과 선호도에 달려 있다. 만약 이 두 가지 결정이 서로 독립적이면, 각각의 확률을 개별적으로 추정한 후 곱하면 결합확률을 얻을 수 있다. 그러나 이 두 결정이 서로 상관관계가 있다면, 각각의 확률을 추정하고 곱하는 방식으로 결합확률을 구해서는 안되고 반드시 함께 추정해야 한다. 그 추정방식은 다음과 같다.

$$Y^*_{1i} = X_{1i}\beta_1 + u_{1i} \qquad Y^*_{2i} = X_{2i}\beta_2 + u_{2i}$$
$$Y_{1i} = 1 \quad if \quad Y^*_{1i} > 0 \qquad Y_{2i} = 1 \quad if \quad Y^*_{2i} > 0$$
$$Y_{1i} = 0 \quad if \quad Y^*_{1i} \leq 0 \qquad Y_{2i} = 0 \quad if \quad Y^*_{2i} \leq 0$$

본 연구에서 여행을 국내여행과 해외여행 이분형 종속변수로 분류하고 Y_{1i}는 국내여행으로 설정한다. 만약 국내여행을 하게 될 경우 $Y_{1i} = 1$이고, 그렇지 않을 경우 $Y_{1i} = 0$이다. 여기서 상응하는 잠재변수인 Y^*_{1i}도 설정한다. X_{1i}는 독립변수이고 독립변수의 설명력이 제한적이기 때문에 방정식에 오차항 u_{1i}을 추가할 필요가 있다. Y_{2i}는 해외여행을 표시하고 방정식의 구축은 국내여행과 동일하다. 이로써 우리는 국내여행과 해외여행 두 개의 하위모형 방정식을 구축하였으며 u_{1i}와 u_{2i}의 기대값을 0, 분산을 1로 가설하고 오차에 대해 표준화를 한다. 이때 u_{1i}와 u_{2i}의 공분산은 ρ이고, 여기서 ρ는 해외여행과 국내여행의 오차 간의 상관관계를 나타낸다. 국내여행과 해외여행 두 모형이 서로 독립적이면, $E(u_{1i})=E(u_{2i})=0$, $Var(u_{1i})=Var(u_{2i})=1$, $Cov(u_{1i}, u_{2i})=0$, 즉 $\rho=0$이다. 만약에 $\rho\neq0$이라면, $Cov(u_{1i}, u_{2i})=\rho$가 성립된다. 이는 국내여행과 해외여행 간에 상관관계가 있고 전자의 발생확률은 부분적으로 후자에 달려 있음을 의미한다. 극단적인 경우, 즉 $\rho=1$일 때, 양자의 발생확률이 동일하다.

본 연구에서는 STATA 통계 프로그램을 활용하여 명령어 'biprobit'을 통해 bivariate probit을 구하는 방식을 택한다. 이 명령어는 두 개의 이분형 종속변수에 대해 두 개의 probit 모형을 계산하고 추정계수와 유의도를 제시해 준다. 프로그램의 실행 결과는 〈표 1〉과 같다. 그중 국내여행과 해외여행 두 개의 probit 하위모형이 결합된 분석 결과를 볼 수 있다. 국내여행과 해외여행에 대한 bivariate probit 분석 결과를 통해 알 수 있듯이 로rho, 즉 ρ의 값은 약 0.613이다. 이는 국내여행과 해외여행 간에 상관관계를 갖고 있음을 말해준다. 즉 가설 1이 성립된다. 이는 한 개인이 여행을 선호하면 국내여행이든 해외여행이든 여행 발생확률이 높아질 것임을 의미한다.

〈표 1〉 상이한 여행 목적지 선택의 bivariate probit 모형

	모형 1. 해외여행		모형 2. 국내여행	
	모수추정	Z값	모수추정	Z값
상수항	-3.883**	-3.02	0.038	0.03
성별(남성=1)	-0.107	-1.85	-0.072	-1.27
계층(중산층=1)	1.015***	16.57	0.936***	15.92
연령	0.242*	2.26	0.015	0.14
연령의 제곱	0.003*	-2.23	-0.001	-0.24
연령의 세제곱	0.000*	2.18	0.000	0.23
혼인 상태(유배우자=1)	-0.133	-1.49	0.083	0.98
로그 우도함수 값	-2,465.751			
표본량	2,302			

(2) 계층과 여행 발생확률의 상관관계 분석

국내여행과 해외여행이 서로 상관관계를 갖고 있기 때문에 가설 1의 실증 분석을 통해 알 수 있듯이 국내여행과 해외여행은 서로 독립적이지 않다. 국내여행을 선호하는 사람은 상대적으로 해외여행의 횟수를 줄이게 되고 반대의 경우도 마찬가지다. 이러한 연립방정식의 내생성문제에 대해서 본 연구에서는 bivariate probit 모형을 통해 해결하였다. 〈표 1〉에서 보여주는 것처럼, bivariate probit 모형에 넣은 독립변수는 주로 성별, 계층, 연령과 혼인 상태 네 가지가 있다. 여행 목적지의 영향을 통제하기 위해 국내여행과 해외여행을 각각 종속변수로 설정하여 모형에 넣어, 이로부터 여행 발생확률에 영향을 미치는 독립변수를 찾고자 한다. 이 모형의 분석 결과는 성별, 연령 및 혼인 상태 등 변수에 대한 통제를 바탕으로, 상위계층의 응답자는 하위계층 응답자보다 국내 및 해외여행 행위가 더 많은 것으로 나타났다.

모형1은 중산층이 비중산층보다 해외여행을 할 확률이 높다는 것을 보여주고, 모형2는 중산층이 비중산층보다 국내여행을 할 확률이 낮음을 보여준다. 이는 여행 목적지에 따라 계층과 여행 발생확률 사이에 상관관계가 있고 상위계층일수록 해외여행 발생확률이 높고 국내여행 발생확률이 낮다는 것을 나타낸다. 즉 가설2가 성립된다. 한편, 독립변수가 연령일 경우, 해외여행의 발생확률에만 유의미한 영향을 미쳤다. 국내여행 발생확률을 종속변수로 한 모형에서는 유의미한 영향이 없는 것으로 나타났다. 더 나아가서 모형 변수들 간의 상호작용 효과를 검증하고자 한다. 해외여행 발생확률의 독립변수 효과가 국내여행보다 좋기 때문에 해외여행이라는 하위모형을 예로 들어, 성별, 연령, 혼인 상태와 계층 등 변수들의 상호작용효과를 분석하면 〈그림 1〉과 같은 분포곡선을 얻을 수 있다. 〈그림 1〉은 연령, 성별, 혼인 상태 등의 독립변수를 추가해도 중산층과 비중산층의 해외여행 발생확률은 명확히 구분되고 중산층의 해외여행 발생확률이 비중산층보다 훨씬 더 높은 것을 보여준다. 중산층의 해외여행 가능성 중 기혼 남성의 해외여행 확률이 가장 낮고 미혼 여성의 해외여행 확률이 가장 높으며 미혼 남성과 기혼 여성이 그 뒤를 이었다. 연령과 여행 발생확률은 더 흥미로운 분포를 보여주는데, 청년층과 퇴직자의 해외여행 발생확률이 가장 높고 중년층이 가장 낮았다.

그러나 가장 중요한 영향 요인은 여전히 계층이다. 모든 독립변수 중 계층 요인만이 동시에 두 가지 유형의 여행(국내여행과 해외여행)의 발생확률을 설명할 수 있다.

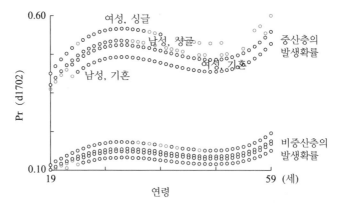

〈**그림 1**〉 다중 독립변수 상호작용의 분포곡선

(3) 국가정체성에 미치는 여행의 영향

여행이 국가정체성에 미치는 영향을 분석하기 위해 본 연구에서는 국내여행과 해외여행, 성별, 계층, 연령, 혼인 상태 등 요인을 독립변수로 설정하였다. 정체성 자체가 다양성을 지니고 있기 때문에 본 연구에서는 이를 국가정체성, 아시아 정체성 및 세계시민 정체성 3가지 종속변수로 구분하였다. 모형1, 3과 5는 국내여행을 핵심 독립변수로 하고 모형 2, 4와 6은 해외여행을 핵심 독립변수로 설정하였다. 〈표 2〉의 모형 1, 3과 5에 따르면, 성별, 계층, 연령 및 혼인 상태 등 요인을 통제한 후 국내여행은 개인의 국가정체성에 상당한 부정적 영향을 미치며($p \leq 0.001$), 반면에 아시아 정체성과 세계시민 정체성에는 유의미한 영향을 주지 않았다. 이는 국내여행 횟수가 많을수록 개인의 국가정체성 인식이 낮아지고 세계시민 정체성은 큰 영향을 받지 않았음을 보여준다. 이러한 결과를 초래한 이유는 아마 국내 관광지가 과도하게 상업화되어 역사와 문화에 대한 존중이 결여되었기 때문일 것이다. 이 밖에도 국내 관광지의 가격이 지나치게 부풀려지고 있는데, 최근 들어 해외여행, 특히 동남아시아 지역 관광이 국내여행보다 가격대가 더 낮았다. 또한 일부 관광지에서 발생한 '손님에게 바가지 씌우기' 등의 부정적인 뉴스들이 보도되면서 사람들은 국내에서 여행을 많이 할수록 국내여행에 대한 인상이 나빠지게 되었고 그 결과 국내여행이 국가정체성에 대해 부정적인 영향을 미치게 되었다. 한편, 계층은 국가정체성, 아시아 정체성과 세계시민 정체성에 모두 유의미한 영향을 미치고 있다($p < 0.05$). 다시 말해 국내여행의 경우, 계층과 국가정체성 간에는 상관관계가 존재하며 그 계수는 모두 정(+)의 값을 갖는다.

〈표 2〉 상호작용항 변수가 해외여행 발생확률에 미치는 영향

	모형 1 국가 정체성	모형 2 국가 정체성	모형3 아시아 정체성	모형4 아시아 정체성	모형 5 세계시민 정체성	모형6 세계시민 정체성
국내여행	-0.014***		-0.007		-0.004	
해외여행		0.034		0.080**		0.088**
성별(남성=1)	-0.004	-0.007	-0.010	-0.010	-0.024	-0.018
계층(중산층=1)	0.043*	0.033	0.055*	0.028	0.142***	0.112***
연령	0.005***	0.005***	0.004***	0.005***	0.003***	0.003***
혼인 상태 (유배우자=1)	-0.022	-0.018	-0.080**	-0.082**	-0.066*	-0.078*
상수항	3.365***	3.350***	3.116***	3.090***	2.910***	2.903***
표본량	2,830	2,730	2,820	2,720	2,820	2,720
R^2	0.13	0.11	0.06	0.08	0.08	0.11

그 밖에 모형2, 4와 6은 기타변수를 통제한 경우, 해외여행은 아시아 정체성과 세계시민 정체성을 강화할 수 있지만, 국가정체성 강화에 별 도움이 없음을 보여준다. 위의 논의를 종합해 보면, 여행은 사람들의 국가정체성에 영향을 미친다는 가설이 성립된다. 동시에 모형은 계층 정체성에도 영향을 미친다는 것을 보여주고 있는데, 중산층은 세계시민 정체성에만 긍정적 영향을 미치고 있다. 아시아 정체성과 세계시민 정체성에 미치는 영향 요인과 비교해 보면, 아시아 정체성은 해외여행의 영향을 많이 받고 있지만, 중산층은 세계시민 정체성에 유의미한 영향을 미친다. 이는 중산층의 국가정체성 인식은 국가 외부의 영향을 받는 것으로 보인다. 요컨대, 상이한 계층 간 국가정체성은 서로 다르며 중산층의 국가정체성이 비중산층보다 높다는 가설이 성립된다. 그 이유는 다음과 같이 해석할 수 있다. 중산

층의 가처분소득이 비중산층보다 높고 정신적인 생활을 더 지향하기 때문에 여행(해외여행) 횟수도 많고, 그 결과 중산층이 여행으로부터 더 많은 영향을 받기가 쉽다. 그리고 여행은 사람들의 국가정체성 형성에 영향을 미치기 때문에, 중산층에게 있어서 여행이 이들의 국가정체성 인식에 미치는 영향이 클 수밖에 없다.

5. 결론과 토론

본 연구는 여행 행위에 대한 분석에 입각하여, 여행 자체에 대한 연구에서 출발하여 여행 행위에서 드러나는 계층 차이, 그리고 여행이 국가정체성 형성에 미치는 영향을 살펴보았다. 그리고 더 나아가서 중산층의 국가정체성의 성격에 대하여 논의하였다. 연구 결과를 종합해 보면, 국내여행과 해외여행 간에는 상호작용의 상관관계를 갖고 있다. 계층이 여행 발생확률에 미치는 영향을 볼 때, 중산층이 비중산층보다 여행 발생확률이 더 높았다. 그리고 여행은 사람들의 국가정체성 구축에도 영향을 미치며, 더불어 국가정체성의 형성 역시도 계층의 영향을 받는다. 그리고 총체적으로 살폈을 때 중산층은 비중산층보다 국가정체성에 대한 인식이 긍정적이었다.

본 연구의 결과는 국가가 여행 등 방식을 통해 중산층의 국가정체성을 강화하는 데 참고할 자료가 될 수 있다. 여행 행위에 대한 분석을 통해 중산층과 국가정체성 간의 관계를 어느 정도 설명할 수 있다. 본 연구는 중산층의 국가정체성에 영향을 미치는 여행의 기타 요인을 다루지 못했는데, 남은 과제는 추후를 기약한다.

陳才, 盧昌崇(2011), 「認同: 旅遊體驗研究的新視角」, 『旅遊學刊』第26卷第 3期.

郭少棠(2005), 『旅行: 跨文化想像 ─ 文化論叢』, 北京大學出版社.

黃晨晨(2014), 「後現代主義視角下旅遊目的地選擇行為的解讀」, 『旅遊學 刊』第7期.

科恩, 巫寧等譯(2007), 『旅遊社會學縱論』, 南開大學出版社.

李萍, 粟路軍, 葉莉(2007), 「城市居民旅遊目的地選擇的影響因素研究 ─ 以長沙市為例」, 『北京第二外國語學院學報』第9期.

李瑋娜(2011), 「國外經典旅遊目的地選擇模型述評」, 『旅遊學刊』第5期.

林震(2001), 「論臺灣民主化進程中的國家認同問題」, 『臺灣研究集刊』第2期.

劉丹青(2008), 「論旅遊活動的精神與文化屬性」, 『首都師範大學學報』(社會 科學版)第6期.

陸學藝(2002), 『當代中國社會階層研究報告』, 社會科學文獻出版社.

呂慶春, 伍愛華(2016), 「中產階層是社會發展的'穩定器'嗎?」, 『探索』第4期.

王中華(2011), 「哲學視野與旅遊活動之本質」, 『寧夏大學學報』(人文社會科 學版)第4期.

王卓君, 何華玲(2013), 「全球化時代的國家認同: 危機與重構」, 『中國社會 科學』第9期.

吳魯平, 劉涵慧, 王靜(2010), 「公民國家認同的特點及其與對外接納度的關係 研究─來自ISSP(2003)的證據」, 『國際社會科學雜誌』(中文版)第1期.

余向洋, 吳東方, 朱國興等(2015), 「旅遊視域下的認同研究 ─ 基於文獻綜 述的視角」, 『人文地理』第2期.

Anderson, B(1991). *Imagined Communities: Reflections on the Origins and Spread of Nationalism.* London: Verso, 1991. 25:38.

Beaver, A. and Beaver, A.(2005). "A Dictionary of Travel and Tourism Terminology." *A Dictionary of Travel & Tourism Terminology,* 11: 754.

Beerli, A. and Martin, J.D. (2004). "Tourists' Characteristics and the Perceived Image of Tourist Destinations : A Quantitative Analysis—A Case Study of Lanzarote, Spain." *Tourism Management,* 25(5): 623-636.

Burns, Peter(2002). "Leisure/Tourism Geographies: Practices and Geographical Knowledge," by David Crouch(ed.), Routledge, London, No. of pages: 299. *International Journal of Tourism Research*, 4(1): 69-70.

Hyungyu, P.(2010). "Heritage Tourism : Emotional Journeys into Nationhood." *Annals of Tourism Research*, 37(1): 116-135.

Moutinho, L.(1987). "Consumer Behavior in Tourism." *European Journal of Marketing*, 21(10) : 5-44.

Palmer, C.(2005). "An Ethnography of Englishness: Experiencing Identity through Tourism." *Annals of Tourism Research*, 32(1): 7-27.

Pearce, D.G.(1987). *Tourism Today : A Geographical Analysis.* Harlow : longman.

Stets, J.E. and Burke, P.J. 2000. "Identity Theory and Social Identity Theory." *Social Psychology Quarterly*, 63(3): 224-237.

Urry, J.(2011). "The Tourist Gaze 3.0." Book/report/proceedings.

제13장

신사회계층의 정치 태도 측정 및 비교 연구

: 6개 성·시 조사 데이터를 기반으로

장하이둥張海東 · 덩메이링鄧美玲

　개혁개방 이후 중국 사회에서는 경제체제 개혁의 심화와 시장 경제의 확대에 힘입어, 새로운 경제 조직과 사회 조직들이 대거 출현하였다. 그리고 이러한 '체제 외體制外'의 부문은 근무자를 대량 수용하면서 방대한 새로운 사회 집단을 형성하게 된다. 이에 본 연구에서는 이렇듯 새롭게 출현한 사회계층에 주목하고, 특히 이들의 정치 태도에 대한 고찰을 통해 신사회계층과 기타 계층 간의 차이, 신사회계층 내부에 존재하는 각 집단 간의 정치 태도 차이 등에 대해서 구체적으로 살펴보고자 한다. 또 거시적 차원에서 신사회계층과 기타 사회계층 간의 비교를 시도하고, 특히 신사회계층과 '체제 내體制內'의 중산층 간에 어떠한 정치 태도의 차이가 나타나는지를 분석함으로써 '체제體制' 요인이 사회 구성원들의 정치 태도에 미치는 영향에 대해서도 살펴보고자 한다. 그리고 신사회계층 내부의 각 집단에게서 나타나는 정치 태도의 차이를 비교, 분석함으로써 계층과 직업이 사회구성원의 정치 태도에 미치는 영향에 대한 이해를 도모하고자 한다.

1. 신사회계층과 정치 태도

1) 신사회계층의 정의

신사회계층이라는 용어는 중국 사회에서 2001년 처음으로 등장하기 시작했으며, 구체적으로는 민영民營 과학기술 기업의 창업자와 기술자, 외자기업의 관리기술자, 개체호, 사영기업주, 중개업 종사자, 프리랜서 등을 지칭하는 말로 사용되었다(江澤民, 2006: 286). 2006년 중국공산당 중앙위원회는 「신세기 새 단계에 통일전선을 확대하고 공고화하는 데에 대한 의견關於鞏固和壯大新世紀新階段統一戰線的意見」에서 "신사회계층은 주로 비공유제 경제인들과 프리랜서 지식인들로 구성되어 있으며 새로운 경제 조직과 사회 조직에 집중적으로 분포되어 있다."고 명시하였다. 그중 비공유제 경제인이란 개체호, 사영기업주, 주식회사에서의 자연인 주주 등 비공유경제 부문의 집단을 지칭한다. 또한 프리랜서 지식인들은 그 조직과 인사관계가 비국유기관과 인재교류센터[1]에 소속되어 있는 사람들을 가리키는데, 그들

---

1) 역주: 앞서 호적 유형에 대해서 설명하면서 언급한 바 있지만, 중국에는 농업 호적과 비농업 호적 두 가지 유형이 있는데 호적은 소재 지역의 공안국公安局, 경찰서와 경찰서 산하의 동네 파출소派出所에서 관리하는 것이다. 중국 주민에게는 호적에 상응하는 인사당안人事檔案제도가 있는데, 당안은 개인의 신상과 신원 기록부이며 일반적으로 초등학교 입학 때부터 만들어서 평생 동안 개인을 따라다니고 소속 학교나 기관, 기업에서 기록, 보관과 관리를 담당한다. 당안은 개인의 입학, 유학, 입당, 취직, 승진, 퇴직, 퇴직금 등과 관련되어 있으며 정확하게 기록하는 것이 원칙이다. 주민의 인사당안은 일반적으로 소속 기관에서 관리하고 있으며 비공유부문에 종사하거나 자영업자 같은 경우, 거주 지역의 인사국에서 노동국勞動局 산하의 사업단위인 인재교류센터를 통하여 당안의 일상 관리를 한다. 개인이 전직할 때 인재교류센터를 통해 당안 이전을 신청할 수 있다.

은 '체제 내'의 소득분배에 참여하지 않고, 개인이 갖고 있는 지식, 능력, 특기 등을 통해, 개인의 의지에 따라 자유롭게 전공과 직종을 선택한다. 최근에 들어서서 시장 경제의 발전과 사회구조의 변화로 인해 신사회계층의 규모는 날로 커지고 있으며 그것이 내포하는 의미도 점차 변하게 되었다. 2013년 시진핑 주석은 제 12기 전국 인민 대표대회 제1차 회의에서 "비공유제 인사와 기타 신사회계층의 인사는 모두 노동 창조 정신과 창업 정신을 발휘하여 사회에 기여하고 인민의 복지에 힘써야 하며, 중국 특색의 사회주의 사업의 건설자가 되어야 한다."고 언급하였다. 이와 같은 시진핑 주석의 담화는 비공유제 경제인들이 신사회계층에서 중요한 위치를 차지하고 있음을 방증한다고 할 수 있겠다. 아울러 여기에서 또 알 수 있는 점은, 신사회계층이라는 개념이 기존에 쓰여져 온 개념과 구분되어, 광의적 의미와 협의적 의미의 신사회계층이라는 개념으로 나뉜다는 사실이다. 말하자면 광의적 의미에서 신사회계층이란 주로 비공유제 경제인과 기타 신사회계층을 포괄하는 데 비해, 협의적 의미에서의 신사회계층은 비공유제 경제인들을 포함하지 않는다.

신사회계층이라는 개념이 생겨나면서부터 일부 학자들에 의해 관련 이론에 대한 깊이 있는 연구가 진행되었다. 어떤 학자는 신사회계층을 구성하는 여섯 개의 큰 집단을 다시 사유私有계층, 지식계층, 그리고 관리계층과 같은 세 개의 계층으로 분류하였다(宋林飛, 2005). 또한 어떤 학자는 신사회계층을 '체제 외'의 경제 엘리트, 관리 엘리트와 기술 엘리트로 정의하기도 하였다(齊杏發, 2007). 이처럼 신사회계층은 사회학적 관점에서 정의하는 계층과는 전혀 다른 개념이라고 할 수 있는데, 광의적 의미에서 보자면 그것은 '체제 외'의 신사회 집단을 가리키며 협의적 의미에서 보자면 사영기업과 외자기업의 관리직 및 기술직, 사회 조직 종사자, 프리랜서, 뉴미디어 업종 종사자 등의 네 가지 직업군을 가리킨다. 사회학적 관점에서 보았을 때, 신사회계층이 포괄하는 각종 집단은 동일한 계층에 속하지 않으며, 오히려 사회구조의 변혁 과정 속에 새롭게 나타난 '체제 외'의 직업 집단이다. 직업은 사회 계층분화의 기본이다. 신사회계층의 구성을 보면 그들 절대다수는 사회계층의 중간에 위치하여 있는 전문 기술자들이다. 바로 이런 의미에서, '신사회계층'은 대체로 사회의 중산층에 해당되고, 또한 '체제 외의 중산층'이라고 일컬어지기도 한다. 본 연구에서는 광의적 의미에서의 신사회계층 개념을 취하여 다루고자 하는데, 여기에는 비공유제 경제인과 프리랜서 지식인 두 부류의 직업군도 포함된다.

2) 신사회계층의 특징과 정치 성향

신사회계층은 개혁개방의 산물로서 타고난 '개방성'을 갖고 있는데, 여기서 개방성이란 사회 구성원들 간의 기회 균등을 의미한다. 기회 균등은 주로 신사회계층의 신분과 지위가 전체 사회 구성원들에게 개방됨을 의미하며, 그것은 자신의 능력, 소질 및 기회 포착 능력 등의 요인에 의해 결정되는 것이다(劉華, 2003). 물론 이밖에도 신사회계층은 복잡성과 다양성의 특징도 갖고 있다. 요컨대, 이러한 특징은 주로 인적구성, 가치관, 직업적 특징과 행위의 가치적 지향 등에서 나타난다. 인적구성을 보면, 신사회계층의 구성원은 복잡한 배경을 갖고 있으며 그럼에도 학력과 소득이 비교적 높고 대체로 비공유제 부문, 즉 새로운 경제 조직과 사회 조직에 집중되어 있는 편이다. 가치관을 보면, 신사회계층은 이데올로기와 가치 성향에서 차이를 보이는데 상대적으로 다원화와 복합성의 특징을 갖고 있다. 직업적 특징을 보면, 신사회계층은 이동성, 모험성과 불확실성 등의 특징을 갖고 있다. 행위의 가치적 성향을 보면, 신사회계층은 비교적 강한 경쟁 의식과 혁신 의식을 갖고 있으며 적극적인 사고방식과 태도를 갖고 있는 편이다(張海東 등, 2016: 117). 이러한 특징들은 신사회계층의 정치 성향에 비교적 큰 영향을 미치는데, 신사회계층은 전체적으로 소양이 높고 경제적인 실력도 겸비하고 있으며 정치적 참여 의식이 높고 개인의 이익과 권익을 쟁취하는 데도 비교적 적극적인 편이라고 할 수 있다.

3) 정치 태도의 측정

정치 태도라는 용어는 미국 심리학자 올포트(Allport Gordon W.)에 의해 처음 제기되었는데 그에 따르면 정치 태도란 정치적 인지와 정치적 감정 및 정치적 성향으로 구성된 일종의 심리 또는 생리 조직이다. 그것은 한 개인의 정치적 목표와 상황에 대한 반응을 유도하거나 거기에 영향을 미친다(Allport, 1935). 즉 정치 태도는 일종의 정치적 심리현상으로, 사회의 정치 환경과 개인의 정치 사회화 과정이 상호작용하는 과정 중에 생성되어 인간이 정치적 현상을 다루고 반응하는 방식을 드러낸다(Almond et al., 1996: 46). 이에 국내 학술계에서 일부 학자들은 정치 태도에 대하여, 정치인의 정치적 목표와 정치적 상황에 대한 인지, 이 과정에서 생성되는 감정과 행위성향으로 정의한 바 있다. 여기서 정치적 목표는 정치 시스템과 정치 시스템 속에서의 각종 역할 및 역할의 담당자, 정치 시스템 속에서의 자아 역할, 정치적 규제와 정치 시스템의 투입과 산출 등을 모두 포함한다. 그리고 정치상황은 특정한 시간과 공간의 정치상황을 말하고, 정치적 인지는 개체가 정치적 목표와 정치상황의 외적인 특징에 대한 인식에 근거하여 거기에 내재된 속성을 추측하고 판단하는 과정이다. 정치적 감정은 정치적 목표와 상황에 대한 선호, 평가와 그것에 대한 반응이다. 그러한 반응은 인지나 정치적 목표와 상황을 간소화하여 자신의 취향을 나타내는 방식으로 표현된다. 정치 성향은 특정한 정치 환경에서 정치적 목적을 달성하기 위해 취하는 행위의 성향을 뜻한다(王敏, 2001).

사회정치적 태도의 측정 기준에 있어서 학자들은 주로 사회 중산층의 정치 태도의 측정에 관심을 기울였다. 리춘링은 주로 만족도, 권위에 대한 인식과 사회 공정성 의식 등 세 가지 측면에서 정치 태도를 측정하고, 이를 다시 개인 생활에 대한 만족도, 사회 생활에 대한 만족도, 정부에 대한 신뢰도, 권위에 대한 인식, 불평등지수와 사회갈등지수 등으로 구체적으로 분류하였다(李春玲, 2011). 반면에 쑨슈린과 레이카이춘(孫秀林·雷開春, 2012)은 정치 태도를 권위주의, 사회 만족도, 자유주의와 사회 공정성 등 네 가지 차원으로 분류하였다. 이밖에 리루루와 중즈둬(李路路·鍾智鋒, 2015)는 국가정체政體 선호, 정부 선호, 정치적 중요성, 정부 신뢰도와 정치적 복종 등 다섯 가지 차원을 중심으로 개혁개방 이후 중국인의 정치적 가치관의 기본 패턴과 변화 추세에 대해 분석하였다.

이상의 기존 연구 성과를 바탕으로 본 연구에서는 정부에 대한 신뢰도, 사회 안전 인식도, 권리의식, 권위에 대한 인식 및 불평등 인식 등 다섯 가지 차원으로 분류하여 신사회계층의 정치 태도에 대해 측정하고자 한다.

2. 연구 설계

1) 데이터 출처와 표본

본 연구에서 사용하는 데이터는 상하이대학교 상하이사회과학 조사센터에서 2012년 8월부터 2013년 3월까지 진행한 '사회발전과 사회건설社會發展與社會建設' 전국 표본조사의 데이터에 의거한다. 이 조사는 허난河南·지린吉林·상하이上海·광둥廣東·윈난雲南·간쑤甘肅 6개의 성·시에서 진행하였는데 최종적으로 5,745개의 표본을 얻었다.

2) 개념의 측정과 조작화

(1) 종속변수: 정치 태도

주지하다시피 보수주의와 자유주의는 정치 태도를 분석할 때 자주 사용되는 분석틀이다. 일반적으로 보수주의와 정치적 자유주의는 많은 면에서 서로 대립되는데, 양자의 가장 큰 차이점은 두 가지 방면에 나타난다. 하나는 사회 변혁을 대하는 태도이고 다른 하나는 국가와 권위, 사회적 정의 및 공정성을 대하는 태도이다(李春玲, 2011). 본 연구는 보수주의와 자유주의에 대한 분석틀에 근거하여, 요인분석의 방법으로 사회정치적 태도를 측정하는 해당 지표를 선택하였는데, 선정한 문제와 각 문항의 할당 값은 다음과 같다. ① "당신의 거주 지역에 존재하는 다음과 같은 문제(환경 오염, 식품·약품 안전 문제, 부정부패를 포함)의 심각 정도에 대해 평가하십시오." 이 문항에 대한 할당 값은 "매우 심각하다"는 1점, "비교적 심각하다"는 2점, "보통이다"는 3점, "심각하지 않다"는 4점, "전혀 심각하지 않다"는 5점이다. ② "아래 기관(중앙정부, 군대, 사법기관, 지방정부를 포함)에 대한 신뢰도는 어떻습니까?" 이 문항에서 "완전히 신뢰하지 않는다" 는 1점, "별로 신뢰하지 않는다"는 2점, "보통이다"는 3점, "비교적 신뢰한다"는 4점, "완전히 신뢰한다"는 5점이다. ③ "아래의 주장('국 가가 강해야 가정 생활이 나아질 수 있다', '정부가 백성을 위해 좋은 일만 하고 실제적인 일을 하면 백성들의 인정을 받을 수 있다.')에 대해 어떻게 생각하십니까?" "매우 반대한다"는 1점, "동의하지 않 는다"는 2점, "잘 모른다"는 3점, "동의한다"는 4점, "매우 동의한다" 는 5점이다. ④ "당신은 자신이 취약계층에 소속되어 있다고 생각하 십니까?" 해당 문항에 대해서 "전혀 그렇지 않다"는 1점, "대체로 그렇지 않다"는 2점, "보통이다"는 3점, "대체로 취약계층이다"는 4 점, "완전히 취약계층이다"는 5점이다. ⑤ "당신은 공개적이고 자주 적으로 자신의 의견을 발표할 수 있다고 생각하십니까?" 해당 문항 은 "완전히 그렇다"는 1점, "비교적 자주적으로 발표할 수 있다"는 2점, "보통이다"는 3점, "자유롭게 발표할 수 없다"는 4점, "전혀 자 유롭지 못하다"는 5점이다. ⑥ "아래의 민주적인 권리와 관련된 주장 ('아파트·마을 주민위원회는 주민들의 이익을 제대로 보호하고 있 다.' '노동조합은 직원들의 권익을 보장하는 데 매우 중요하다.' '리더 는 결정을 내리기 전에 직원들의 의견을 청취한다.' 포함)에 당신은 동의하십니까?" 해당 문항은 "전혀 동의하지 않는다"는 1점, "동의 하지 않는다"는 2점, "중립적이다"는 3점, "동의한다"는 4점, "매우 동의한다"는 5점이다.

본 연구는 위의 문제에 대해 요인분석을 진행하였다. 첫째, KMO 검정을 통해 얻은 KMO 값이 0.7618이므로 위의 설문조사가 요인분 석에 적합함이 증명된다. 둘째, 주성분 분석법을 통해 고유값이 1을 초과하는 공통요인을 5개로 산출해 65.80%의 차이를 설명한다. 분석을 통해 산출한 첫 번째 공통요인은 중앙정부, 군대, 사법기관, 지방 정부의 신뢰도 문항에서 비교적 높은 적재치를 가지고 있으며 70%이 상의 설명력이 있기 때문에 첫 번째 공통요인을 '정부에 대한 신뢰 도'라고 명명한다. 두 번째로 산출한 공통요인은 환경 오염, 식품· 약품 안전문제, 부정부패 문제에서 비교적 높은 적재치를 가지고 있 으며 70%이상의 설명력이 있기 때문에 두 번째 공통요인을 '사회 안전 인식도'라고 명명한다. 세 번째 산출한 공통요인은 민주적 권리 문항에서 비교적 높은 적재치를 가지고 있으며 70%이상의 설명력이 있기 때문에 세 번째 공통요인을 '권리의식'이라고 명명한다. 네 번째 로 추출한 공통요인은 "국가가 강해야 가정 생활이 나아질 수 있다.", "정부가 백성을 위해 좋은 일만 하고 실제적인 일을 하면 국민들의 인정을 받을 수 있다."라는 두 개의 문항에서 비교적 높은 적재치를 가지고 있으며 75%이상의 설명력이 있기 때문에 네 번째 공통요인을 '권위에 대한 인식'이라고 명명한다. 다섯 번째 산출한 공통요인은 "당신은 자신이 취약계층에 소속되어 있다고 생각하십니까?"와 "당 신은 공개적이고 자주적으로 자신의 의견을 발표할 수 있다고 생각 하십니까?"라는 두 개의 문항에서 비교적 높은 적재치를 가지고 있 으며 65%이상의 설명력이 있기 때문에 다섯 번째 공통요인을 '불평 등 인식'이라고 명명한다. 이와 같이 추출한 다섯 개의 공통요인을 본 연구에서 신사회계층의 정치 태도를 측정하는 지표로 삼았다.

(2) 독립변수

① 객관적인 계층적 지위

직업과 지위의 차이에 따라, 본 연구에서는 객관적인 계층적 지위 를 중산층, 중하층과 하층으로 분류하였다. 그중 상류층이 차지하는 비중은 비교적 낮기 때문에 여기에서는 상류층을 사회 중산층에 통합하였으며, 신사회계층과 '체제 내'의 중산층을 모두 사회 중산층으로 간주하였다. 아울러 본 연구의 설문조사에서 제기된 질문들인 "당신의 현재·최종 직업은 구체적으로 무엇입니까?", "당신이 현재·최종 근무하는(한) 기관이나 회사의 유형은 어떠한 것입니까?", "당신이 현재·최종 근무하는(한) 기관이나 회사는 어떤 소유제 형태입니까?" 등과 같은 세 가지 문제에 대한 답변을 통해 신사회계층을 구분하였다. 이밖에 관련된 선행 연구를 참고하여 자영업자를 또한 중산층(陸學藝, 2002: 260)으로 분류하였다. 그리고 통계 분석을 할 때, 중산층을 신사회계층과 '체제 내'의 중산층으로 분류하여, 신사회계층과 중하층, '체제 내' 중산층의 정치 태도를 비교하였으며 각 집단에게 각각 0, 1, 2 점을 부여하였다. 직업 유형에 따라 신사회계층 중 비공유제 경제인은 구체적으로 비공유제 기업·사업단위 관리자, 사영기업주·개체호로 나누어진다. 신사회계층 내의 프리랜서 지식인과 '체제 내' 중산층이 속한 직업 유형은 일치한다. 구체적으로 관리자, 중·고급 전문기술자, 일반 전문기술자, 사무직 및 실무자를 포함하는데 양자 간의 유일한 차이는 소속 기관의 성격이 다르다는 점이다. 사회 중하층이 속한 직업 유형에는 상업·서비스업 종사자, 숙련노동자, 일반 근로자(반숙련노동자, 비숙련노동자)가 포함되며, 사회하층이 속한 직업 유형으로는 농민과 무직자가 있다.

상술한 기준에 따른 통계에 의하면, 6개 성·시의 응답자들 중에서 사회 중산층에 속한 사람의 비율은 32.91%이며 그중 '체제 내'의 중산층이 14.24%, 신사회계층이 18.67%(그중 프리랜서 지식인이 9.04%, 비공유제 경제인 9.63%), 사회 중하층 및 하층의 비율은 67.09%이었다.

② 주관적 계층 정체성

본 연구는 설문조사 중에서 "당신 가족의 사회적 지위는 현재 거주 지역에서 어느 계층에 속합니까?"라는 질문을 설정하여 응답자의 주관적인 계층 정체성을 측정하고 이를 다시 3점 척도로 구분하였는데, 즉 중하층 및 하층, 상층 및 중상층, 중산층으로 구분하고 각각 0, 1, 2점을 부여하였다. 이러한 기준에 따라 추정된 6개의 성·시 응답자들의 주관적 계층 정체성의 분포 비율은 다음과 같았다. 자신을 중상층 및 상층이라고 응답한 비율은 7.10%, 중산층이라고 응답한 비율은 51.30%, 중하층 및 하층이라고 응답한 비율은 41.60%이다. 그중 신사회계층이 자신을 중상층 및 상층이라고 응답한 비율은 7.05%, 중산층이라고 응답한 비율은 58.46%, 중하층 및 하층이라고 응답한 비율은 34.49%이었다.

③ 불합리한 대우

불합리한 대우의 측정에 관해서 본 연구에서는 다음과 같은 질문을 설정하였다. "지난 12개월 동안 당신과 당신의 가족은 가족에 대한 불리한 정책, 정부 기관으로부터의 불합리한 대우, 강제 기부 요구 등과 같은 일을 겪은 적이 있습니까?" 통계에서 상술한 3가지 지표를 누계하여 새로운 가변수인 불합리한 대우 변수를 설정하였다. 불합리한 대우를 전혀 받아보지 않은 경우 0점, 최소 한 번 받은 경우 1점으로 하였다. 그리고 과학성을 검증하기 위하여 상술한 3가지 지표에 대해 요인분석을 하여 고유값 1을 초과하는 요인 한 개만을 산출하였는데, KMO = 0.5540으로, 그 유효성이 검증되었다.

④ 신사회계층의 유형

신사회계층 내부의 다양한 집단에 존재하는 정치 태도의 차이를 비교하기 위해 본 연구는 신사회계층을 비공유제 경제인과 프리랜서 지식인 두 부류로 나누어 각각 0점과 1점을 부여하였다. 6개 성·시의 응답자들 중에서 비공유제 경제인이 차지하는 비율은 52%이며 프리랜서 지식인이 차지하는 비율은 48%였다.

(3) 통제변수

통제변수에는 성별, 연령, 로그 변환한 개인 연소득, 종교 신앙, 정치 성향, 교육 수준, 혼인 상태, 호적 소재지, 호적 유형, 거주 지역이 포함된다.

3) 연구 가설

20세기 미국의 심리학자 윌리엄 스톤(William Stone, 1987: 66)은 "자신이 처한 정치 환경에 대한 개인의 성향은 자신과 관련된 구조에 대한 인지의 영향을 받는다."고 지적하였다. 또한 비교정치학에서는 한 사회 영역에서 형성된 사람들의 주관적 태도나 관습이 다른 사회 영역에 영향을 미치고, 더 나아가 기타 사회 영역에서 사람들의 주관적 태도와 행위에 영향을 미칠 것이라고 주장하였다(Gabriel Almond & Sidney Verba, 1989: 413). 이는 직업 유형 및 사회적 지위 등의 요인이 사람들의 정치 태도에 유의미한 영향을 미친 것임을 말해준다. 이밖에 정치 태도에 대한 연구로는 주로 자유주의와 보수주의에 관한 두 가지로 나누어 볼 수 있는데, 그중에서 보수주의자는 주로 현황을 유지하고 민주를 신뢰하지 않으며 권위적인 지도자나 강력한 국가를 더 믿고, 재산권을 수호하는 것이 사회 정의와 공평성을 수호하는 것보다 더 중요하다고 본다. 반대로 자유주의자는 사회의 진화와 진보를 지향하고 공평이 재산권보다 중요하며 권위보다 개인의 자유를 더 믿고 민주 정치와 사회 정의를 주장한다(李春玲, 2011). 신사회계층은 '체제 외'의 중산층으로, '체제 내'의 중산층에 비해 일상적인 업무에서 해당 공공업무 관리에 참여하는 기회가 상대적으로 적을 것으로 추정된다. 이는 그들이 해당 공공업무를 이해하고 정치 태도를 형성하는 데에도 역시 영향을 줄 것이다. 위의 분석을 바탕으로 본 연구는 객관적인 계층적 지위가 정치 태도의 차이에 미친 영향에 관하여 다음과 같은 연구 가설을 제시하고자 한다.

- 가설 1: '체제 내'의 중산층과 비교했을 때, 신사회계층은 보다 더 자유로운 정치 태도를 취하는데 구체적으로 다음과 같은 5개의 가설로 조작화된다.
- 가설 1.1: '체제 내'의 중산층과 비교했을 때, 신사회계층의 정부에 대한 신뢰도가 더 낮다.
- 가설 1.2: '체제 내'의 중산층과 비교했을 때, 신사회계층의 사회 안전 인식도가 더 낮다.
- 가설 1.3: '체제 내'의 중산층과 비교했을 때, 신사회계층의 권리의식이 더 강하다.
- 가설 1.4: '체제 내'의 중산층과 비교했을 때, 신사회계층의 권위에 대한 인식이 더 낮다.
- 가설 1.5: '체제 내'의 중산층과 비교했을 때, 신사회계층의 불평등 인식이 더 강하다.

사실 신사회계층은 기타 사회계층의 정치 태도와 차이를 보일 뿐만 아니라, 신사회계층 내부 각 집단 간에도 차이가 존재한다. 마르크스는 "재산의 여러 형태 위에서, 사회적인 존재 여건 위에서, 분명하고 독특하게 형성된 감정, 환상, 사고방식과 인생관이라는 상부구조가 나타난다."(『마르크스 엥겔스 선집』제2권, 2009: 498)라고 지적했다. 아울러 소득수준 또한 직업의 차이를 어느 정도 나타낸다고 할 수 있는데, 집단의 소득 차이는 주로 직업의 차이로 인해 형성된 것이기 때문에 소득수준이 정치 태도에 미치는 영향은 직업이 정치 태도에 미치는 영향으로 간주될 수 있다(孫永芬, 2007: 215). 신사회계층의 내부에서 비공유제 경제인과 프리랜서 지식인의 업무 성격 등에 나타나는 차이는 그들의 정치 태도 형성에도 영향을 미친다. 관련 분석에 의해 본 연구는 신사회계층 내부의 각 집단 간에 정치 태도의 차이가 있다는 가설을 제기하고자 한다.

- 가설 2: 비공유제 경제인과 비교했을 때, 프리랜서 지식인은 보다 더 자유로운 정치 태도를 갖고 있는데 이는 구체적으로 다음과 같은 5개의 가설로 조작화할 수 있다.
- 가설 2.1: 비공유제 경제인과 비교했을 때, 프리랜서 지식인의 정부에 대한 신뢰도가 더 낮다.
- 가설 2.2: 비공유제 경제인과 비교했을 때, 프리랜서 지식인의 사회 안전 인식도가 더 낮다.
- 가설 2.3: 비공유제 경제인과 비교했을 때, 프리랜서 지식인의 권리의식이 더 강하다.
- 가설 2.4: 비공유제 경제인과 비교했을 때, 프리랜서 지식인의 권위에 대한 인식이 더 낮다.
- 가설 2.5: 비공유제 경제인과 비교했을 때, 프리랜서 지식인의 불평등 인식이 더 강하다.

3. 신사회계층 정치 태도의 실증 분석

1) 계층별 정치 태도 비교

선행 연구를 통해 사회적 지위와 계층적 지위는 정치 태도의 형성에 유의미한 영향을 미쳤음을 알 수 있다. 본 연구는 다중선형회귀분석을 통해 서로 다른 사회계층이 정치 태도에서 보이는 차이를 분석하였다(〈표 1〉 참조).

〈표 1〉 계층 간 정치 태도의 차이 비교 모형

변수	모형1 정부에 대한 신뢰도	모형2 사회 안전 인식도	모형3 권리 의식	모형4 권위에 대한 인식	모형5 불평등 인식
성별[1]	0.060** (0.026)	0.079*** (0.025)	-0.085*** (0.027)	-0.021 (0.027)	-0.054** (0.025)
연령	0.009*** (0.001)	-0.001 (0.001)	0.000 (0.001)	0.010*** (0.001)	0.009*** (0.001)
로그 변환한 개인 연소득	-0.007 (0.008)	-0.017** (0.007)	-0.001 (0.008)	0.010 (0.008)	-0.028*** (0.007)
교육연한	-0.017*** (0.004)	-0.021*** (0.004)	-0.003 (0.004)	-0.001 (0.004)	-0.016*** (0.004)
종교 신앙[2]	0.096*** (0.034)	-0.077** (0.033)	-0.027 (0.036)	0.175*** (0.035)	0.083** (0.034)
정치 성향[3]	0.128*** (0.044)	-0.062 (0.043)	0.084* (0.047)	0.043 (0.046)	-0.147*** (0.044)
혼인 상태[4]	0.017 (0.033)	0.069** (0.033)	-0.071** (0.035)	0.146*** (0.034)	-0.133*** (0.033)
호적 소재지[5]	-0.049 (0.036)	-0.381*** (0.035)	0.032 (0.038)	-0.072* (0.037)	0.003 (0.035)
호적 유형[6]	-0.157*** (0.033)	-0.487*** (0.032)	-0.129*** (0.034)	-0.187*** (0.034)	0.082** (0.032)

변수	모형1 정부에 대한 신뢰도	모형2 사회 안전 인식도	모형3 권리 의식	모형4 권위에 대한 인식	모형5 불평등 인식
거주 지역[7]					
동부지역	-0.472*** (0.033)	-0.042 (0.032)	0.215*** (0.034)	-0.317*** (0.034)	0.131*** (0.032)
중부지역	-0.328*** (0.033)	0.135*** (0.033)	0.118*** (0.035)	-0.042 (0.034)	-0.046 (0.033)
불합리한 대우[8]	-0.333*** (0.040)	-0.283*** (0.039)	-0.426*** (0.042)	0.065 (0.041)	0.239*** (0.039)
객관적인 계층적 지위[9]					
사회 중하층 및 하 층	0.143*** (0.036)	0.089** (0.036)	0.016 (0.038)	-0.102*** (0.037)	0.115*** (0.036)
'체제 내' 중산층	0.153*** (0.048)	0.045 (0.047)	-0.070 (0.051)	0.012 (0.050)	-0.049 (0.047)
주관적 계층인식[10]					
주관적으로 중산층 인정	0.011*** (0.026)	0.131*** (0.026)	0.071** (0.028)	-0.097*** (0.027)	-0.529*** (0.026)
주관적으로 중상층 인정	0.154*** (0.051)	0.149*** (0.050)	0.118** (0.054)	-0.029 (0.053)	-0.724*** (0.050)
상수항	-0.060 (0.104)	0.462*** (0.102)	0.047 (0.110)	-0.347*** (0.107)	0.273*** (0.102)
표본량	5,649	5,649	5,649	5,649	5,649
R^2	0.129	0.162	0.036	0.073	0.158

주: ① 표 중의 데이터 $***p < 0.01$, $**p < 0.05$, $*p < 0.1$은 표준 회귀계수이며, ( )안은 표준오차이다. ② 1의 준거집단은 여성, 2의 준거집단은 종교가 없는 자, 3의 준거집단은 중국 공산당원이 아닌 자, 4의 준거집단은 미혼, 5의 준거집단은 현지 호적, 6의 준거집단은 농업 호적, 7의 준거집단은 서부지역, 8의 준거집단은 불합리한 대우를 경험하지 않은 자, 9의 준거집단은 신사회계층, 10의 준거집단은 주관적으로 중하층 및 하층으로 인정하는 것이다.

(1) 정부에 대한 신뢰도

모형 1을 통해 남성, 종교를 가진 자, 중국 공산당원, 농업 호적자 등의 집단이 정부에 대한 신뢰도가 비교적 높다는 것을 알 수 있다. 이와 동시에 연령과 정부에 대한 신뢰도 간에는 정(+)의 상관관계가, 교육연한과 정부에 대한 신뢰도 간에는 음(-)의 상관관계가 존재한다. 실제로 지역에서의 영향 차이를 보면, 서부지역의 응답자들보다 동부와 중부지역의 응답자들이 정부에 대한 신뢰도가 더 낮았으며 그중에서도 동부지역 응답자들이 정부에 대한 신뢰도가 가장 낮은 것으로 나타났다.

일반적인 인구학적 변수를 통제한 후, 모형에서 주관적 계층인식과 객관적인 계층적 지위 모두 정부에 대한 신뢰도에 유의미한 영향을 미쳤다. 객관적인 계층적 지위를 보면, 신사회계층에 비해 중하층 및 하층, 그리고 '체제 내' 중산층의 정부에 대한 신뢰도가 상대적으로 높았으며 그중에서 '체제 내' 중산층이 정부에 대한 신뢰도가 가장 높았다. 따라서 이러한 결과를 통해 연구 가설 1.1을 검증한다고 할 수 있다. 이에 대한 이론적 해석은 교육연한과 경제적 상황 등 요인의 제약으로 사회 중하층이 보편적으로 여론의 영향을 쉽게 받고, 반면에 '체제 내'의 중산층은 정치 체제와 정책에 대해 비교적 깊은 인식과 높은 평가를 가지고 있기에, 자연스레 정부 기관에 대한 신뢰도도 높은 것이다(盧春龍, 2011: 168). 주관적 계층인식의 영향에서는, 주관적으로 본인을 중하층이나 하층으로 인식하는 응답자들에 비해, 중산층이나 중상층으로 인식하는 응답자들이 정부에 대한 신뢰도가 더 높게 나타났다. 그중 주관적으로 본인을 중상층으로 인식하는 응답자들이 정부에 대한 신뢰도가 가장 높았다. 불합리한 대우는 또한 정부에 대한 신뢰도에 유의미한 영향을 미쳤는데, 이런 대우를 받은 적이 없는 응답자들에 비해, 그러한 경험이 있는 응답자들이 정부에 대한 신뢰도가 상대적으로 낮게 드러났다.

(2) 사회 안전 인식도

모형 2를 통해 남성, 종교가 없는 자, 기혼의 응답자들의 사회 안전에 대한 인식이 상대적으로 높다는 것을 알 수 있다. 개인의 연소득과 사회 안전 인식도는 음(-)의 상관관계를 가지고 있으며 교육연한과 사회 안전 인식도는 정(+)의 상관관계가 있음을 보여준다. 거주 지역별 분포를 보면 서부지역에 비해 중부지역 응답자들의 사회 안전 인식도가 상대적으로 높게 나타났고, 동부지역과는 유의미한 차이가 없는 것으로 드러났다.

관련 변수를 통제한 후, 해당 모형에서 주관적 계층인식이 사회 안전 인식도에 유의미한 영향을 미치고 있음을 확인하였다. 주관적 계층인식에 있어서, 주관적으로 본인을 중하층 및 하층으로 인식하는 응답자들과 비교했을 때, 중산층 및 중상층으로 인식하는 응답자들의 사회 안전 인식도가 더 높게 나타났으며 동시에 불합리한 대우가 사회 안전 인식도에도 유의미한 영향을 미쳤다. 상대적으로 불합리한 대우를 받은 응답자들의 사회 안전 인식도가 더 낮게 나타났다. 객관적인 계층적 지위의 영향을 볼 때, 신사회계층에 비해 사회 중하층 및 하층은 사회 안전 인식도 간에 정(+)의 상관관계를 가진다. 그러나 '체제 내'의 중산층은 신사회계층에 비해 사회 안전 인식도와 정(+)의 상관관계를 가지고 있지만 그 상관관계는 유의미하지 않았다. 이는 가설 1.2가 효과적으로 검증되지 못했음을 시사한다.

(3) 권리의식

모형 3을 통해 살펴본 결과, 객관적인 계층적 지위가 권리의식에는 유의미한 영향을 미치지 않는 것으로 드러나 연구 가설 1.3은 검증되지 못했음을 알 수 있다. 이에 반해 주관적 계층인식이 권리의식에 유의미한 영향을 미치는 것으로 확인되었는데, 본인을 주관적으로 중산층과 중상층으로 인식하는 응답자들의 권리의식이 상대적으로 더 강한 것으로 드러났다. 이는 그들이 소속된 사회구조에 대한 평가가 상대적으로 높기 때문에 그들의 권리의식도 높은 것임을 의미한다고 할 수 있다. 한편, 불합리한 대우를 경험한 응답자들의 권리의식은 상대적으로 낮았다. 통제변수 차원에서 상대적으로 여성, 중국 공산당원이 보다 강한 권리의식을 가지고 있음을 보여준다. 아울러 호적 유형, 결혼여부는 권리의식과 음(-)의 상관관계를 가진다. 농업 호적의 응답자들에 비해 비농업호적 응답자들의 권리의식이 더 낮으며 미혼 응답자보다 기혼 응답자들의 권리의식이 더 낮았다.

(4) 권위에 대한 인식

모형 4는 주관적 계층인식과 객관적인 계층적 지위가 권위에 대한 인식에 미치는 영향을 비교한 것이다. 이 모형을 통해, 사회 중하층 및 하층에 비해 신사회계층의 권위에 대한 인식이 더 높다는 것을 알 수 있다. 이는 개혁개방의 수혜자인 신사회계층이 정부에 대한 기대감이 더 크고 나아가 그들의 권위에 대한 인식에 영향을 미쳤을 것으로 추정된다. 신사회계층과 비교했을 때, '체제 내'의 중산층과 권위에 대한 인식 간에 유의미한 상관관계가 없으므로 연구 가설 1.4는 검증되지 못했다. 주관적 계층인식의 영향을 보면, 본인을 주관적으로 중하층 및 하층으로 인식하는 응답자보다 중산층으로 인식하는 응답자들의 권위의식이 더 낮았다. 통제변수 차원에서, 연령과 권위에 대한 인식은 정(+)의 상관관계를 나타낸다. 이밖에 종교를 가진 자, 기혼, 현지 호적, 농업 호적 응답자들의 권위의식이 상대적으로 높았다.

(5) 불평등 인식

모형 5의 통제변수를 두고 볼 때, 여성에 비해 남성의 불평등 인식이 더 약하고 로그 변환한 개인 연소득, 교육연한, 정치 성향, 혼인 상태는 불평등 인식의 형성에 모두 부정적인 영향을 미치며, 종교, 호적 유형은 불평등 인식에 비교적 긍정적인 영향을 미치고 있다. 또한 앞의 네 개의 모형과 달리, 불합리한 대우를 받은 경험은 개인의 불평등 인식의 형성에 긍정적인 영향을 미친 것으로 나타났다.

분석을 통해, 주관적 계층인식은 불평등 인식에 유의미한 영향을 미친다는 사실을 알 수 있다. 그중 본인을 주관적으로 중하층 및 하층으로 인식하는 응답자들에 비해, 중산층과 중상층으로 인식하는 응답자의 불평등 인식이 상대적으로 더 낮았다. 이는 주관적인 계층 인식이 객관적인 지위의 영향을 받는다는 것과 밀접히 연관된다고 할 수 있다. 객관적인 계층적 지위의 영향을 두고 볼 때, 신사회계층의 불평등 인식이 사회 중하층 및 하층의 응답자들보다 더 낮게 나타났지만, '체제 내' 중산층과 불평등 인식 간에는 유의미한 상관관계를 보이지 않았다. 따라서 연구 가설 1.5가 효과적으로 검증되지 못했다.

앞서 서술한 다섯 개의 모형에 대한 분석을 통해, 객관적인 계층적 지위로 계층을 구분했을 때, 상이한 계층이 정치 태도에서 유의미한 차이를 보이고 있음을 알 수 있다. 한편, 신사회계층에 비해 사회 중하층 및 하층의 정부에 대한 신뢰도가 더 높고, 사회 안전 인식도가 더 높은 반면에 그들이 갖고 있는 권위에 대한 인식은 상대적으로 낮으며 불평등 인식은 더 강하게 드러났다. 다른 한편, 신사회계층에 비해, '체재 내' 중산층이 정부에 대한 신뢰도가 더 높은데 비해서, 기타 정치 태도에는 유의미한 차이가 없는 것으로 확인되었다.

2) 신사회계층 내부 각 집단 정치 태도의 차이

본 연구는 직업에 따라 신사회계층 내부의 각 집단, 즉 비공유제 경제인과 프리랜서 지식인들의 정치 태도의 차이를 분석하였다(〈표 2〉 참조).

〈표 2〉 신사회계층 내부 정치 태도의 차이 비교 모형

변수	모형6 정부에 대한 신뢰도	모형7 사회 안전 인식도	모형8 권리 의식	모형9 권위에 대한 인식	모형10 불평등 인식
성별[1]	-0.033 (0.064)	0.074 (0.057)	-0.081 (0.063)	-0.058 (0.066)	-0.008 (0.060)
연령	0.009** (0.003)	0.000 (0.003)	-0.004 (0.003)	0.013*** (0.004)	0.010*** (0.003)
로그 변환한 개인 연소득	0.009 (0.020)	0.003 (0.017)	-0.038* (0.019)	-0.004 (0.020)	-0.002 (0.018)
교육연한	-0.021** (0.011)	-0.015 (0.009)	-0.021** (0.011)	-0.008 (0.011)	-0.012 (0.010)
종교 신앙[2]	0.047 (0.083)	-0.076 (0.074)	-0.071 (0.082)	0.063 (0.085)	0.075 (0.077)
정치 성향[3]	0.195* (0.101)	-0.057 (0.089)	0.065 (0.099)	0.222** (0.104)	-0.145 (0.094)

변수	모형6 정부에 대한 신뢰도	모형7 사회 안전 인식도	모형8 권리 의식	모형9 권위에 대한 인식	모형10 불평등 인식
혼인 상태[4]	0.116 (0.083)	0.084 (0.074)	0.061 (0.082)	0.079 (0.085)	-0.043 (0.077)
호적 소재지[5]	-0.012 (0.070)	-0.263*** (0.062)	0.075 (0.069)	-0.187*** (0.072)	0.051 (0.065)
호적 유형[6]	-0.134* (0.075)	-0.361*** (0.067)	-0.149** (0.074)	-0.257*** (0.077)	0.117* (0.070)
거주 지역[7]					
동부지역	-0.451*** (0.081)	-0.077 (0.072)	0.254*** (0.080)	-0.280*** (0.084)	0.149** (0.076)
중부지역	-0.343*** (0.091)	0.084 (0.081)	0.213** (0.090)	0.015 (0.094)	0.013 (0.085)
불합리한 대우[8]	-0.480*** (0.086)	-0.166** (0.077)	-0.262*** (0.085)	0.078 (0.089)	0.134* (0.080)
신사회계층의 유형[9]					
프리랜서 지식인	-0.061 (0.074)	-0.176*** (0.066)	0.122* (0.073)	-0.140* (0.076)	0.115*** (0.069)
주관적 계층 정체성[10]					
주관적으로 중산층 인정	0.079 (0.067)	0.158*** (0.060)	0.059 (0.066)	-0.094 (0.069)	-0.505*** (0.062)
주관적으로 중상층 인정	0.167 (0.128)	0.202* (0.114)	0.100 (0.127)	-0.078 (0.133)	-0.837*** (0.120)
상수항	-0.130 (0.269)	0.024 (0.239)	0.561*** (0.265)	-0.222 (0.277)	-0.246 (0.250)
표본수	1,055	1,055	1,055	1,055	1,055
R^2	0.117	0.098	0.041	0.105	0.112

주: ① 표 중의 데이터 ***$p < 0.01$, **$p < 0.05$, *$p < 0.1$은 표준 회귀계수이며, ( )안은 표준오차이다. ② 1의 준거집단은 여성, 2의 준거집단은 종교가 없는 자, 3의 준거집단은 중국 공산당원이 아닌 자, 4의 준거집단은 미혼, 5의 준거집단은 현지 호적, 6의 준거집단은 농업 호적, 7의 준거집단은 서부지역, 8의 준거집단은 불합리한 대우 경험 없는 자, 9의 준거집단은 신사회계층, 10의 준거집단은 주관적 중하층 및 하층이다.

(1) 정부에 대한 신뢰도

모형 6의 통제변수에서 연령이 정부에 대한 신뢰도에 긍정적인 영향을 미치는 반면 교육연한은 정부에 대한 신뢰도에 부정적인 영향을 미침을 알 수 있다. 또한 중국 공산당원, 농업 호적자의 정부에 대한 신뢰도가 상대적으로 높게 나타났으며, 거주 지역 분포에서는 서부지역 응답자의 정부에 대한 신뢰도가 가장 높았다. 독립변수 차원에서 프리랜서 지식인의 편회귀계수를 보면 정부에 대한 신뢰도에 유의미한 영향을 미치지 못한 것으로 분석된다. 마찬가지로 주관적 계층인식도 정부에 대한 신뢰도에 유의미한 영향을 주지 않았다. 따라서 연구 가설 2.1은 검증되지 않는다. 위의 두 변수 외에, 불합리한 대우 경험도 정부에 대한 신뢰도에 유의미한 영향을 미치는 것으로 드러났다. 즉 불합리한 대우를 받은 적이 없는 응답자들에 비해, 그러한 경험이 있는 응답자들이 정부에 대한 신뢰도가 더 낮았다.

(2) 사회 안전 인식도

모형 7의 통제변수에서 호적 소재지, 호적 유형만이 사회 안전 인식도에 유의미한 영향을 미친다. 비공유제 경제인과 비교했을 때, 프리랜서 지식인들의 사회 안전 인식도가 더 낮았다. 이러한 결론은 연구 가설 2.2를 검증한 셈이다. 원인을 보면 이러한 결과는 프리랜서 지식인들이 처한 사회적 지위, 직업, 경제적 상황과 어느 정도 관련이 있다. 주관적 계층 인식은 사회 안전 인식도에 비교적 유의미한 영향을 미쳤는데, 주관적으로 본인을 중산층 및 하층으로 인식하는 응답자들에 비해 중산층 및 중상층으로 인식하는 응답자들의 사회 안전 인식도가 더 높았다. 이밖에도 불합리한 대우의 경험은 사회 안전 인식도에 부정적인 영향을 미치는데, 불합리한 대우를 받은 적이 없는 응답자들에 비해 그러한 경험이 있는 응답자들의 사회 안전 인식도가 상대적으로 낮았다.

(3) 권리의식

모형 8은 신사회계층 내부 각 집단의 권리의식 차이를 분석하였다. 통제변수에서 로그 변환한 개인 연소득, 교육연한과 권리의식 간에는 정(+)의 상관관계를 나타냈다. 호적 유형으로 보면, 농업 호적 응답자에 비해 비농업 호적 응답자의 권리의식이 더 낮았다. 거주 지역 분포에서 서부지역보다 동부와 중부지역 응답자들의 권리의식이 더 강했다. 이외에 편회귀계수를 통해 기타 통제변수는 권리의식에 유의미한 영향을 미치지 않음을 알 수 있다.

독립변수의 영향효과를 두고 볼 때, 비공유제 경제인에 비해 프리랜서 지식인의 권리의식이 더 강하다. 이는 연구 가설 2.3을 검증한다. 이 밖에 불합리한 대우 경험은 권리의식에 부정적인 영향을 미쳤다. 즉 불합리한 대우를 받은 적이 없는 응답자들에 비해 그러한 경험이 있는 응답자의 권리의식이 상대적으로 더 약했다.

(4) 권위에 대한 인식

모형 9에 대한 분석에 따르면, 통제변수 중 연령, 호적 소재지, 호적 유형이 권위에 대한 인식에 미치는 영향이 모두 1% 수준에서 유의성이 있는 효과를 나타낸다. 구체적으로, 현지 호적, 비농업 호적 응답자의 권위에 대한 인식이 비교적 낮은 수준에 머무른다. 거주 지역을 놓고 볼 때, 서부지역 응답자에 비해 동부지역 응답자의 권위에 대한 인식 지수가 더 낮게 나타났으나, 중부지역에서는 권위에 대한 인식에 전혀 영향을 주지 않았다. 편회귀계수를 보면, 비공유제 경제인에 비해 프리랜서 지식인이 권위에 대한 인식에 부정적인 영향을 미치고 있다. 이러한 결과는 연구 가설 2.4를 효과적으로 검증했다고 볼 수 있다.

(5) 불평등 인식

모형 10의 통제변수를 살펴보면, 연령변수가 불평등 인식과 정(+)의 상관관계가 있고 1% 수준에서 유의성을 나타낸다. 거주 지역별 분포에서, 서부지역보다 동부지역 응답자들의 불평등 인식이 더 강했다. 이밖에도 불합리한 대우를 받지 않은 응답자에 비해 그러한 경험이 있는 응답자들의 불평등 인식이 더 강했다.

주관적 계층인식에서 주관적으로 본인을 중하층 및 하층으로 인식하는 응답자들보다 중산층 및 중상층으로 인식하는 응답자들의 불평등 인식이 비교적 낮게 나타났다. 객관적인 계층적 지위에서 비공유제 경제인보다 프리랜서 지식인들의 불평등 인식이 더 강했다. 이는 연구 가설 2.5가 검증된 것으로 볼 수 있다.

상기의 다섯 개 모형에 대한 분석을 통해 신사회계층 내부 각 집단의 정치 태도에는 명확한 차이가 있음을 발견할 수 있다. 비공유제 경제인과 비교했을 때, 프리랜서 지식인의 사회 안전 인식도가 낮고 권리의식이 강하며, 권위에 대한 인식은 낮고 불평등 인식은 강했다.

4. 결론과 토론

본 연구는 직업을 기준으로 신사회계층과 기타 사회계층 및 신사회계층 내부 여러 집단 간의 정치 태도의 차이를 분석하였다. 분석 결과를 구체적으로 정리하면 다음과 같다.

우선 객관적인 계층적 지위와 정치 태도의 관계를 보면, 신사화계층의 정부에 대한 신뢰도는 '체제 내'의 중산층보다 낮았다. '체제 내' 중산층의 정부에 대한 신뢰도는 신사회계층보다 보편적으로 높았다. 주관적 계층인식을 보면 주관적으로 자신을 사회 중산층이나 중상층으로 인정하는 신사회계층의 사회 안전 인식도는 높고 불평등 인식은 상대적으로 낮았다. 그 다음 신사회계층 집단 내부에서 프리랜서 지식인은 비공유제 경제인보다 사회 안전 인식도가 낮고 권리 의식은 더 강했으며 권위에 대한 인식이 상대적으로 낮은 것에 반해 불평등 인식은 강했다. 이로부터 신사회계층 내부 각 집단의 정치 태도에서는 직업 분류에 따라 많은 차이가 있음을 알 수 있다. 마지막으로 총체적으로 보면, 불합리한 대우의 경험이 모든 사회 구성원들의 정치 태도에 유의미한 영향을 미쳤다. 불합리한 대우를 경험한 응답자들은 그렇지 않은 자들에 비해 정부에 대한 신뢰도와 사회 안전 인식도가 낮았고 권리의식도 약했으며 불평등 인식은 강했다. 아울러 연령, 교육연한, 호적 유형 등 통제변수가 정치 태도에 비교적 유의미한 영향을 미치고 있음을 알 수 있었다.

요컨대, 정치 태도의 측정에서 각 계층 간에는 선명한 차이를 보였고 '체제 내'와 '체제 외'의 같은 계층 사이에서도 차이가 드러났다. 특히 신사회계층 집단 내부의 비공유제 경제인과 프리랜서 지식인 사이의 차이가 가장 두드러졌다. 이는 계층과 체제 차이가 정치 태도의 차이를 일으키는 중요한 요인일 뿐만 아니라, 직업군의 특징도 정치 태도의 차이에 일정한 설명력을 지니고 있음을 의미한다. 그러나 이는 어디까지나 추론이며 관련된 문제는 앞으로 깊이 있는 연구를 통해 논증해 나가야 한다. 끝으로 신사회계층은 개혁개방과 시장경제 체제의 영향 하에 형성된 새로운 집단으로 그 정치 태도와 정치참여 간의 관계, 더 나아가 정치 참여 행위 등의 문제에 대해서는 보다 심도 있는 연구가 필요하다고 본다.

참고문헌

阿爾蒙德·維巴, 徐湘林譯(1989), 『公民文化』, 華夏出版社.

江澤民(2006), 『江澤民文選』(第三卷).

李春玲(2011), 「尋求變革還是安於現狀 - 中産階級社會政治態度測量」, 『社
　　　會』第2期.

李路路, 鐘智鋒(2015), 「'分化的後權威主義' - 轉型期中國社會的政治價
　　　値觀及其變遷分析」, 『開放時代』第1期.

劉華(2003), 「當代中國的新社會階層與其他社會階層之關係探析」, 『求實』
　　　第4期.

盧春龍(2011), 『中國新興中産階級的政治態度與行為傾向』, 知識産權出
　　　版社.

陸學藝(2002), 『當代中國階層研究報告』, 社會科學文獻出版社.

『馬克思恩格斯選集』(2009)第2卷, 人民出版社.

齊杏發(2007), 「2001年以來我國新社會階層政治社會影響實證分析」, 『理
　　　論與現代化』第4期.

宋林飛(2005), 「如何認識中國新社會結構」, 『江海學刊』第1期.

孫秀林, 雷開春(2012), 「上海市新白領的政治態度與政治參與」, 『青年研
　　　究』第4期.

孫永芬(2007), 『中國社會各階層政治心態研究 — 以廣東省為例』, 中央編譯出版社.

王敏(2001), 「政治態度 — 涵義, 成因與研究走向」, 『雲南行政學院學報』第1期.

威廉·F. 斯通, 胡傑譯(1987), 『政治心理學』, 黑龍江人民出版社.

張海東, 楊城晨, 賴思琦(2016), 「中國特大城市新社會階層調研報告」, 李培林等主編『2017年中國社會形勢分析與預測』, 社會科學文獻出版社.

Allport, Gordon W.(1935). "Attitudes." In Carl Marchison(ed.), *A Handbook of Social Psychology*. Worcester Mass: Clark University Press, pp.802-830.

Almond, Gabriel A., G.Binghan Powell, and Jr.Robert J. Mundt(1996). *Comparative Politics : A Theoretical Framework*. New York: Harper Collins College Publishers.

제14장

중산층의 출산의지

: 베이징·상하이·광저우 3개 거대도시에 대한 연구를 중심으로

톈펑田豊

30여 년간 산아제한 정책[1]을 시행하고 난 뒤, 중국은 점차 완화 조치를 내놓았다. 현재 산아제한 정책을 전면적으로 폐기하지는 않았지만 둘째 출산이 보편적으로 허용되면서 사람들은 출산에 더 많은 선택을 할 수 있게 되었다. 중국의 출산력 감소는 인류 역사상 전례없는 일이라고 할 수 있는데, 합계출산율은 1970년대 6 이상에서 2010년 전후 1.8 이하로 급격히 떨어졌다(郭志剛, 2000). 기존의 연구자

---

1) 역주: 급증하는 인구 문제와 식량 부족 등의 문제를 해결하기 위하여 중국은 1978년부터 '한 가정 한 자녀 정책', 즉 '산아제한'을 하는 '계획생육정책計劃生育政策'을 시행하였다. 정부는 허용 명수가 초과 된 아이에 대해 높은 벌금을 부과하며 출산 제재를 가하였다. 이 정책의 시행에 따라 중국의 인구 증가율은 급격히 하락하게 되었으며 고령화가 진행된다. 이어 중국 정부는 2011년 11월부터 '쌍독이해雙獨二孩(부부 모두 외동일 경우 둘째 출산 허용)' 정책을 전면적으로 시행하였고 2014년부터 '단독이해單獨二孩(부부 중 한 명이 외동일 경우 둘째 출산 허용)' 정책을 도입하게 되었으며 2015년 10월부터는 전면적인 '두 자녀 정책'을 시행하게 되었다. 2021년부터 세 자녀 허용 정책이 공식화되었다.

들은 중국의 출산력 감소는 주로 엄격한 출산 정책과 경제 사회의 현대화라는 두 가지 측면의 상호작용으로 인한 것이라고 주장했으며, 이는 정책적 제약과 비용적 제약이라는 두 가지 모형으로 요약할 수 있다(李建民, 2009). 산아제한 정책의 실행 초기에는 정책적 제약이 출산율 통제에 주요한 역할을 담당했으나 경제와 사회의 현대화 과정에서는 비용적 제약이 주된 영향을 미쳤다. 다시 말해 현재의 저출산 현상은 주로 비용적 제약에 의한 것으로 분석할 수 있다.

실제로 경제 사회의 발전 과정에 나타나는 인구 변화는 보편적인 현상으로, 출산력의 저하는 일정 정도 필연성을 가진다. 서양의 인구 변화와 출산율 저하 과정에서 드러나는 출산의지 변화의 특징으로는 출산율의 양적 변화와 자연적 출산에서 계획적 출산이라는 출산행위의 변화가 있다(李建民, 2004). 중국의 특수성은 출산 정책의 제한으로 인하여 정책적 요인과 사회경제 등 기타 요인을 분리하기 어렵다는데 있다. 이로 인해 출산의지와 출산행위의 영향 요인을 분석한 기존 연구에서는 여러 가지 한계가 생기게 된다(鄭眞眞, 2004). 산아제한 정책의 실행 과정에서, 출산의지에 대한 통계 조사는 일반적으로 대중들의 출산에 대한 고정 관념이 바뀌었는지, 그들의 관념이 현재의 출산 정책과 일치하는지를 알아보기 위한 목적을 가지며 미래의 출산율을 예측하고자 하지는 않았다(鄭眞眞, 2011). 출산 정책이 점차 완화되고 출산 환경이 비교적 개선된다면, 출산의지와 출산행위의 연계성은 강화될 것이다. 따라서 출산 정책의 완화는 연구자들에게 출산의지의 변화와 작용 메커니즘을 분석할 수 있는 실제 표본을 제공한다. 본 연구는 베이징·상하이·광저우 3개 거대도시 출산의지의 기본 현황과 작용 메커니즘을 분석한 후, 거대도시 중산층과 비중산층 출산의지의 차이를 비교해 보고자 한다.

1. 이론 정리와 기존 문헌 검토

출산의지를 분석하기 전에 본 연구는 먼저 출산의지와 관련된 주요 개념과 이론에 대해 정리하고자 한다. 더 나아가 출산의지의 영향요인을 분석한 기존 성과를 살펴 분석을 진행하고자 한다.

1) 출산·양육비와 비용적 제약

출산·양육비는 두 부분으로 구분할 수 있는데, 주로 자녀의 양육비와 결혼비용을 포함하는 직접비용, 출산과 양육에 의한 가구의 기회비용과 시간비용을 포함하는 간접비용으로 나눌 수 있다(鄭眞眞 등, 2009). 이는 경제사회 전반의 변화, 개인의 경제적 사회적 지위 변화에 가장 큰 영향을 미치게 되는 부분이다.

출산·양육 직접비는 주로 자녀의 성장 과정에 필요한 의식주 관련 생계비와 교육비를 포함한다. '망자성룡, 망녀성봉望子成龍, 望女成鳳'[2]이라는 사회환경에서, 자녀 교육비는 줄곧 출산·양육 직접비의 대부분을 차지해온 반면, 생활비의 비중은 상대적으로 낮게 집계된다. 한 언론 보도에 따르면, 베이징·상하이·선전·광저우와 같은 거대도시에서 자녀 한 명을 낳고 기르는 데 200만 위안[3]이 넘게 필요하다고 한다. 객관적인 근거는 다소 부족할 수 있으나 이와 같은 수

---

2) 역주: 아들은 용이 되기를 바라고, 딸은 봉황이 되기를 바란다는 뜻으로, 자식이 훌륭한 인물이 되기를 바라는 부모의 마음을 표현한 말이다.

3) 「상하이에서 자녀 한 명당 결혼 비용을 제외한 양육비는 247만 위안으로 집계 (滬一個孩子生育成本高達247萬 不包括結婚買房)」, http://sh.qq.com/a201311 28/003334.htm, 2013.11.28.

치는 경제사회의 발전에 따라 중국 대도시 가구에서의 출산·양육 직접비가 상승하였으며, 높은 직접비로 인해 많은 가구가 출산을 주저하게 되었음을 나타내고 있다.

기존의 연구에서는 출산·양육 간접비가 취업 여성의 지위와 생활 방식에 미치는 영향에 초점을 두었다. 일부 학자는 포스트 현대사회와 저출산 시대에는 기혼 여성의 시각에서 출산의지 변화를 연구해야 한다고 주장한다(陳宇·鄔昌榮, 2007). 이는 육아와 자녀 교육에 소요되는 시간은 주로 여성들이 자신의 직업과 소득의 손실을 대가로 얻은 것이기 때문이다. 중국 여성의 취업률이 서양보다 훨씬 높은 상황에서 단순히 여성의 직업과 소득에서의 손실만을 강조하는 것은 편파적이다. 남성 또한 기회비용의 영향을 받기 때문이다. 더욱 중요한 것은 중산층의 출산·양육의 간접비와 기회비용이 비중산층보다 높다는 것이다. 이로 인해 중산층은 직접비를 지불할 수 있는 경제력을 갖추었더라도 높은 간접비로 인하여 출산을 포기하게 된다(方長春·陳友華, 2016).

출산·양육 직·간접비가 가구의 출산의지와 출산행위에 미치는 영향은 무시할 수 없다. 특히 출산 정책이 완화되었음에도 불구하고 출산력이 정책에서 제한하는 수준보다 낮은 현실은 이미 출산 정책이 더 이상 중국 가구의 출산의지와 출산행위의 주된 영향 요인이 아니며, 출산·양육비가 유일한 결정적인 영향 요인이 되었다는 진실을 단적으로 드러낸다.

2) 이상자녀수와 기대자녀수

이상자녀수는 한 개인 또는 가정의 현실적인 출산의지와는 무관하지만 사람들이 이상적으로 기대하는 완벽한 가족 구성의 모습을 나타내기 때문에 일반적으로 출산의지를 구성하는 지표 중의 하나로 간주된다(侯佳偉 등, 2014). 이상자녀수는 외적 요인과는 무관하게 한 쌍의 부부 혹은 한 가정이 갖기를 원하는 자녀의 수로, 출산과 관련된 사회적 규범 및 사회문화적 출산 관념과 기대를 반영한다(周雲, 2016). 이에 따라 지표의 특성상, 이상자녀수는 회고적 연구에는 적용되지만 예측적 연구에는 적용되지 못하며, 집단의 출산 관념 변화 추세 검토에는 적용되지만 개인의 미래 행위 예측에는 적용되지 못한다(鄭眞眞, 2014). 사람들의 실제 출산행위는 외적 요인의 영향을 고려하지 않을 수 없지만, 이상자녀수는 어떤 영향도 고려하지 않고 출산행위와 결과만 강조하기 때문에 실제 출산행위와는 편차가 있다. 일부 학자에 따르면, 이상자녀수는 진정한 개인적 선호에서만 비롯되는 것이 아니며 사회적 관습의 영향을 받게 된다(陳鳳金, 2009).

이상자녀수는 시대에 따라 점차 인구 대체 수준 이하로 떨어졌다. 이상자녀수의 변화는 자녀의 수뿐만 아니라 자녀의 구성에서도 나타난다. 현재 가장 보편적인 이상자녀수는 두 자녀이며, 성별 구조는 1남 1녀이다(風笑天·張青松, 2002). 최근 몇 년 간의 조사에서 나타나는 뚜렷한 특징은 출산의지가 서로 다른 집단 간에서도 상당히 높은 유사성을 보인다는 점이다.

산아제한 정책의 통제 하에 평균적인 이상자녀수는 정책에서 제한하는 수준을 초과하였으며, 실제 출산력도 정책 수준을 훨씬 뛰어넘었던 것으로 다수 연구를 통해 드러났다. 또한, 일부 연구에서는 같은 경제사회 환경과 정책 환경에서 연령대에 따라 이상자녀수의 차이가 매우 크다는 사실이 발견되었다. 이상자녀수는 불안정하고 출산행위와의 연관성이 약하기 때문에 사람들의 실제 출산의지를 조사할 경우에는 다차원적인 방식으로 측정해야 한다.

이상자녀수는 외부 요인을 고려하지 않는 반면, 기대자녀수는 외부 조건, 개인과 가정의 경제사회적 조건을 고려하여 산출된 희망 자녀수라는 점에서, 기대자녀수의 개념은 개인과 가정의 실제 출산 의지에 비교적 가깝다(鄭眞眞, 2014). 기대자녀수는 자신의 상황에 대한 종합적이고 이성적인 판단에 기초한다는 점을 감안했을 때 실제 출산행위에 대한 예측의 정확성과 신뢰성은 이상자녀수보다 높을 것이다. 출산의지와 출산행위에 대한 서양의 장기 추적 결과에 따르면, 기대자녀수는 상대적으로 안정적이며, 출산 연령이 상승하고 출산력이 떨어질수록 개인의 실제 출산수에 가까워진 것으로 나타났다(鄭眞眞, 2014).

일반적으로 중국인의 이상자녀수와 기대자녀수는 일치하지 않았다. 특히 산아제한 정책을 실시한 시기에는 거의 모든 조사 연구에서 이상자녀수는 기대자녀수보다 높은 것으로 나타났는데, 이는 현실적인 제약이 출산의지를 감소시켰음을 보여준다(鄭眞眞, 2014). 여기서 강조해야 할 것은 이상자녀수와 기대자녀수 모두에서 출산의지는 변하며, 결혼 전과 결혼 후, 취업 전과 취업 후 등 개인이 처한 상황에 따라 변할 수 있다는 점이다.

출산의지의 변동성을 고려하여 본 연구는 연구 설계에서 응답자의 연령을 통제하며 기대자녀수를 묻는 과정에서 39세 이상의 응답자를 제외시켰다. 그들은 이미 출산 적령기를 지나 출산의지가 출산행위에 미치는 영향이 상대적으로 낮으며, 재출산의 확률 역시 높지 않기에 기대자녀수에서 보이는 현실적 제약의 의미가 크지 않다고 판단하였다.

3) 출산의지, 출산 정책과 출산 이론

출산행위는 복잡한 시스템으로 개인, 가정, 사회, 정부 등 다양한 분야와 관련성을 가진다. 이론적으로 출산의 영향 요인은 제도, 문화, 사회, 경제와 기술 발전이라는 5 가지 분야를 포괄한다(趙文琛, 2001). 출산의지가 상승할 때, 출산행위로의 전환은 현실과 개인적 상황의 영향을 상대적으로 많이 받게 된다. 특히 개인의 출산의지는 실제 출산행위로 전환될 때 외부와 내부 조건의 제약을 받는다. 이를테면 출산이 개인의 직업과 사업에 부정적 영향을 끼치거나 소득의 제약이 있다면 부부의 이상적인 출산의지는 제한을 받게 되어 출산을 미루거나 포기하게 될 것이다. 또한 출산행위는 출산 적령기를 지나거나 기혼 여성 출산 능력의 저하 등 생리적인 제약도 받는다(侯偉麗, 2001).

출산의지는 출산 정책의 영향을 받기도 한다. 산아제한 정책을 엄격히 실행하는 조건 하에서, 출산의지에 관한 많은 조사나 연구들은 출산의지와 출산행위의 관계를 분석했음에도 불구하고, 출산 정책의 제한으로 출산의지와 출산행위 간의 관계를 제대로 밝히기 어려웠기 때문에 양자 간에 상관관계가 있는 지에 대해서 의문을 낳게 되었다. 출산 정책을 통제하는 조건에서, 출산의지와 출산행위는 자연스럽지 못한 허위의 상관관계라고 해도 과언이 아니었던 것이다.

일부 연구에서는 개인과 가정의 출산의지가 출산 정책뿐만 아니라 기타 사회 정책의 영향도 받는다고 주장한다. 사회 전반의 정책 환경이 여성과 가정의 육아 및 노인 돌봄에 불리하다면 여성은 가정과 직장 사이에서 균형을 잡기가 어려울 것이며 이에 따라 출산의지도 하락하게 된다(李建民, 2009). 출산의지와 출산행위는 세대전이가 될 가능성도 있어 자녀 세대와 부모 세대의 출산의지는 정(+)의 상관관계를 나타낸다(陳秀紅, 2017). 출산 정책이 출산의지에 미치는 영향에 관한 연구 이외에, 사람들의 출산의지와 출산행위를 해석하고자 한 비교적 보편적인 출산 이론도 있다. 레이번슈타인Harvey Leibenstein의 한계자녀(국가의 산아제한을 초과해 출산한 자녀)의 합리적 선택이론, 베커Becker의 자녀수의 질적 대체이론, 이스털린Richard Easterlin의 출산 수요공급론, 데이비스Davis Kingsley의 매개변수이론, 사이먼 쿠즈네츠Simon Kuznets의 소득결정론, 듀몬트Arsène Dumont의 사회모세관가설 등이 바로 그것이다(李競能, 2004).

위의 이론과 가설에는 사람들의 경제사회적 지위 변화, 사회계층의 구분과 관련된 많은 주장이 담겨 있는데 이를 정리하면 다음과 같다. 전통 사회에서 현대 사회로 발전하는 과정에서, 출산은 자연적인 행위에서 이성적인 사회 행위로 전환되었다. 특히 개인과 가정은 사회경제적 지위가 상승하는 과정에서 이성적으로 출산을 선택하고, 자녀 양육의 직·간접비를 줄여 기존의 사회적 지위를 유지하거나 향상시킴으로써, 삶의 질과 현대적인 사회 생활방식을 유지하려는 목적을 달성하고자 한다. 다수의 서양 연구에 의하면, 경제 발전 초기에는 사람들의 출산의지와 출산력이 상승하지만, 경제가 일정한 단계까지 성장하게 되면 중산층을 비롯한 사회계층의 출산의지가 하락하면서 출산력도 떨어지게 된다. 이런 차원에서 서양의 출산의지 관련 가설이 중국 사회에 그대로 적용될 수 있을지는 미지수이다. 중국에는 아직 사회를 이끌어 나갈 규모의 방대한 중산층이 형성되었다고 말하기 어렵다. 또한 중국이 출산 정책을 완화한 시기는 이미 경제의 비약적인 발전기를 지나 중진국 대열에 들어선 시기이므로, 출산의지의 상승기를 지나 하락기에 접어든 시기이다. 다시 말해 서양 국가들의 출산의지 저하를 초래한 내·외부 환경이 중국 사회와 다를 수 있다는 점에서 이론의 적용 가능성을 재검토해야 한다.

2. 데이터 검토와 연구 가설

전면적인 두 자녀 정책의 실행은 30년 동안 중대한 조정이 전혀 없던 산아제한 정책에 실질적인 변화를 가져왔다. 특히 중·청년과 그들의 가정에 있어서 산아정책의 완화는 두 자녀를 가지고자 하는 그들의 소원성취를 가능하게 만든다. 따라서, 본 연구는 출산 이론을 중산층 구분과 결합시킴으로써 중산층과 기타 사회계층 간의 출산의지 차이를 분석하며, 출산의지와 경제사회적 지위 변천에 관한 이론 가설의 적용 가능성도 함께 검토하고자 한다. 본 연구는 현재 중국의 출산행위, 출산력의 변화, 그리고 작용 메커니즘을 이해하는 데 그 목적을 둔다.

1) 연구 데이터

본 연구의 데이터는 2015~2016년 상하이대학교 상하이사회과학 조사센터에서 실시한 '거대도시 주민생활 실태조사'[4]의 결과이다. 이 조사는 2단계로 나누어 베이징·상하이·광저우에서 2,000여 가구를 조사하였다. 1단계에서는 무작위 표본추출법을 사용하고 2단계에서 는 적응집락추출법을 사용하였다. 조사 내용은 개인과 가구의 특징, 직업과 취업, 소득과 소비, 사회복지, 출산의지 등을 망라한다. 설문

---

4) 이 조사는 중국사회과학원 – 상하이인민정부 상하이연구원의 지원을 받았다.

조사에서는 이상자녀수와 기대자녀수의 문항을 설정하였고 연구자는 조사에서 얻은 응답자들의 개인 및 가구 정보를 바탕으로 중산층과 비중산층 가정을 구분하였다.

베이징·상하이·광저우의 중산층을 연구 대상으로 삼는 주된 이유는, 이러한 거대도시에서 중산층 비율이 비교적 높고, 그들의 생활방식이 전국 중산층에게 전파될 수 있으며, 이들 도시 간에는 공통점이 존재하면서도 사회문화, 인구 구성과 경제 발전에서의 차이점이 존재하므로 3개 도시의 중산층 집단이 상당히 상이한 특징을 보이기 때문이다. 데이터 분석 과정에서 본 연구는 3개 도시를 세 개의 표본으로 상정하고 데이터를 각각 분석함으로써 거대도시 중산층 출산의지의 특징을 비교하고자 한다.

2) 연구 설계 및 연구 가설

이론적으로 출산의지는 다층적인 요인의 영향을 받을 수 있다. 따라서 본 연구에서는 다양한 영향 요인을 도입하여 분석을 진행하고자 한다.

첫째, 출산의지는 성별, 혼인 상태, 출산, 교육 수준, 호적, 사회복지 등 개인적인 특징의 영향을 받는다. 본 연구에서는 개인 특징 변수를 통제변수로 설정하여 경제사회적 변수가 출산의지에 미치는 영향을 검증한다.

둘째, 경제학적 시각에서 보면 출산행위는 일종의 소비 행위인 동시에 투자 행위이기도 하다. 자녀수는 가구의 '소비' 수요를 만족시키는 한계효용이 체감하므로 출산행위가 통제 가능한 경우, 가구는 최소한의 만족을 획득하기 위해 의식적으로 출산의지를 낮출 수 있다.

한편, 자녀를 출산, 양육하는 것은 '투자'로 간주될 수 있다. 특히 현대 사회에서 인적자본 효과가 증가함에 따라 자녀에 대한 가구의 양적 추구는 질적 추구로 전환되고 있다. 위의 두 가지 측면을 종합하면, 출산의지는 가구의 경제적 조건과 밀접한 관련이 있으므로 소득수준이 높을수록 자녀에 대한 '소비'와 '투자'의 가능성이 높아진다. 따라서 본 연구는 가구의 경제적 조건을 대표하는 가구 1인당 소득과 가구의 소비 구조를 대표하는 엥겔계수를 영향 요인으로 설정하고 모형 도입을 통하여 가설 1과 가설 2를 제시한다.

- 가설 1: 기타변수를 통제하는 경우, 가구의 1인당 평균소득이 높을수록 출산의지는 높아진다.
- 가설 2: 기타변수를 통제하는 경우, 가구의 엥겔계수가 낮을수록 출산의지는 높아진다.

경제적 투자 이외에 기존의 연구자들은 시간도 간과할 수 없는 '비용'으로 인식하였다. 자녀 돌봄은 기존 연구에서 빈번하게 언급되는 시간 비용이며 본 연구에서는 자녀 돌봄을 본인이 돌보는 것과 남의 도움으로 돌보는 것으로 분류하며 이를 바탕으로 가설 3을 제시한다.

- 가설 3: 기타변수를 통제하는 경우, 본인이 자녀를 돌보는 가구의 출산의지는 타인의 도움을 받는 가구보다 낮아진다.

마지막으로 사회학적인 시각에서 접근한다면, 중국 사회에 독특한 중산층 문화가 존재한다면 이는 응당 중산층의 출산의지에 영향을 미쳐 비중산층과는 다른 변화의 모습을 보여줄 것이다. 따라서 본 연구에서는 사회계층과 관련된 두 개의 변수를 도입한다. 첫 번째 변수는 사회 등급에 대한 주관적인 평가이다. 응답자가 본인이 어떤 등급의 사회계층으로 인식하는지에 대해 1~10점으로 점수를 부여하는 방식으로, 점수가 높을수록 사회등급의 주관적 평가가 높은 것을 의미한다. 두 번째 변수는 응답자 가구가 가지고 있는 각종 특징을 통해서 그 가구가 중산층에 속하는지를 판별하는 것으로, 그 가구가 해당 특징을 가지고 있을 경우 중산층으로 간주되어 1점을 부여받고, 그렇지 않은 경우 비중산층에 속하는 것으로 간주되어 점수를 부여받지 않는다. 주의해야 할 점은, 표본조사를 통해 '상류층'을 접촉하기 어려운 점을 감안해 본 연구에서 중산층과 비중산층만 구분짓고자 하며 소수 '상류층' 표본은 중산층 집단에 포함시켰다는 것이다.

중국의 중산층이 성숙되고 특유의 경제사회적 지위와 출산문화를 갖고 있다고 가정할 때 중산층의 출산의지는 여전히 다음과 같은 두 가지 가능성을 가지게 된다. 첫 번째, 자녀가 많으면 복이 많이 온다는 전통적인 출산문화의 영향으로 중산층의 출산의지는 비중산층보다 높을 것이다. 높은 양육비로 인하여 자녀를 많이 낳거나 양육하는 것은 신분의 상징이 될 수 있다. 두 번째, 신흥 중산층은 그들의 경제사회적 지위와 생활방식을 유지하기 위해 출산과 같은 '소비' 행위를 포기하고, 최대한의 교육을 통해 자녀의 소질 향상에 골몰할 수 있도록 출산을 적게 할 수 있다. 이 두 가지 해석은 실생활에서 모두 현실성이 있다. 본 연구에서는 자녀를 많이 낳는 것을 중산층의 수요 충족과 '구매력'을 보여주는 것으로 간주하고, 이를 기초로 하여 가설 4와 가설 5를 설정한다.

• 가설4: 기타변수를 통제하는 경우, 주관적인 사회 등급이 높을

수록 출산의지가 높아진다.
- 가설5: 기타변수를 통제하는 경우, 중산층의 출산의지가 비중산층보다 높다.

연구 설계에 근거하여 본 연구에서 사용하는 종속변수와 독립변수의 분포는 〈표 1〉과 같다.

〈표 1〉 종속변수와 독립변수의 분포 상황

변수	평균치	표준편차	최소값	최대값
이상자녀수	1.889	0.638	0	6
기대자녀수	1.514	0.663	0	3
엥겔계수	0.377	0.207	0	1
성별	0.535	0.499	0	1
5대보험과 1기금5)의 보유수	3.329	2.168	0	6
기혼 여부	0.816	0.388	0	1
사회적 지위에 대한 자체평가	4.309	1.660	1	10
비농업 호적	0.802	0.399	0	1
현지 호적	0.748	0.434	0	1
자녀수	0.579	0.615	0	2
자녀 도우미 유무	0.788	0.409	0	1
평균 교육연한	12.942	3.455	0	19
중산층 여부	0.311	0.463	0	1
로그 변환한 평균 가구소득	11.133	0.932	5.01	16.11

---

5) 역주: 양로보험·의료보험·실업보험·공상公傷보험·출산보험과 주택기금의 총칭이며 이하 '5험1금5險1金'으로 약칭한다.

3. 기술통계분석 결과

이상자녀수의 분포는 주로 자녀 0명, 1명, 2명과 3명에 집중되어 있다. 베이징·상하이·광저우 3개 도시 중 광저우의 이상자녀수는 베이징과 상하이보다 현저하게 높은 것으로 나타났다. 광저우의 이상자녀수는 주로 1명, 2명과 3명에 집중되어 있으며, 각각의 비율은 10.81%, 79.78%, 5.63%였다. 베이징과 상하이에서 자녀 1명을 희망하는 비율이 더 높아 각각 17.7%와 19.88%이고, 자녀 2명과 3명을 희망하는 비율은 매우 낮게 나타난다. 베이징에서 이상자녀수가 0명이라고 대답한 비율은 다른 도시보다 높은 것으로 나왔다.

〈표 2〉 이상자녀수의 분포와 비교

이상자녀수		베이징	광저우	상하이	계
0	(N)	60	35	28	123
	(%)	3	1.74	1.4	2.05
1	(N)	354	217	398	969
	(%)	17.7	10.81	19.88	16.12
2	(N)	1,468	1,602	1,485	4,555
	(%)	73.4	79.78	74.18	75.79
3	(N)	61	113	65	239
	(%)	3.05	5.63	3.25	3.98
4	(N)	41	30	14	85
	(%)	2.05	1.49	0.7	1.41
5	(N)	8	8	4	20
	(%)	0.4	0.4	0.2	0.33
6	(N)	8	3	8	19
	(%)	0.4	0.15	0.4	0.32
합계	(N)	2,000	2,008	2,002	6,010
	(%)	100	100	100	100

이상자녀수 조사는 전체 연령대 인구를 대상으로 이루어졌지만 기대자녀수 조사는 39세 이하, 출산 적령기 인구만을 대상으로 진행하였다. 이는 이들 인구의 출산 가능성은 40~49세의 인구보다 상당히 높으며 출산의지가 현실적이므로 출산행위로 이어질 가능성이 더 높기 때문이다.

응답자들의 기대자녀수 분포는 3개 도시의 기대자녀수는 크게 분화되어 있다. 그중 기대자녀수가 0명인 비율은 비교적 높아 광저우에서는 자녀를 가지지 않기로 선택한 비율이 심지어 10%를 넘어섰고, 베이징과 상하이의 해당 비율은 각각 6.41%와 7.31%로 집계되었다. 베이징과 광저우에서 기대자녀수의 응답은 두 명에 집중되어 있으며 비율은 각각 62.87%와 58.68%로 나타난다. 상하이의 경우도 1명과 2명을 희망하는 비율이 각각 46.34%와 44.98%로 비슷한 수준으로 나타났다(〈표 3〉).

〈표 3〉 기대자녀수의 분포 비교

이상자녀수		베이징	광저우	상하이	계
0	(N)	68	98	59	225
	(%)	6.41	10.3	7.31	7.98
1	(N)	316	273	374	963
	(%)	29.78	28.71	46.34	34.16
2	(N)	667	558	363	1,588
	(%)	62.87	58.68	44.98	56.33
3+	(N)	10	22	11	43
	(%)	0.94	2.31	1.36	1.53
합계	(N)	1,061	951	807	2,819
	(%)	100	100	100	100

이상자녀수와 기대자녀수를 비교하였을 때, 3개 도시의 기대자녀수는 모두 이상자녀수보다 낮은 것으로 나타나며 이는 이론적 추론과 비교적 일치한다. 그러나 3개 도시의 변화 양상은 완전히 일치하지 않는다. 광저우의 평균 이상자녀수는 1.96 이상으로 가장 높고, 베이징과 상하이도 그 차이가 크지 않아 모두 1.85 정도를 기록하고 있다. 이는 사회 규범과 문화 차이에 기인한 것으로 파악된다. 베이징과 상하이 문화에 비해 광저우의 출산문화에는 전통적인 관념이 비교적 많이 남아 있고 산아제한 정책이 엄격했던 시기에도 광저우의 출산력은 베이징과 상하이보다 높았고, 출산력 감소 속도도 베이징과 상하이에 비해 상당히 느렸다. 그러나 평균 기대자녀수에서는 '역전' 현상이 나타난다. 베이징은 1.58로 가장 높고 광저우는 1.53으로 중간에 위치하며 상하이는 가장 낮은 1.40에 그치게 된다〈그림 1〉. 이는 3개 도시 주민들의 인적 구성과 관련이 있다. 베이징은 전국의 행정 중심지인만큼 많은 응답자가 '체제 내'에서 일하며 사회복지가 비교적 완비되고 자녀 양육면에서의 복지도 양호한 편으로 기회비용

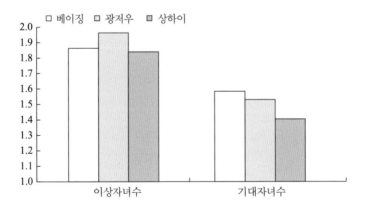

〈그림 1〉 이상자녀수와 기대자녀수의 비교

이 상대적으로 낮다. 그러나 상하이와 광저우 응답자의 직장은 주로 '체제 외'에 집중되어 있으며, 출산은 그들의 승진과 소득에 비교적 큰 영향을 미치므로 출산·양육의 기회비용은 상대적으로 높아진다.

　이어서, 본 연구는 중산층과 비중산층의 출산의지 간에 차이가 있는지, 차이가 있다면 이러한 차이의 변화가 규칙적인지를 검토하였다. 분석 결과를 보면, 유일하게 상하이 중산층의 이상자녀수는 비중산층보다 현저히 높게 나타난다. 베이징과 광저우의 경우, 중산층과 비중산층의 이상자녀수에서 현저한 차이는 나타나지 않았다. 베이징 중산층의 기대자녀수는 비중산층보다 낮고 광저우 중산층의 기대자녀수는 비중산층보다 높게 나타났지만, 상하이 중산층과 비중산층의 기대자녀수 간에는 두드러진 차이가 나타나지 않는다. 이와 같은 '발견'은 규칙성이 없는 것처럼 보이지만, 실제로 이상자녀수와 기대자녀수의 차이는 전자가 진정한 행위가 아닌 '관습'에 더 가까운 것을 어느 정도 입증한다. 이러한 발견은 연구자들로 하여금 중산층의 출

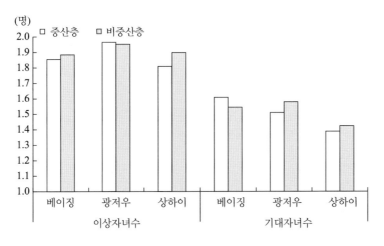

〈그림 2〉 중산층과 비중산층의 이상자녀수와 기대자녀수 비교

산문화가 비중산층과 현저한 차이가 있는지, 혹은 중국 사회에 독립적이고 특이한 중산층의 출산문화가 존재하는지에 대한 의문을 야기시킨다. 이외에 지역 문화의 차이는 추가적으로 검토해야 한다. 3개 도시는 모두 거대도시이지만 각 도시의 문화 간에는 현저한 차이가 존재한다. 출산의지에 미치는 영향 측면에서 각 도시의 특성과 독특한 도시 문화는 중산층의 계층 속성보다 더 중요하다. 이를 통해 본 연구의 주제인 중산층이 독립적이고 특유한 계층문화를 만들어 낼 수 있는지를 추론해 낼 수 있을 것이다.

4. 회귀분석 결과

앞의 연구 설계에 따라 본 연구는 이상자녀수와 기대자녀수에 대해 각각 프로빗Probit 회귀분석을 진행한다. 또한 베이징·상하이·광저우 3개 도시가 모두 거대도시이지만 각자 독특한 특징이 있다는 점을 고려하여 3개 도시의 표본을 같은 모형에 놓기보다 각각의 회귀모형을 설정하고 분석을 진행하기로 한다.

1) 이상자녀수

이상자녀수에 대한 프로빗 회귀분석을 통해 다음과 같은 사실을 발견한다.

첫째, 계층적 지위에 대한 자체평가와 중산층의 특성이 이상자녀수에 미치는 영향은 불안정하다. 경제적 조건을 나타내는 변수를 도입하지 않는 경우, 계층적 지위에 대한 자체평가와 중산층의 특성은 이상자녀수에 일정한 영향을 미친다. 베이징의 경우, 계층적 지위에 대한 자체평가가 높은 응답자는 더 많은 이상자녀수를 선택할 가능성이 높지만, 상하이에서는 중산층 가구 특성을 가진 응답자가 더 많은 이상자녀수를 선택할 가능성이 높게 나타난다. 광저우의 경우, 계층적 지위에 대한 자체평가와 중산층 특성은 모두 이상자녀수에 유의미한 영향을 미치지 않는다. 계층적 지위에 대한 자체평가와 중산층 특성은 어떤 도시에서도 공통적으로 영향력을 발휘하지 않았다. 경제적인 조건을 대표하는 변수를 도입한 후, 계층적 지위에 대한 자체평가와 중산층 특성은 3개 도시에서 모두 이상자녀수에 유의미한 영향을 미치지 않는 것으로 검토된다. 이는 이상자녀수의 영향 요인으로 볼 때 사회학적 시각에서 강조되는 계층의 영향이 불안정한 것임을 나타낸다. 가설 4와 가설 5는 조건부로만 성립된다.

둘째, 경제적 소득의 영향은 유의미하게 나타난다. 두 번째 모형에서는 엥겔계수와 가구소득이라는 두 가지 변수를 도입했다. 전자는 3개 도시의 모형에서 모두 유의미하지 않은 것으로 나타났고 후자는 베이징과 상하이의 모형에서만 유의미한 것으로 나타났다. 이는 현재 중국 거대도시 주민들의 출산의지에 영향을 미치는 주요 요인이 역시 소비 측면의 차이가 아닌, 소득 측면의 차이임을 보여준다. 환언하면, 출산은 일종의 '소비' 행위로 응답자 가구의 지불 능력은 출산의 주된 결정 요인이 된다. 가설 1은 성립되지 않지만 가설 2는 부분적으로 성립이 된다.

셋째, 시간 비용의 영향은 비교적 복잡하게 나타난다. 베이징의 경우, 가구의 경제 상황을 통제하든 아니하든, 자녀를 돌봐 줄 사람이 필요한 가구는 스스로 돌보는 가구보다 더 많은 이상자녀수를 선택할 가능성은 낮았다. 상하이의 경우, 자녀를 돌봐 줄 사람이 필요한 가구에서 많은 이상자녀수를 선택할 가능성은 더 높게 나타났다. 베이징과 상하이의 판이한 결과를 통해, 시간 비용은 두 가지 서로 다른 영향을 미치게 되며 가설 3은 성립되지 않음을 확인할 수 있다. 이는 베이징, 상하이의 취업 패턴과 관련이 큰 것으로 분석된다. 베이징에서 '체제 내' 취업인구의 비율이 비교적 높으므로 시간 비용은 상대적으로 낮지만 상하이에서는 '체제 내' 취업인구의 비율이 낮으므로 시간 비용은 상대적으로 높아지기 때문이다.

넷째, 출산행위와 출산의지 간에 유의미한 상관관계가 나타난다. 베이징·상하이·광저우에서 이미 두 자녀를 둔 응답자는 자녀가 없는 응답자보다 더 많은 이상자녀수를 선택할 가능성이 현저히 높게 나타난다. 베이징과 광저우에서는 한 자녀를 둔 응답자가 자녀가 없는 응답자보다 많은 이상자녀수를 선택할 가능성이 상당히 높게 나타난다. 이는 출산의지와 출산행위 간에 뚜렷한 상관관계가 있음을 보여준다.

다섯째, 기타 통제변수를 통해 호적, 성별, 사회복지도 일정한 영향을 미쳤음을 확인할 수 있다. 베이징과 상하이의 현지 호적 인구 중 비농업 호적 응답자와 농업 호적 응답자의 이상자녀수 간에는 현저한 차이가 나타나지 않는다. 타지 호적 인구의 경우, 비농업 호적 응답자와 농업 호적 응답자는 모두 현지 비농업 호적 응답자보다 많은 이상자녀수를 선택할 가능성이 더 높은 것으로 나타난다. 광저우에서는 이와 같은 상황이 나타나지 않는다. 이는 광저우의 자녀 출산의지는 줄곧 높았으나 베이징과 상하이의 자녀 출산의지는 두드러지게 하락했기 때문이다. 산아제한 정책이 완화되었지만 광저우 응답자들의 자녀 출산의지는 외래 인구와도 현저한 차이를 보인다. 사회복지의 영향 측면에서, 베이징의 '5험 1금' 보유수가 많은 응답자는 많은 이상자녀수를 선택할 가능성이 더 낮은 반면 광저우에서는 그 반대의 경향성이 나타난다. '체제 내'의 취업인구가 '5험1금'을 더 많이 보유하는 것을 감안할 때 '체제 내' 취업인구의 출산의지가 더 낮다는 사실을 확인할 수 있다. 또한, 성별의 차이는 광저우에서만 유의미하게 나타났으며, 교육 수준의 차이는 베이징에서만 유의미하게 나타났다. 경제적 조건을 통제하는 경우, 교육 수준의 영향은 더 이상 유의미하지 않고 혼인 상태의 영향은 3개 도시에서 모두 유의미하게 나타나지 않는다.

〈표 4〉 이상자녀수의 프로빗 회귀모형 분석 결과

	모형1			모형2		
	베이징	광저우	상하이	베이징	광저우	상하이
성별 (준거집단: 남성)	0.03 (0.06)	0.16^{**} (0.06)	0.08 (0.06)	0.04 (0.06)	0.16^{*} (0.07)	0.08 (0.06)
5험1금 보유수	-0.08^{***} (0.01)	0.03^{*} (0.01)	-0.02 (0.02)	-0.07^{***} (0.01)	0.04^{*} (0.02)	-0.02 (0.02)
기혼(준거집단: 미혼)	0.07 (0.08)	0.06 (0.10)	-0.17 (0.11)	0.12 (0.08)	-0.03 (0.11)	-0.17 (0.11)
타지 비농업 호적	0.32^{***} (0.09)	-0.10 (0.09)	0.25^{**} (0.09)	0.29^{**} (0.09)	-0.17 (0.11)	0.24^{*} (0.09)
현지 농업 호적	0.12 (0.10)	0.14 (0.12)	-0.10 (0.15)	0.06 (0.11)	0.16 (0.14)	-0.14 (0.15)
타지 농업 호적	0.55^{***} (0.09)	0.28^{***} (0.08)	0.12 (0.11)	0.55^{***} (0.09)	0.23^{**} (0.09)	0.10 (0.11)
자녀 1명 (준거집단: 무자녀)	0.37^{***} (0.07)	0.16^{*} (0.07)	0.12 (0.08)	0.35^{***} (0.07)	0.15^{+} (0.08)	0.12 (0.08)
자녀 2명	0.67^{***} (0.16)	0.54^{***} (0.11)	0.34^{*} (0.13)	0.64^{***} (0.16)	0.59^{***} (0.12)	0.33^{*} (0.13)
자녀 도우미 있음 (준거집단: 본인이 돌봄)	-0.35^{***} (0.08)	0.05 (0.08)	0.19^{*} (0.08)	-0.34^{***} (0.08)	0.10 (0.10)	0.20^{**} (0.08)

	모형1			모형2		
	베이징	광저우	상하이	베이징	광저우	상하이
교육연한	0.02⁺	-0.00	0.02	0.01	-0.01	0.01
	(0.01)	(0.01)	(0.01)	(0.01)	(0.01)	(0.01)
중산층 (준거집단: 비중산층)	0.09	-0.04	0.17*	-0.00	-0.09	0.06
	(0.07)	(0.07)	(0.07)	(0.07)	(0.09)	(0.07)
사회적 지위에 대한 자체평가	0.05**	0.03⁺	0.01	0.03	0.03	-0.01
	(0.02)	(0.02)	(0.02)	(0.02)	(0.02)	(0.02)
엥겔계수				0.13	0.08	-0.25
				(0.16)	(0.16)	(0.16)
가구 1인당 소득				0.15***	0.06	0.13**
				(0.04)	(0.04)	(0.04)
_cut1	-1.66***	-1.75***	-1.80***	-0.11	-1.32**	-0.69
	(0.19)	(0.18)	(0.18)	(0.45)	(0.48)	(0.48)
_cut2	-0.56**	-0.67***	-0.38*	1.01*	-0.20	0.74
	(0.19)	(0.16)	(0.17)	(0.44)	(0.47)	(0.47)
_cut3	1.95***	2.00***	2.15***	3.54***	2.59***	3.29***
	(0.19)	(0.17)	(0.18)	(0.45)	(0.48)	(0.48)
_cut4	2.33***	2.62***	2.68***	3.93***	3.26***	3.85***
	(0.20)	(0.18)	(0.19)	(0.45)	(0.48)	(0.48)
_cut5	2.92***	3.19***	2.96***	4.51***	3.82***	4.10***
	(0.21)	(0.20)	(0.20)	(0.46)	(0.49)	(0.49)
_cut6	3.22***	3.55***	3.10***	4.81***	4.22***	4.24***
	(0.23)	(0.24)	(0.21)	(0.48)	(0.52)	(0.49)
N	1,901	1,638	1,980	1,901	1,638	1,980
pseudo R²	0.048	0.023	0.014	0.054	0.028	0.020
AIC	3,288.49	2,723.76	3,116.81	3,206.79	2,190.33	3,064.10

*$p < 0.05$, ** $p < 0.01$, *** $p < 0.001$.

2) 기대자녀수

이상자녀수에 비해, 기대자녀수와 출산행위는 더 밀접한 관계를 가진다. 기대자녀수에 대한 프로빗 회귀분석 결과에서는 이상자녀수의 분석 결과와의 차이점이 검토된다. 분석을 통해서 다음과 같은 사실을 발견한다.

첫째, 계층적 지위에 대한 자체평가와 중산층 특성은 출산의지에 여전히 불안정한 영향을 미친다. 경제적 조건 변수를 도입하지 않는 경우, 베이징과 상하이에서 계층적 지위 평가가 높은 응답자들은 많은 기대자녀수를 선택할 가능성이 높았다. 특히 상하이의 중산층이 많은 기대자녀수를 선택할 가능성은 비중산층보다 높게 나타났다. 경제적 조건 변수를 도입한 후, 계층적 지위에 대한 자체평가의 영향은 여전히 유의미하게 나타나지만 중산층과 비중산층 간의 차이는 더 이상 유의미하게 나타나지 않았다. 기대자녀수와 이상자녀수에 대한 분석을 통해 중산층과 비중산층의 출산의지 차이가 불안정한 것임을 알 수 있다. 가설 4와 가설 5는 조건부로 성립된다.

둘째, 경제 요인의 영향력은 떨어진다. 이상자녀수에 비해 경제적 소득이 기대자녀수에 미친 영향은 더 이상 유의미하지 않았고, 엥겔계수는 상하이의 이상자녀수에는 유의미한 영향을 미쳤지만 베이징과 광저우의 이상자녀수에는 유의미한 영향을 주지 않았다. 이는 출산행위와 더 밀접한 관계가 있는 기대자녀수의 작용 메커니즘에서 경제 요인의 영향력이 감소했음을 보여준다. 가설 1은 부분적으로 성립되며 가설 2는 성립되지 않는다.

셋째, 출산행위와 출산의지는 서로 역방향으로 변화한다. 데이터 분석을 통해 베이징·상하이·광저우 3개 도시에서 이미 두 자녀를 둔 응답자가 많은 기대자녀수를 선택할 가능성은 더 높게 나타났지만 상하이와 광저우에서 한 자녀를 둔 응답자가 많은 기대자녀수를 선택할 가능성은 더 낮게 나타났다. 이상자녀수와 출산행위 간의 일치와는 달리, 기대자녀수와 출산행위 간의 일치는 보이지 않으며, 심지어 역방향으로 나타나는 모습을 보인다. 이와 같은 결과는 응답자의 연령 분포와 관련이 있는데, 이상자녀수의 조사는 모든 연령대의 응답자를 포함한 반면 기대자녀수 조사는 39세 이하의 응답자만을 대상으로 했기 때문이다. 한 자녀만 둔 응답자 중 고연령 집단의 출산의지는 저연령 집단보다 높았으며, 저연령이면서 한 자녀만 둔 응답자에게 있어서 자녀 한 명의 추가 여부는 매우 현실적인 문제가 된다.

넷째, 기대자녀수는 기타변수의 영향을 받기도 하지만 이상자녀수의 분석 결과와 유사하게 나타난다. 베이징에서는 자녀를 돌볼 사람이 필요한 가구의 출산의지가 더 낮게 나타났으며 '5험1금' 보유수가 많을수록 출산의지는 낮아지고, 타지 호적 인구의 출산의지가 더 높은 것으로 나타났다. 상하이 여성 응답자들의 출산의지는 남성보다 낮게 나타났다.

〈표 5〉 기대자녀수의 프로빗 회귀모형 분석 결과

	모형3			모형4		
	베이징	광저우	상하이	베이징	광저우	상하이
성별(준거집단: 남성)	0.04 (0.08)	0.04 (0.08)	-0.20* (0.08)	0.05 (0.08)	0.02 (0.09)	-0.21* (0.08)
5험1금 보유수	-0.08*** (0.02)	-0.03 (0.02)	-0.05* (0.02)	-0.07*** (0.02)	-0.02 (0.02)	-0.03 (0.02)
기혼(준거집단: 미혼)	-0.12 (0.09)	-0.15 (0.11)	-0.09 (0.13)	-0.11 (0.10)	-0.17 (0.12)	-0.18 (0.13)
타지 비농업 호적	0.28** (0.11)	-0.14 (0.11)	0.08 (0.11)	0.29** (0.11)	-0.16 (0.13)	0.11 (0.11)
현지 농업 호적	0.03 (0.14)	0.07 (0.16)	-0.07 (0.30)	0.00 (0.14)	0.05 (0.18)	0.01 (0.30)

	모형3			모형4		
	베이징	광저우	상하이	베이징	광저우	상하이
타지 농업 호적	0.27*	0.01	-0.04	0.27*	-0.05	-0.01
	(0.11)	(0.10)	(0.15)	(0.11)	(0.11)	(0.15)
자녀 1명	0.24*	-0.24*	-0.30**	0.25*	-0.25*	-0.29*
(준거집단: 무자녀)	(0.10)	(0.10)	(0.11)	(0.11)	(0.11)	(0.11)
자녀 2명	0.58*	0.38*	0.77***	0.60*	0.44*	0.74***
	(0.27)	(0.17)	(0.21)	(0.28)	(0.18)	(0.21)
자녀 돌볼 사람이 있음	-0.19*	0.20*	-0.01	-0.27**	0.12	-0.05
(준거집단: 본인이 돌봄)	(0.10)	(0.10)	(0.10)	(0.10)	(0.11)	(0.10)
중산층	0.03	0.02	0.05*	0.02	0.00	0.03
(준거집단: 비중산층)	(0.02)	(0.02)	(0.02)	(0.02)	(0.02)	(0.02)
사회적 지위에 대한	0.05*	-0.00	0.10***	0.04	-0.00	0.07*
자체평가	(0.03)	(0.02)	(0.03)	(0.03)	(0.03)	(0.03)
엥겔계수				0.22	-0.16	-0.75**
				(0.24)	(0.20)	(0.28)
가구 1인당 소득				-0.02	0.08	-0.09
				(0.09)	(0.10)	(0.10)
_cut1	-1.23***	-1.18***	-0.74*	0.10	-0.34	0.94
	(0.30)	(0.25)	(0.32)	(0.62)	(0.64)	(0.73)
_cut2	-0.02	-0.11	0.90**	1.32*	0.76	2.60***
	(0.30)	(0.25)	(0.32)	(0.62)	(0.64)	(0.74)
_cut3	2.80***	2.23***	3.17***	4.21***	3.16***	4.93***
	(0.32)	(0.26)	(0.35)	-0.63	-0.62	-0.7
N	1,010	785	797	1,010	785	797
pseudo R^2	0.032	0.018	0.061	0.039	0.022	0.071
AIC	1,768.47	1,599.17	1,481.07	1,724.40	1,485.83	1,463.76

*$p < 0.05$, **$p < 0.01$, ***$p < 0.001$.

5. 결론과 토론

중국은 2014년부터 산아제한 정책을 점차 완화하였다. 포용적인 두 자녀 출산 정책은 중국인의 출산의지를 연구하는 데에 실제적인 표본을 제공하였다. 본 연구는 베이징·상하이·광저우 3개 거대도시 중산층의 출산의지에 초점을 두고 기존의 출산 이론을 결합한 조사 연구를 통해 현재 거대도시 중산층 출산의지의 특징과 형성 메커니즘을 분석하였다.

기존의 출산 이론은 대체로 사회경제 발전이 일정한 단계에 이르면 사람들의 출산의지가 전반적으로 하락할 것이라고 가정하지만, 중국은 경제사회의 발전과 동시에 산아제한 정책을 실행하였다는 특수성을 가진다. 그렇다면 산아제한 정책이 점차 완화되는 과정에서 사람들의 출산의지에서는 대폭적인 반등이 일어났는가? 출산율은 인구 대체 수준 이상으로 복구할 수 있는가? 최근 몇 년의 실제 상황을 검토하였을 때 다년간의 저출산 상황이 유지된 후, 출산 정책의 완화로 중국의 출산력은 반등하지 않았다. 베이징·상하이·광저우 등 대도시의 출산의지도 이와 유사하게 나타난다. 가장 느슨한 출산의지 지표(이상자녀수)로 측정하더라도 3개 도시의 출산의지는 인구 대체 수준인 2.1에 미치지 못했다. 이러한 결과는 결코 예상 밖의 일이 아니다. 현재 세계적으로 저출산 국가의 출산력이 대체 수준으로 다시 반등하는 전례가 없었을 뿐만 아니라, 일본, 한국과 같은 출산 장려 정책을 실시하는 나라에서조차 반등의 사례는 나타나지 않는 상황이다. 따라서 본 연구는 베이징·상하이·광저우 3개 도시의 중산층과 비중산층의 출산의지 차이를 검토하고, 나아가 이들 도시의 출산의지에 영향을 미치는 메커니즘을 분석함으로써 미래 출산 장려 정책

마련을 위한 시사점을 제공하고자 하였다.

본 조사의 결과를 통해 보았을 때, 3개 도시의 출산의지가 전반적으로 낮게 나타나는 것은 출산 정책의 완화를 통해서는 거대도시 사람들에게 자녀를 더 낳도록 권장하기가 어렵다는 점을 알 수 있다. 이 점은 3개 도시 모두 동일하게 나타났다. 그러나 이 3개 도시의 출산의지에는 다소간의 차이가 나타나며, 구체적으로는 이상자녀수는 광저우에서 가장 높게 나타나고 기대자녀수는 베이징에서 가장 높게 나타나는 등 도시 간의 분포 양태는 서로 다르게 나타난다. 상하이에서는 자녀 한 명과 두 명 갖기를 희망하는 비율이 유사하게 나타났는데, 이와 같은 결과는 두 자녀를 희망하는 비율이 가장 높은 기존 절대다수의 연구 결과와 차이를 보인다. 이는 거대도시 주민들에게 산아제한 정책의 완화가 출산력 회복이라는 정책 목표를 달성하지 못했음을 나타내며, 앞으로는 산아제한 정책을 계속 완화하면서 출산을 장려해야 한다는 점을 시사해 준다.

사실, 산아제한 정책이 완화된 상황 속에서 사회경제적 지위가 상이한 사람들의 반응은 서로 다르게 나타났다. 보편적으로 중산층은 사회경제적 지위와 사회문화적 측면에 관계없이 한 사회의 나침반, 즉 기타 사회계층의 발전 방향을 이끄는 집단으로 여겨져 왔다. 본 연구는 경제 요인을 통제하지 않는 경우, 계층적 지위에 대한 자체평가와 중산층의 특성은 일정한 영향을 발휘하게 되지만 경제 요인을 통제하는 경우, 계층적 지위에 대한 자체평가와 중산층의 특성은 출산의지에 유의미한 영향을 미치지 않음을 발견하였다. 여기에는 대체로 두 가지 다른 가능성이 내포되어 있다. 첫째, 현재 베이징·상하이·광저우와 같은 대도시의 중산층은 여전히 성장 단계에 있다. 중국 사회는 아직 다른 사회와는 달리 뚜렷한 중산층이나 중산층 문화를 형성하지 못하고 있다. 중산층은 대체로 경제적 중고소득층과 동일시되기 때문에 경제 요인을 통제하게 되면 계층적 지위에 대한 자체평가와 중산층의 속성이 더 이상 유의미하게 나타나지 않는다. 둘째, 현재 사회계층이 출산의지에 미치는 영향은 미미하기 때문에 이는 각 사회계층 간의 출산의지 차이가 나타나지 않는 결과가 나왔다. 실질적으로 출산의지에 영향을 미치는 것은 경제 요인이다. 사람들의 출산의지와 출산행위에 지대한 영향을 행사하는 것은 경제 요인이지, 개인이 인식하는 계층과 중산층 특성이 아니다.

출산의지에 영향을 미치는 기타 요인으로는 사회복지, 성별, 출산한 자녀 수, 호적 등이 있다. 출산의지를 결정하는 메커니즘은 복잡한 시스템으로 한 번의 조사로 철저하게 분석될 수 없다. 거대도시 주민들의 출산의지가 인구 대체 수준보다 낮은 경우, 사회복지와 자녀 양육에 필요한 시간 비용이 출산의지에 미치는 영향은 도시마다 완전히 다른 결과를 가져올 것이다. 3개 도시에는 모두 특색이 있는 지역 문화가 있는데 각각 징파이京派·하이파이海派·웨파이粤派[6]문화로 일컬어지며 베이징·상하이·광둥 문화를 이끌어 왔다고 할 수 있다. 세 가지 다른 지방 문화 체계에서 나타나는 출산문화의 차이는 출산의지에도 그대로 반영된다. 이것은 과학적 연구 차원에서나 정책 제정 차원에서나 중국인의 출산의지와 출산행위를 하나로 묶어서는 안 되고 지역 간의 차이를 더 중요시해야 한다는 사실을 시사한다. 기존의 분석에 따라, 본 연구는 출산력의 수준이 인구 대체 수준에 도달하고자 한다면 반드시 출산 정책을 가능한 한 완화시켜야 한다고 보며, 출산의 직·간접적 비용이 도시 주민 출산의지에

---

6) 역주: '粤'은 광둥廣東의 약칭이다.

미치는 부담을 줄이기 위하여 출산 장려 정책 시행의 재고를 제의하
는 바이다.

참고문헌

陳鳳金(2009),「生育選擇與鄉土文化 — 基於福建莆田安村的實證研究」, 首
　　都經濟貿易大學, 博士學位論文.

陳秀紅(2017),「影響城市女性二孩生育意願的社會福利因素之考察」,『婦
　　女研究論叢』第1期.

陳宇, 鄧昌榮(2007),「中國婦女生育意願影響因素分析」,『中國人口科學』
　　第6期.

方長春, 陳友華(2016),「生育率的階層差異將形塑M型社會」,『探索與爭
　　鳴』第1期.

風笑天, 張青松(2002),「二十年城鄉居民生育意願變遷研究」,『市場與人口
　　分析』第5期.

郭志剛(2000),「從近年來的4時期生育行為看終身生育水平 — 中國生育數
　　據的去進度效應總和生育率的研究」,『人口研究』第1期.

侯佳偉, 黃四林, 辛自強, 孫鈴, 張紅川, 竇東徽(2014),「中國人口生育意願
　　變遷: 1980~2011」,『中國社會科學』第4期.

侯偉麗(2001),「生育行為的制度經濟學分析及其管理」,『人口與經濟』第2期.

李建民(2004),「生育理性和生育決策與我國低生育水平穩定機制的轉變」,
　　『人口研究』第6期.

李建民(2009),「中國的生育革命」,『人口研究』第1期.

李競能(2004),『現代西方人口理論』, 復旦大學出版社.

趙文琛(2001),「論生育文化」,『人口研究』第6期.

鄭真真(2004),「中國育齡婦女的生育意願研究」,『中國人口科學』第5期.

鄭真真(2011),「生育意願研究及其現實意義 — 兼以江蘇調查為例」,『學海』
　　第2期.

鄭真真(2014),「生育意願的測量與應用」,『中國人口科學』第6期.

鄭真真, 李玉柱, 廖少宏(2009), 「低生育水平下的生育成本收益研究 — 來自江蘇省的調查」, 『中國人口科學』第2期.

周雲(2016), 「中日兩國生育意願, 生育水平及影響因素比較」, 『人口與社會』第1期.

　이 책은 '베이징·상하이·광저우 3개 도시 중산층의 형성 메커니즘 연구'라는 연구 과제의 성과이다. 중산층 연구는 중요하고 복잡한 과제이다. 연구팀은 과제를 선정하는 과정에서 이러한 연구 과제의 복잡성과 높은 난이도를 예상하였다. 중국에서 중산층에 대한 연구 성과는 비교적 많이 축적되어 있지만 중산층을 연구 주제로 삼아 대규모(방문) 조사 데이터에 근거하여 진행된 연구는 흔하지 않다. 신뢰도 높은 데이터를 획득하기 위하여, 본 연구팀은 반복된 토론과 논증을 진행하였고 중국에서 중산층이 상대적으로 집중된 베이징·상하이·광저우 등 3개 도시를 중심으로 조사를 진행하기로 결정하였다.

　이 책은 많은 연구자들의 힘이 합쳐져 이루어진 연구 성과물이다. 과제를 수행한 연구진은 주로 중국 사회과학원 사회학연구소, 중산대학교와 상하이대학교의 연구자로 구성되어 있다. 지난 3년 동안 3개 도시의 연구원들은 각 연구 단계(연구 설계, 조사, 데이터 분석과 집필)에서 긴밀하게 협력하였고, 토론을 통해 지혜를 모으는 등 심혈을 기울였다. 본 연구 설문조사 단계에서는 리춘링李春玲 연구원에 의해 설문조사팀이 구성되었다. 연구팀은 1년 동안 다섯 차례의 워크숍을 개최하여 연구 과제와 가설의 설정, 설문조사의 구성, 측정 방법과 지표 등에 대해 세부적으로 논의하였으며, 이를 바탕으로 설문지를 설계하였다. 표본조사설계는 량위청梁玉成 교수가 주도하였으며 세부적인 표본조사 방법을 확정한 후 국내 여러 전문가들의 검토를 거쳐 두 단계의 표본조사 방안을 확정하였다. 1단계에서는 지역 무작위 표본추출법을 이용하여 각 지역에서 각 1,000개의 표본을 확보하였고, 2단계에서는 적응집락추출 방식ACS을 사용하여 각 지역에서 각 1,000개의 표본을 확보하였다. 두 단계를 통해 확보한 표본 데이터는 총 6,010개이다. 결과적 데이터 분석을 통해, 사전 연구의 설계는 합리적이었으며, 데이터의 신뢰도와 유효성 역시 모두 높았음이 검증되었다. 장하이둥張海東 교수는 설문조사의 진행을 담당하였다. 상하이의 설문조사는 상하이대학교 상하이 사회과학조사센터에서 담당하였고 베이징에서는 중국사회과학원 사회학연구소에서 실행하였으며, 광저우의 조사는 중산대학교 사회과학연구센터에서 맡았다. 3개 도시의 연구진은 심혈을 기울여 수준 높은 설문조사를 완성하여 신뢰도 높은 데이터를 수집하였다. 데이터 분석 단계에서도 연구진은 수차례의 논증을 거쳤으며, 자신들의 연구 분야와 관련된 컨설팅 보고서 및 학술 논문을 작성하였다.

이 책에 수록된 연구 성과 중의 대부분은 베이징·상하이·광저우 등 3개 도시의 데이터에 근거하여 완성된 것이며 일부분은 기타 대형 조사 데이터를 바탕으로 작성되었다. 그리고 일부 논문은 중국사회학회 사회계층 세미나 등의 학술회의에서 학회 참가자가 제기한 의견들을 수렴하였다. 또한 일부 논문은 중국에서 영향력 있는 학술지에 발표되었으며, 특히 일부 학술지는 전문 칼럼을 통해 연구팀의 성과를 소개하기도 했다. 학술지의 심사위원들과 편집자들 역시 논문 구성에 많은 기여를 하였다.

본 과제가 진행되는 과정에서 리페이린李培林 교수가 아낌없는 지도와 도움을 주셨다. 그는 연구의 진행 과정을 살피며 연구팀에 세부적이고 건설적인 의견을 제시해 주셨을 뿐만 아니라, 흔쾌히 서문까지 써 주셨다. 차이허蔡禾, 장원홍張文宏, 왕닝王寧 교수 등도 중산층 연구 방법에 대해 의견을 제시해 주셨다. 사회과학문헌출판사의 셰서우광謝壽光 사장과 부총편집장 퉁건싱童根興 선생도 도서의 출판에 많은 도움을 주셨다.

이 책은 중국사회과학원 – 상하이인민정부 상하이연구원의 지원을 받아 출판되었다.

본인은 이 연구의 책임자로 과제 진행과 연구의 질에 지속적으로 관심을 기울여 왔다. 장하이둥 교수, 리춘링 연구원, 량위청 교수와 그들이 이끈 연구팀, 그리고 이 과제에 참여한 학생들 모두가 수준 높은 연구성과를 내기 위해 아낌없는 노력을 기울였으며 중국 중산층 연구에 많은 기여를 하였다. 이 과제를 수행하는 과정에 여러 모로 도움을 베풀어 주신 여러분들께, 그리고 관련 기관에 진심으로 감사의 뜻을 표한다.

이 책의 출판은 우리의 연구가 아직 진행 중에 있음을 의미하고 있을 뿐이다. 많은 문제들은 초기 연구에서 새로 발견된 것이기 때문에 충분한 연구가 이루어지지 못하였으며 세부적이고 체계적인 분석이 더 요구되는바 본 연구에는 필연코 부족한 부분이 있으리라 짐작된다. 독자 여러분들의 기탄없는 의견은 향후 보다 더 좋은 연구를 진행하는 데 큰 도움이 되리라 믿어 의심치 않는다.

2018년 3월

리유메이李友梅

| 지은이 |

리페이린李培林 중국사회과학원 학부위원學部委員, 연구원, 박사과정 지도교수. 연구분야: 발전사회학과 사회구조 변천

리유메이李友梅 상하이대학교 교수, 박사과정 지도교수, 중국사회학회 회장. 연구분야: 조직사회학과 사회 거버넌스 전환

리춘링李春玲 중국사회과학원 국정國情 조사연구 및 빅데이터 연구센터 부주임, 중국사회과학원 사회학연구소 연구원, 박사과정 지도교수, 중국사회학회 사회계층과 계층이동 연구위원회 부이사장 겸 비서장, 상하이연구소 연구원. 연구분야: 사회계층과 교육사회학

량위청梁玉成 중산대학교 사회학·인류학대학 교수. 연구분야: 사회 불평등과 컴퓨터 연산 사회과학

톈펑田豊 중국사회과학원 사회학연구소 청소년과 사회문제 연구실 부주임, 연구원. 연구분야: 사회 불평등과 사회계층, 가정과 인구사회학, 조사방법과 정량분석

장하이둥張海東 상하이대학교 사회학대학 교수, 상하이사회과학조사센터 상무 부주임. 연구분야: 사회발전과 사회의 질, 사회 불평등과 계층분화

뤼펑呂鵬 중국사회과학원 사회학연구소, 중국사회과학원 - 상하이시정부 상하이연구원 부연구원. 연구분야: 사회계층과 계층이동

주디朱迪 중국사회과학원 사회학연구소 부연구원. 연구분야: 소비사회학과 사회계층

판샤오광范曉光 저장浙江대학교 사회학과 부교수. 연구분야: 사회계층과 계층이동

두핑杜平 상하이대학교 사회학대학 포닥연구원. 연구분야: 신사회계층

야오예린姚燁琳 상하이대학교 사회학대학 박사. 연구분야: 사회계층과 사회이동, 중산층

양청천楊城晨 상하이대학교 사회학대학 박사. 연구분야: 사회계층과 사회 불평등

자샤오솽賈小雙 중산대학교 사회학과 박사. 연구분야: 컴퓨터 연산 사회과학

덩메이링鄧美玲 상하이해양대학교 경제관리대학. 연구분야: 사회 불평등

양샤오둥楊曉東 중산대학교 사회학과 석사. 연구분야: 사회계층

| 옮긴이 |

한효韓曉
문학박사, 산동사범대학교山東師範大學 외국어대학 한국어학과 부교수

이병군李炳軍
문학박사, 산동사범대학교山東師範大學 외국어대학 한국어학과 조교수

| 감수 |

이학규李鶴圭
경제학박사, 우석대학교 유통통상학부 명예교수

이 책의 번역과 교정에 많은 도움을 주신 이성도李成道, 김현주金賢珠, 허설화許雪花, 윤민주尹珉珠, 송향경宋香慶, 송자윤宋姿侖, 김은하金銀河, 이은영李銀永 등 선생님께 감사의 마음을 표합니다.

중국 중산층의 형성과 특징

거대도시에 대한 경험적 연구

초판 인쇄 2022년 8월 20일
초판 발행 2022년 8월 31일

지 은 이 | 리유메이(李友梅) 외
옮 긴 이 | 한효 · 이병군
감   수 | 이학규
펴 낸 이 | 하운근
펴 낸 곳 | 學古房

주   소 | 경기도 고양시 덕양구 통일로 140 삼송테크노밸리 A동 B224
전   화 | (02)353-9908 편집부 (02)356-9903
팩   스 | (02)6959-8234
홈페이지 | www.hakgobang.co.kr
전자우편 | hakgobang@naver.com, hakgobang@chol.com
등록번호 | 제311-1994-000001호

ISBN 979-11-6586-473-6 93300

값: 27,000원

이 도서는 社會科學文獻出版社(Social Sciences Academic Press(CHINA))에서 간행된
『中國中産階層的形成與特徵—基于特大城市的經驗研究』의 한국어판입니다.
https://www.ssap.com.cn